Mark Zahel

Rund um
Hannover

Zwischen Südheide und Leinebergland

66 ausgewählte Touren

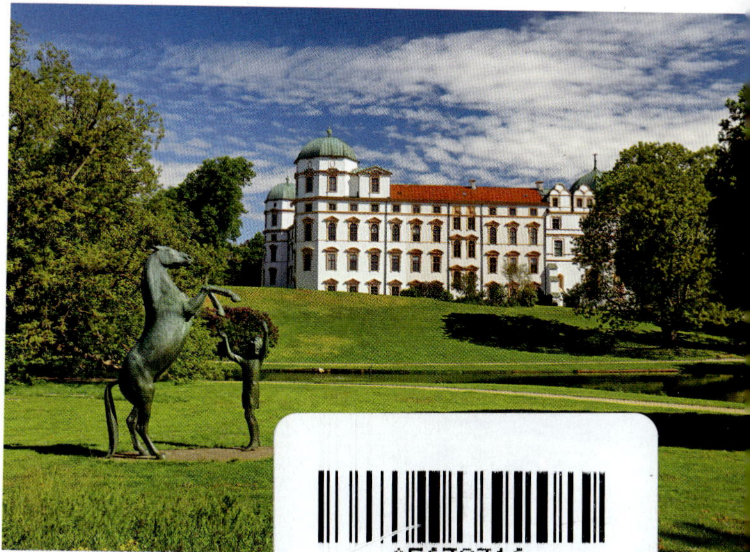

AF639316

ROTHER
BERGVERLAG

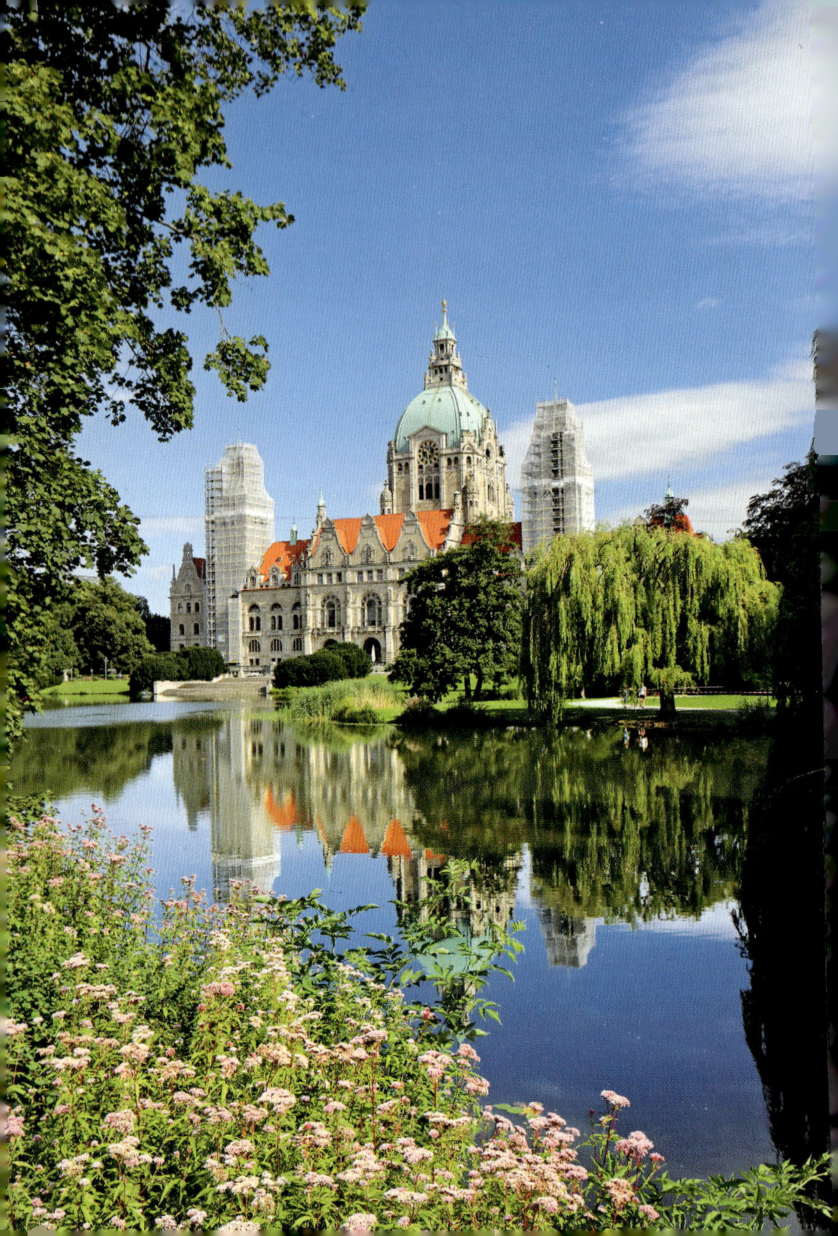

VORWORT

Der Großraum Hannover, wie er in diesem Wanderführer beleuchtet wird, erstreckt sich zwischen den Ausläufern der Lüneburger Heide im Norden und dem Leinebergland im Süden, vom Übergang zum Braunschweiger Land im Osten bis gegen die Weser im Westen. Damit liegt diese Region größtenteils im Norddeutschen Tiefland, mit Ausnahme des Südens und Südwestens, der bereits der Mittelgebirgsschwelle zuzuordnen ist und ein merkliches Relief aufweist. Insofern finden wir rund um die niedersächsische Landeshauptstadt durchaus eine gewisse Spannbreite unterschiedlicher Landschaften: die ackerbaulich intensiv genutzte Börde und die sandige Geest, zu denen auch die waldreiche Südheide zählt; Moorgebiete, die hier und da noch wertvolle Refugien bilden, sowie das besonders malerische Mosaik der bewaldeten Höhenzüge zwischen weitgeschwungener Feldflur, wie es kennzeichnend für das Bergland ist.
Erholsame Waldgebiete sind üblicherweise zum Wandern prädestiniert und nehmen in unserer Tourenauswahl deshalb einen breiten Raum ein. Daneben ist das Augenmerk häufig auf das Element »Wasser« gerichtet: naturnahe Flussauen, stille Moortümpel und zahlreiche bezaubernde Seen, unter denen der weitaus größte (bei Steinhude) sogar die Bezeichnung »Meer« trägt. Selbst im innerstädtischen Bereich gibt es manches Kleinod zu entdecken, wenn wir beispielsweise auf parkähnlichen Wegen die Naturoasen durchstreifen. Jedenfalls offenbart die Region Hannover nicht nur bekanntermaßen dem Radfahrer, sondern auch für Ausflüge »per pedes« ein interessantes Spielfeld. Kulturhistorische Aspekte lassen sich dabei immer wieder aufgreifen. Abgesehen von der Stadt Hannover selbst bieten auch die Kleinstädte und Dörfer im Umland jede Menge Sehenswürdigkeiten.
Bei der Auswahl der Touren für diesen Band – 66 an der Zahl mit in Summe fast 1000 Wanderkilometern – wurde nicht allein auf die Attraktivität der Routen und Ziele Augenmerk gelegt, sondern auch auf die Durchführbarkeit mit öffentlichen Verkehrsmitteln. So lässt sich das gut ausgebaute Bahn- und Busnetz des GVH häufig mit Vorteil nutzen, besonders für Streckenwanderungen ohne Rückkehrzwang zum eigenen Auto. Sämtliche Vorschläge werden mit ihren Besonderheiten treffend charakterisiert und mit ihren Wegverläufen detailliert beschrieben – die Kernaufgabe eines jeden Wanderführers. Bei dem dichten und komplexen Wegenetz empfiehlt sich zur Orientierung auch die Nutzung moderner Navigationstechnik, weshalb als zusätzlicher Service für sämtliche Routen GPS-Datensätze bereitgestellt werden. Zudem hoffe ich, mit reizvollen bildlichen Eindrücken Lust und Inspiration zu wecken, sich rund um Hannover auf Erkundungsstreifzug zu begeben. Es gibt tatsächlich erstaunlich viel zu entdecken – das Wandern an sich als erfüllende Freizeitbeschäftigung obendrein!

Mark Zahel, im Sommer 2022

INHALTSVERZEICHNIS

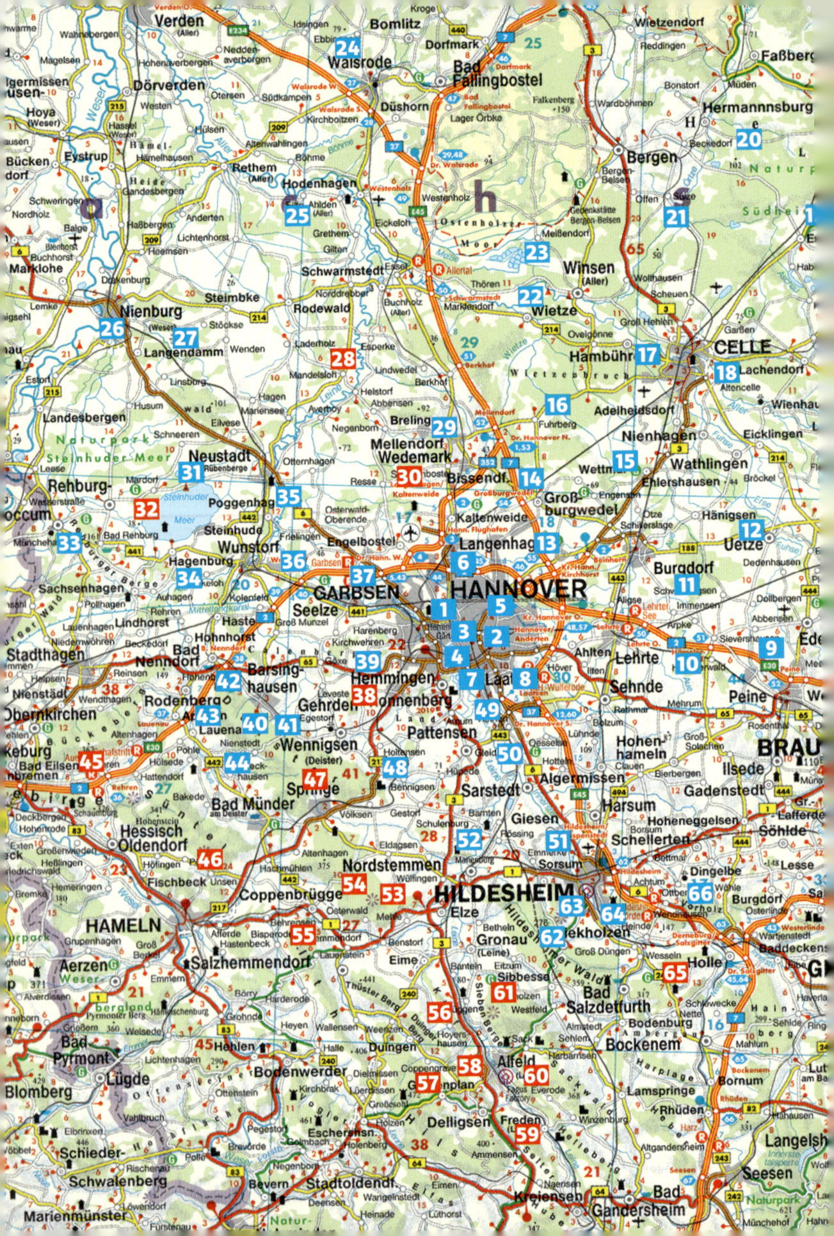
Verden (Aller)
Bomlitz
Walsrode
Dorfmark
Bad Fallingbostel
Wietzendorf
Faßberg
Dörverden
Düshorn
Hermannsburg
Hoya (Weser)
Eystrup
Bücken
Rethem (Aller)
Hodenhagen
Bergen
Marklohe
Schwarmstedt
Winsen (Aller)
Nienburg (Weser)
Steimbke
Rodewald
Wietze
Langendamm
Hambühren
Celle
Lachendorf
Landesbergen
Mellendorf
Wedemark
Bissendorf
Adelheidsdorf
Nienhagen
Wathlingen
Neustadt Rübenberge
Steinhuder Meer
Rehburg-Loccum
Poggenhagen
Großburgwedel
Kaltenweide
Langenhagen
Hänigsen
Uetze
Wunstorf
Steinhude
Engelbostel
Hagenburg
Garbsen
Hannover
Burgdorf
Seelze
Stadthagen
Bad Nenndorf
Barsinghausen
Hemmingen
Lehrte
Sehnde
Peine
Rodenberg
Gehrden
Ronnenberg
Laatzen
Lauenau
Wennigsen (Deister)
Pattensen
Bad Eilsen
Springe
Sarstedt
Algermissen
Ilsede
Harsum
Gadenstedt
Bad Münder
Hessisch Oldendorf
Giesen
Schellerten
Söhle
Nordstemmen
Coppenbrügge
Hildesheim
Elze
Hameln
Salzhemmendorf
Gronau (Leine)
Aerzen
Bad Salzdetfurth
Bockenem
Bad Pyrmont
Lügde
Blomberg
Bodenwerder
Duingen
Alfeld
Delligsen
Freden
Schieder-Schwalenberg
Stadtoldendorf
Kreiensen
Bad Gandersheim
Seesen
Langelsheim
Marienmünster

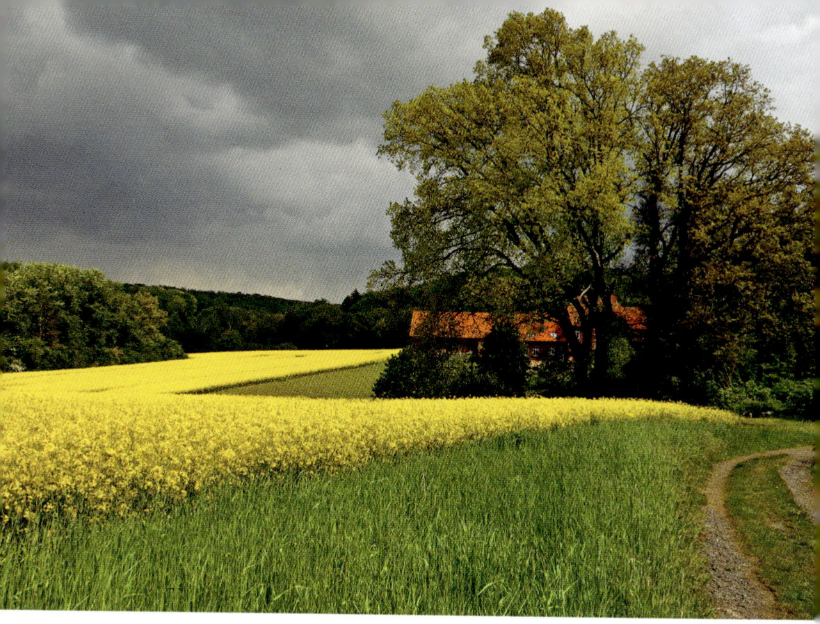

Oben: Am Deisterrand unweit von Eimbeckhausen.
Unten: Der Grundlose See bei Walsrode.

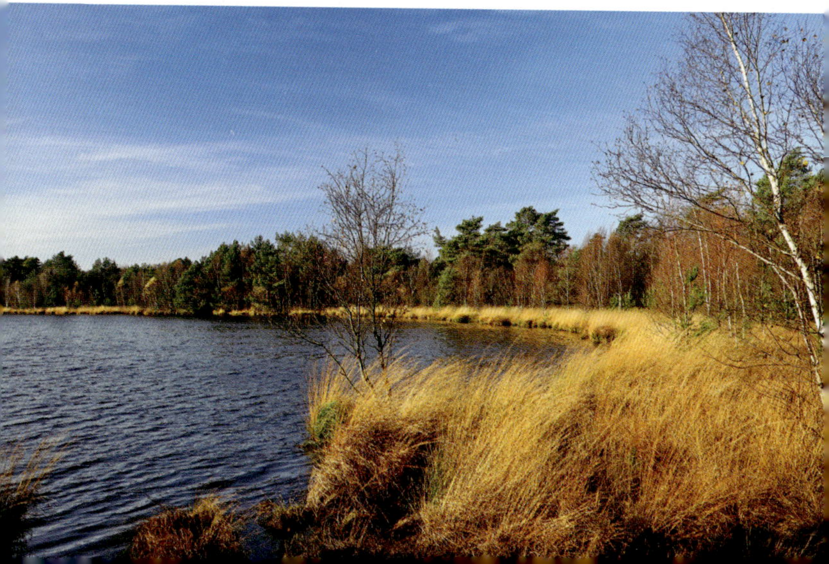

TOP-TOUREN

Von der Eilenriede zu den Ricklinger und Hemminger Teichen
Der Ruf Hannovers als »Großstadt im Grünen« bestätigt sich auf dieser ausgedehnten Wanderung quer durchs Stadtgebiet *(Tour 3, 3.20 h)*.

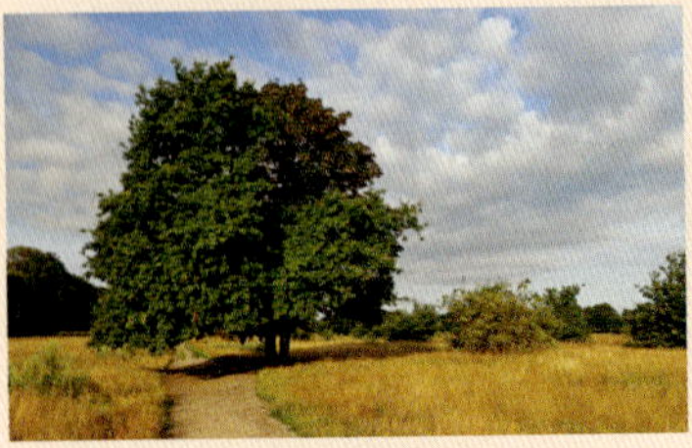

Irenensee und Spreewaldseen
Spritztour in einem Freizeitareal bei Uetze, die ganz im Zeichen zauberhafter Seen steht *(Tour 12, 1.30 h)*.

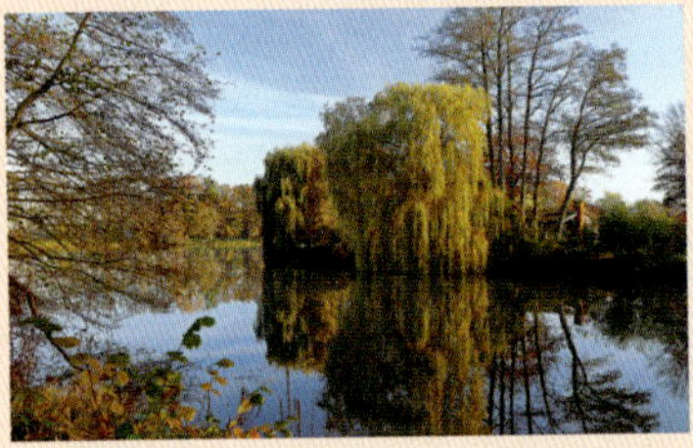

Zwischen Celle und Hambühren
Naturbelassene Pfade im Nahbereich der Aller – sehr idyllisch … *(Tour 17, 3.50 h)*.

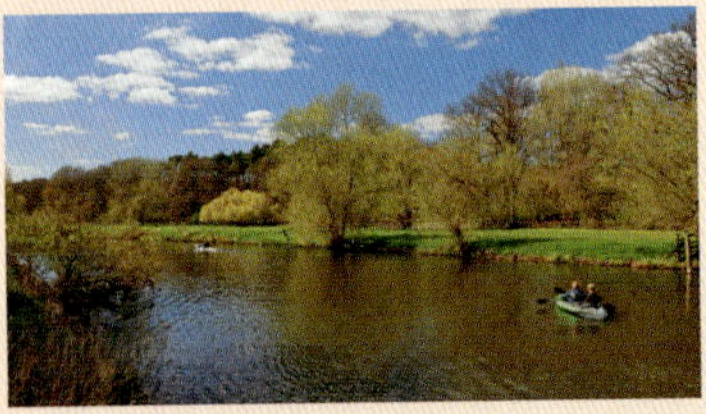

Misselhorner Heide und Angelbecksteich
Typische Heidewanderung bei Hermannsburg, die abwechselnd durch offene Heideflächen und Kiefernwälder führt *(Tour 20, 4.00 h)*.

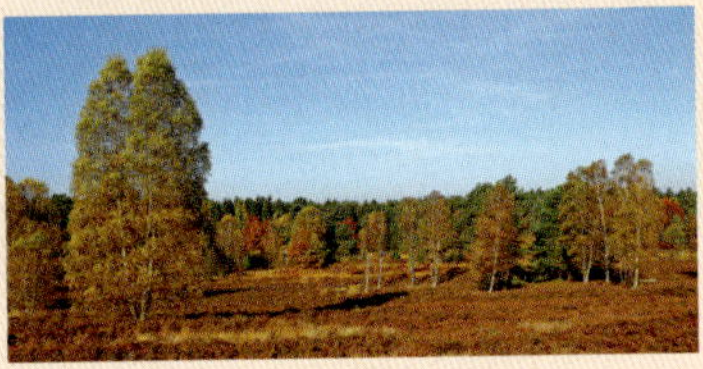

Rund ums Bissendorfer Moor
In der Wedemark zwischen Resse und Bissendorf liegt eines der größten verbliebenen Hochmoore der Hannoverschen Moorgeest *(Tour 30, 5.00 h)*.

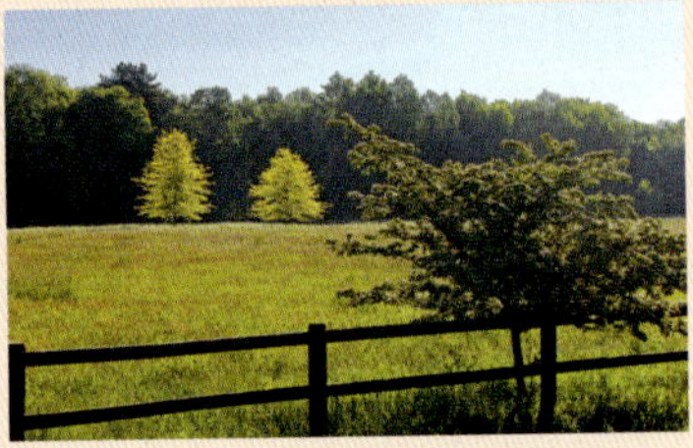

Rund ums Steinhuder Meer
Das größte Binnengewässer Niedersachsens lässt sich von Ausdauernden auch zu Fuß prima umrunden – eine Tour mit »maritimem« Touch *(Tour 32, 8.00 h)*.

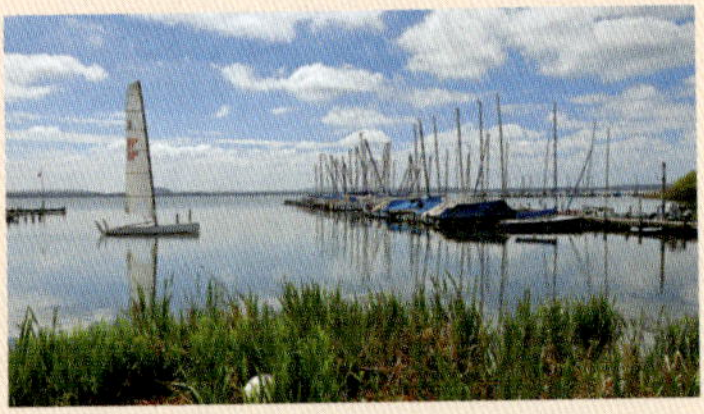

Von Egestorf nach Bantorf
Einer der schönsten Abschnitte des Calenberger Weges führt unmittelbar am nordöstlichen Rand des Deisters entlang *(Tour 41, 3.30 h).*

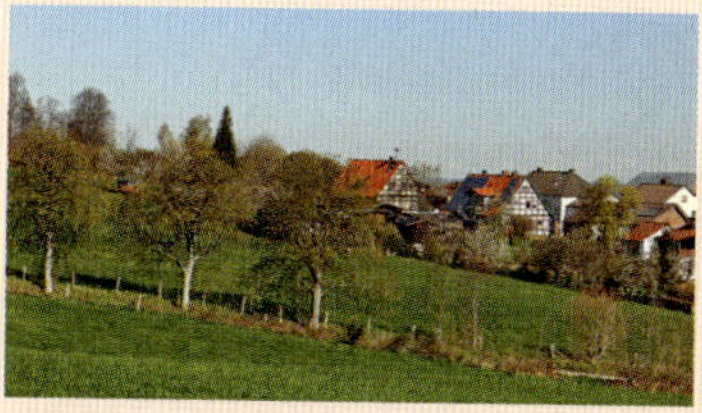

Von Bad Münder nach Hameln
Langes, abwechslungsreiches Auf und Ab über den Süntel (Waldgaststätte mit Aussichtsturm) bis in die Rattenfängerstadt an der Weser *(Tour 46, 5.10 h).*

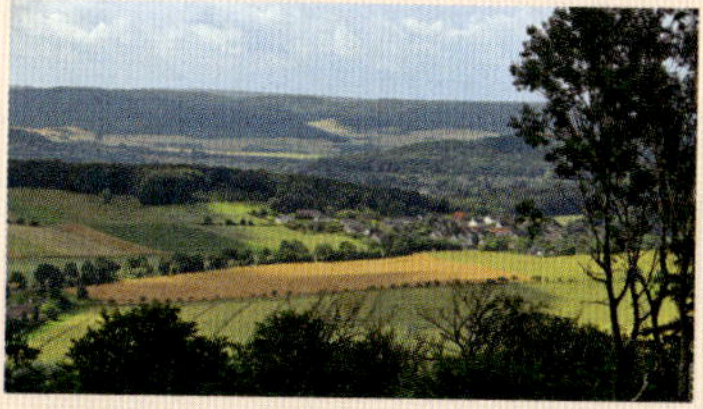

Südliche Leineaue bei Rethen, Grasdorf und Laatzen
Auwälder, Feuchtwiesen und Koppeln begleiten die Leine selbst im Ballungsraum Hannovers – wunderbar erlebbar vor allem am Südrand der Stadt *(Tour 49, 3.30 h).*

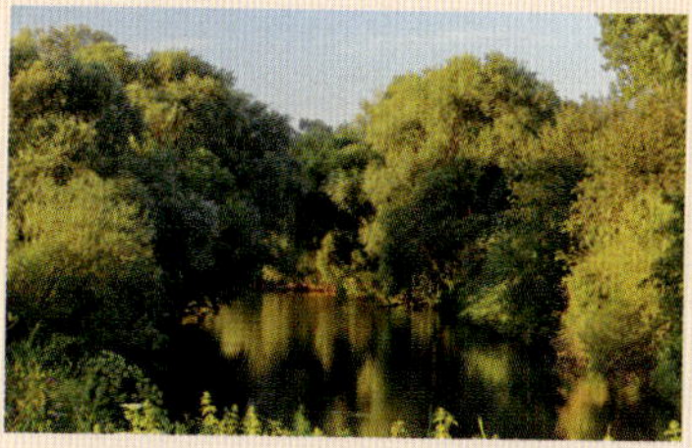

Zum Schloss Marienburg
Gemütlicher Gang zur prunkvollsten Sehenswürdigkeit weit und breit; nach der Schlossbesichtigung lässt sich am Wiesenstreifen entlang der Leine die Runde schließen *(Tour 52, 2.20 h).*

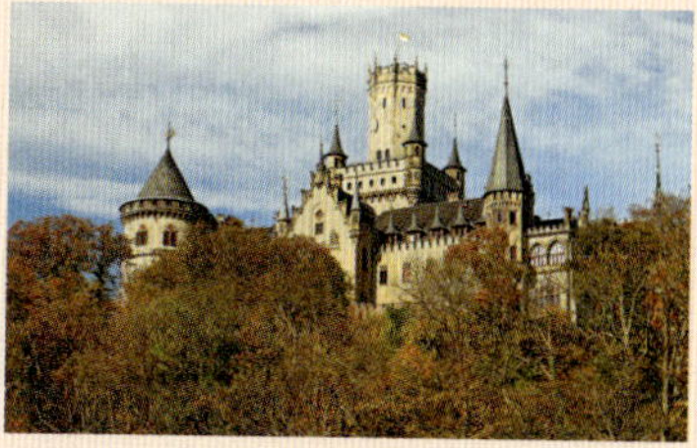

Von Coppenbrügge zum Ith-Turm
Spannende Kammtour am längsten Klippenzug Norddeutschlands; buchstäblicher Höhepunkt ist der Aussichtsturm am Krüllbrink *(Tour 55, 4.10 h).*

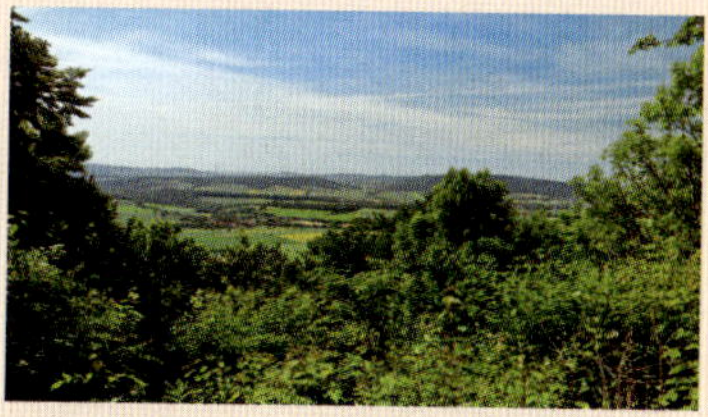

Über Gallberg und Steinberg
Eine der schönsten Rundtouren im Einzugsbereich der Bischofsstadt Hildesheim, tolle Ausblicke und das Kulturgut des Klosters Marienrode inklusive *(Tour 63, 3.40 h).*

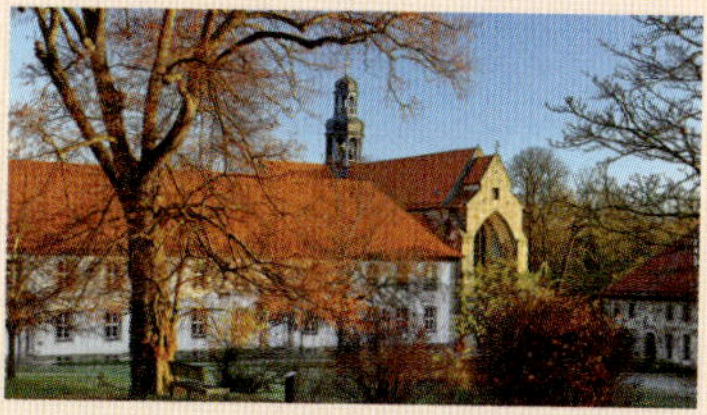

ZUM GEBRAUCH DES BUCHES

Mehr Wandern als Spazierengehen

Es mag in der Region Hannover keine besondere Tradition von Wandertourismus geben – man greift hier für Freizeitaktivitäten oft eher auf das Fahrrad zurück – doch im Zuge des allgemein zu beobachtenden Trends ist das Interesse daran längst geweckt. Gerade im Umfeld einer Großstadt besteht offenbar vermehrt das Bedürfnis »zurück zur Natur«, zumindest während kleiner Auszeiten und nicht selten in spontaner Art und Weise. Die in diesem Band vorgestellten Touren gehen normalerweise über einfaches Spazierengehen hinaus, mitunter sogar deutlich. Es finden sich zwar auch einige Kurzwanderungen; der über alle Tourenvorschläge gemittelte Durchschnittswert beträgt aber immerhin gut 14 Kilometer, und die vermeintliche »Königstour« bringt es auf stattliche 32 Kilometer. Bei typischen Marschzeiten von drei bis vier Stunden handelt es sich also um zielorientiertes Wandern mit einem gewissen konditionellen Hintergrund, obschon häufig auch Abkürzungen realisiert werden können und somit genügend Flexibilität besteht. Während im nördlichen Halbkreis der Region in aller Regel flaches Gelände vorherrscht, treten nach Süden hin – sprich im Weser- und Leinebergland – spürbare Höhenunterschiede auf. Die anspruchsvolleren Touren sind deshalb meistens dort zu finden.

Das sanft gewellte Bergland übt auf Wanderer besonderen Reiz aus.

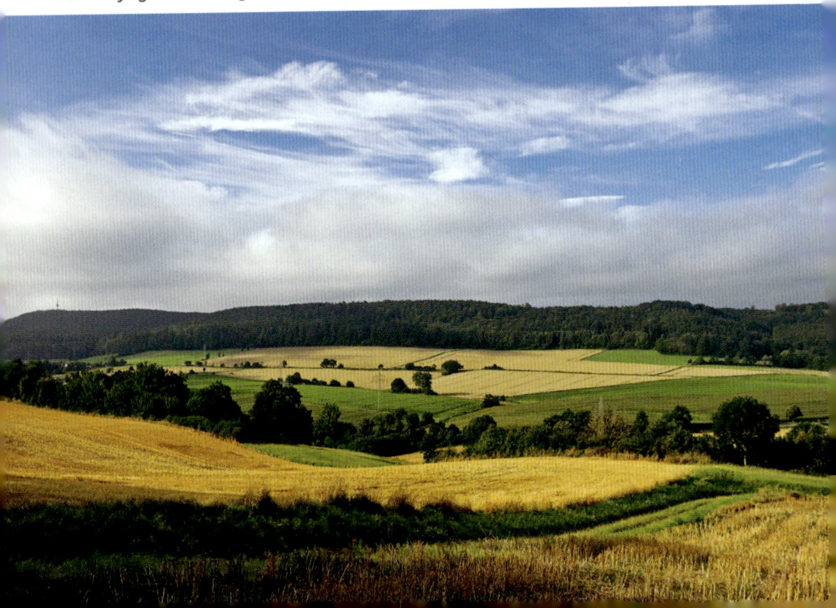

Anforderungen

Den vorhergehenden Bemerkungen zufolge werden in diesem Wanderführer zwei Kategorien unterschieden, die sich am wandertechnischen sowie am konditionellen Anspruch orientieren. Die Einstufung »schwarz«, die man in alpiner Literatur standardmäßig findet, entfällt hier angesichts fehlender Geländeschwierigkeiten.

SCHWIERIGKEITSKATEGORIEN

■ = Leicht

Diese Routen verlaufen überwiegend auf breiten bzw. hindernisarmen Trassen und sind höchstens kurzfristig mal steil. Das absolute Streckenlimit beträgt 20 Kilometer. Wer sich der jeweilig geforderten Ausdauerleistung bewusst ist, kann sie problemlos auch bei mäßigem Wetter begehen.

■ = Mittel

Diese Routen verlaufen streckenweise deutlich schmaler, holpriger oder steiler und lassen zumindest eine elementare Trittsicherheit vorteilhaft erscheinen. Außerdem werden Strecken von mehr als 20 Kilometern stets in dieser Kategorie eingeordnet, zumal die Anforderung an die Ausdauer meist das wichtigste selektive Kriterium darstellt. Die Touren eignen sich für trainierte Wanderer bzw. anderweitig sportliche Menschen.

Nebenbemerkung: Die Qualität unbefestigter Wege kann sich je nach Witterung oder auch im Zuge von Forstarbeiten drastisch wandeln. Fallweise ist nicht auszuschließen, dass der Wandergenuss darunter leiden kann, wenn eine erdige Trasse allzu aufgeweicht oder deformiert ist.

Gehzeiten

Angegeben wird immer ein Richtwert für die reine Marschzeit, das heißt Pausen sind dabei nicht berücksichtigt, auch wenn sie faktisch natürlich bei jeder Wanderung anfallen. Dies gestaltet sich allerdings individuell sehr unterschiedlich. Auf hindernislosen und nicht besonders steilen Wegen bewältigt ein flotter Wanderer ohne allzu sportlichen Ansporn rund vier Kilometer in der Stunde, wobei je nach Leistungsvermögen in der Praxis natürlich eine gewisse Streuung auftritt. Man wird seinen persönlichen Zeitmaßstab nach ein paar Erfahrungen bald herausfinden und kann diesen dann bei der

Abendliches Wolkenschauspiel über dem Leinebergland bei Freden.

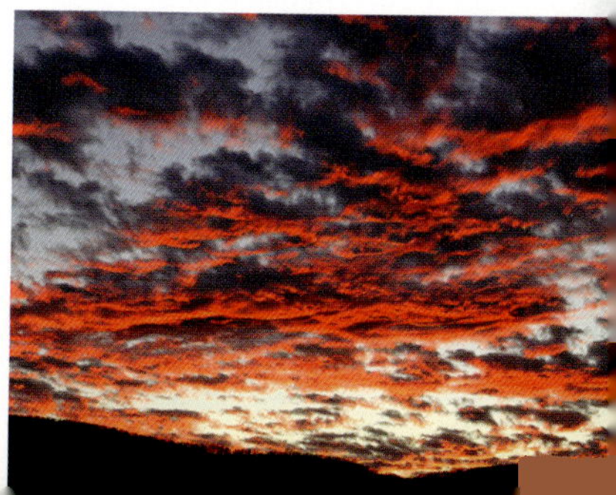

Anwendung des Führers mit berücksichtigen. Die Gesamtgehzeit steht neben Höhenmetern und Distanz als essenzielle Größe sofort erkennbar in der Titelzeile. Im Falle geringfügiger Höhenunterschiede erscheint nur die Angabe »kleiner als 100 Hm«.

Tourensteckbrief

In jedem Kapitel wird vorab auf Besonderheiten, Hintergründiges und den jeweiligen Grundcharakter eingegangen. Darunter steht der Tourensteckbrief als wichtigstes Werkzeug zur konkreten Planung. Folgende Elemente sind standardmäßig enthalten:

- **Ausgangspunkt:** Hier beginnt die Tour. Üblicherweise wird die Anbindung an den ÖPNV aufgezeigt und ggf. eine Parkmöglichkeit empfohlen. Sofern der Endpunkt abweicht, wird dieser ebenfalls genannt.
- **Anforderungen:** Es wird über die Beschaffenheit der Wege sowie über etwaige besondere Merkmale Auskunft gegeben. Auch die Punkte Orientierung und Kondition finden Erwähnung. Im Zusammenspiel dieser Fakten drückt sich letztlich auch die Farbe der Tourennummer (siehe oben) aus.
- **Einkehr:** Aufgeführt werden nicht nur Einkehrmöglichkeiten entlang der Strecke (sofern vorhanden), sondern auch jene in den Ortschaften am Ausgangs- respektive Endpunkt. Man informiere sich vorab über die genauen, aktuellen Öffnungszeiten, z.B. im Internet oder telefonisch.
- **Varianten:** In diesem Punkt beschränkt sich der Wanderführer auf ausgesuchte Optionen, die in wirklich sinnvoller Weise mit der beschriebenen Tour im Zusammenhang stehen, etwa eine relevante Abkürzung. Prinzipiell bietet das dichte Wegenetz oft reichlich Spielraum zur individuellen Gestaltung, doch sollen die einzelnen Kapitel damit keinesfalls überfrachtet werden.
- **Tipps:** Erwähnung besonderer Sehenswürdigkeiten oder touristischer Angebote im näheren Umkreis der Tour, etwa im Ausgangsort.

GPS-TRACKS UND KOORDINATEN DER AUSGANGSPUNKTE

Zu diesem Wanderführer stehen auf www.rother.de GPS-Tracks und Koordinaten der Ausgangspunkte zum kostenlosen Download bereit.

1. Auflage, Passwort: 459501sft

Sämtliche GPS-Daten wurden vom Autor im Gelände erfasst. Verlag und Autor haben die Tracks und Wegpunkte nach bestem Wissen und Gewissen überprüft. Dennoch können wir Fehler oder Abweichungen nicht ausschließen, außerdem können sich die Gegebenheiten vor Ort zwischenzeitlich verändert haben. GPS-Daten sind zwar eine hervorragende Planungs- und Navigationshilfe, erfordern aber nach wie vor sorgfältige Vorbereitung, eigene Orientierungsfähigkeit sowie Sachverstand in der Beurteilung der jeweiligen (Gelände-)Situation. Man sollte sich für die Orientierung auch niemals ausschließlich auf GPS-Gerät und -Daten verlassen.

SYMBOLE

Symbole im Tourenkopf	
Mit Bahn/Bus erreichbar	Kirche, Kapelle
Einkehrmöglichkeit unterwegs	Burg, Schloss, Ruine
für Kinder geeignet	Aussichtsturm
Symbole im Höhenprofil	Aussichtsplatz
Ort mit Einkehrmöglichkeit	Joch, Passübergang
Einkehrmöglichkeit	Abzweigung
Unbewirtschaftete Hütte, Alm	Brücke
Parkplatz	Freibad/Strandbad
Bushaltestelle	Quelle
Bahnhof / S-Bahn-Haltestelle	Schloss
Gipfel	Archäologische Stätte
	Höhle

Routenbeschreibungen

Die Routenbeschreibungen sind angemessen ausführlich gestaltet, ohne jedoch mit allzu vielen Details und Verschachtelungen überladen zu sein. Der Verfasser hat sich um klar nachvollziehbare Angaben bemüht, empfiehlt daneben aber auch die Nutzung eines GPS-Gerätes, denn nicht jede kleine Wegverzweigung kann verbal genauestens erklärt werden. Gleichwohl wird den eigentlichen Routen ein beträchtlicher Platz in diesem handlichen Führer eingeräumt. Wichtige Wegpunkte sind fett gedruckt, Straßennamen kursiv.

Herbstidylle am Angelbecksteich in der Südheide.

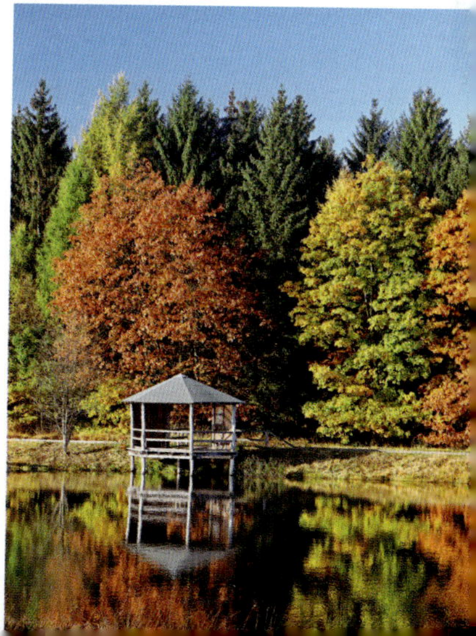

Kartenausschnitte und Profile

Weitere visuelle Planungshilfen liefern der Kartenausschnitt sowie das Höhenprofil, das die wesentlichen Steigungsverläufe wiedergibt und den Überblick über die Gehzeiten (einschließlich Zwischenwerte) enthält. Zudem sind jeweils wichtige Wegpunkte, die auch in der Routenbeschreibung kenntlich gemacht werden und mit dem GPS-Track korrespondieren, verortet.

Der Umwelt zuliebe ...

Auch beim Wandern hinterlassen wir einen ökologischen Fußabdruck, aber im Einklang mit der Natur unterwegs zu sein, ist gar nicht so schwer!

VORBEREITUNG UND ANFAHRT

- Sich vorab informieren, worauf in Bezug auf Natur und Umwelt in der jeweiligen Wanderregion besonders zu achten ist.
- Soweit möglich mit Bahn und Bus anreisen, Wander- und Rufbusse nutzen.
- Ist eine Anfahrt mit dem Auto nötig, Fahrgemeinschaften bilden.
- Bei weiten Anfahrten Mehrtagestouren planen oder von einem Quartier vor Ort aus mehrere Touren absolvieren.
- Flugreisen möglichst reduzieren und durch Beiträge zu Klimaschutzprojekten kompensieren.

KLEIDUNG UND AUSRÜSTUNG

- Beim Kauf von Outdoor-Kleidung auf umweltfreundliche und faire Herstellung achten und Kleidungsstücke möglichst viele Jahre nutzen.
- Ausrüstung kann man eventuell auch gebraucht kaufen oder ausleihen.
- Reparieren statt neu kaufen.

VERPFLEGUNG

- Beim Einkauf Bio-Ware, regionale und saisonale Erzeugnisse bevorzugen.
- Hütten und Gasthäuser auswählen, die regionale Produkte verwenden.
- Auf Einwegflaschen und Plastikverpackungen verzichten, stattdessen wiederverwendbare Trinkflaschen und Brotzeitboxen benutzen.

ÜBERNACHTUNG

- Bei lokalen Anbietern buchen, damit Menschen vor Ort profitieren.
- Auf Hütten und in anderen Unterkünften Strom und Wasser sparen.

UNTERWEGS

- Wege benutzen und Abkürzer vermeiden.
- Sperrungen von Wegen und Schutzgebieten respektieren.
- Keine Blumen pflücken und keine Pflanzen entnehmen.
- Waldbrandgefahr beachten.
- Müll wieder mit nach Hause nehmen und dort entsorgen.
- Toilettengänge in freier Natur möglichst vermeiden.
- Lärm vermeiden.
- Hunde an die Leine nehmen.

ROTHER
BERGVERLAG

ALLGEMEINE HINWEISE

Ausrüstung

Man wähle gleichermaßen robustes wie bequemes Schuhwerk, für Routen über Stock und Stein durchaus einen sogenannten Trekkingschuh mit griffiger Profilsohle. Für ausgedehnte Wanderungen gehören wetterfeste Kleidung (angepasst an Jahreszeit und Wetterprognose) sowie ausreichend Getränke und Proviant in den Rucksack. Auch an Sonnenbrille, Sonnenschutzcreme und ein Taschenmesser sollten wir denken, nicht zuletzt an eine Wanderkarte, ein GPS-Gerät (sofern vorhanden) und natürlich diesen Führer.

Markierungen

Bei den hier vorgestellten Touren wird insgesamt auf ein sehr heterogen zusammengesetztes Wegenetz zurückgegriffen, oft bereits innerhalb einer einzigen Wanderung. Vielfach handelt es sich um Wirtschaftswege, sei es durch bäuerliche Aktivitäten in der Feldmark oder durch forstwirtschaftliche in Waldgebieten. Wirklich nützliche Markierungen sind dort nur fallweise vorhanden, etwa wenn man sich auf bezeichneten Weitwanderwegen oder Radrouten befindet. Bei unseren individuell gestalteten Verläufen muss man aber stets auf eine nicht beschilderte Abzweigung gefasst sein. Überhaupt sind derartige Hinweise erfahrungsgemäß eher grob und rudimentär (und höchstens in touristisch relevanteren Bereichen etwas besser aufgestellt), sodass man insgesamt über einen soliden Orientierungssinn

Liebreizende Seen und Teiche bietet die Region Hannover in Hülle und Fülle. Hier der Würmsee bei Burgwedel.

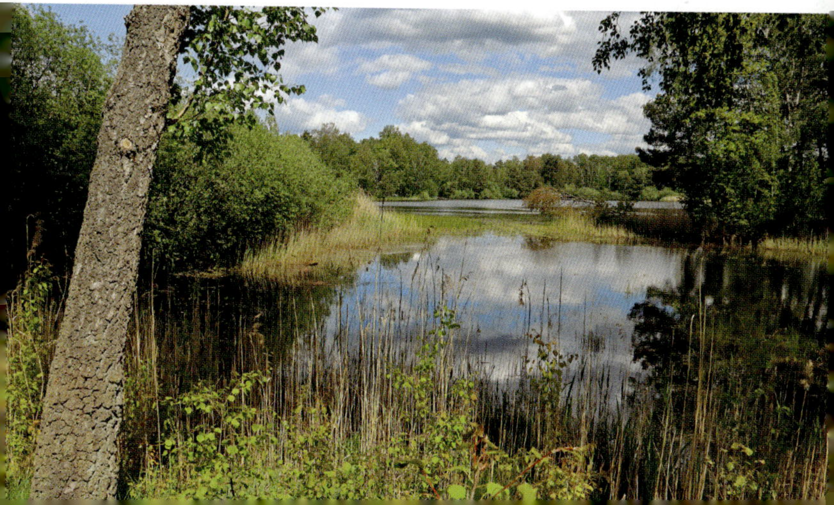

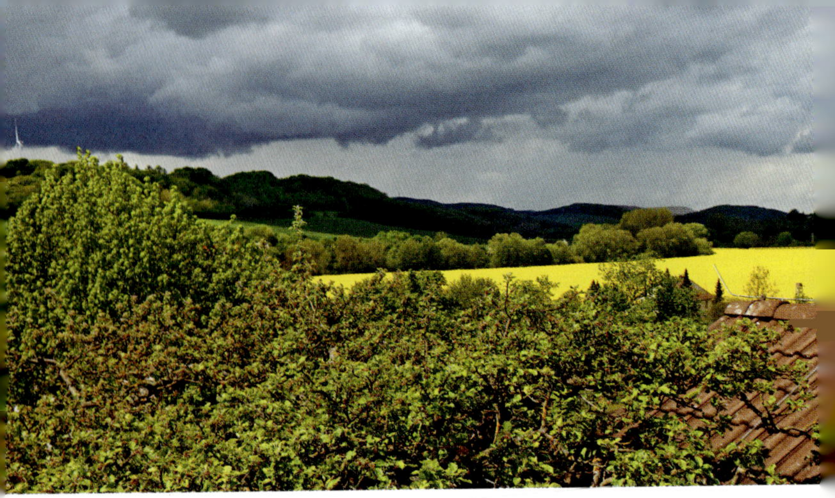

Über dem Leinetal zieht eine Gewitterfront auf.

und entsprechende Hilfsmittel (siehe unten) verfügen sollte. Dies insbesondere, wenn auch kleinere Wander- und Trampelpfade inbegriffen sind. Für Unkundige kann im Übrigen auch der »Großstadtdschungel« eine Herausforderung darstellen.

Orientierung mit Karte und GPS

Eine persönliche Erfahrung des Autors, der sich auch sehr viel in hochalpinen Gefilden bewegt, mag erstaunen: Viel häufiger als dort erweist sich die Nutzung von GPS auf unseren Streifzügen in der Region Hannover als ausgesprochen nützlich. Mitunter gelingt die Orientierung sogar nur mittels dieser modernen Technik wirklich zuverlässig und geschmeidig. Das liegt wie gesagt daran, dass wir es hier mit einem deutlich dichteren und unübersichtlicheren Wegenetz zu tun haben als in den touristisch gut erschlossenen Alpen, wo man auch nicht alle paar Minuten vor einer Verzweigung steht. Neben einer guten topografischen Karte, die zur Grundausstattung gehören sollte, kann ein GPS-Gerät sehr wertvolle Dienste leisten, wenn man den Umgang damit beherrscht und eine passende Karte installiert hat. Neben kommerziellen Anbietern gibt es auch kostenlose Alternativen, die man aus dem Internet herunterladen kann, zum Beispiel die »OpenMTB-Karte« oder die »NOPS Reit- und Wanderkarte«. Per GPS weiß man zumindest stets, wo man sich befindet, und kann auf dem Display bis ins Detail zoomen, um Abzweigungen zweifelsfrei zu orten. Ein größerer Überblick gelingt dennoch meist besser mit einem herkömmlichen Kartenblatt. Ohnehin gehört das Kartenlesen ja zu den elementaren Fähigkeiten beim Wandern.

Verfügbare Karten

Im regelmäßigen Blattschnitt gibt das Niedersächsische Landesamt für Geoinformation und Landesvermessung topografische Karten verschiedener Maßstäbe heraus. Wanderer greifen üblicherweise auf den Maßstab 1:50.000, für mehr Detailreichtum (bei kleinerer Grundfläche) auf den Maßstab 1:25.000 zurück. Allerdings ist in diesen Karten nichts spezifisch hervorgehoben, also keine Wanderwege und touristische Infrastruktur, weshalb ihr Gebrauch für Ungeübte nicht immer sehr aufschlussreich und einfach ist. Einige kommerzielle Verlage versuchen, diese Lücke zu schließen – in diesem Fall aber meist mit dem Nachteil schwächerer Geländedarstellung. Freytag & Berndt und ARTARIA haben Rad- und Wanderkarten im Maßstab 1:50.000 im Programm, etwa die Blätter »Hannover – Deister«, »Steinhuder Meer«, »Naturpark Südheide – Region Celle« und »Hildesheim mit Leine und Innerste«. Vom KOMPASS-Verlag gibt es ein Wanderkarten-Set »Hannover und Umgebung« sowie das Blatt »Deister – Süntel – Saupark«. Für den hier behandelten Bereich des Weserberglandes ist teilweise auch das nördliche Blatt (Minden – Holzminden) der Kartografischen Kommunalen Verlagsgesellschaft interessant.

Beste Jahreszeit

Die Region um Hannover ist im Prinzip ganzjährig für Wanderungen geeignet. Einschränkungen durch Schneebedeckung im Winter sind selten ge-

Bei Brunkensen im Leinebergland ist der Herbst eingezogen.

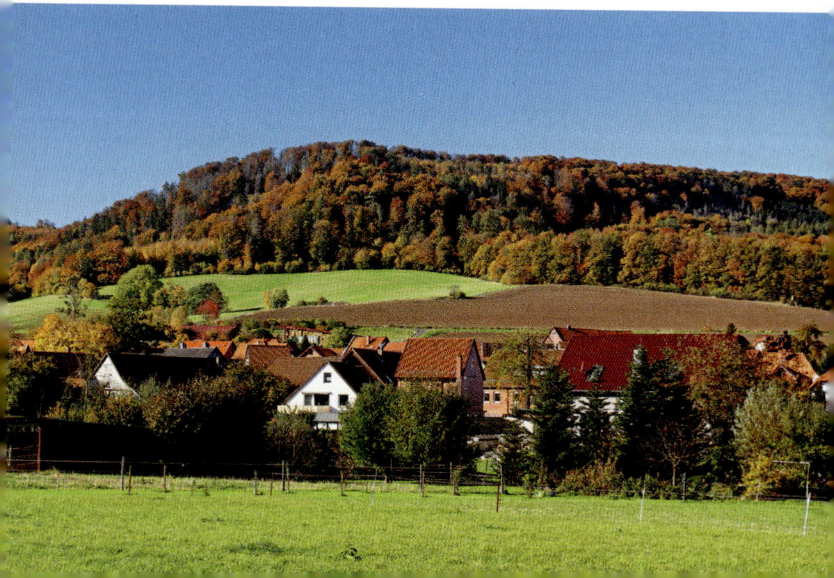

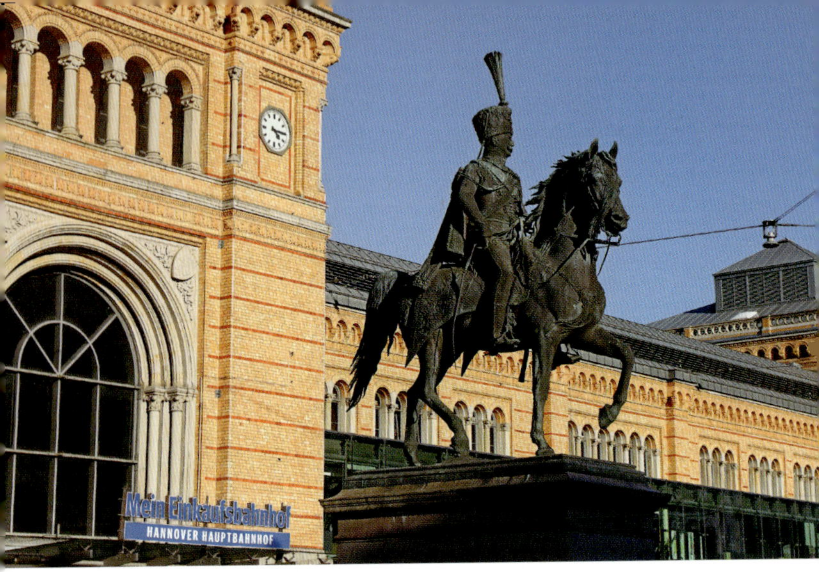

Verkehrsknotenpunkt unserer Region: der Hauptbahnhof von Hannover mit dem bekannten Reiterstandbild Ernst Augusts.

worden, selbst im Bergland. Die kalte Jahreszeit hat sogar den Vorteil, dass auf bewaldeten Höhenzügen die Aussicht nicht durch ein dichtes Blätterdach vollkommen verborgen ist. Andererseits fehlen die Farben in der Natur, das frische Grün des Frühlings oder die bunte Pracht des Herbstes, sodass in diesen Jahreszeiten womöglich der größte Wandergenuss aufkommt. Für die Mehrheit der Wanderer dürfte dann auch das Temperaturniveau am angenehmsten sein – weder zu kalt noch zu warm. Letzteres ist wohl das am meisten zu berücksichtigende Manko im Hochsommer. Mag ein Sommermorgen in Wald und Flur wunderbare Emotionen hervorrufen, so kann sich die Hitze im Tagesverlauf durchaus noch zur unangenehmen Begleiterscheinung entwickeln. Ein kluger Wanderer richtet auch darauf seine Taktik aus. Andererseits locken zahlreiche Badegelegenheiten auf unseren Touren selbst bei sehr warmer Witterung zum Aufbruch.

Öffentliche Verkehrsmittel

Ein wichtiger Aspekt für unser Tourenportfolio ist die gute Erreichbarkeit mit öffentlichen Verkehrsmitteln, möglichst auch außerhalb des stadtnahen Bereichs. Das gelingt zwar nicht in allen Fällen, aber in den weitaus meisten. Im Verkehrsverbund der Region Hannover (GVH) sind die Unternehmen ÜSTRA, Regiobus, DB Regio, Metronom, Erixx und WestfalenBahn zusammengeschlossen. Die Tarife sind in die Zonen A, B und C gestaffelt.

Für Pendler gibt es außerdem Zeitkarten im erweiterten Regionaltarif, der noch die Zonen D bis F erfasst, wobei Buslinien allerdings nicht integriert sind. Genaueres, z.B. Übersichtspläne, erfährt man unter www.gvh.de. Für Fahrplanauskünfte hinsichtlich ganz Niedersachsens stehen die Websites www.vbn.de bzw. www.efa.de zur Verfügung.

Touristische Informationen

- Hannover Tourist Information, Ernst-August-Platz 8, 30159 Hannover, Tel. 0511 12345111, www.visit-hannover.com
- Celle Tourismus & Marketing GmbH, Markt 14–16, 29221 Celle, Tel. 05141 909080, www.tourismus-celle.de
- Mittelweser Touristik GmbH, Lange Straße 18, 31582 Nienburg, Tel. 05021 917630, www.mittelweser-tourismus.de
- Tourist-Information Steinhude, Meerstraße 15–19, 31515 Wunstorf-Steinhude, Tel. 05033 95010, www.steinhuder-meer.de
- Weserbergland Tourismus, Deisterallee 1, 31785 Hameln, Tel. 05151 93000, www.weserbergland-tourismus.com
- Tourismuszentrale Östliches Weserbergland, Hannoversche Straße 14A, 31848 Bad Münder am Deister, Tel. 05042 929804, www.weserbergland-tourismus.com
- Hildesheim Marketing, Rathausstraße 20, 31134 Hildesheim, Tel. 05121 17980, www.hildesheim.de

Üppiges Frühlingsgrün am Stadtrand von Nienburg.

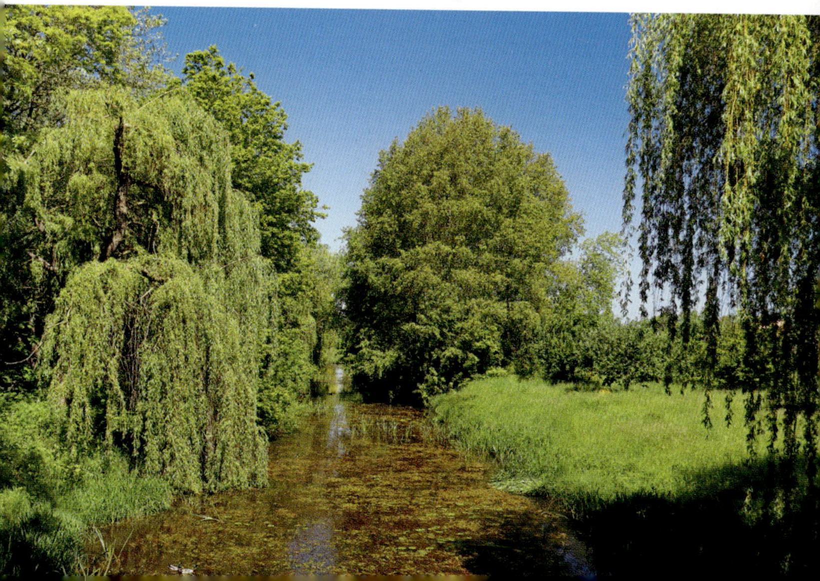

DIE STADT HANNOVER UND IHRE GESCHICHTE

Nach Einwohnerzahl belegt Hannover mit knapp 540.000 Platz 13 im gesamtdeutschen Ranking, innerhalb Niedersachsens natürlich unangefochten den ersten Platz. Wahrscheinlich bestand auf dem heutigen Stadtgebiet schon in antiker Zeit eine germanische Siedlung. Die Rekonstruktion der Frühzeit beruht allerdings wie üblich nur auf archäologischen Befunden und bleibt damit in wesentlichen Teilen spekulativ. Jedenfalls entwickelte sich später aus einem mittelalterlichen Herrenhof des Grafen von Rhoden und dem angrenzenden Dorf an der Leine, das um die Mitte des 12. Jahrhunderts erstmals urkundlich erwähnt wurde, dank verkehrsgünstiger Lage bald eine prosperierende Stadt. Der Ursprung lag demnach am »hohen Ufer«, worin manche Historiker auch die Bedeutung des Namens Hannover sehen. Städtische Privilegien wurden ab 1241 erteilt, Befestigungen ausgebaut (heute noch erhalten etwa am Pferde-, Lister und Döhrener Turm) und auch der Beitritt zum Handelsbund der Hanse fiel in die Zeit der ersten wirtschaftlichen Blüte. Dabei hatten neben der Position am Schnittpunkt wichtiger Verkehrswege auch Zwistigkeiten und Geldnöte involvierter Landesherren unserer Stadt nach und nach zu mehr Souveränität verholfen – politisches Geschick nennt man das wohl.
Infolge der welfischen Erbteilungen entstand im 15. Jahrhundert das Fürstentum Calenberg, das zum Kernland des späteren Kurfürstentums Hannover avancierte. Kirchlich gehörte die Stadt seit ihrer Gründung zum Bistum

Schloss Marienburg ist erst seit dem 19. Jahrhundert Schauplatz der Geschichte.

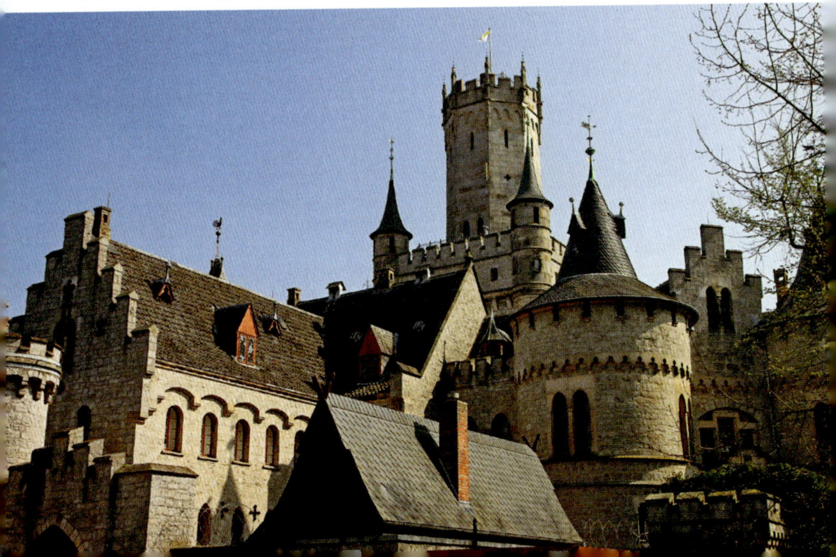

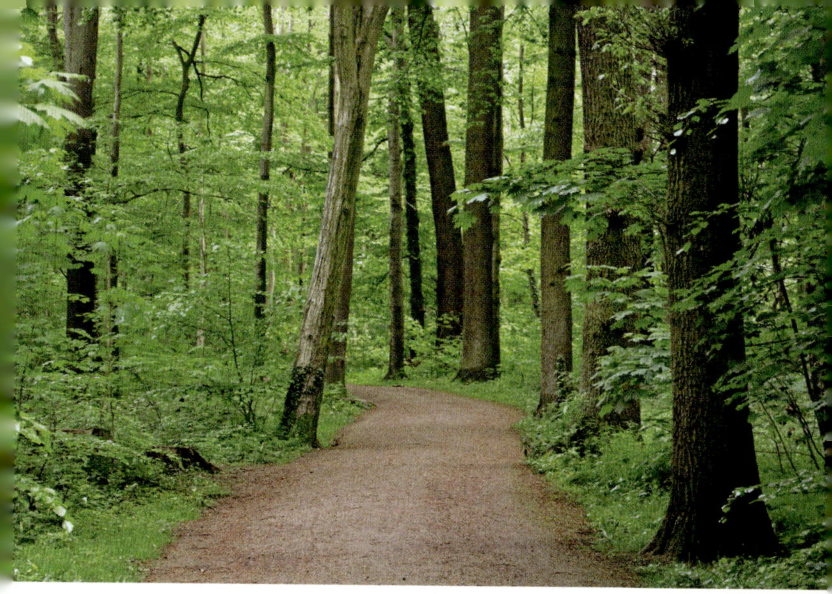

Inmitten Hannovers bedeutendstem Stadtwald.

Minden – manifestiert durch drei während des 14. Jahrhunderts errichteter Sakralbauten (außer der Marktkirche auch Kreuz- und Aegidienkirche). Im 16. Jahrhundert setzte sich allerdings unter einigen Konflikten und Widerständen die maßgeblich von den Bürgern getragene Reformation durch.
1636, also während des 30-jährigen Krieges, wurde Hannover Residenzstadt der Welfen und infolgedessen stark befestigt, etwa unter Einbeziehung der planmäßig angelegten Calenberger Neustadt westlich der Leine. Auch die barocken Herrenhäuser Gärten samt Schloss stammen aus dieser Zeit – ein Zeichen absolutistischer Ansprüche, die lang währende faktische Autonomiegewohnheiten freilich einschränkten. Als die Kurfürsten von Hannover 1714 auch den britischen Thron bestiegen und ihr »Headquarter« nach London verlegten, geriet die alte Residenz etwas ins Abseits (bis 1837, als die Personalunion endete) und vorübergehend sogar unter französische Fremdherrschaft.
Im Zuge des umwälzenden Wiener Kongresses wurde 1815 das Königreich Hannover ausgerufen, ehe politische Konflikte ein halbes Jahrhundert später zur Annektierung durch den Preußischen Staat führten. Hannover selbst wurde darin zur Provinzhauptstadt. In gesellschaftlichem Kontext brachte dies einige Animositäten mit sich, wirtschaftlich jedoch auch Vorteile. Die bereits durch den Eisenbahnbau angestoßene Industrialisierung erlebte in der Gründerzeit einen erheblichen Aufschwung. Von 1850 bis zum Ersten

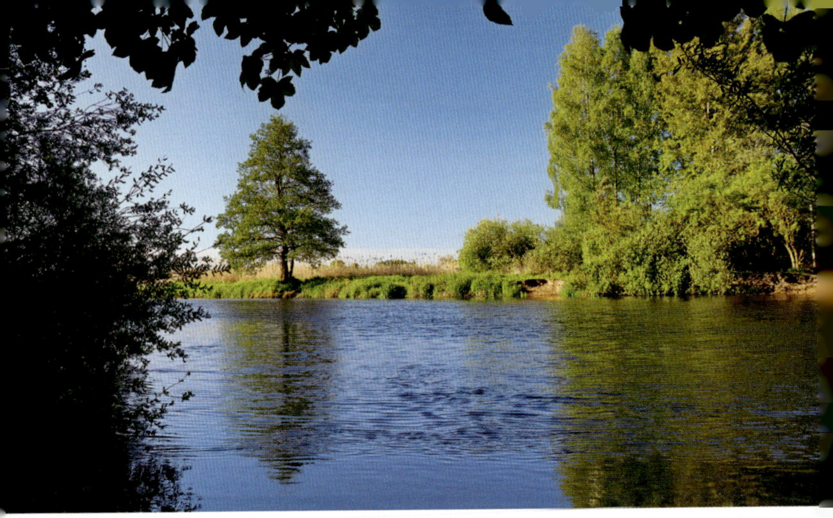

Szene am Leinefluss knapp südlich von Hannover.

Weltkrieg stieg die Einwohnerzahl auf ein Vielfaches. Kräftiger Zuwachs kam auch durch fortschreitende Eingemeindungen – mit der benachbarten »Arbeiterstadt« Linden war 1920 die 400.000er-Marke überschritten. Im Zweiten Weltkrieg litt die Stadt unter massiven Luftangriffen der Alliierten und wurde zu großen Teilen in Schutt und Asche gelegt. Schätzungen gehen von 7,5 Mio. Kubikmetern Trümmer aus – im Verein mit einer massiv erodierten Gesellschaft. Gleichwohl geschah der Wiederaufbau letztlich zügig und vor allem planvoll im Sinne funktionsgerechter Infrastruktur, allerdings oft auch auf Kosten historisch gewachsener kleinteiliger Strukturen. Mit neuem Verkehrskonzept, das leistungsstarke Tangenten außerhalb des Zentrums vorsah, wurde beispielsweise die Schneise des Messeschnellwegs durch die Eilenriede geschlagen. Vieles von diesen städtebaulichen Ansätzen ist im Zuge der Postmoderne längst wieder kritisch hinterfragt worden, aber zumindest hat man im Sinne der Lebensqualität durchaus auch an innerstädtische Grünzonen gedacht, sodass der Gesamteindruck über die Fläche betrachtet eigentlich nicht zu steril ausfällt. Solche »Oasen« haben Hannover sogar den Beinamen »Großstadt im Grünen« eingebracht. Seit 1946 ist Hannover Hauptstadt des Bundeslandes Niedersachsen und heute in manchen

Wie wär's mit einer Fahrt mit der Maschseeflotte?

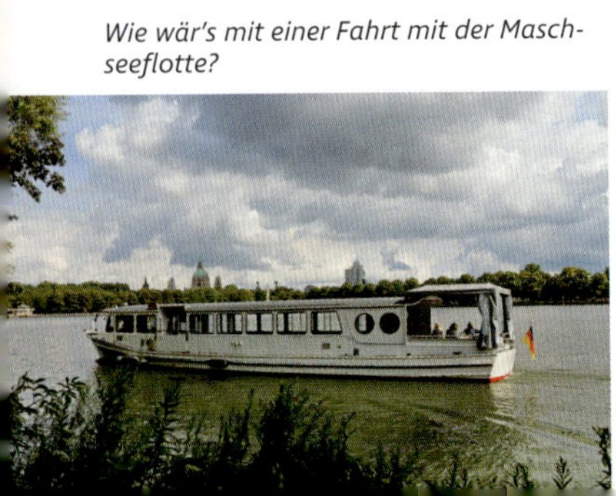

Aspekten gewiss ein Standort von internationalem Renommee. Man denke nur an die weltgrößte Messe. Den Ruf des »Provinziellen« hat es allerdings wohl nie ganz ablegen können.
Sehenswürdigkeiten können in diesem kurzen Überblick natürlich nur angerissen werden. Reisende, die aus dem Hauptbahnhof treten, nehmen als Erstes das monumentale Reiterstandbild König Ernst Augusts wahr. Ein paar Gehminuten entfernt liegt am Kröpcke gleichsam das Herz Hannovers. Die Altstadt wurde am Ende des Zweiten Weltkriegs leider fast völlig zerstört. Rund um die Marktkirche entstand jedoch eine Art »Traditionsviertel« mit Bauten im Stil Norddeutscher Backsteingotik wie auch im Fachwerkstil. Zur Leine hin befinden sich das Leineschloss (heutiger Landtag) und eine einladende Uferpromenade. Das klassizistische Erscheinungsbild geht auf den umtriebigen Baumeister Laves zurück, der an vielen Stellen der Stadt seine Spuren hinterlassen hat, etwa auch mit dem Opernhaus oder der Waterloosäule. Ein viel fotografiertes architektonisches Schmuckstück ist fraglos das schlossartige Neue Rathaus, das sich so wundervoll im Maschteich spiegelt. Etwas weiter südlich erstreckt sich der künstlich angelegte Maschsee, eine der größten Wasserflächen überhaupt in deutschen Großstädten. Unter den zahlreichen Parkanlagen stehen die Herrenhäuser Gärten an erster Stelle, 2015 sogar ausgezeichnet als bester Park Europas. Abgesehen von solchen Glanzlichtern hat fast jeder Stadtteil Sehenswürdigkeiten verschiedener Epochen zu bieten. Und die Einheimischen schätzen auch ihre Kleingartenkolonien, wo die einzelne Parzelle zum persönlichen Miniaturidyll wird.

Im Georgengarten kann man schon seit mehr als 300 Jahren »lustwandeln«.

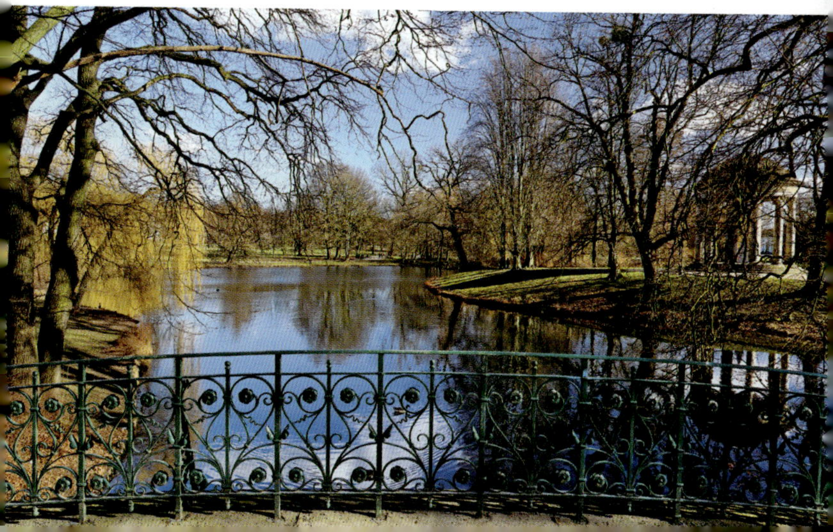

LANDSCHAFTEN IM HANNOVERSCHEN UMLAND

Mit der 2001 vollzogenen Umstrukturierung ist die »Region Hannover« heute ein feststehender kommunalpolitischer Begriff, hervorgegangen aus dem ehemaligen Landkreis Hannover und der darin eingeschlossenen kreisfreien Stadt. In diesem Wanderführer orientieren wir uns aber weniger an den genauen administrativen Grenzen, sondern verschieben den Horizont im Sinne des faktischen Einzugsgebiets noch ein Stück weit nach außen und betrachten damit einen Zirkel von etwa 80 bis 100 Kilometer Durchmesser, der sich vom Südteil der Lüneburger Heide bis hinein ins Leinebergland sowie von der Weser bis auf halbem Wege nach Braunschweig erstreckt. Damit haben verschiedene Landschaftstypen Anteil daran.

Weite Bereiche Niedersachsens gehören zur Geest, die maßgeblich durch die Eiszeiten geprägt ist und sich aus Grund- und Endmoränen, Sandern und Urstromtälern entwickelt hat. Während der Saale-Kaltzeit (vor etwa 300.000 bis 126.000 Jahren) drang der skandinavische Eispanzer bis gegen die Mittelgebirgsschwelle vor, während der Weichsel-Kaltzeit (vor 115.000 bis 11.600 Jahren) nur noch etwa bis zur Elbe, wodurch sich auch regionale Unterschiede ergeben haben. Namentlich die besonders sandigen Böden gelten als unfruchtbar und werden meist für speziell angepasste Feldfrüchte wie Kartoffel oder Spargel genutzt. Im Waldbewuchs dominiert die Kiefer. Etwas günstiger für die Landwirtschaft erweisen sich strichweise die Moränengebiete, in denen auch mal Laubwald anzutreffen ist. Die Geest

Das Steinhuder Meer ist am Ende der letzten Eiszeit entstanden.

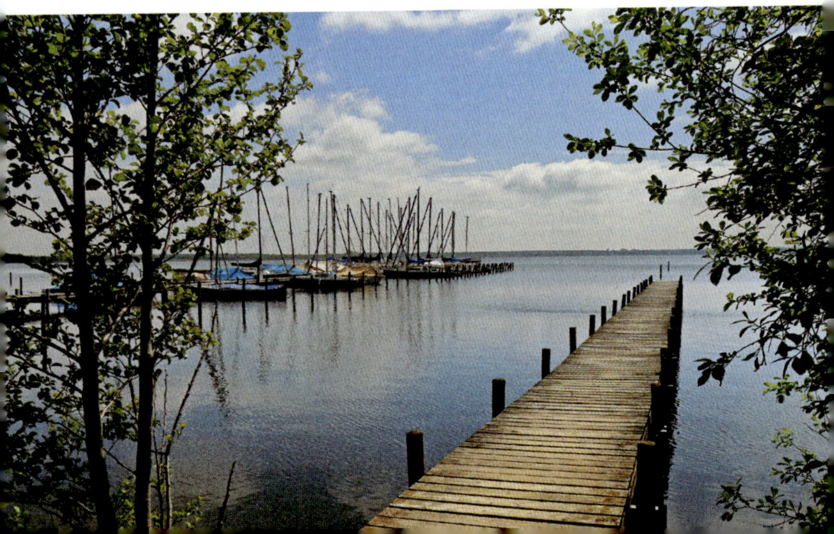

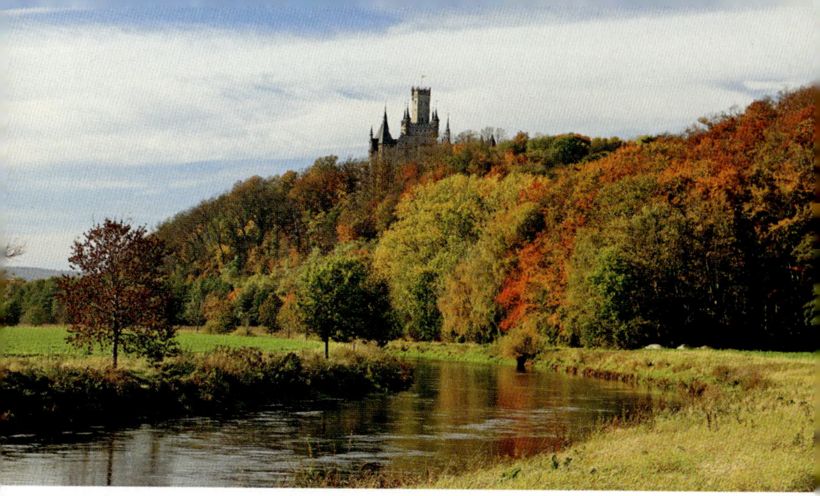

Hingucker: Schloss Marienburg über der Leine bei Nordstemmen.

erstreckt sich grob gesagt nördlich des Mittellandkanals. In unserer Region zählen dazu die Hannoversche Moorgeest zwischen Hannover und Nienburg, die gen Osten anschließende Burgdorf-Peiner Geest und weiter nördlich die Lüneburger Heide.

Diese Begriffe aus der Geografie weisen noch auf zwei erwähnenswerte geomorphologische Merkmale hin: In der Moorgeest bestehen weite Flächen aus Hochmooren – besser gesagt: bestanden, denn durch jahrhundertelangen Torfstich ist das ursprüngliche Gefüge stark verändert worden. Trotz der weitgehenden ackerbaulichen Kultivierung gibt es aber noch einige Relikte wie Bissendorfer, Otternhagener oder Totes Moor. In dieser Umgebung hat sich nacheiszeitlich auch das Steinhuder Meer gebildet. Die Heide hingegen ist vom Charakter her eine Kulturlandschaft, welche durch Überweidung karger Sandböden entstanden ist. Auch ihre Areale sind seit dem 19. Jahrhundert vor allem durch Aufforstung stark zurückgegangen. Heute versteht man Moore und Heiden als ökologisch wertvolle Naturräume und ist um ihren Erhalt bemüht. Im Falle der Heide kommt die touristische Anziehungskraft dazu. Heidschnuckenherden sorgen dafür, dass wir zwischen tiefen Forsten mancherorts im Spätsommer noch die zauberhafte violette Färbung der offenen Landschaft erleben können.

Südlich des Mittellandkanals schließt sich an die Geest der Streifen der Börde an. Durch den während der letzten Eiszeit angewehten Löss entwickelten sich hier Böden (Schwarzerden und Parabraunerden), die zu den fruchtbarsten und ertragreichsten Deutschlands zählen, beispielsweise in der Calenberger Börde südwestlich und der Hildesheimer Börde südöstlich von Hannover. Die außerordentliche Bodengüte hat schon in prähis-

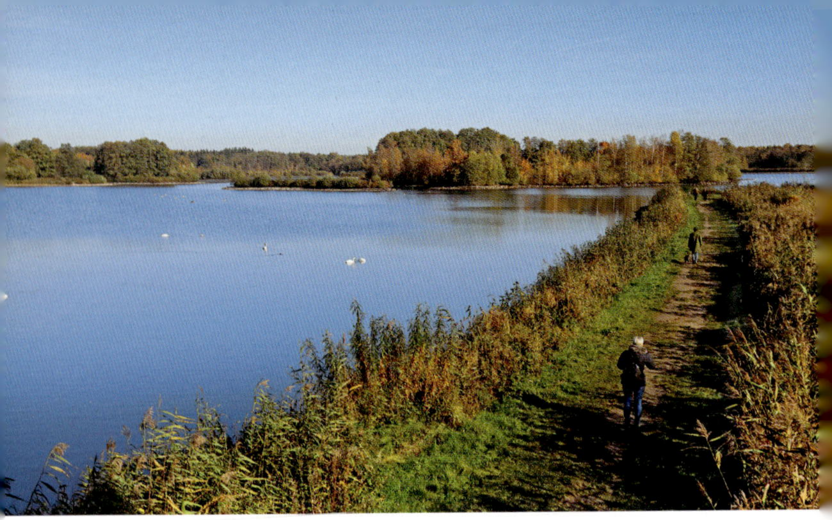

Die Meißendorfer Teiche in der Südheide sind Naturschutzgebiet.

torischer Zeit Siedler angezogen. Heute präsentiert sich im Zuge intensiver Landwirtschaft eine weithin monokulturell geprägte Feldflur, in der hauptsächlich Weizen, Mais und Zuckerrüben angebaut werden. Bewaldete Bereiche gibt es nur in geringem Umfang, vornehmlich im Übergangsbereich zur Mittelgebirgsschwelle. Praktisch alle paar Kilometer stößt man auf ein Haufendorf, sodass trotz des ländlichen Gepräges beinahe der Eindruck einer systematisch strukturierten Landschaft entsteht.

Im Unterschied dazu zeigt sich das Weser-Leine-Bergland abwechslungsreich gegliedert. Dies ist schon bedingt durch das bewegte Relief mit seinem Wechsel aus – überwiegend bewaldeten – Höhenzügen und den dazwischen liegenden Tälern und Senken, die sich mit Äckern, Grünland und eingestreuten Dörfern meist offen zeigen. Die Tektonik sorgte im Lauf der Erdgeschichte für ein kleinteiliges Mosaik von Bruchschollen, sodass wir es mit etlichen voneinander meist deutlich abgegrenzten Höhenzügen anstatt mit einem ausgedehnten Mittelgebirge (wie es beispielsweise beim Harz der Fall ist) zu tun haben. Die absoluten Höhen fallen natürlich auch bescheidener aus und überschreiten nirgends die 500-Meter-Marke. Zwischen Weser und Leine liegen Bückeberge, Süntel, Deister, Kleiner Deister, Osterwald und Ith, noch kleinräumiger der Bereich um Thüster Berg, Duinger Berg, Külf, Hils und Selter; östlich der Leine finden wir Sieben Berge, Hildesheimer Wald, Sauberge und Vorholz. Dies als Aufzählung, soweit es für unseren Tourenführer relevant ist, denn südlich von Freden setzt sich das Leinebergland natürlich in ähnlicher Weise fort …

Frei nach dem Motto »Stadt – Land – Fluss« noch ein paar geografische

Ergänzungen: Unter den Städten unseres Gebiets verdient neben Hannover nur noch Hildesheim mit knapp mehr als 100.000 Einwohnern den Vorsatz »Groß«. Der alte Bischofssitz war über lange Zeit einflussreicher historischer »Player«, wovon heute noch manches Bauwerk (und manches Schriftstück in den Archiven) zeugt. Auf weiteren Plätzen rangieren die alte Residenzstadt Celle als »südliches Tor zur Heide«, Hameln an der Oberweser, die Industriestadt Peine sowie Nienburg an der Mittelweser. Nicht zu vergessen einige durchaus stattliche »Satellitenstädte« Hannovers, die zwar direkt in der Agglomeration verortet werden, aber kommunalpolitische Eigenständigkeit besitzen, etwa Garbsen, Langenhagen und Laatzen. Zentraler Fluss unserer Region ist die Leine, an der bekanntlich auch Hannover selbst liegt. Sie entspringt im Eichsfeld noch auf thüringischer Seite, durchfließt das gesamte südliche Niedersachsen, nimmt noch vor Hannover die aus dem Harz kommende Innerste auf und mündet knapp nördlich von Schwarmstedt schließlich in die Aller. Diese stellt als einstiges glaziales Urstromtal quasi die Südgrenze der Lüneburger Heide dar und mündet ihrerseits in die Weser.

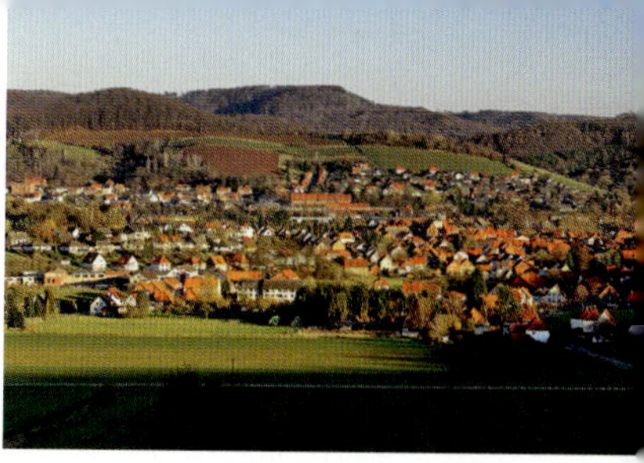

Der südliche Teil unserer Region ist vom Bergland geprägt, wie hier bei Freden.

Im Bissendorfer Moor offenbart sich noch der natürliche Landschaftstyp der Hannoverschen Moorgeest.

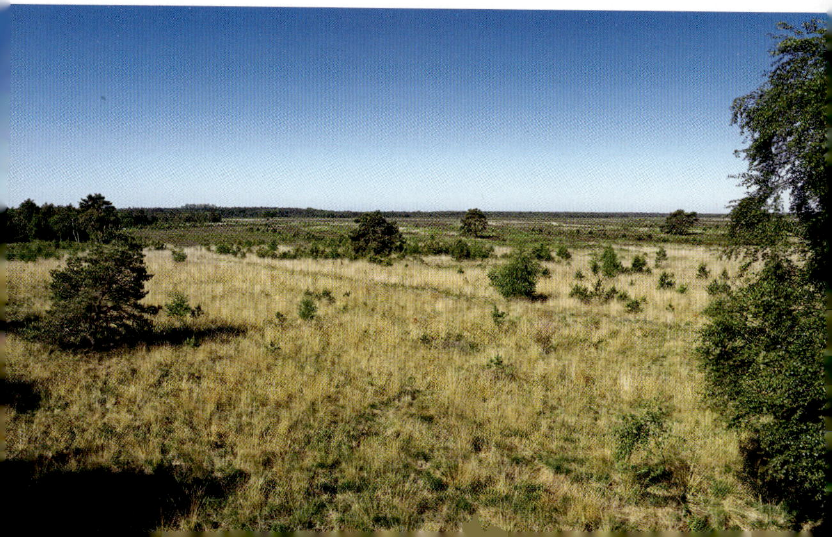

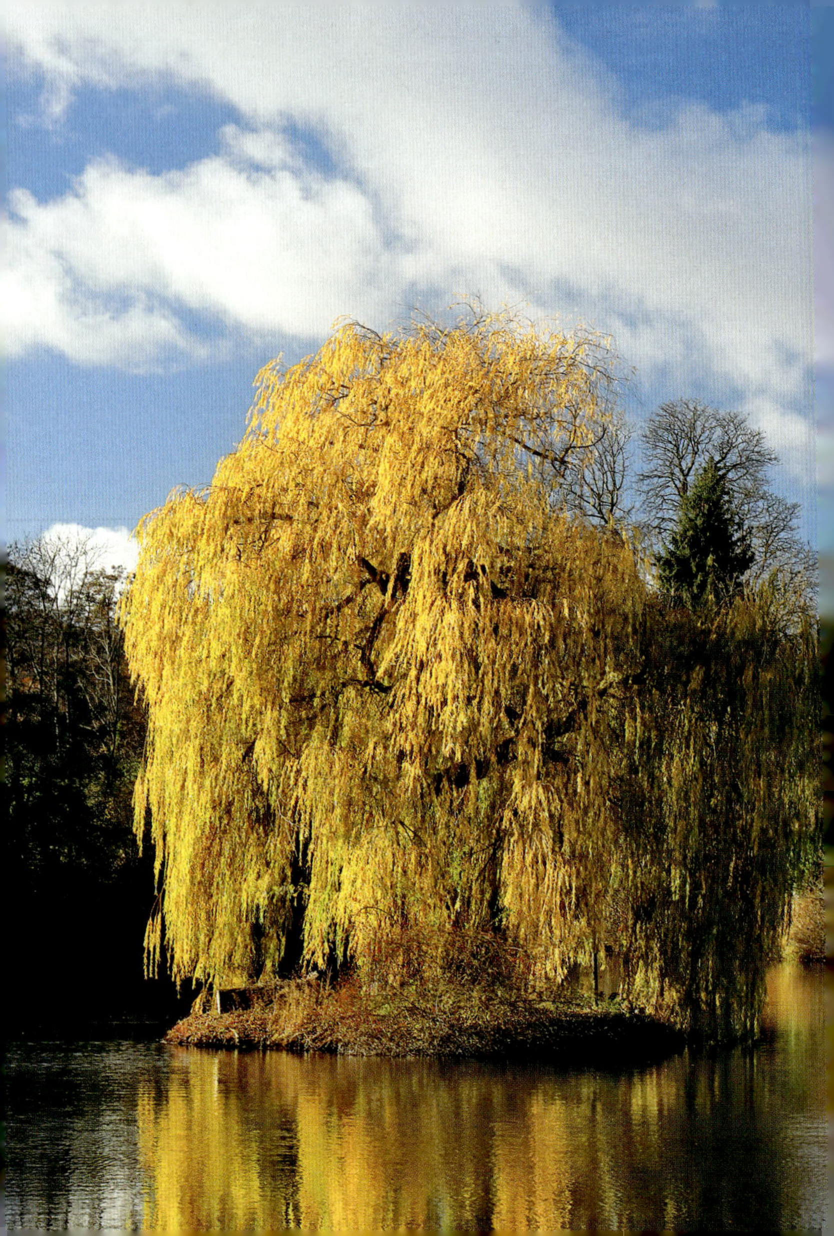

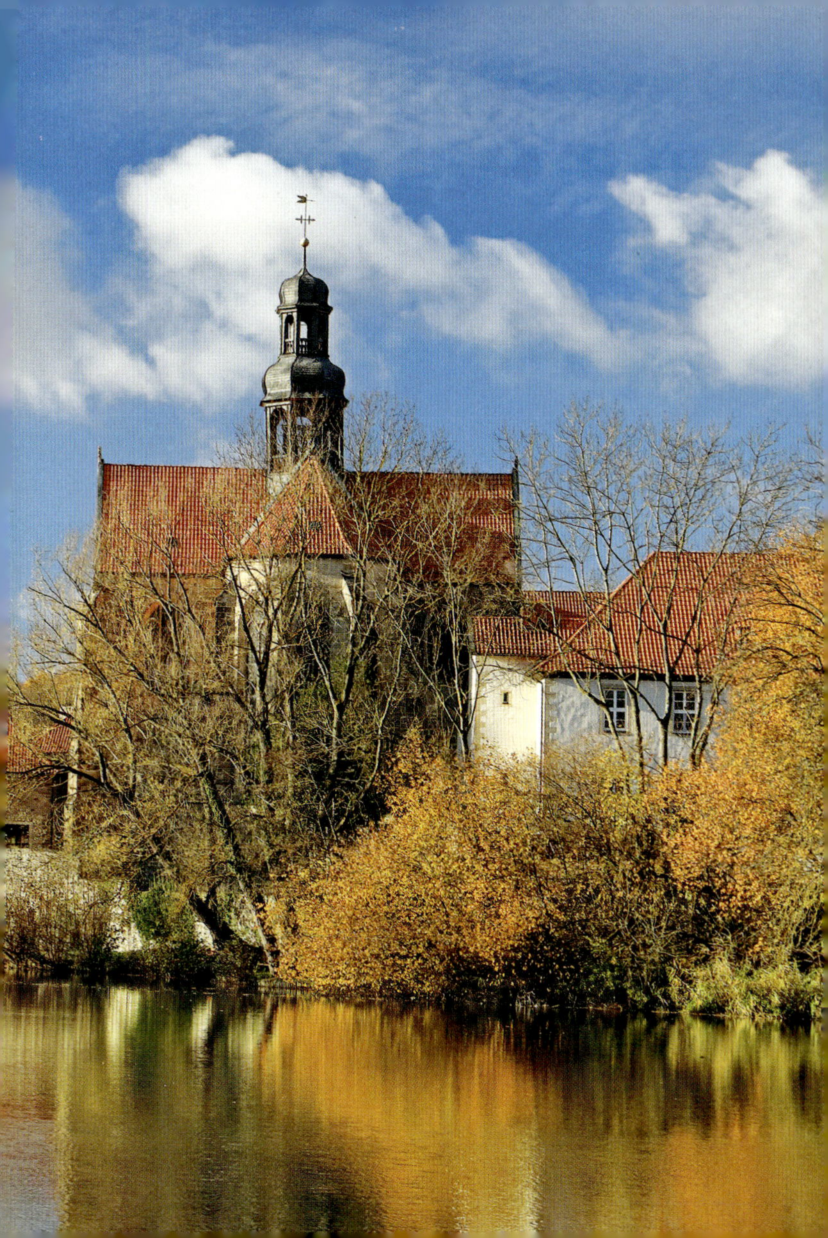

↗ <100 m | ↘ <100 m | 7.3 km

1 Georgengarten, Große Koppel und Leineufer bei Linden

2.00 h

Im Umfeld der berühmten Herrenhäuser Gärten

Zu den beliebtesten Parkanlagen Hannovers zählt der Georgengarten in der Nordstadt, angelegt im Stil englischer Landschaftsgärten. Die Ursprünge gehen auf das frühe 18. Jahrhundert zurück. Herausstechende Fleckchen sind der Leibniztempel sowie das Wallmodenschloss, welches heute das Wilhelm-Busch-Museum beherbergt. Vielleicht ist manch einem gar nicht bekannt, dass auch der Georgengarten zu den (vier) Herrenhäuser Gärten gehört. Meist verbindet man damit ja den »Großen Garten«, der ebenfalls an unserem Weg liegt, aber im Gegensatz dazu natürlich eine kommerzielle Bedeutung besitzt. Im weiteren Verlauf sammeln wir noch Eindrücke aus der Leinemasch, etwa von der Großen Koppel, die als offene Weidelandschaft den Fluss ein Stück weit flankiert.

Ausgangspunkt: Leibniz-Universität, ca. 52 m. Haltestelle der Stadtbahnlinien 4 und 5.

Anforderungen: Sehr gepflegte Spazierwege im Georgengarten; entlang der Großen Koppel und dem Leineufer kombiniert mit Radweg. Überschaubare innerstädtische Tour ohne Höhenunterschied. Auf den Hauptwanderwegen sind die Richtungen beschildert, in zwischenzeitlichen Straßenabschnitten nicht.

Einkehr: Café Steintormasch; Georgen Terrassen; Milchhäuschen; Grauwinkels Schlossküche; Ristorante Castello (Alte Herrenhäuser Str.); weitere relativ nah im Stadtteil Linden.

Variante: Speziell im Georgengarten individueller Verlauf möglich.

Tipps: Besichtigung der Herrenhäuser

Graugänse finden in den städtischen Teichen ihren Lebensraum.

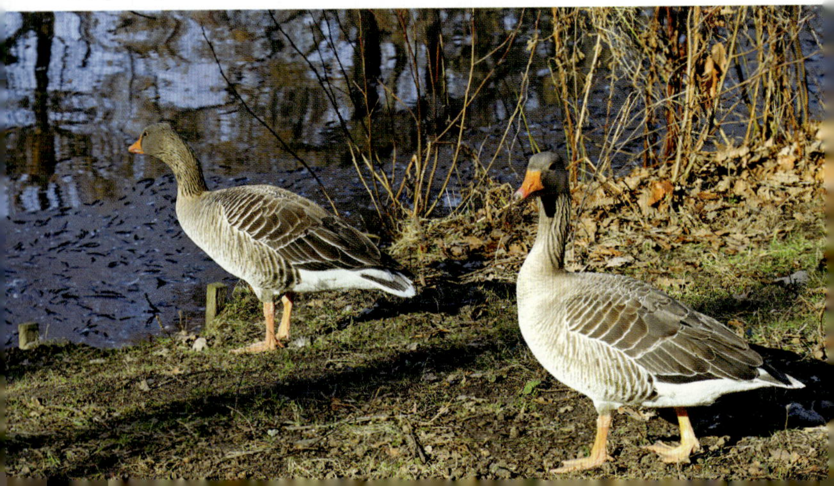

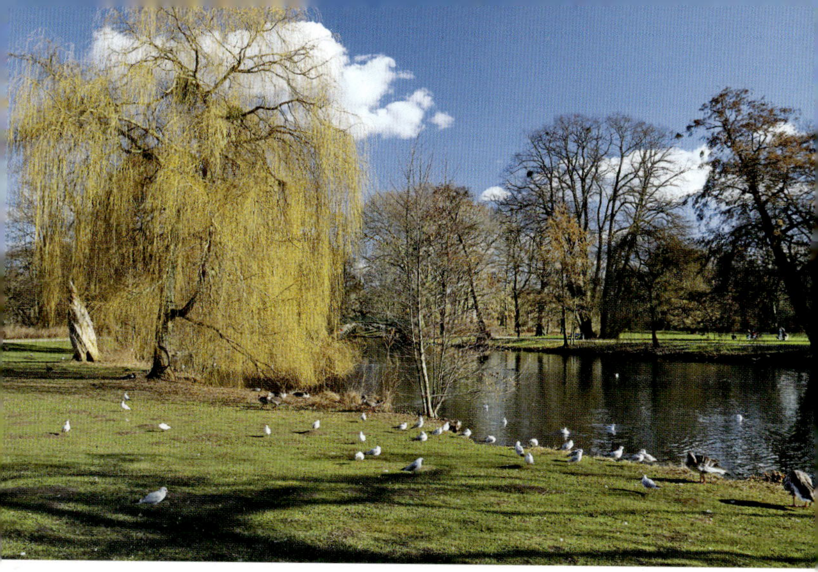

Im quirligen Leben der Metropole erscheint der ausgedehnte Georgengarten wie ein Ruhepol.

Gärten (Großer Garten und Berggarten) ganzjährig ab 9 Uhr, Schließzeiten saisonal unterschiedlich (16.30 Uhr im Winter oder bis maximal 20 Uhr im Sommer). Nebenan auch das SeaLife Hannover, geöffnet ab 10 Uhr. Wilhelm-Busch-Museum, geöffnet Di–So zwischen 11 und 17 Uhr.

Wir starten bei der **Leibniz-Universität** ❶ in der *Nienburger Straße* und finden uns damit umgehend im **Georgengarten** wieder. Die Grundrichtung ist Nordwest, wobei wir uns später vorteilhaft links halten, um dem großen, reizvoll gewundenen Teich einen Besuch abzustatten. In einer Bucht liegt der fotogene **Leibniztempel**. Über die Augustenbrücke wechseln wir wieder die Seite und nähern uns der Graft, die den sogenannten **Großen Garten** östlich begrenzt. Vorn an der *Herrenhäuser Straße* befindet sich der Eingang ❷. Die Tour setzt sich am besten in der parallelen *Alten Herrenhäuser Straße* fort und schließt zum Zubringer des *Westschnellwegs* auf. Gegenüber

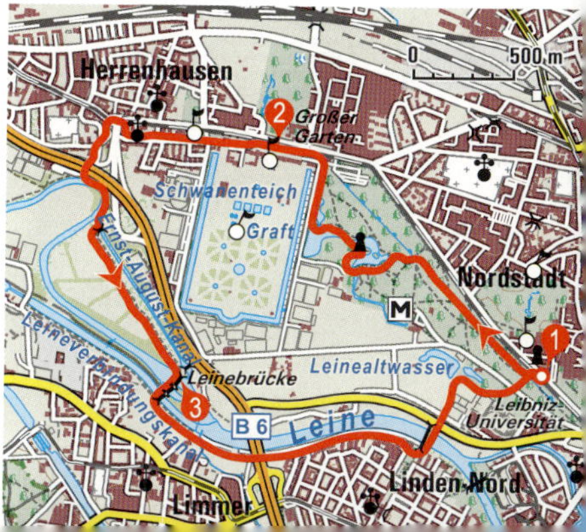

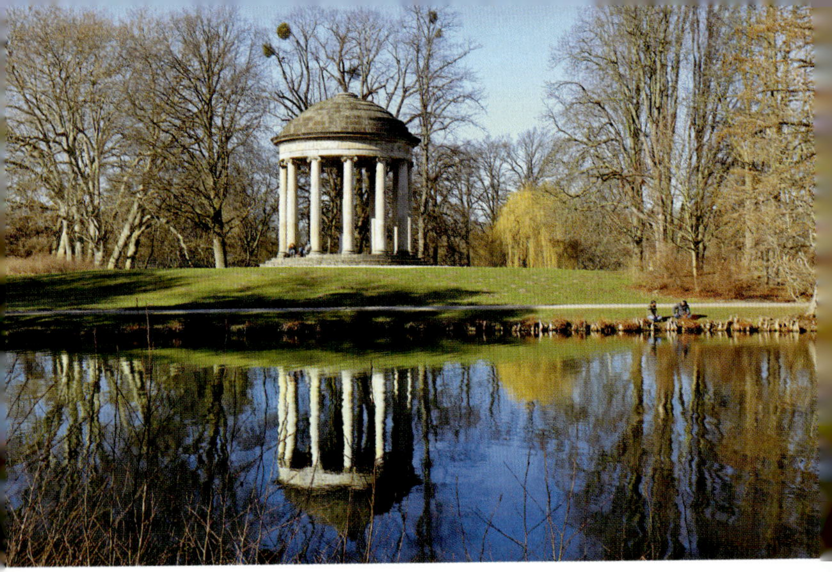

Kleinod im Georgengarten: der Leibniztempel.

geht es südwärts in der *Dorotheenstraße* weiter und unmittelbar hinter der Unterführung links. Der Radweg tangiert einen Leine-Mäander und leitet dann rechts über den verwilderten Ernst-August-Kanal hinweg, um die **Große Koppel** zu begleiten. Beim Wasserkraftwerk Herrenhausen überschreiten wir die Leine sowie den Leineabstiegskanal ❸ auf die rechte Seite und haben nun eine Strecke am jenseitigen Ufer-Fuß- und Radweg vor uns – am Rande der Stadtteile Limmer und Linden-Nord. Die Dornröschenbrücke vermittelt schließlich wieder den Wechsel zurück in den Georgengarten, wo wir den Kreis Richtung **Universität** ❶ schließen.

In den Baumkronen hängen die Misteln.

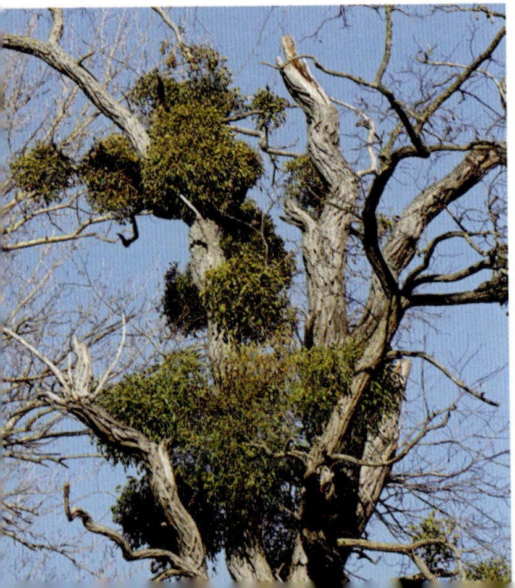

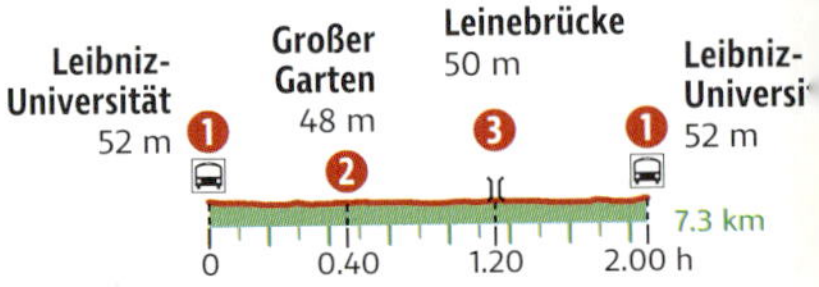

2.15 h

Durch die Eilenriede zum Annateich und Tiergarten

Hannovers grüne Lunge

Die zwischen Oststadt, Kleefeld und Kirchrode gelegene Eilenriede ist der bekannte und allseits beliebte Stadtwald Hannovers und wahrscheinlich Relikt eines großen zusammenhängenden, frühmittelalterlichen Waldgebiets, das man als »Nordwald« bezeichnet. Heute zählt die Eilenriede naturgemäß zu den grünen Oasen im innerstädtischen Bereich und trägt damit eine wichtige Erholungsfunktion. Wir durchqueren sowohl Nord- als auch Südteil und schließen im weiteren Verlauf noch den Hermann-Löns-Park mit dem lauschigen Annateich sowie den Tiergarten an. In dem eingefriedeten Gehege können frei laufende Wildtiere, z.B. Dam-, Rot- und Schwarzwild, beobachtet werden. Somit sind wir mitten in Hannover auf einer mehr als zweistündigen Wanderung nahezu ausschließlich im »Grünen« unterwegs. Derweil gibt es auch etliche Spielplätze für Kinder.

Ausgangspunkt: U-Bahn-Haltestelle »Lister Platz«, ca. 54 m, von Hannover Hbf. rasch erreichbar mit den Linien 3, 7 und 9.

Endpunkt: Tiergartenstraße, ca. 67 m, Haltestelle der Stadtbahnlinie 5.

Anforderungen: Meist breite, mehr oder weniger befestigte und damit radtaugliche Wege. Ausgesprochene Hartbelag-Radwege sind beschildert, die Fußwege höchstens zum Teil, weshalb im dichten Wegenetz der Eilenriede bei Unkundigen evtl. Orientierungsunsicherheiten auftreten können. Ein Fehlgehen wäre zwar meist nicht tragisch, aber vielleicht doch lästig (mit GPS vermeidbar). Kurztour, die durch Erkundungen in der Nachbarschaft ausgeweitet werden kann.

Einkehr: Lister Turm Biergarten; Milazzo (Kleestraße); Parkrestaurant Alte Mühle; Trattoria Massimo (am Tiergarten), Tiergartenschänke, Bambus Garden und Taverne (Tiergartenstraße).

Variante: Speziell in der Eilenriede sind natürlich diverse Weglinien möglich. In der Nähe befindet sich auch der Zoo Hannover.

Der Tiergarten in Kirchrode zählt zu den ältesten Gehegen Deutschlands.

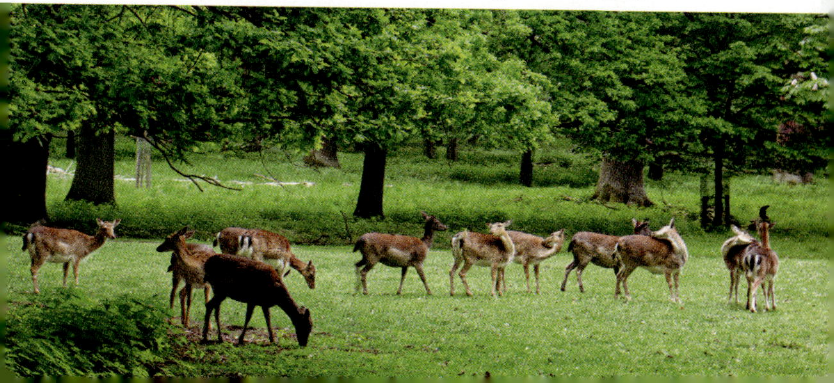

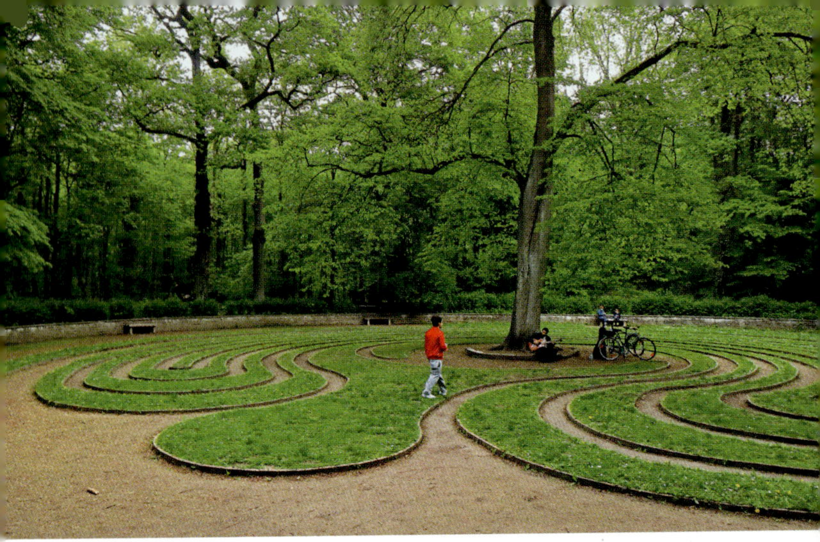

Rasenlabyrinth in der Eilenriede.

Vom **Lister Platz** ❶ gehen wir an der Markuskirche vorbei in die *Waldersee-straße* und tauchen hinter dem Lister Turm rechts haltend ins Waldgebiet der Eilenriede ein. Unsere Route führt in Grundrichtung Südost zunächst zur Fischereiche mit dem **Rasenlabyrinth** ❷, zieht dann weiter Richtung Schiffgraben, der ebenso gekreuzt wird wie kurz darauf die *Waldchaus-see*, und setzt sich dann ein Stück weit östlich des Zoos fort. Allmählich mehr südlich auf einer Brücke über den mehrspurigen **Messeschnellweg** ❸ hinweg und »An der Bult« entlang. Wir kommen in die *Kleestraße* voran, unterschreiten eine Eisenbahntrasse und gelangen am *Pferdeturm* zur **Petrikirche** ❹.

Hier beginnt der südliche Teil der Eilenriede. Gleich nach wenigen Metern zweigt links ein kleiner Pfad ab, der aber nur bei trockenen Bedingungen ratsam ist. Normalerweise nutzt man jetzt den asphaltierten Radweg; der parallel verlaufende Reitweg ist für Wanderer eher ungeeignet. Nach einer Strecke von rund 1,3 Kilometern (in Grundrichtung Südost), vorbei an Crayenbergbank und Hexenspielplatz, scheren wir vom Radweg nach links aus, wählen damit eine nördlichere Linie und kreuzen die *Kirchröder Straße* nach links versetzt. Damit wird jetzt der hübsche **Annateich** ❺ angelaufen. Es lohnt sich, den westlichen Teil des Doppelsees auf der linken Seite gut zur Hälfte zu

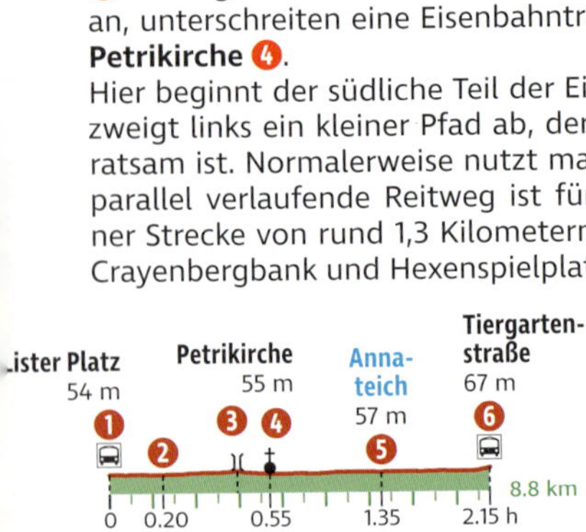

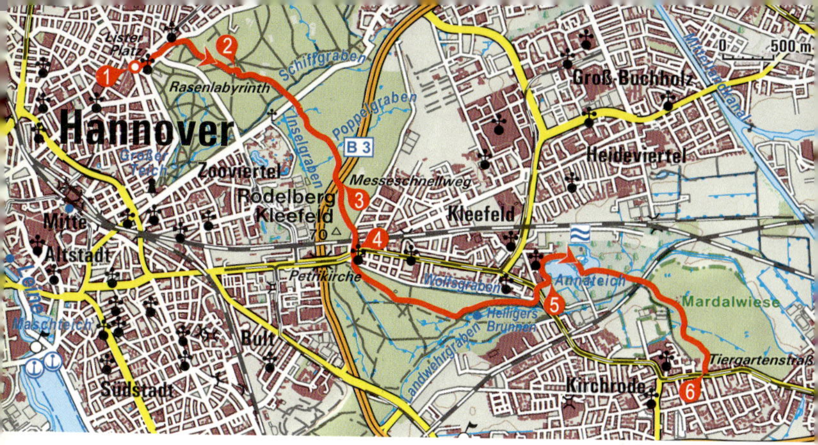

umrunden, ehe man zum Parkrestaurant bei der 1701 erbauten **Bockwindmühle** kommt: ein netter Fleck zur Einkehr. Links daran vorbei setzen wir unseren Weg durch den Hermann-Löns-Park fort und wechseln jenseits des Eisenbahnviadukts in den **Tiergarten**, der tagsüber für Wanderer und Spaziergänger geöffnet ist (Biker müssen außerhalb der Einzäunung herumfahren). Wer mag, kann hier noch einen etwas längeren Rundweg absolvieren. Ansonsten findet die Tour in der **Tiergartenstraße** 6 ihr Ende.

Herbststimmung am Annateich.

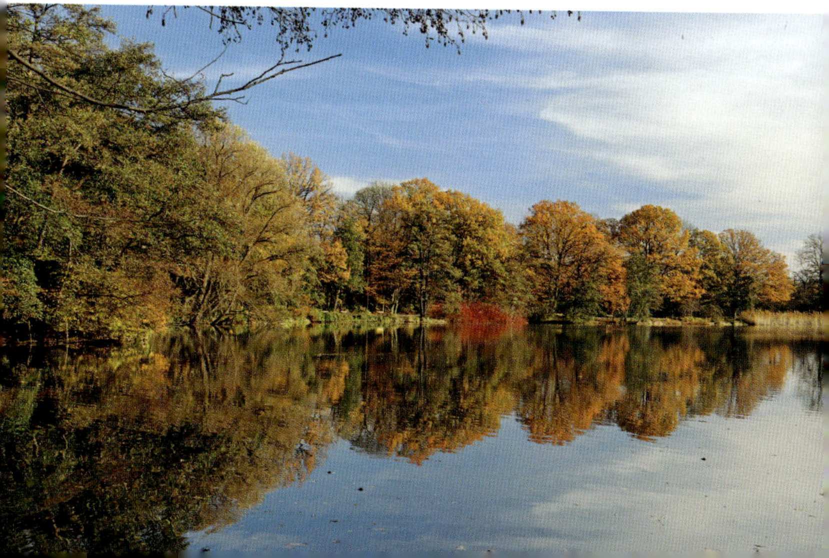

TOP 3

↗ <100 m | ↘ <100 m | 12.8 km

Von der Eilenriede zu den Ricklinger und Hemminger Teichen

3.20 h

Über drei Stunden quer durch die Stadt – und praktisch nur im Grünen

Besonders im östlichen und südlichen Stadtgebiet gibt es immer wieder Areale, die zu erholsamen Streifzügen unterm Blätterdach einladen – allen voran natürlich in der Eilenriede. Dieser Vorschlag holt allerdings weiter aus und legt solche grünen Streifen zu einer immerhin gut zwölf Kilometer messenden Tour von der List bis nach Ricklingen zusammen. Die zweigeteilte Eilenriede macht den Anfang, danach sind wir im Bereich der Alten Bult bei Waldhausen unterwegs, tangieren auch kurz den Maschsee und schlängeln uns durch die Ricklinger und Hemminger Kiesteiche, ehe das Ricklinger Holz den Abschluss bildet. Im Sommer dürfen durchaus auch die Badesachen in den Rucksack.

Ausgangspunkt: Spannhagengarten, ca. 56 m. Haltestelle der Stadtbahnlinien 3, 7 und 9.
Endpunkt: Ricklingen, beim Stadtfriedhof in der Göttinger Chaussee, ca. 58 m. Mit der Buslinie 300 in die Innenstadt und zum Hauptbahnhof.
Anforderungen: Die meiste Zeit problemlose Wege in Stadtwäldern und naturnahen Gefilden. Die Feinorientierung stellt wegen der unzähligen Gabelungen eine gewisse Herausforderung dar (am besten mittels GPS, da es auch in Stadtplänen nur bedingt adäquate Darstellungen gibt). Ausdauerleistung normal, quasi ohne Höhenunterschiede.
Einkehr: Steuerndieb (Nördl. Eilenriede); Milazzo (Kleestraße); Bischofshol

Offene Wegpassage auf der Bult.

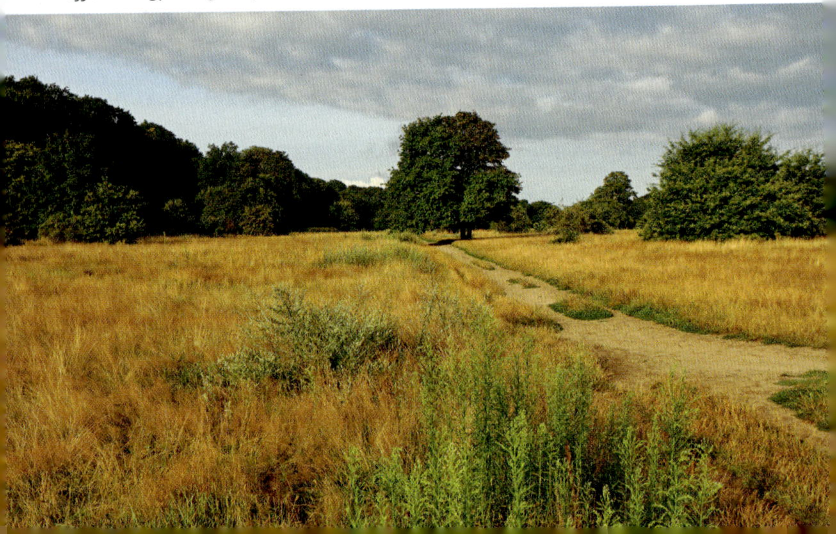

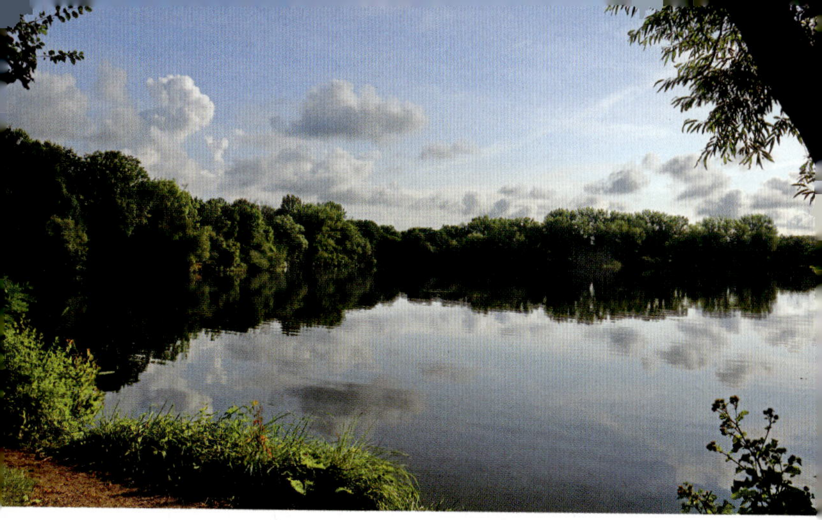

Die Ricklinger Teiche sind wohl der idyllischste Bestandteil der Tour.

Gastronomie (Südll. Eilenriede); Vier Jahreszeiten (Döhren); Insel Beach Club (Maschsee); Strandbad Hemmingen; Saxonia und Zur Fürstin (Ricklingen).

Variante: Es gibt im Detail einige Alternativwege, etwa in der Alten Bult, zudem Kombinationsmöglichkeiten mit den Touren 2 und 4.

Von der Haltestelle **Spannhagengarten** ❶ in der *Podbielskistraße* geht es via *Hermann-Bahlsen-Allee* kurz in die *Walderseestraße* und zum Eintritt in die Eilenriede. In Südrichtung begleiten wir eine Weile den Eilenrieder Grenzgraben, halten uns zunächst prinzipiell immer geradeaus (die Gaststätte Steuerndieb bleibt knapp links) und kreuzen die *Waldchaussee*. Auch dahinter wird weiterhin ziemlich genau Südkurs eingehalten. Nach einem Rechtsbogen auf einer kleinen Lichtung zweigt man bei der nächsten Gelegenheit links ab ❷ und überschreitet wenige Minuten später den *Messeschnellweg* auf einer Brücke. Anschließend rechts haltend an der Bult vorbei und in die *Kleestraße*, die uns zur **Petrikirche** ❸ am *Pferdeturm* bringt. Nach diesem Intermezzo geht es im Waldgebiet der Südlichen Eilenriede weiter, und zwar rechts haltend vorerst auf einem Radweg. Nach kaum fünf Minuten wählen wir allerdings die links abzweigende Trasse mit

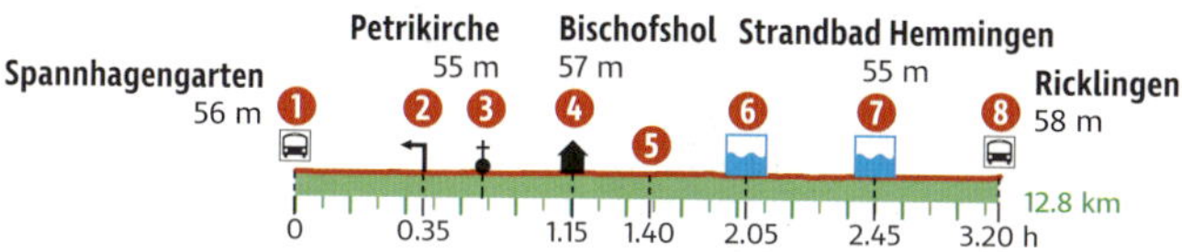

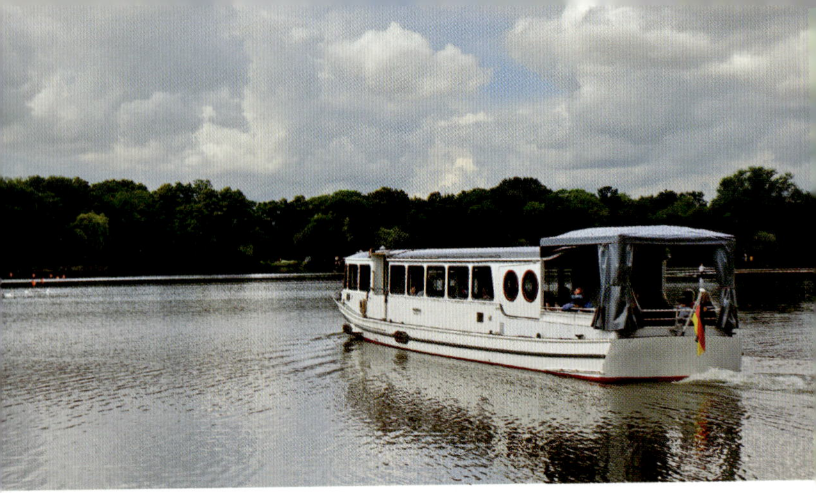

Auf dem Maschsee verkehren Ausflugsschiffe.

Der Döhrener Turm, Relikt der historischen Stadtbefestigung.

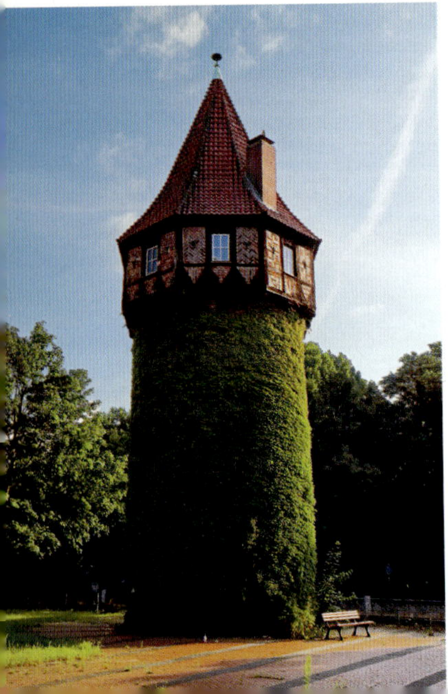

Naturbelag und stoßen erst später wieder auf asphaltierte Radrouten. Eine markante Passage führt unter *Bischofsholer Damm* und Bahnlinie hindurch und tangiert dabei den *Messeschnellweg* – unmittelbar dahinter taucht die Gaststätte **Bischofshol** ❹ auf.

Nun nehmen wir die Unterführung des *Messeschnellwegs* und haben dann am Rande der Alten Bult mehrere quasi parallele Wege zur Auswahl. Zur Abwechslung lohnt es sich, nach rechts für ein Weilchen ins offene Gelände zu wechseln – man achte dann aber darauf, nicht weiter abzuschweifen, sondern noch vor der Bahnstrecke links haltend zurück ins Gehölz zu gehen. Am Rugbyplatz vorbei kreuzen wir im Stadtteil **Waldhausen** ❺ die *Mainzer Straße* und tauchen damit sofort in den nächsten Waldstreifen ein. Am besten mit einem Linksbogen (Naturweg) zum neben dem Landwehrgraben verlaufenden Weg und zur *Hildesheimer Straße*, die beim **Döhrener Turm** überquert wird. Nachdem auch der verwunschene Vierthaler Teich passiert ist, gelangen wir jenseits des *Rudolf-von-Bennigsen-Ufers* zum **Strandbad Maschsee** ❻.

Weiterhin ist der Landwehrgraben noch ein Weilchen unser Begleiter, ehe man bei der nächsten Möglichkeit links unter einer Bahntrasse durchschlüpft. Hinter der Leinebrücke (»Blaue Brücke«) beginnen die **Ricklinger Teiche**. Während der Dreiecksteich rechts liegen bleibt, passieren wir den Sieben-Meter-Teich auf der anderen Seite des *Südschnellwegs* an seinem Nord- und Westufer. Mit einem Rechtsschwenk in die Bucht des Großen Hemminger Teichs, zur Brücke und dort links. In südlicher Richtung steuern wir jetzt das **Strandbad Hemmingen** ❼ an, erblicken den riesigen Sender auf der Wiese und orientieren uns abseits des Stadtteils an der Reuterwiese vorbei westwärts ins Ricklinger Holz. Beim Waldschlösschen beginnt der *Mühlenholzweg*, dann links zur *Göttinger Chaussee* und somit zum Endpunkt der Tour in **Ricklingen** ❽.

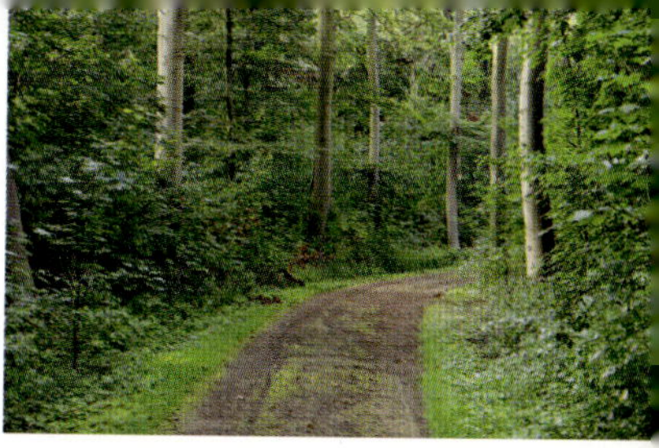

Inmitten Hannovers bedeutendstem Stadtwald.

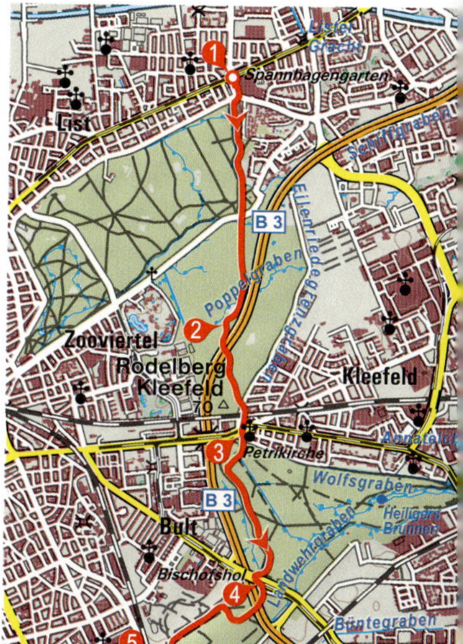

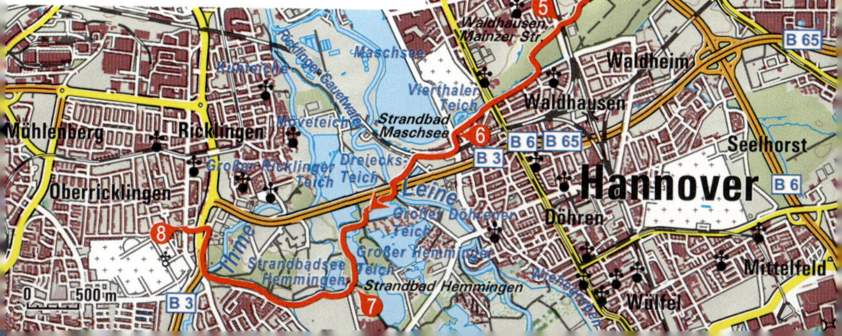

↗ <100 m | ↘ <100 m | 8.0 km

2.00 h

4 Rund um den Maschsee

Hannovers Spaziermeile Nummer eins

Kennern der Stadt Hannover muss man den Maschsee nicht näher vorstellen, geschweige denn anpreisen. Als innerstädtisches Erholungsziel rangiert er selbstverständlich ganz oben. Der künstliche See entstand in den 1930er-Jahren durch Überflutung der Leinemasch, wobei jedoch keine Durchleitung des Flusses besteht, sondern die Wasserspeisung durch Pumpen realisiert wird und der Pegel damit über jenem der Leine liegt. Das vermindert auch beträchtlich den Eintrag von Schlamm und Schwebstoffen. Als »Appetizer« dieses Wander-, Jogging- und Fahrradklassikers sollten wir durchaus bereits den kleinen Maschteich mit dem Traumblick aufs Neue Rathaus mitnehmen. Die eigentliche Maschsee-Runde misst dann ca. sechs Kilometer und darf somit als ausgedehnter, durchwegs angenehmer Spaziergang gelten. Wer sie in relativer Stille absolvieren möchte, sollte sich Gedanken um den Zeitpunkt machen. An Wochenenden und namentlich bei Schönwetter wuselt es hier ganz ordentlich. Wem es hingegen nach dem ultimativen Trubel gelüstet, der wird das alljährliche Maschseefest besuchen.

Ausgangspunkt: Markthalle, ca. 55 m. Haltestelle der Stadtbahnlinien 3, 7 und 9.
Endpunkt: Aegidientorplatz, ca. 56 m. Haltestelle zahlreicher Stadtbahnlinien.
Anforderungen: Durchwegs gepflegte Fußwege in parkähnlichem Ambiente. Die Maschsee-Runde ist klar vorgegeben

Der Maschsee ist Naherholungsziel Nummer eins der Stadt.

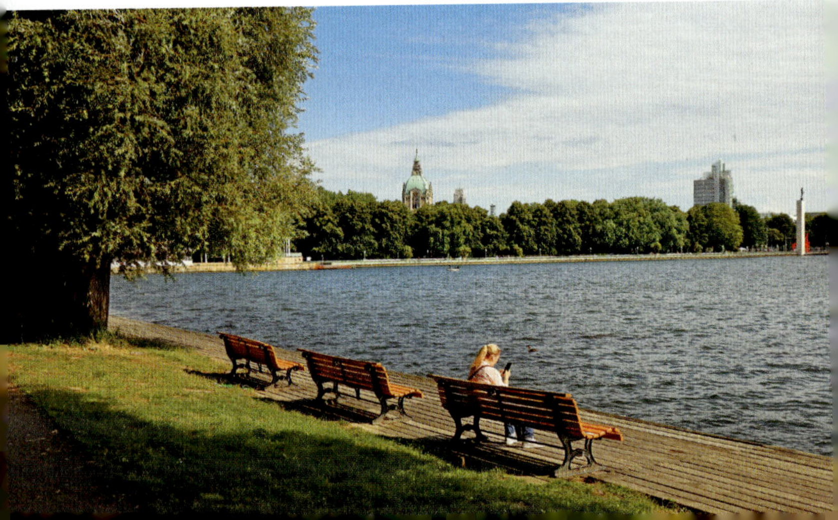

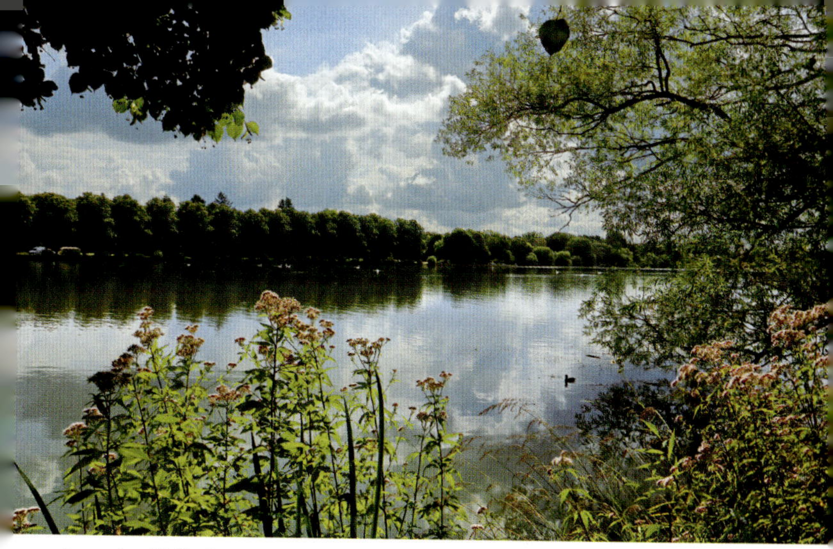

Besonders idyllisch zeigen sich einige Passagen am Westufer.

und orientierungsmäßig wie konditionell sehr leicht.
Einkehr: Markthalle; Loretta's (beim Maschteich); Nordkurve; Seeterassen sowie Biergarten am Maschsee Nordufer; Butschies Bistro und Fährhaus (beide am Westufer); Insel Beach Club; Pier 51 (Ostufer); bell'Arte (beim Sprengelmuseum); Meier's Lebenslust sowie Ichiban Grill-Restaurant (Nähe Aegi). Die meisten öffnen um die Mittagszeit.
Variante: Die reine Maschsee-Runde (ohne Maschteich) kann an der Bushaltestelle HDI-Arena (Linien 100 und 200) begonnen werden.
Tipp: Aus dem kulturellen Angebot sei hier nur auf das Sprengelmuseum und das Niedersächsische Landesmuseum verwiesen – ein Besuch könnte die Wanderung abrunden.

Von der U-Bahn-Station **Markthalle** ❶ durch die *Karmaschstraße* zum *Friedrichswall*, dem man ein paar Schritte folgt, um sich dann rechts zum Neuen Rathaus und zum **Maschteich** zu halten. Nachdem die *Culemannstraße* gekreuzt ist, nähern wir uns an der Leine entlang dem Maschsee jenseits des *Arthur-Menge-Ufers*. Unmittelbar neben dem

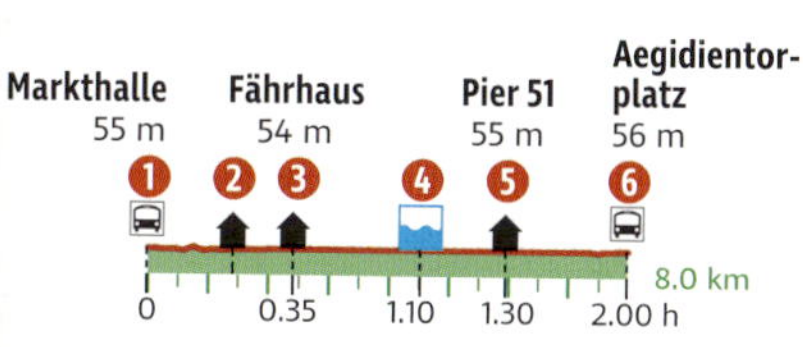

Die Skulpturen an der sogenannten »Löwenbastion« (Ostufer) stammen vom Bildhauer Arno Breker aus der NS-Zeit.

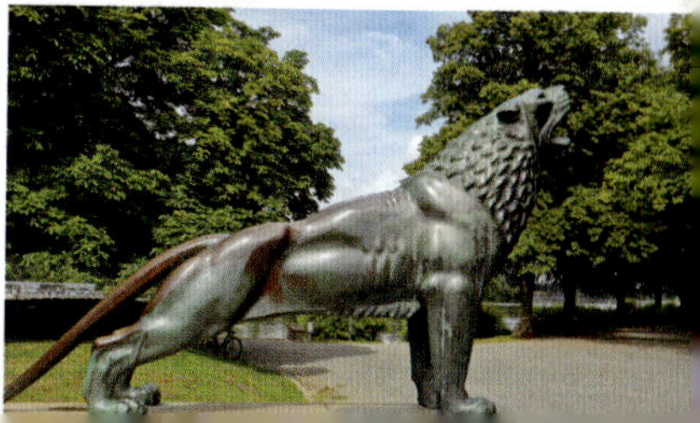

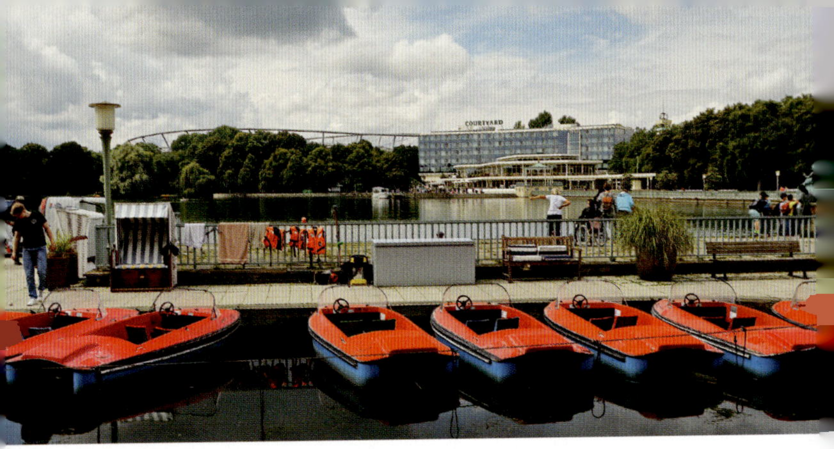

Am Maschsee kann man auch Tretboote mieten.

Hotel Courtyard beginnt die westseitige Uferpromenade ❷ (*Karl-Thiele-Weg*). Man wandert nun also eine ganze Weile zwischen dem großen See und der bescheiden wirkenden Leine entlang, passiert zwischendurch die Bootshäuser der Yacht- und Ruderclubs inklusive Einkehrmöglichkeiten ❸ und kommt stetig weiter südwärts voran. Wo sich die Leine entfernt, befindet sich die denkmalgeschützte Maschseequelle (Pumpen- und Filteranlage). Beim Areal des eingezäunten **Strandbads** ❹ müssen wir ein kleines Stück von den Gestaden abrücken und gelangen damit allmählich um das Südeck herum auf die Ostseite. Dort verläuft die Route durchgängig parallel zum *Rudolf-von-Bennigsen-Ufer*, gespickt mit etlichen architektonisch hervorgehobenen Rast- und Aussichtspunkten. Die nächste Einkehrmöglichkeit heißt Pier 51 ❺. Nachdem das Funkhaus des NDR passiert ist, lassen wir beim sogenannten »Fackelläufer« am Nordufer den Maschsee hinter uns. Über die *Culemannstraße* wieder zum Maschteich (rechts befindet sich das Landesmuseum) und via *Friedrichswall* zur U-Bahn-Station **Aegidientorplatz** ❻.

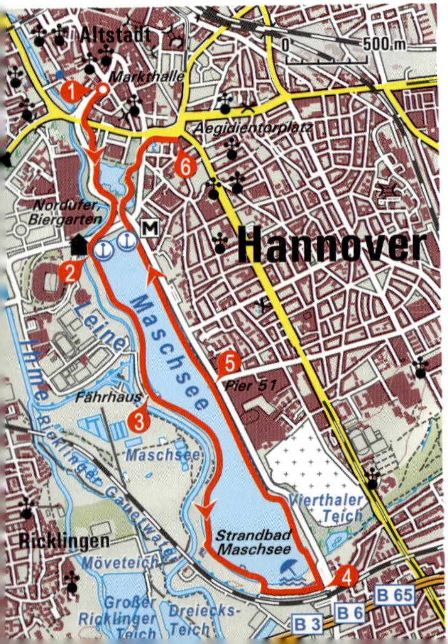

↗ <100 m | ↘ <100 m | 15.0 km

3.30 h

Am Mittellandkanal von Anderten zum Nordhafen

5

Eine der wichtigsten künstlichen Wasserstraßen Deutschlands

Hannover liegt am Mittellandkanal und an diesem verläuft die wohl längste Rad- und Spaziermeile der Stadt. Beide Ufer werden fast durchgängig von bequemen Wegen begleitet, was viel Spielraum zur individuellen Gestaltung lässt. Man kann im Prinzip beliebig starten und alle naselang über Brücken die Seite wechseln, vielleicht als Runde mit unterschiedlichem Hin-und Rückweg oder gemäß dem nachfolgenden Vorschlag als Streckenwanderung. Ein guter Einstieg befindet sich nahe dem S-Bahn-Haltepunkt in Anderten. Wer bis zum Nordhafen durchhält, hat einen Großteil dieser bedeutenden, im und nach dem Ersten Weltkrieg ausgebauten Wasserstraße in Hannovers engerem Stadtgebiet kennengelernt und währenddessen viele fotogene Perspektiven gewonnen. Hingucker sind natürlich stets die vorbeifahrenden Lastschiffe. Selbstverständlich könnten wir auch noch weiter wandern – und zwar am besten rechtsseitig via Garbsen bis zum Bahnhof Dedensen-Gümmer, was nochmals 13 Kilometer draufsatteln würde. In welcher Form auch immer: Der Mittellandkanal gehört zweifellos zu den beliebtesten Naherholungszonen Hannovers, weshalb es meistens recht belebt zugeht.

Große Lastschiffe befahren den vor rund 100 Jahren ausgebauten Mittellandkanal.

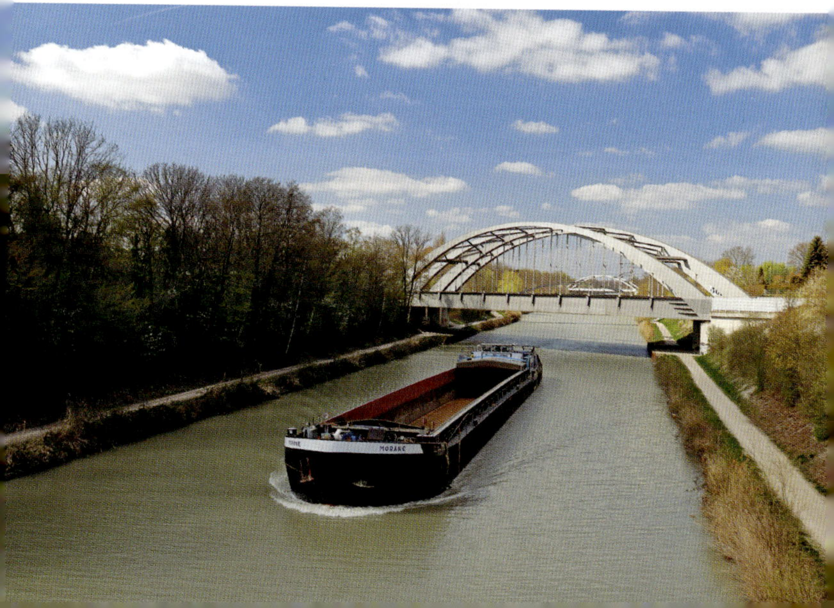

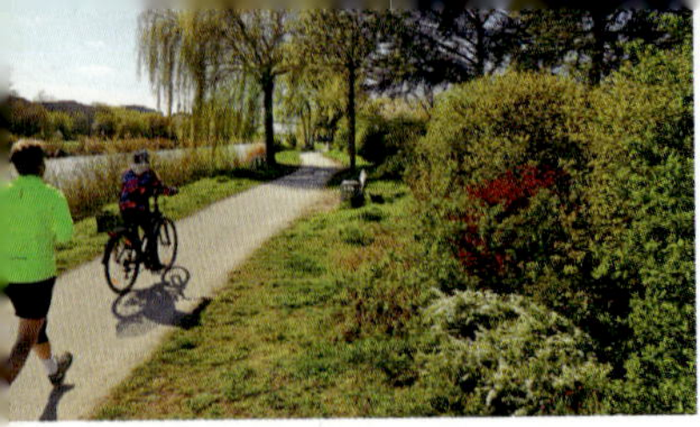

Jogger und Radfahrer – alle sind hier unterwegs …

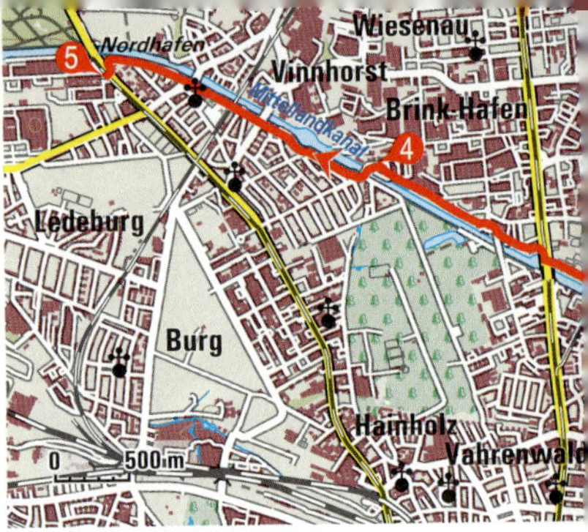

Ausgangspunkt: Bahnhof Anderten-Misburg, ca. 62 m, Haltestelle der S3 (Richtung Hildesheim) sowie der S7 (Richtung Celle).
Endpunkt: Endhaltestelle Nordhafen, ca. 55 m, der Stadtbahnlinie 6.
Anforderungen: Durchwegs befestigte Rad- und Fußwege entlang des Kanals, praktisch ohne Höhenunterschiede. Sehr einfache Orientierung und normale Marschdistanz von 15 km.
Einkehr: Bei Abstechern in die angrenzenden Stadtteile, teils auch Biergärten in den Gartenkolonien.
Variante: Teilbegehungen, z.B. bis Noltemeyerbrücke (Stadtbahnlinien 3, 7 und 9) oder Windaustraße (Linie 2).

Vom Bahnhof **Anderten-Misburg** ❶ zunächst in die *Gollstraße* und hinüber auf die andere Seite des Mittellandkanals, wo wir umgehend zum breiten Uferweg absteigen. Nun geht es neben der Fahrwasserrinne in Grundrichtung Nordwesten rasch unter zwei Bahnbrücken hindurch. Von rechts mündet der Misburger Stichkanal ein (der übrigens nur weiter hinten überschritten werden kann – deshalb ist die linksseitige Route anfangs

Blick auf den »Erdholländer« im Stadtteil Groß Buchholz.

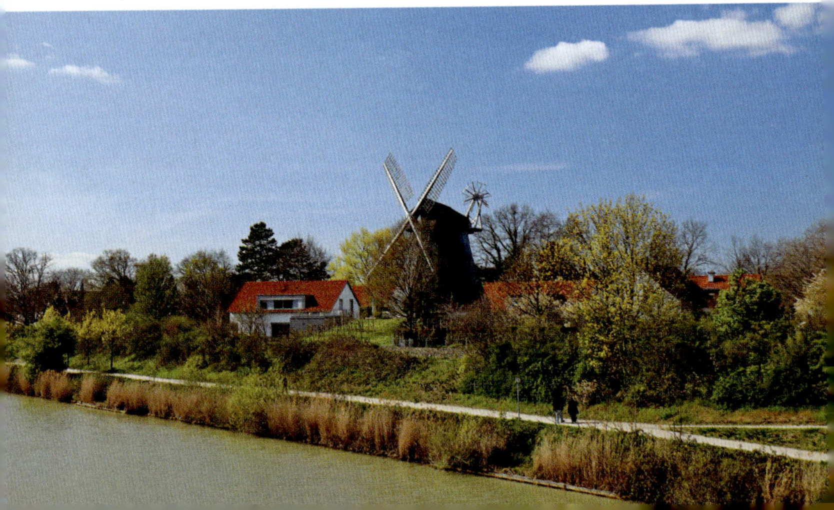

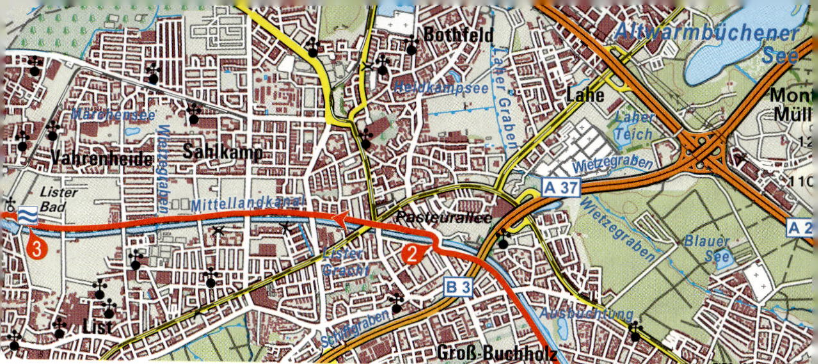

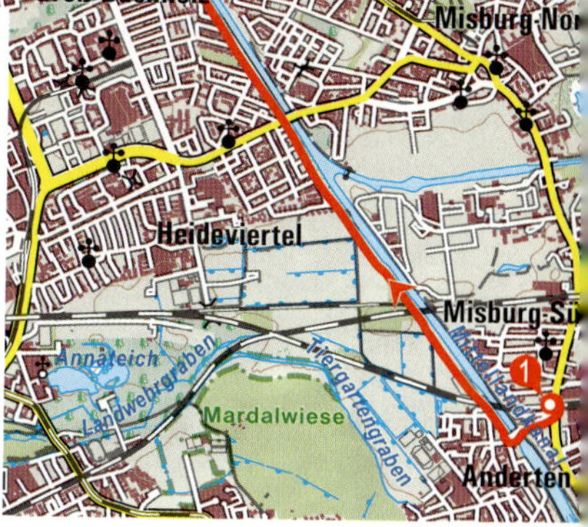

unbedingt vorzuziehen). An der *Hannoverschen Straße* könnte man wieder die Seite wechseln, doch bleibt unser Vorschlag vorerst links bis hinter den *Messeschnellweg*. Im Anblick einer Windmühle (»Erdholländer«) überschreiten wir dann die Brücke der *Pasteurallee* 2 (oder alternativ bei der nächsten Gelegenheit am *Groß Buchholzer Kirchweg*) und wandern im Mittelteil der Route rechtsseitig am Kanal entlang. In Kürze passieren wir die große Noltemeyerbrücke und lassen den Stadtteil Bothfeld zur Rechten allmählich hinter uns. Vermehrt säumen bald Kleingartenkolonien den Weg, flankiert von den Stadtteilen List und Sahlkamp. In Westrichtung passieren wir das **Lister Bad** 3, wo man sommers eine Schwimmpartie unternehmen könnte, sowie den Lister Hafen gegenüber. Nach Kreuzen der *Vahrenwalder Straße* liegt zur Rechten ein größerer Industriekomplex. Kurz vor dem Brinker Hafen, wo der rechtsseitige Uferweg unterbrochen wird, wechseln wir wieder auf die linke Seite 4 (Verbindung *Wohlenbergstraße – Friedenauer Straße*) und absolvieren dort die finalen zwei Kilometer bis zum Ausstieg, der uns bei Vinnhorst zur nahen Stadtbahnhaltestelle **Nordhafen** 5 führt.

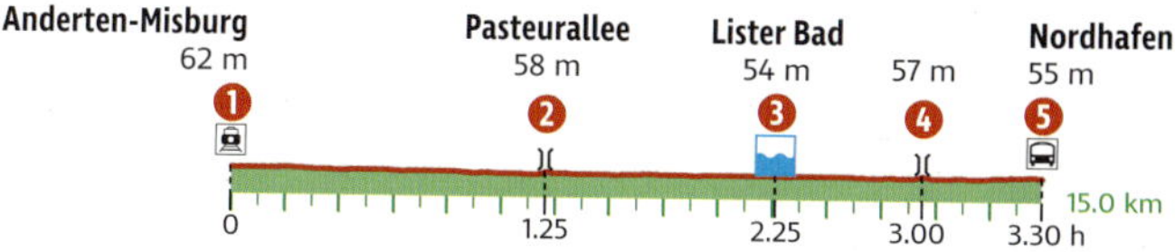

↗ <100 m | ↘ <100 m | 8.1 km

6 Silbersee, Neue Bult und Wietze

2.00 h

Zwischen der Vahrenheide und Isernhagen-Süd

Im Norden Hannovers ist der schon zu Langenhagen gehörende Silbersee ein beliebtes Naherholungsziel, im Sommer ein Naturbadevergnügen. Wir verbinden ihn hier mit der 1973 eröffneten Galopprennbahn Neue Bult und der Umwanderung des militärischen Übungsplatzes im Bereich der Wietzeaue, die aktuell in einem Renaturierungsprojekt umgestaltet und damit in Zukunft sicher verstärkte Anziehungskraft auf Spaziergänger ausüben wird.

Ausgangspunkt: Haltestelle Papenbrink, ca. 52 m, der Stadtbahnlinie 2 im Stadtteil Vahrenheide.
Endpunkt: Endhaltestelle Fasanenkrug, ca. 54 m, der Stadtbahnlinie 9 in Isernhagen-Süd.
Anforderungen: Meist gepflegte, parkähnliche Wege, auf der Vahrenheide und rund um den Wietzeblick Abschnitte auf kleineren Pfaden. Beschilderung meist für Radfahrer, insgesamt recht leicht zu finden. Wenig anstrengende Kurzwanderung.
Einkehr: StrandAlm Silbersee; Restaurant Fasanenkrug.
Hinweis: Der Verlauf der Wietze wird derzeit naturnah gestaltet, damit ist auch ein neuer Wegverlauf verbunden.
Tipp: Kleiner Tierpark »Vogelschutzgehölz« in der Görlitzer Straße in Langenhagen (kleiner Abstecher zwischen Silbersee und Neuer Bult).

Von der Haltestelle **Papenbrink** ❶ passieren wir zuerst die Kleingartenkolonie in nördlicher Richtung, kreuzen die *Kugelfangtrift* und wechseln eventuell sobald möglich vom Radweg nach links über den Graben bzw.

Am Silbersee gibt es einen richtigen Sandstrand.

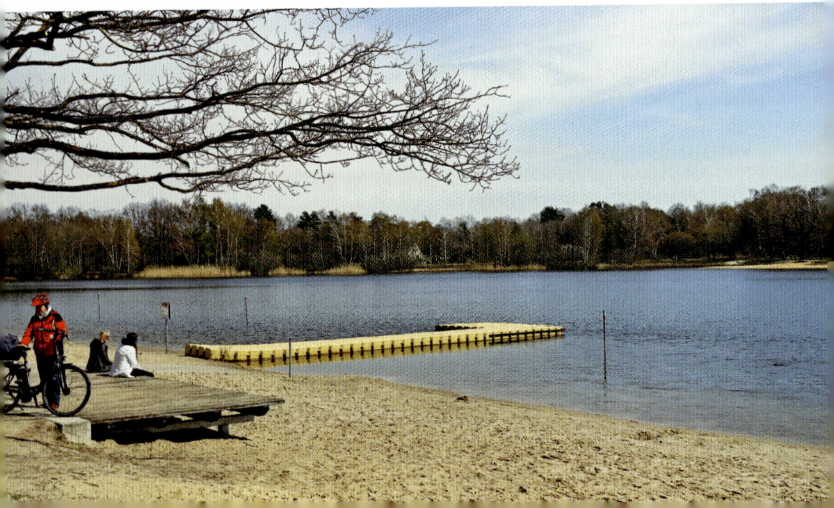

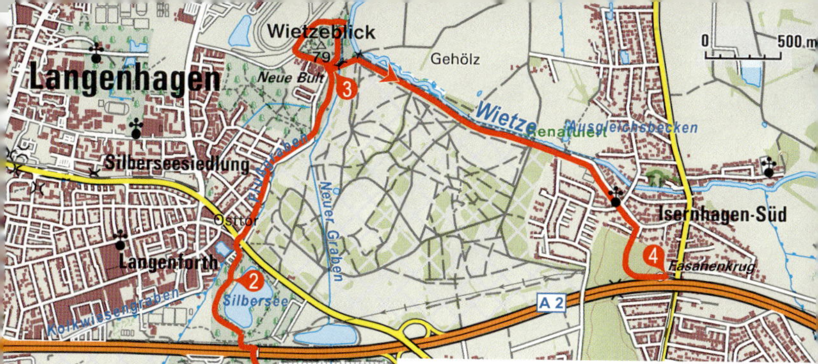

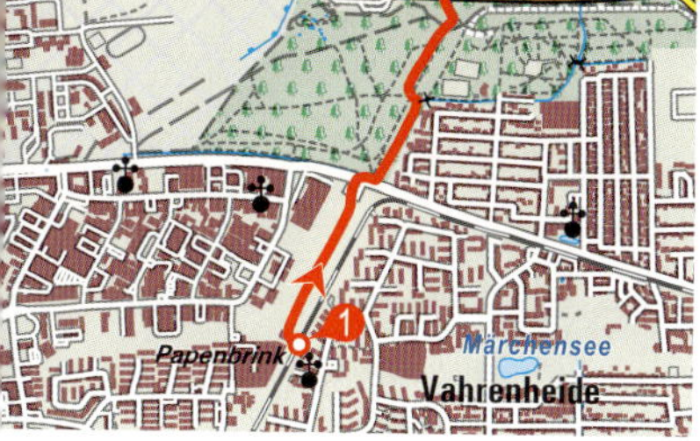

einen kleinen Wall auf die sogenannte Hundewiese in der **Vahrenheide**. Hier verlaufen kleine Pfade in offener Landschaft. Als Nächstes geht es über die A2 (zwischen ihren Anschlussstellen Bothfeld und Langenhagen) hinweg, womit man unmittelbar zum **Silbersee** kommt und am linksseitigen Ufer zur StrandAlm ❷. Jenseits der *Bothfelder Straße* beginnt die Traverse am Rande des Standortübungsplatzes der Bundeswehr. Der schöne Fuß- und Radweg verläuft am Flussgraben entlang und nähert sich dem sogenannten Wietzeblick an der **Neuen Bult** ❸. Hier lohnt es sich, den knapp einen Kilometer messenden Rundweg um den bewaldeten Hügel zu absolvieren (eventuell sogar mit Abstecher hinauf), wobei auch die berühmte Pferderennbahn tangiert wird. Anschließend mit wenigen Schritten ostwärts zur Wietze hin und rechts abbiegend unmittelbar an der Nordseite des militärischen Areals entlang. Demnächst soll hier ein naturnaher Weg entstehen. Damit kommen wir nach **Isernhagen-Süd** und dort in die *Große Heide*. Mit Rechtsabzweig in den *Sachsenhain* nochmals in ein kleines Parkgebiet und schließlich zur nahen Haltestelle **Fasanenkrug** ❹.

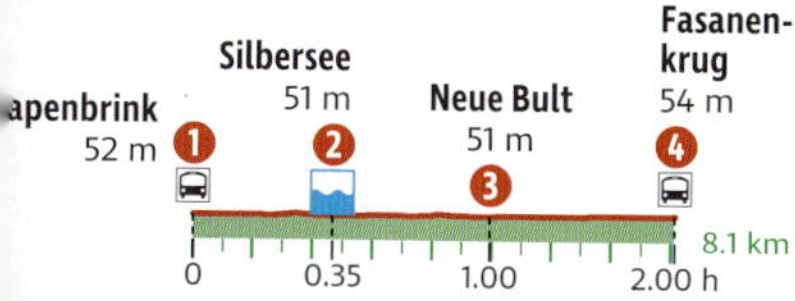

Szenerie unweit des Wietzeblicks auf der Neuen Bult.

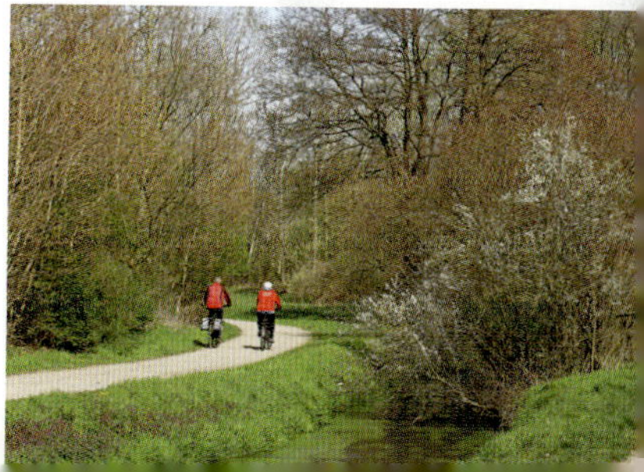

↗ <100 m | ↘ <100 m | 11.3 km

7 Aus der City nach Döhren und Laatzen

2.45 h

Eine idyllische Leinewanderung gen Süden

Wie eine Hauptschlagader durchströmt die Leine Stadt und Region Hannover und stellt immer wieder auch für Sportler und Erholungssuchende ein Ziel bzw. eine Leitlinie dar. Neben Kanufahrten und Radtouren sind selbstverständlich auch Wanderer eingeladen. Dieser Vorschlag nimmt in der Innenstadt seinen Ausgang, berührt zunächst den Maschsee und schweift anschließend in die Südliche Leineaue aus. Im Mittelpunkt steht die Passage des Stadtteils Döhren, ehe wir in Laatzen zum Ende kommen. Insgesamt viermal wird die Leine auf dieser Strecke auch überschritten – an Brücken mangelt es ja kaum ...

Ausgangspunkt: Markthalle, ca. 55 m. Haltestelle der Stadtbahnlinien 3, 7 und 9.
Endpunkt: Bahnhof Laatzen Hannover Messe, ca. 72 m. Es hält die S-Bahn-Linie 4 Hildesheim – Bennemühlen via Hbf. Alternativ mit den Stadtbahnlinien 1 oder 2 von Laatzen Eichstraße.
Anforderungen: Größtenteils gepflegte Fuß- und Radwege, vorübergehend auch mal kleinere Pfadabschnitte, durchgängig flach und insgesamt kaum anstrengend. Bei Richtungswechseln ist jeweils elementares Orientierungsvermögen gefragt.
Einkehr: Markthalle; Loretta's (beim Maschteich); Nordkurve; Seeterassen und Biergarten am Maschsee Nordufer;

Die Leine, hier auf Höhe der Ricklinger Teiche, ist unser Leitfaden.

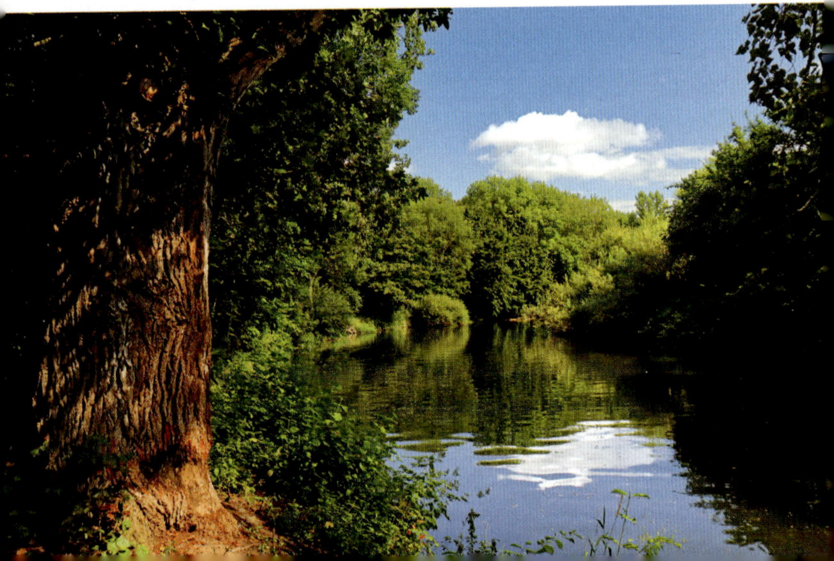

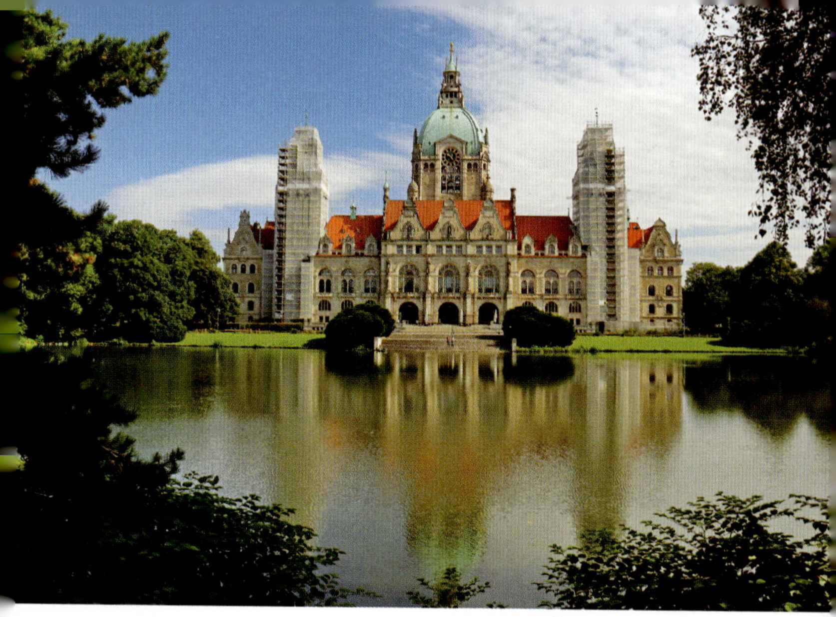

Das stilvolle Neue Rathaus spiegelt sich im Maschteich.

Butschies Bistro und Fährhaus (beide am Westufer); Treffpunkt Bootshaus und Insel-Bistro (beide in Döhren); Wiesendachhaus (Abstecher) und weitere in Laatzen.
Varianten: 1. Man kann schon vor dem Maschsee auf die rechte Seite der Leine wechseln oder andererseits auch erst das komplette Westufer des Sees wie bei Tour 4 ablaufen.
2. Zwischen den Wegpunkten 4 und 5 durch die Döhrener Masch, ggf. auch weiter westseitig der Leine (in einiger Entfernung von dieser) bis zur Kleingartenkolonie »Im Apfelgarten«.
3. Kurz vor Laatzen Schlenker via Wiesendachhaus (nette Einkehr), dann auch Fortsetzungsmöglichkeit Richtung Rethen (vgl. Tour 49).

Wie bei Tour 4 beschrieben geht es von der U-Bahn-Station **Markthalle** ❶ durch die *Karmaschstraße* zum *Friedrichswall*, dem man ein paar Schritte folgt, um sich dann rechts zum Neuen Rathaus und zum **Maschteich** zu halten. Nachdem die *Culemannstraße* gekreuzt ist, nähern wir uns dem Nord-

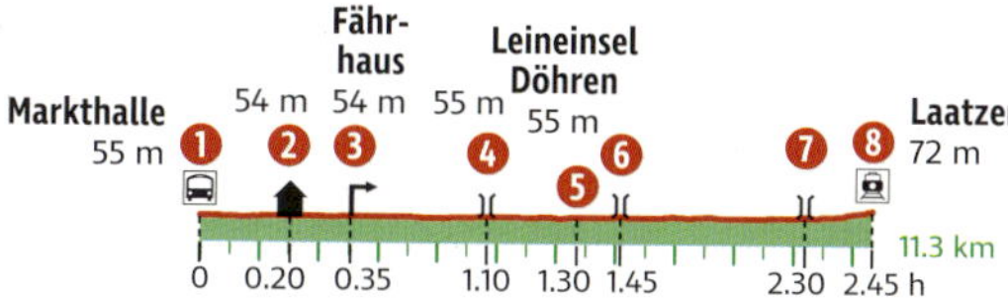

ufer des **Maschsees** ❷ jenseits des *Arthur-Menge-Ufers* beim Hotel Courtyard. Hier nehmen wir die westseitige Uferpromenade, *Karl-Thiele-Weg* genannt, auf – rechts neben uns fließt die Leine. Allerdings scheren wir auf Höhe des **Fährhauses** ❸ aus und wechseln auf die andere Seite des Flusses (*Ohedamm*). Dort sofort auf den begleitenden Uferweg und einen Bogen ausgehend. Nachdem eine Bahntrasse unterquert ist, achte man auf den Linksabzweig eines Pfades (also nicht bis zum Radweg vorpreschen)! Der folgende Abschnitt zählt zu den reizvollsten der Tour. Man kommt in die Nähe der Ricklinger Teiche und nutzt an der sogenannten »Blauen Brücke« die nächste Möglichkeit zum Überqueren der Leine ❹. Jetzt also wieder am linken, ostseitigen Ufer entlang. Wir kommen in den Stadtteil **Döhren** voran, passieren hier das Bootshaus und die **Leineinsel** ❺ mit Aussichtspunkt am »Wasserfall«. Der Weiterweg in der Leinemasch entfernt sich von den Siedlungen, wo die nächste Brücke wieder einen Seitenwechsel bringt ❻. Durch die »Späten Holzwiesen« zur Kleingartenkolonie »Im Apfelgarten«, wo die Route einen Knick absolviert (*Schwarzer Weg*). Man tangiert den großen Wülfeler und Detmarscher Teich und nähert sich der *Wilkenburger Straße*. Mit dieser allerdings nicht erneut die Leine überschreiten, sondern unmittelbar davor auf den westseitigen Uferweg. Etwas verwinkelt geht es am Rande größerer Wiesen durch die Niederung, ehe wir jenseits der nächsten Brücke ❼ an der *Talstraße* nach **Alt-Laatzen** eintreten. Am Schluss via *Alte Rathausstraße* und *Neue Straße* zur Stadtbahn in der *Hildesheimer Straße* bzw. zum **Bahnhof Laatzen Hannover Messe** ❽ unmittelbar dahinter.

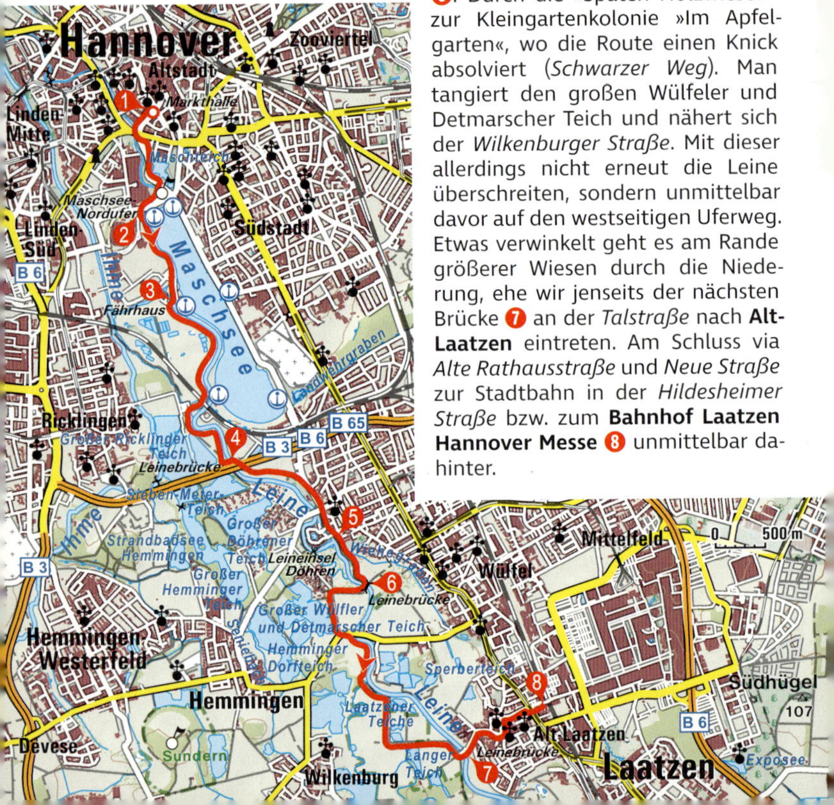

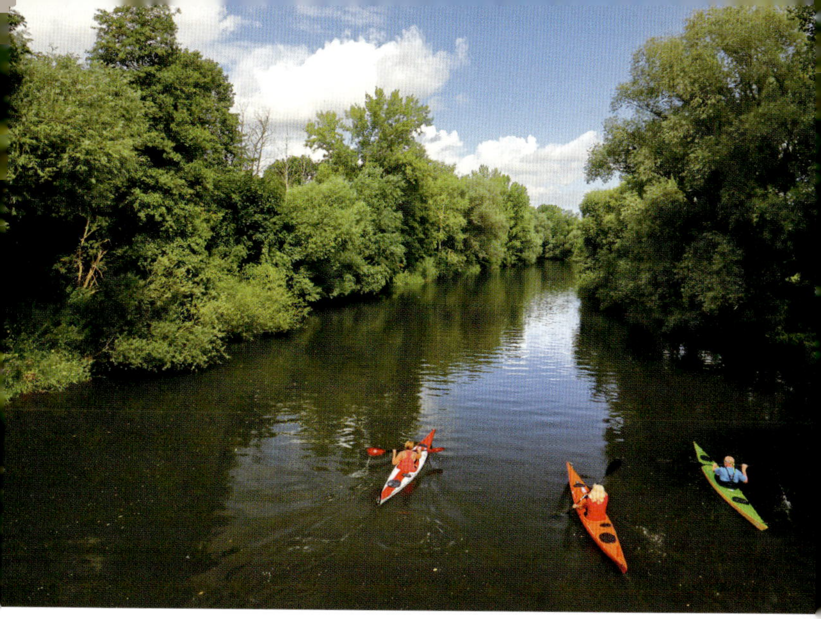

Oben: Paddelsport auf der Leine ist ausgesprochen beliebt.
Unten: Gegen Ende wandern wir zeitweise durch offene Wiesenlandschaften.

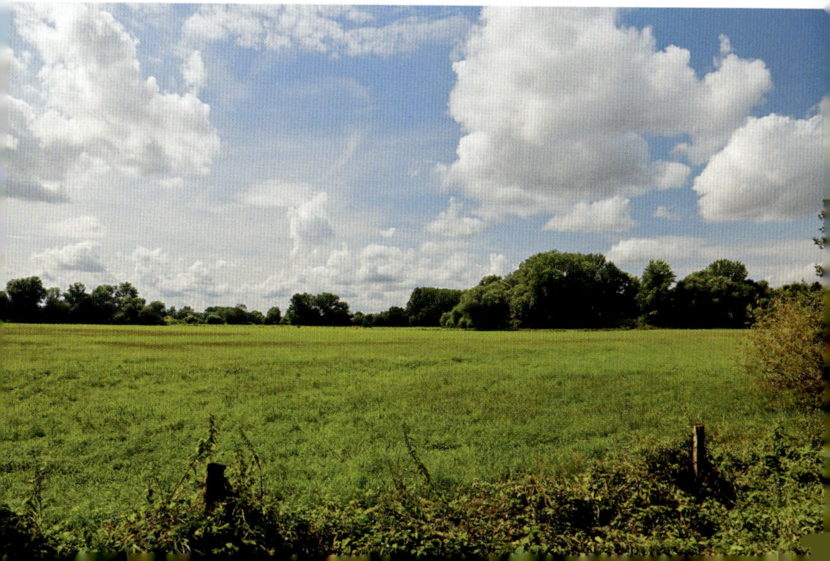

↗ 100 m | ↘ 100 m | 10.9 km

8 Kronsberg-Runde

3.00 h

Der »Gipfel« Hannovers und seine Umgestaltung

Sieht man einmal vom künstlichen Nordberg der Deponie in Lahe ab, markiert der Kronsberg die höchste Erhebung im Stadtgebiet von Hannover. Über mehrere Kilometer erstreckt sich der aus Kalkmergeln bestehende Geländerücken zwischen Bemerode und dem schon ländlich geprägten Wülferode und bietet herrliche Ausblicke in die Umgebung. Bei klarem Wetter zeichnen sich auch die Höhenzüge im Süden und Südwesten ab, etwa der Hildesheimer Wald oder der Deister. Rund um den Kronsberg gibt es ein dichtes Wegenetz, das individuell zu einer Tour zusammengestellt werden kann. Dieser Vorschlag schweift ein wenig aus und tangiert zwischendurch den Mittellandkanal sowie das Naturschutzgebiet Gaim. Ursprünglich war der Kronsberg sicher bewaldet, doch weisen die Ortsnamen mit der Endung »rode« schon auf die Veränderung in landwirtschaftlich genutztes Areal hin. Sein heutiges Antlitz bekam er im Zuge der Expo 2000, als Landschaftsarchitekten eine ökologisch konzipierte Gestaltung vornahmen. Damit gewann der Kronsberg schließlich als parkähnliches Naherholungsgebiet an Bedeutung.

Am Kronsberg steht sogar ein »Gipfelkreuz«.

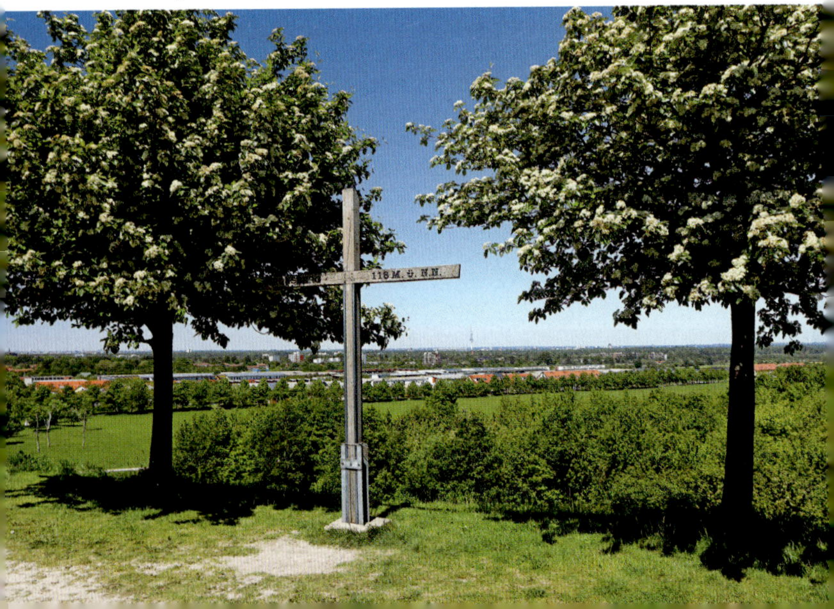

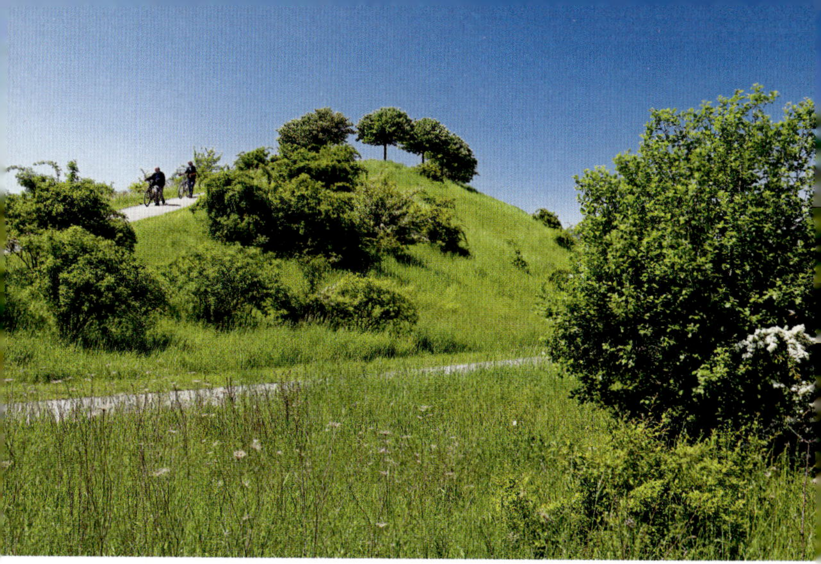

Grüner Hügel im Südosten Hannovers: der Kronsberg.

Ausgangspunkt: Haltestelle Krügerskamp, ca. 82 m, der Stadtbahnlinie 6 (Richtung Messe-Ost) im Stadtteil Bemerode.
Anforderungen: Meist problemlose Fuß- und Radwege, zwischenzeitlich mal ein kleiner Waldpfad, der orientierungsmäßig die einzige Herausforderung darstellt. Moderate Streckenlänge, aber zumindest etwas Höhenunterschied.
Einkehr: Pizza Brothers (nahe dem Ausgangspunkt), sonst keine direkt am Weg.
Variante: Gut 10 Min. hinter Wegpunkt 4 nicht mit dem kleinen Pfad Richtung Wülferode, sondern direkt nach Westen zur Autobahn (nahe der Raststätte) und gegen den Kronsberg hinan.

Wir starten an der Stadtbahn-Haltestelle **Krügerskamp** ❶, gehen in der *Weinkampswende* aufwärts bis zu einem Querweg und dann von einem

Ringsum beweiden Schafe die Allmendeflächen.

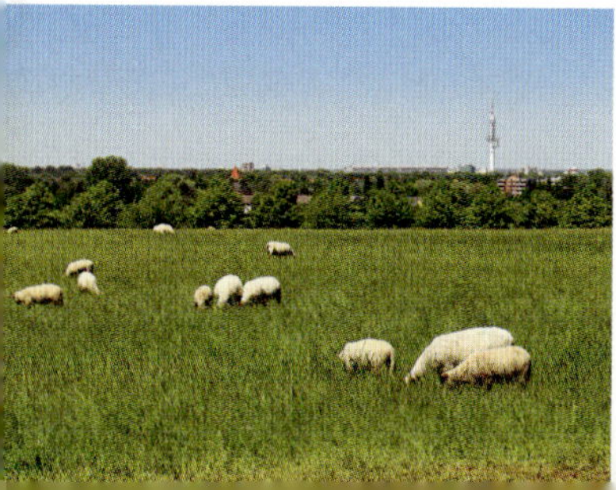

Im Verlauf der Tour tangieren wir auch den Mittellandkanal.

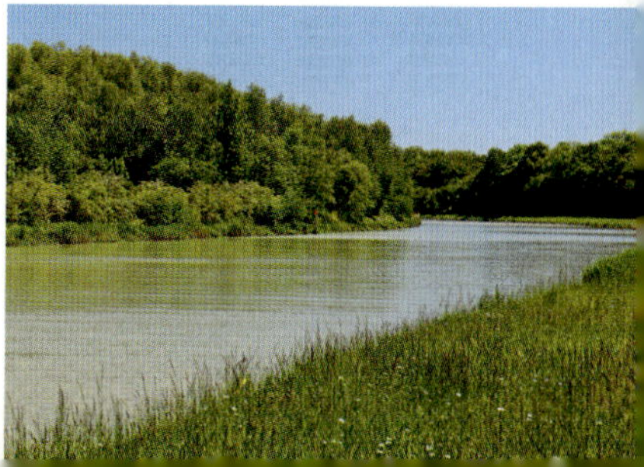

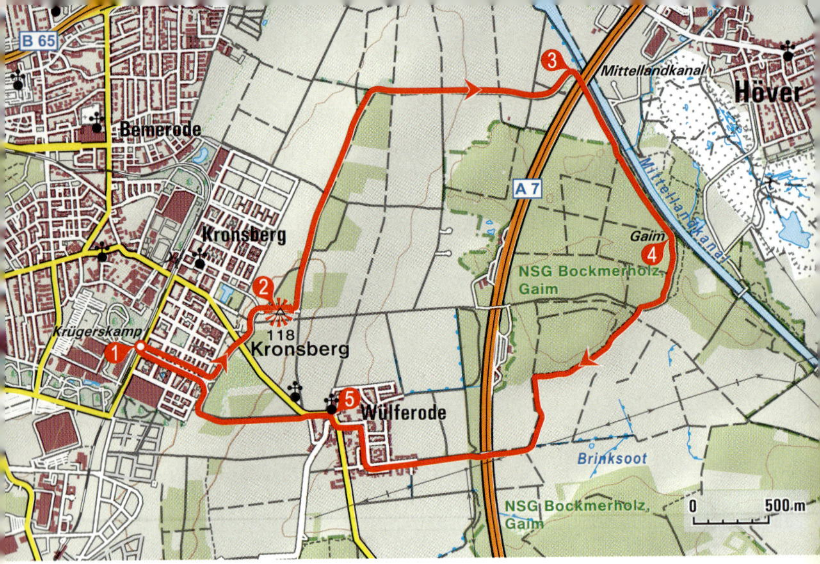

Podest schräg links auf den schönen Weg, der Richtung **Kronsberg** ❷, 118 m, führt. Wir können die aussichtsreiche Kuppe überschreiten, orientieren uns dahinter weiterhin nordwärts und nach etwa 1,6 Kilometern auf meist freiem Wiesenrücken östlich gegen den **Mittellandkanal** ❸ hinab. Ein Graben trennt uns aber noch davon. Jetzt unter der *A7* hindurch und auf einer Strecke von rund 1,2 Kilometern parallel zum Kanal sowie rechts bald flankiert vom Naturschutzgebiet **Gaim** südwärts. Dann zweigen wir in das Waldgebiet ab ❹ und achten nach einem Rechtsbogen auf einen kleinen Pfad nach links. Dieser bietet das natürlichste Wandererlebnis der Runde. Die Feldmark zur Linken ist meist nah, schließlich treten wir hinaus und kommen bald auf einen Kopfsteinpflasterweg, mit dem sich die *A7* überschreiten lässt. Damit hinein nach **Wülferode** und dort via *Kirchbichler Straße, Niederfeldstraße* und *Hoflage* zur Kapelle am *Wülferoder Platz* ❺. Knapp außerorts schlagen wir noch vor dem Friedhof den Grasweg ein, der uns über den sanften Kronsbergrücken hinwegführt. Rechts haltend wieder zur *Weinkampswende* und zurück zur Haltestelle **Krügerskamp** ❶.

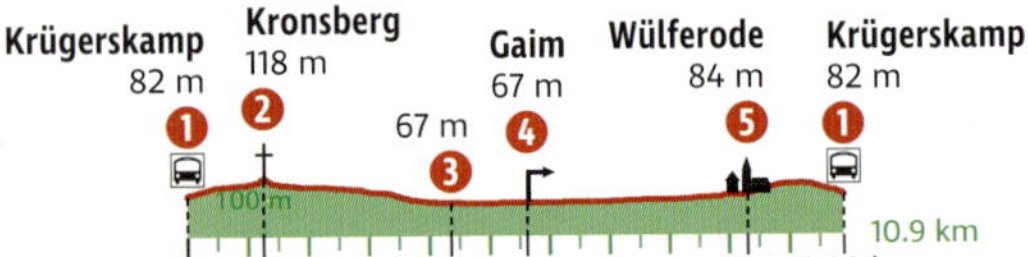

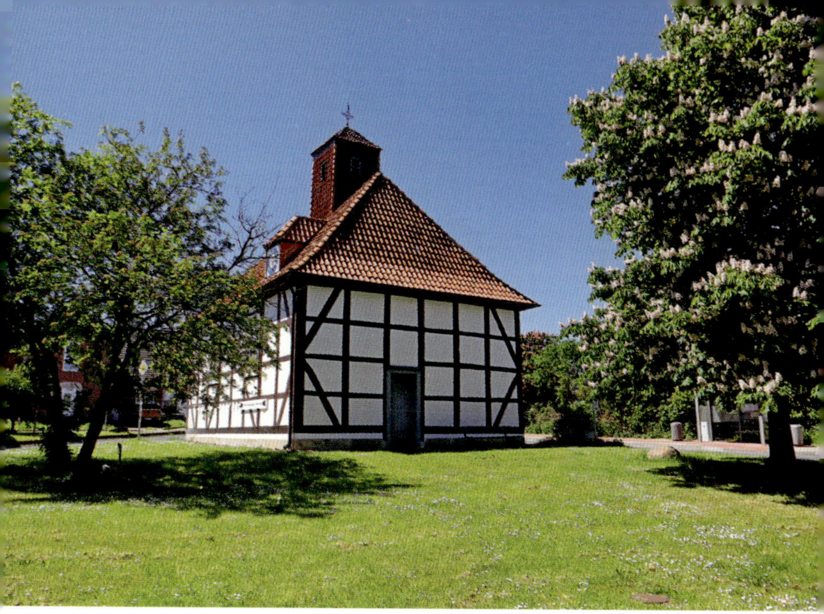

Oben: Wülferode ist noch dörflich geprägt.
Unten: Frühlingsimpression zwischen Gaim und Bockmerholz.

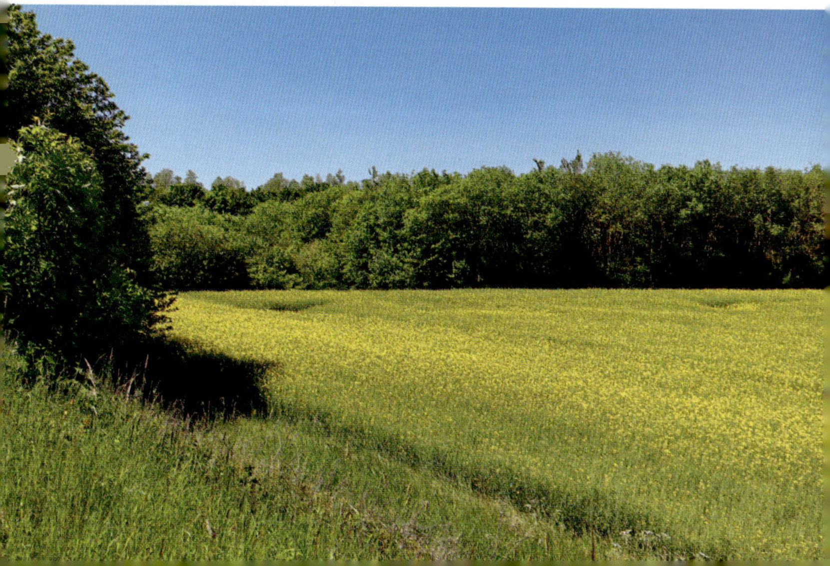

↗ <100 m | ↘ <100 m | 17.2 km

9 Von Dollbergen nach Peine

4.20 h

Durch die weitläufige Feldmark zum Eixer See

Der Raum zwischen den beiden größten Oberzentren Niedersachsens, Hannover und Braunschweig, ist durch weitläufige landwirtschaftliche Fluren geprägt. Mittendrin liegt die 50.000-Einwohner-Stadt Peine, das Ziel unserer Wanderung, welche der guten Bahnanbindung wegen in Dollbergen aufgenommen werden soll. Nachdem wir es etliche Kilometer über typische Feldwege laufen lassen, erwartet uns mit dem Eixer See ein landschaftliches Highlight mit Badequalität.

Ausgangspunkt: Bahnhof Dollbergen, ca. 60 m, an der Strecke Hannover – Wolfsburg (Enno).
Endpunkt: Bahnhof Peine, ca. 68 m, an der Strecke Braunschweig – Hannover – Bielefeld (WestfalenBahn).
Anforderungen: Größtenteils einfache Feldwege, relativ selten Wald, an der Fuhse und kurz vor Peine kürzere Abschnitte auf Graspfaden. Praktisch keine Beschilderungen, aber überwiegend klarer Routenverlauf. Etwas Marschtüchtigkeit erforderlich.
Einkehr: Hellas in Dollbergen; Eixer Haus am See; Gasthaus Zum Sundern; diverse Gaststätten in Peines Innenstadt.
Variante: Bei parallel geführten Feldwegen Varianten möglich, aber ohne sonderliche Relevanz.
Tipp: Schokoland in Peine (außer So).

Impression aus der weitläufigen Feldmark.

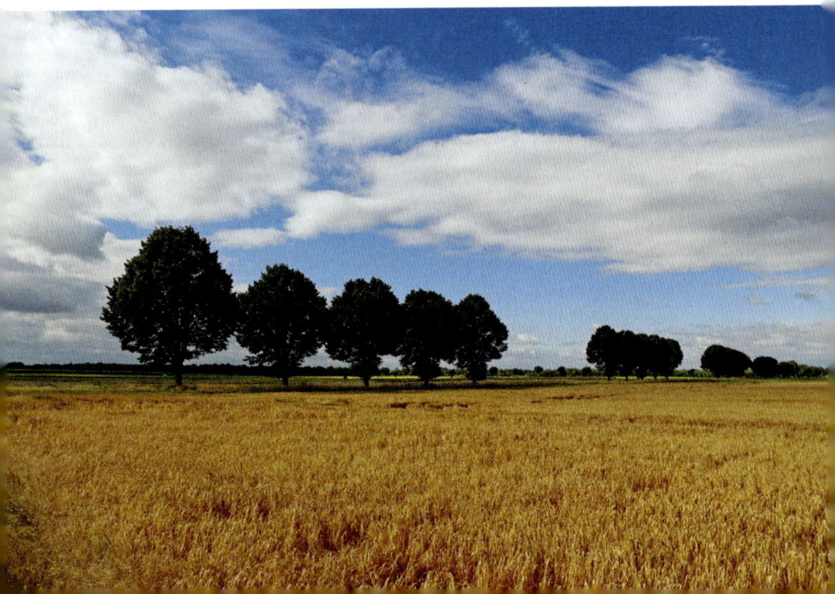

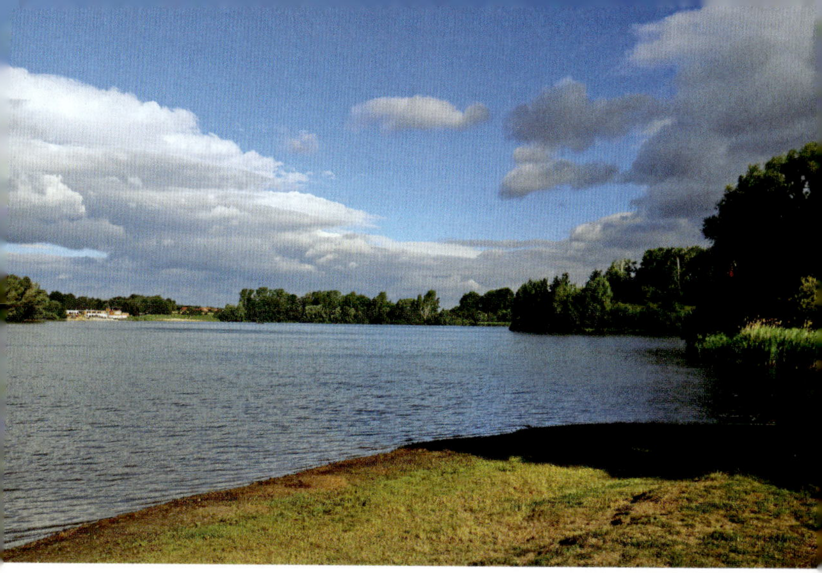

Der Eixer See ist das Highlight der Wanderung.

Vom Bahnhof **Dollbergen** ❶ begeben wir uns in die *Berliner Allee*, dann rechts in die *Ackersbergstraße* und nach einer Weile links in die *Fuhsestraße* mit der Gaststätte Hellas. Die Straße *An der Masch* leitet zur kleinen Fuhsebrücke ❷ und damit aus dem Ort heraus. Am Flussufer finden wir einen schmalen Graspfad, der sich bald davon entfernt und in einen größeren Weg übergeht. In einem Wäldchen erfolgt ein Rechtsknick, 300 Meter dahinter geht es nach links und nach weiteren 400 Metern wiederum nach rechts. Damit nehmen wir für längere Zeit strengen Südkurs auf. Die Route passiert das kleine Landschaftsschutzgebiet »Fissenberg«, kreuzt die Straßenverbindung zwischen Abbensen und Klein Eddesse sowie hinter einer abgezäunten Seemulde die *Edemisser Landstraße (L320)* ❸. Von diesem Punkt sind es noch zwei Kilometer, ehe mit einer Rechts-links-Kombination kurzfristig ein Richtungswechsel erfolgt. Nach weiteren knapp 600 Metern bei einer T-Kreuzung unweit des Wendesser Moores nach rechts und jetzt schnurgerade bis zur Autobahnbrücke über die *A2*.

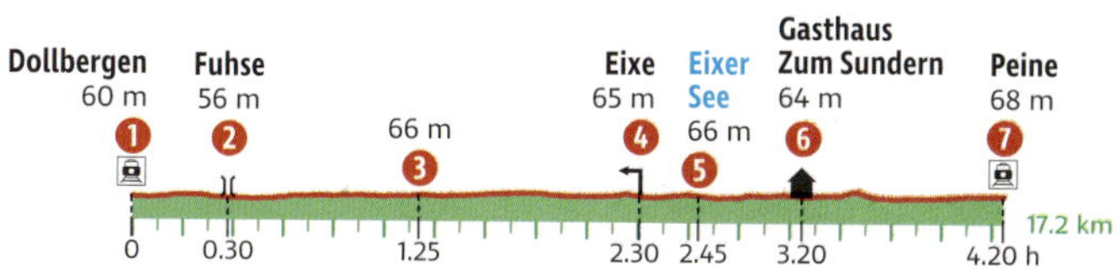

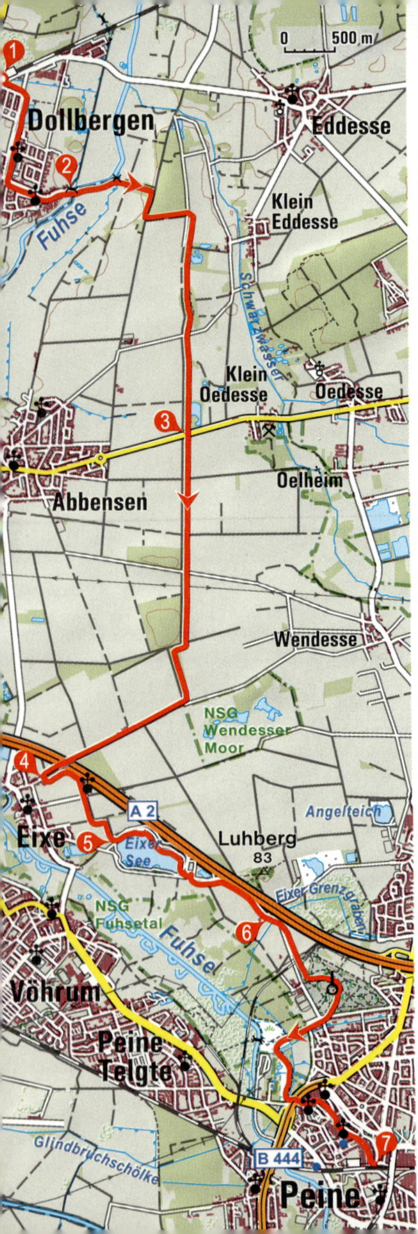

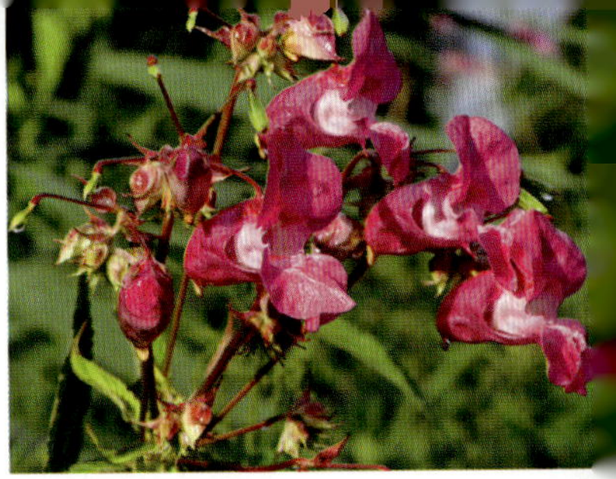

Im Glindbruch bei Peine.

Bevor man gleich dahinter in den Ort **Eixe** eintritt, biegt man ganz scharf links auf einen Feldweg ab ❹. Dieser führt am Friedhof vorbei, ehe man sich links und wieder rechts dem **Eixer See** ❺ nähert. Wir können ihn beidseitig umwandern, rechter Hand befindet sich eine Gaststätte, nordseitig ist der Weg jedoch etwas reizvoller. Vom Parkplatz am Ostende geht es auf dem Radweg neben der Straße weiter Richtung Gasthaus **Zum Sundern** ❻ und an einer Kleingartenkolonie vorbei. Wo links das Waldstück am Herzberg beginnt, treten wir so bald wie möglich darin ein, gewinnen ein paar Höhenmeter bis zum 1908 errichteten Wasserturm und kommen bei der Kreuzung *Kastanienallee/Sundernstraße/Spiegelbergstraße* wieder heraus. In Letztgenannter kurz weiter, dann geradeaus auf einem Pfad in den Glindbruch, wo am Rande von Schilfzonen ein Linksknick erfolgt. Diese naturnahe Passage endet an der *Schlossbleiche.* Wir unterqueren die *B444* und nehmen in der Peiner Kernstadt die Route via *Burgstraße, Am Schlosswall, Marktplatz, Breite Straße* und *Gröpern* bis zum Bahnhof **Peine** ❼.

↗ <100 m | ↘ <100 m | 14.7 km

3.30 h

Rund um den Hämeler Wald 10

Ein Relikt des alten Nordwaldes in der Lehrter Geest

Zwischen Hannover und Braunschweig existierte früher ein großes, zusammenhängendes Waldgebiet, das im ottonischen Zeitalter noch urkundlich als sogenannter »Nordwald« nachgewiesen werden kann. Im Laufe des Mittelalters dürfte es dann durch erhöhten Siedlungsdruck allmählich zerfallen sein und weithin ackerbaulicher Nutzung Platz gemacht haben. Doch kleine Reste davon sind erhalten geblieben, etwa der zwischen Lehrte und Peine gelegene, rund 850 Hektar große Hämeler Wald. Mit seinen vorherrschenden Roteichenbeständen auf teils zu Staunässe neigenden Böden handelt es sich um ein wertvolles Naturrefugium für viele geschützte Tier- und Pflanzenarten. Gemeinsam mit den angrenzenden Sohrwiesen ist es als Naturschutz- und FFH-Gebiet ausgewiesen worden und stellt ein wichtiges Glied im Biotopverbund dar.

Ausgangspunkt: Bahnhof Hämelerwald, ca. 68 m, an der Strecke zwischen Hannover und Braunschweig (WestfalenBahn).
Anforderungen: Breite, meist befestigte, teils auch unbefestigte Wald- und Flurwege in praktisch ebenem Gelände. Keine beschilderte oder markierte Route, aber prinzipiell gut zu finden. Durchschnittliches Marschpensum (man kann auch abkürzende Varianten wählen, indem man z.B. südlich der Bahnlinie bleibt).
Einkehr: Keine unmittelbar an der Route, aber Restaurants in Hämelerwald (Fricke, Gia Gia, Hämis Bistro, Yammas, Forsthaus Hainwald).
Tipp: Knapp östlich des Ortsgebiets besteht eine Bademöglichkeit im Waldsee (beim Forsthaus Hainwald).

Wegverlauf an der Südflanke des Hämeler Waldes.

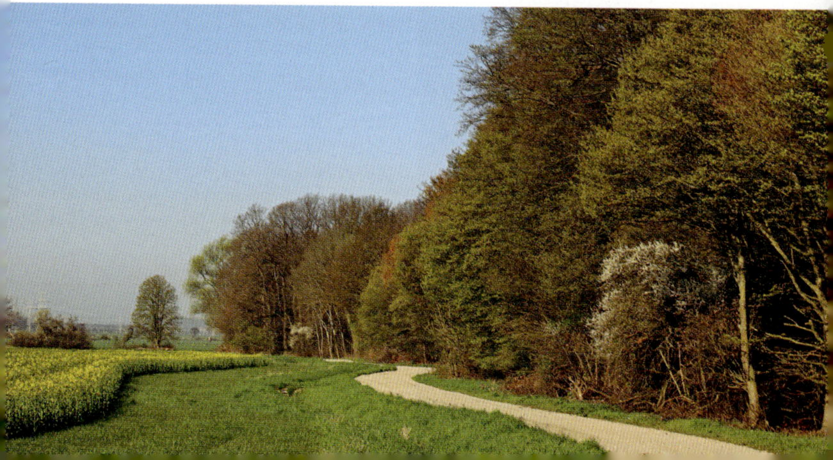

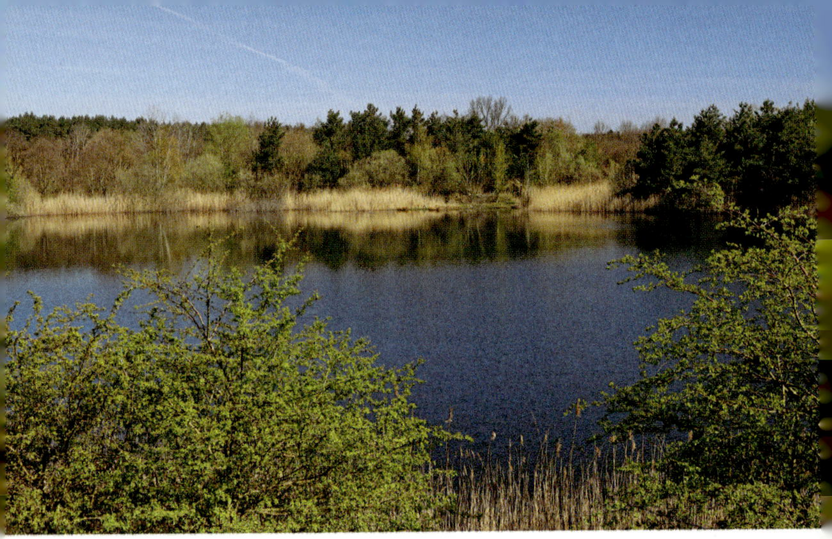

Der See nordwestlich des Waldgebiets bietet sich für eine Rast an.

Der Frühling steht in den Startlöchern.

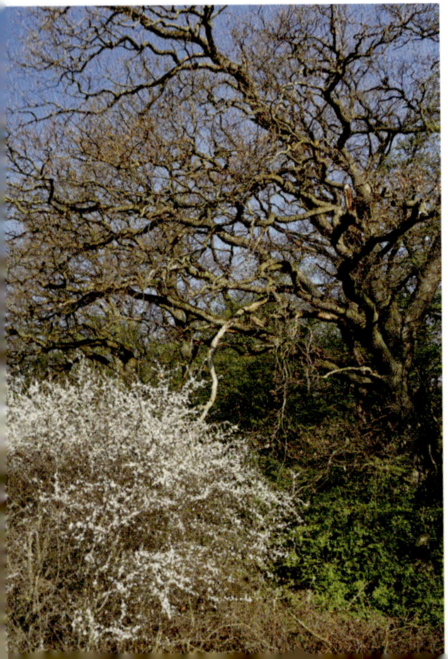

In **Hämelerwald** ❶ gehen wir vom Bahnhof aus zunächst in die *Hubertusstraße*, dann links in den *Felsengrund* und an der Ecke *Försterstraße/Bürgerstraße* schließlich nach rechts ins Waldgebiet hinein. Eine fast schnurgerade Strecke führt zur **Waldhütte** ❷. Hier biegen wir links ab und gelangen rasch zum südseitigen Rand, wo das Kraftwerk Mehrum ins Blickfeld tritt und für uns die Fortsetzung auf breitem, meist geschottertem Weg verläuft. Dabei kommen wir allmählich auf die Westseite des Hämeler Waldes voran und tangieren nebenan die teils durchnässten Sohrwiesen. Bei einer Gabelung halblinks bis in die Nähe der Bahngleise, die aber nur mit einem Schlenker etwas weiter westlich überschritten werden können (bei einem Gestüt ❸). Gleich jenseits biegen wir in den ersten

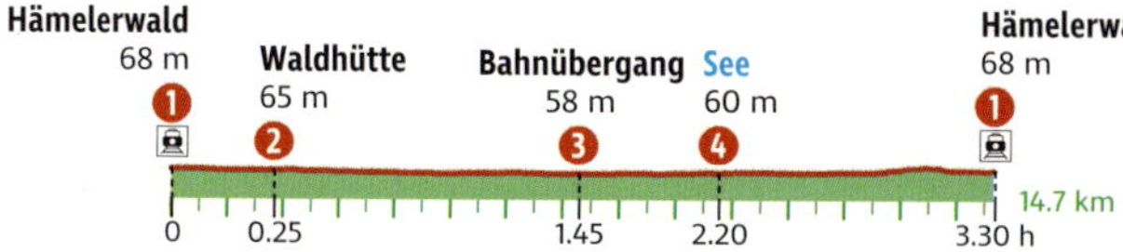

Feldweg nach rechts ein, tangieren abermals das Waldareal und kommen nach einer Links-rechts-Kombination zur Autobahn-Überführung. Rund 300 Meter dahinter lockt ein kleiner Pfad zum Ufer eines idyllischen **Sees** ❹. Weitere befinden sich in der Umgebung, wobei wir mit dem folgenden Schwenk nach Osten einen davon noch unmittelbar passieren. Wir verlassen die Teerstraße kurz nach einer Linkskurve und durchqueren nun den nördlichen Bereich des Hämeler Waldes. Nach einem Linksknick folgen eine lange Gerade und dann nochmals zwei Richtungswechsel hin zu einer Straße, auf der sich jetzt die A2 abermals überschreiten lässt. Damit schließt sich auch schon der Rundkurs – über die *Heinrich-Kobbe-Straße* laufen wir wieder beim Bahnhof **Hämelerwald** ❶ ein.

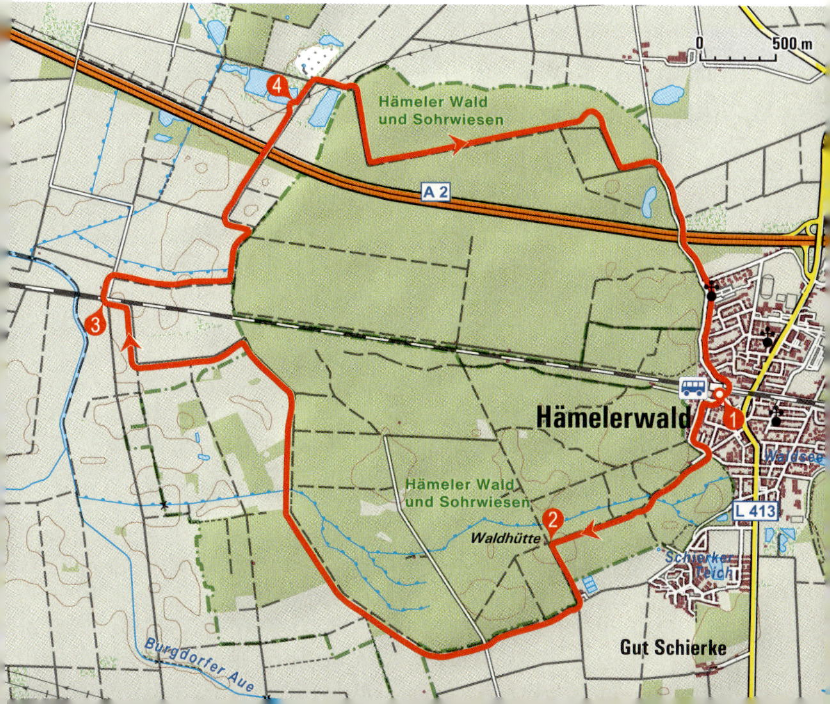

↗ <100 m | ↘ <100 m | 15.4 km

11 Von Immensen-Arpke nach Burgdorf

3.45 h

Zum Seerosenteich im Beerbusch

Ein zuweilen fast geometrisches Mosaik aus offenen und bewaldeten Arealen prägt die Landschaft der Burgdorf-Peiner Geest, die zu den typischen Moränengebieten des Norddeutschen Tieflandes gehört. Dementsprechend finden wir auf sandigem Untergrund häufig Kiefernbestände; in der ackerbaulichen Nutzung hat es der Burgdorfer Spargel zu einiger Bekanntheit gebracht. Unsere Wanderung durchquert das Gebiet mit dem Burgdorfer Holz bzw. Beerbusch im Kern – auf rund 15 Kilometern Marschdistanz logistisch vorteilhaft zwischen den Bahnhöfen Immensen-Arpke und Burgdorf. Landschaftliches Highlight ist sicherlich der sogenannte »Seerosenteich« (mit Insel) im Beerbusch: ein fürwahr lauschiges Fleckchen, obschon künstlich angelegt. Eventuell kann man auch eine Stippvisite beim Naturfreundehaus Grafhorn (frühgeschichtliches Freilichtmuseum) einlegen.

Ausgangspunkt: Bahnhof Immensen-Arpke, ca. 65 m. Haltepunkt des Regional-Express von Hannover Richtung Wolfsburg (»Enno«).
Endpunkt: Bahnhof Burgdorf, 56 m, an der S6 und S7 zwischen Celle und Hannover.
Anforderungen: Meist breite Feld- und Waldwege, zuweilen auf Hartbelag. Nach dem Seerosenteich geht es ein Stück weit weglos über eine Wiesenlichtung mit etwas verwinkeltem Anschluss. Hier ist Orientierungsvermögen gefragt, während der Rest auch ohne Markierungen recht leicht zu finden ist.

Unsere Tour führt wechselweise durch Wald und offenes Terrain.

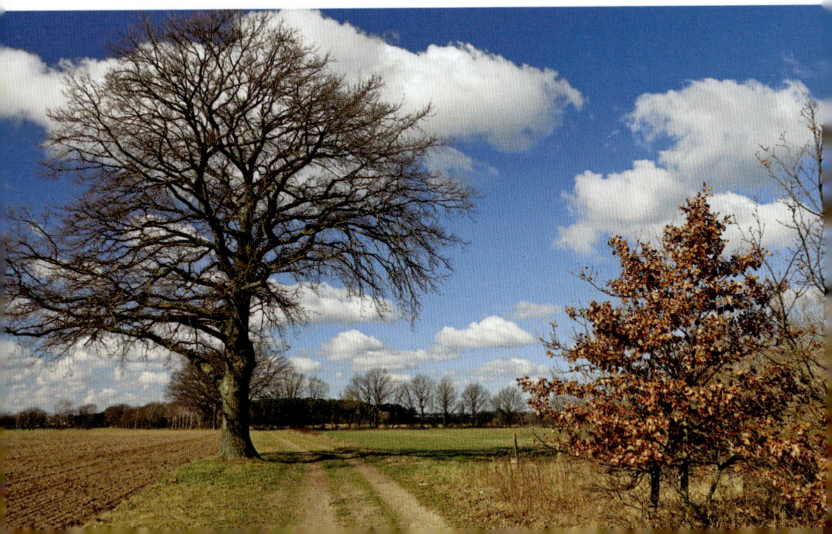

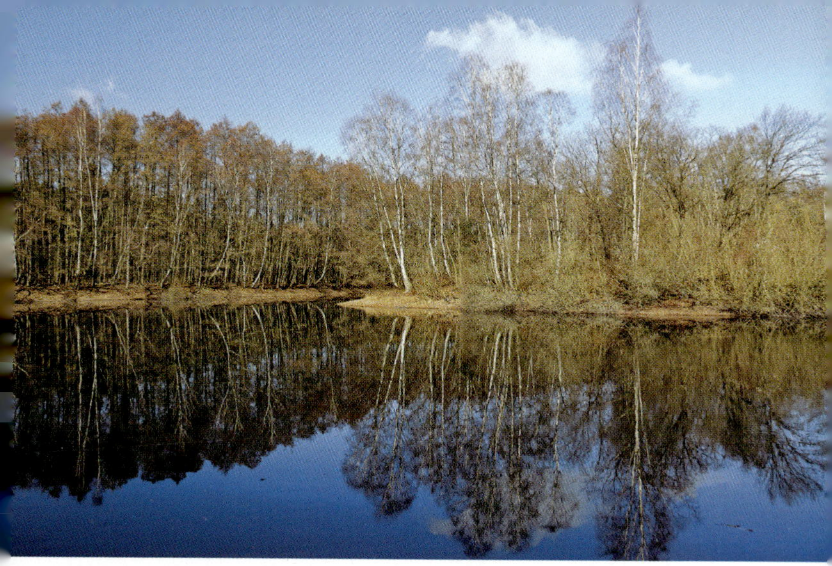

Wieder mal ein lauschiges Fleckchen: der Seerosenteich.

Konditionell durchschnittlich und als Flachlandwanderung nicht sonderlich anstrengend.
Einkehr: Bistro/Naturfreundehaus Grafhorn (derzeit vorübergehend geschlossen; Infos unter www.grafhorn.de); diverse im Zentrum von Burgdorf.

Variante: Verschiedene parallel geführte Wege erlauben zuweilen Abweichungen. Wer z.B. nicht beim Grafhorn vorbeischauen möchte, kann den Feldweg weiter rechts wählen und somit auf einer langen Geraden in den Beerbusch eintauchen.

Am Bahnhof **Immensen-Arpke** ❶ begeben wir uns auf die Nordseite und biegen von der Zufahrt nach wenigen Minuten rechts ab. Noch vor der *Arpker Landstraße* an einer T-Kreuzung wiederum rechts und auf einem Grasweg eine Weile parallel dazu weiter. Kurz vor der Bahnüberführung wechseln wir auf die linke Seite und folgen einem asphaltierten Sträßchen schnurgerade in die Feldmark hinein. Nach einer Weile taucht hinter einem Gehölz rechter Hand das Naturfreundehaus und Freilichtmuseum **Grafhorn** ❷ auf. Daran vorbei etwa 500 Meter bis zur nächsten Kreuzung im **Beerbusch** und dort links. Nun geht es rund 900 Meter gen Norden, ehe vor einer Lichtung bei der Seebeeke wieder ein deutlicher Knick nach rechts absolviert wird. Wir steuern nun die Schutzhütte Beerbusch und den nahen **Seerosenteich** ❸ an, der in dieser Waldeinsamkeit verblüfft. Gleich hinter einem zweiten Teich durch ein verbogenes Gatter nach links und damit zu einer Lichtung direkt am Bächlein Seebeeke. Wir begleiten es auf der linken Seite, passieren noch einen Mini-Teich und spüren am Ende der Lich-

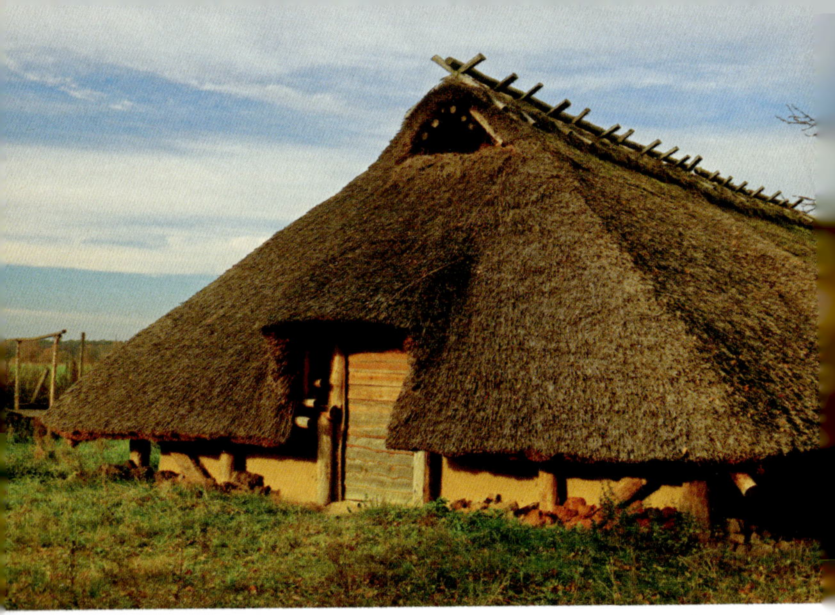

Oben: Rekonstruktion eines prähistorischen Hauses im Freilichtmuseum Grafhorn.
Unten: An der Burgdorfer Aue kurz vor Erreichen des Zielortes.

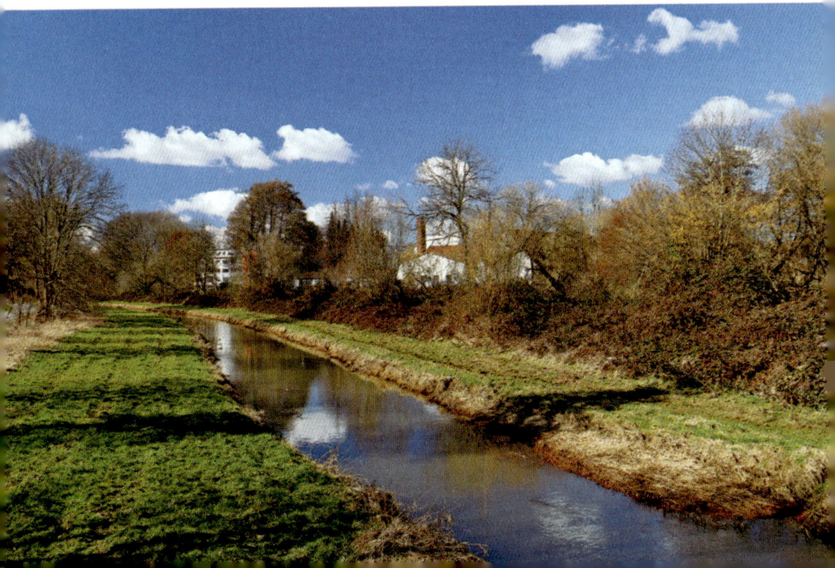

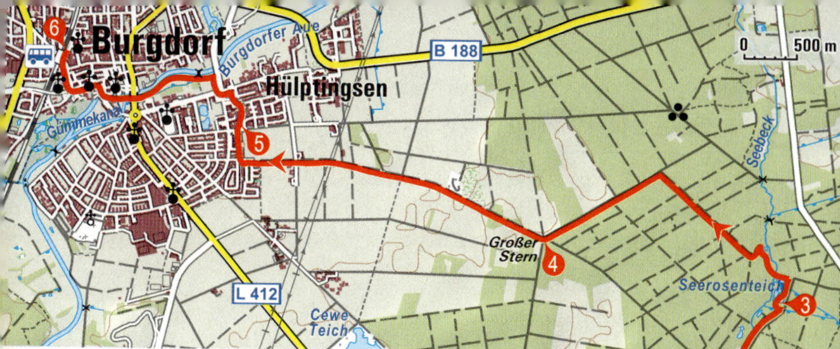

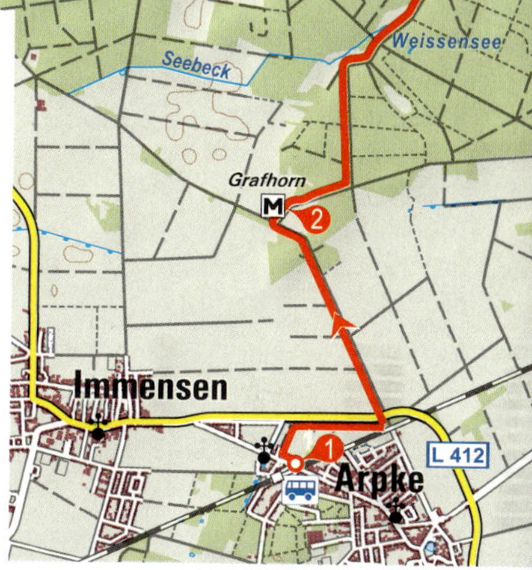

tung die unbefestigte Wegschneise auf, die uns mit einem Linksbogen wieder auf einen »richtigen« Weg bringt. Dieser führt schnurstracks gen Nordwesten, kann aber nach Regenfällen arg aufgeweicht sein (notfalls schlage man eine der Parallelschneisen nach links ein). Bei der T-Kreuzung nach fast 1,2 Kilometern orientiert man sich ohnehin nach links und erreicht 20 Minuten später den **Großen Stern** ❹, eine Mehrfachkreuzung. Hier halbrechts Richtung Burgdorf, das ausnahmsweise mal angeschrieben ist. Im weiteren Verlauf sind wir mehrheitlich in offenerem Gelände unterwegs, kreuzen noch diverse Feldwege, kommen später auf Hartbelag und orientieren uns kurz vor dem *Ostlandring* rechts zum Burgdorfer Stadtteil **Hülptingsen** ❺. Auf hübschem Weg zwischen Gewerbeareal und Wohnsiedlung hindurch nach Norden zur *Uetzer Straße* und bei der großen Ampelkreuzung rechts zur Burgdorfer Aue hin. Am Flüsschen entlang verläuft ein Fuß- und Radweg, der uns allmählich ins Zentrum bringt – später einmal die Seite wechselnd und von der *Poststraße* in die *Marktstraße* sowie beim Kreisel schlussendlich rechts zum Bahnhof in **Burgdorf** ❻.

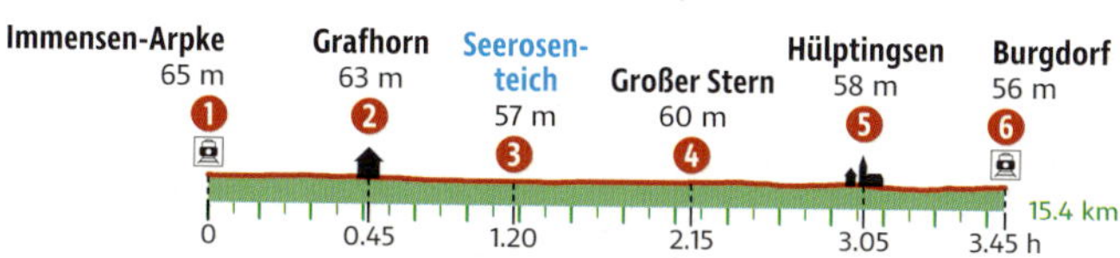

TOP 12

↗ <100 m | ↘ <100 m | 5.5 km

Irenensee und Spreewaldseen bei Uetze

1.30 h

Kleine Idyllen mit einem Hauch von Brandenburg

Eines der schönsten Freizeitgebiete in der Region Hannover befindet sich an der Bundesstraße 188 knapp westlich von Uetze. Dort sind der Irenensee mit flankierendem Campingplatz sowie die verschlungenen Spreewaldseen mit Wochenendsiedlung in deren Mitte angelegt worden – ein Flair, das uns tatsächlich irgendwo im brandenburgischen Spreewald wähnen lässt. Der komplette Rundweg misst etwa fünf Kilometer und bietet bei ständig wechselnden Perspektiven auf die Gewässer auch die Beobachtung der zahlreichen Wasservögel. Außerdem sind am Irenensee sportliche Betätigungen möglich.

Ausgangspunkt: Dahrenhorst-Irenensee, ca. 55 m. Haltestelle der Buslinie 930 vom Bahnhof Burgdorf (Anschluss von der S6 oder S7 ab Hannover). Öffentlicher Parkplatz direkt vor dem Camping- und Freizeitareal.
Anforderungen: Kürzere Genusswanderung, teils auf gepflegten Spazierwegen, teils auch auf kleineren Pfadabschnitten mit Grasnarbe. Verlauf logisch und leicht zu finden.
Einkehr: Gastronomie am Campingplatz Irenensee.
Variante: Man könnte sich auf die Umrundung des Irenensees beschränken oder durch den inneren Bereich der Spreewaldseen (Wochenendhäuser) schlendern.

Von der Bushaltestelle bei **Dahrenhorst** ❶ biegen wir in die Zufahrt zum Campingplatz ein, gehen durch das Haupttor und stehen in Kürze schon vor dem **Irenensee**. Wir schreiten zuerst das Westufer ab (linker Hand die

Selbst im November wirkt der Irenensee noch einladend.

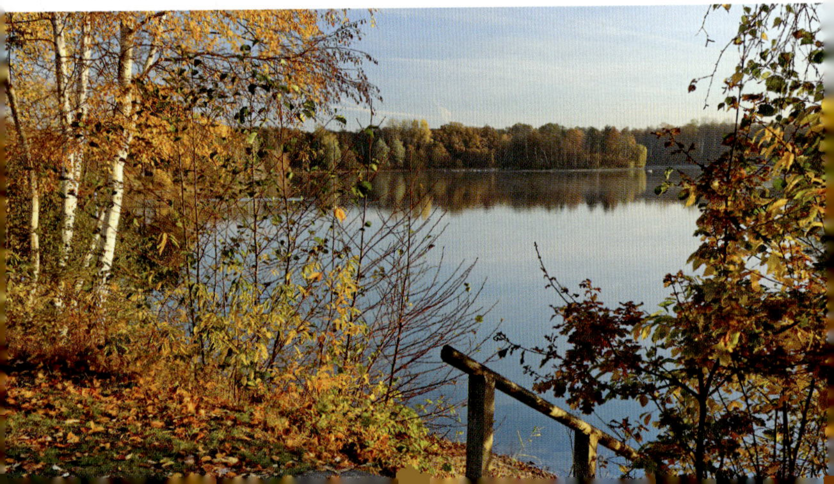

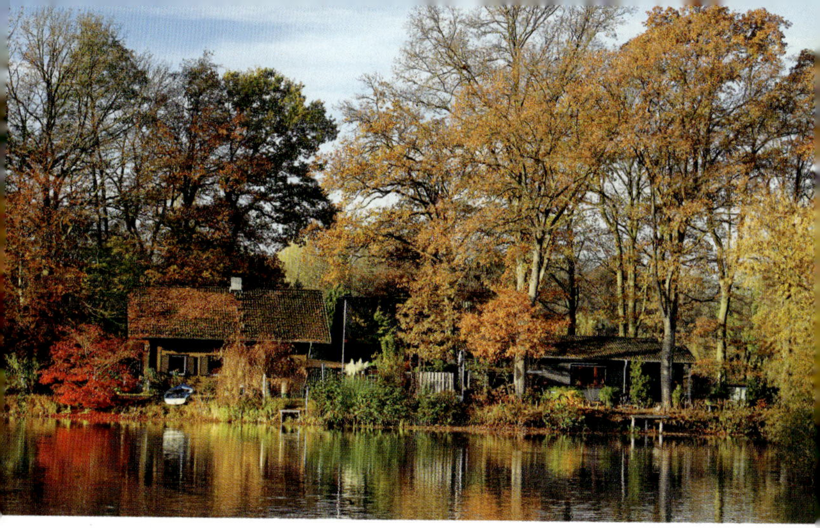

Der Name »Spreewaldseen« kommt nicht von ungefähr.

Stellplätze der Camper) und kommen durch ein Gatter auf den Damm ❷, der die Grenze zu den nördlich gelegenen **Spreewaldseen** bildet. Hier sofort nach links und am Außenbogen des Gewässerarms entlang, bald auf schönem Grasweg. Mit seichten Kurven begleiten wir auch hier fortwährend das Ufer und gehen nach einer Weile den Nordbogen ❸ aus. Es zweigen Feldwege in die Niederung von Fuhse und Erse ab. Allmählich weiter auf die Ostseite, wo die Straßen *Fuchsberg* und *Eichenriede* über Brücken in die innere Wochenendsiedlung führen. Wir vermeiden das Zufahrtsträßchen und achten für die Fortsetzung auf den vorübergehend schmalen Pfad in Ufernähe. Später kommen wir innerhalb des Parkgeländes wieder auf den Dammweg des **Irenensees** ❹, und zwar rund 300 Meter östlich jener Stelle, wo wir diesen vorhin verlassen haben. Nun aber weiterhin im Uhrzeigersinn an der Ost- und Südseite entlang, womit die Runde letztlich geschlossen wird.

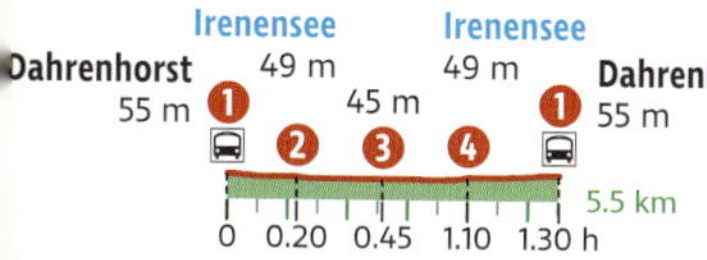

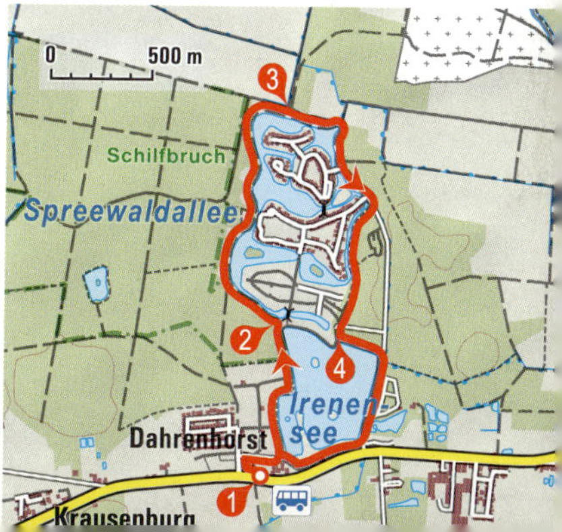

↗ <100 m | ↘ <100 m | 15.6 km

13 Parksee Lohne, Kirchhorster und Altwarmbüchener See

3.50 h

Erholungsseen um Altwarmbüchen und die Gartenstadt Lohne

Diese Wanderung im nordöstlichen Außenbereich Hannovers steht ganz im Zeichen der Seenherrlichkeit. Vor allem der in den 1970er-Jahren angelegte Altwarmbüchener See verblüfft durch seine beachtliche Ausdehnung – mit 48 Hektar ist er nach dem Maschsee der zweitgrößte im Stadtgebiet (tatsächlich geht die Stadtgrenze genau hindurch). Der überaus beliebte Rundweg misst etwa dreieinhalb Kilometer. Für Marschfreudige wäre das natürlich nur ein lockerer Spaziergang, daher holen wir auf unserer Wanderung deutlich weiter aus, entdecken zu Beginn schon die renaturierte Flemmingsche Tonkuhle, anschließend den touristisch bewirtschafteten Parksee und auch den Kirchhorster See. Dort und am Altwarmbüchener See gibt es Freibademöglichkeiten, was die Tour wohl auch für warme Hochsommertage attraktiv erscheinen lässt. Den landschaftlichen Reizen können wir natürlich rund ums Jahr nachspüren, kombiniert mit der Beobachtung von Wasservögeln …

Ausgangspunkt: Altwarmbüchen, ca. 57 m, Endhaltestelle der Stadtbahnlinie 3.
Endpunkt: Ernst-Grote-Straße, ebenfalls Haltepunkt der Linie 3 in Altwarmbüchen.
Anforderungen: Überwiegend sehr angenehme Spazier- und Wanderwege, zwischendurch mal Straßenabschnitte. Beschilderungen sind lückenhaft, daher bei Richtungswechseln aufpassen. Gut durchschnittliche Marschstrecke.
Einkehr: Parksee Lohne (Campingplatz); Kirchhorster Kaffeestuben; El Cortijo, Hotel Hennies und Steinofen Eck (alle drei in der Hannoverschen Str. in Altwarmbüchen); Pizzeria Bambino und Seecafé (beide am Altwarmbüchener See).

Leuchtende Blüten am Wegesrand sorgen für wohltuendes Flair.

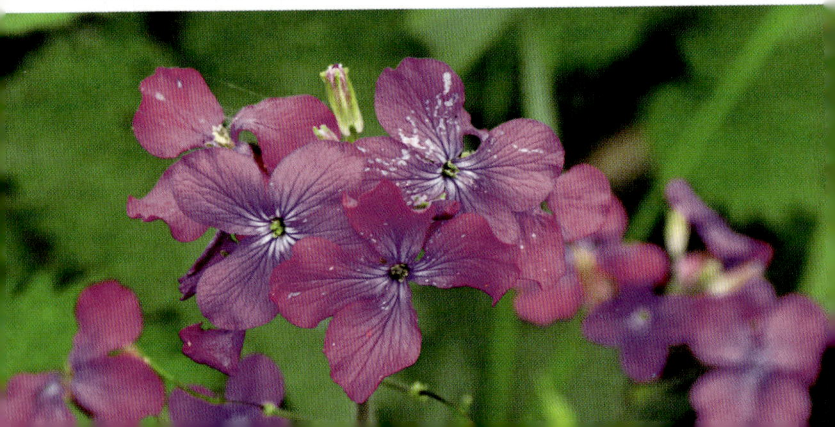

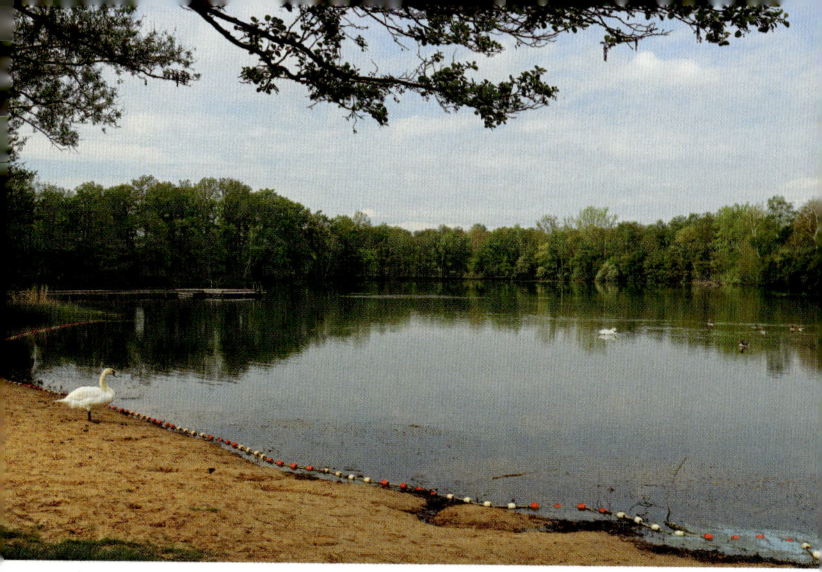

Der Kirchhorster See wartet auf die Badesaison …

Am Endpunkt der Stadtbahn in **Altwarmbüchen** ❶ geht es nordwärts rasch zum ersten See, der **Flemmingschen Tonkuhle**. Vom Nordufer rücken wir dann über die Wietze ab und folgen dem Feldweg Richtung **Basselthof**, der ein großes Pferdegestüt beherbergt. Unmittelbar davor links schwenkend und dann gleich wieder scharf rechts mit dem *Alten Postweg* am Rande der ausgedehnten Koppel entlang (bald Kopfsteinpflaster). Zwischendurch können wir auch einen rechts abzweigenden kleinen Naturpfad nutzen. Damit gelangt man zum **Parksee Lohne** ❷, dessen Freizeitareal eingezäunt ist. Der *Alte Postweg* führt in Kürze über die *A7* hinweg. Knapp 400 Meter dahinter schlagen wir rechter Hand den ausgeschilderten Golfplatz-Wanderweg ein. Dieser tangiert als reizvoller, schmaler Pfad mit einigen Kurven also die Anlage des Golfclubs Isernhagen – zunächst west-, dann südseitig im Übergang zur Feldmark. Als Nächstes kommen wir Richtung **Gartenstadt Lohne** voran und passieren das Wohngebiet auch hier an der West- und Südseite, entlang der **Edder** zu einem neuerlichen Rechtsknick ❸.

Typisches Niedersachsenhaus in Altwarmbüchen.

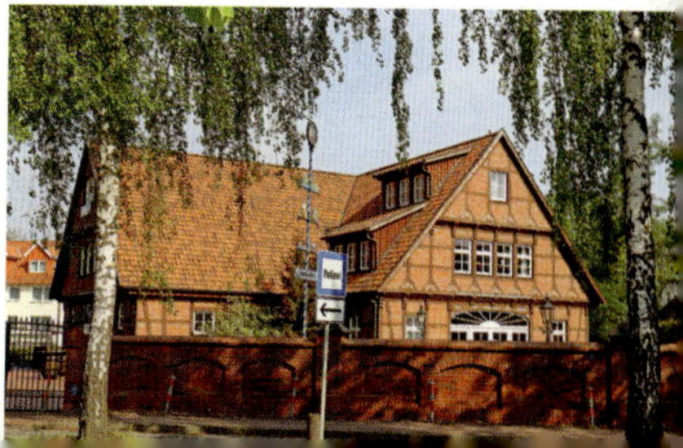

Bei **Kirchhorst** wählen wir zunächst einen Flurweg außerhalb der Orts-

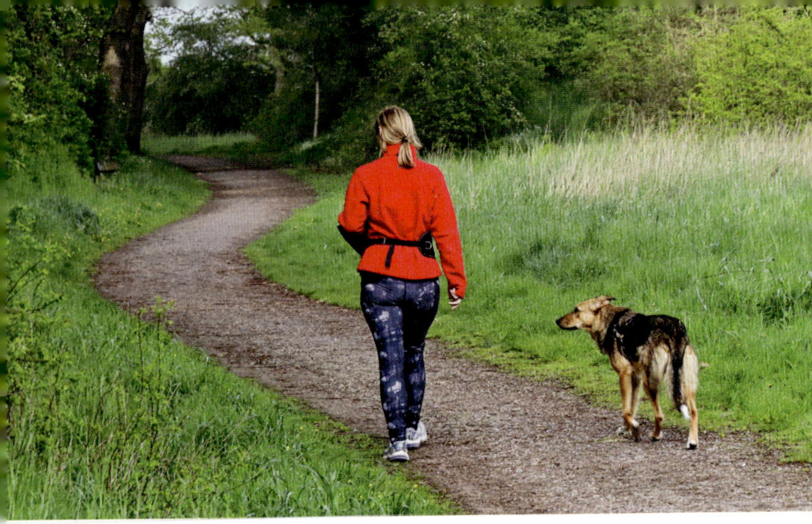

Bewegung tut gut – für Zweibeiner wie für Vierbeiner …

lage, schwenken später über die *Grashöfe* nach links hinein und finden uns in der *Steller Straße* wieder. Vor dem Kreisel laden die Kirchhorster Kaffeestuben zur Einkehr ein. Die Straße *Am Kirchhorster See* führt kurz an einigen Gewerbebetrieben vorbei, ehe man mit einem Rechtsknick den hübschen **Kirchhorster See** ❹ erreicht. Es sei empfohlen, diesen nun linksseitig zur Hälfte zu umrunden (anfangs einfach über die Liegewiese). Gegenüber nutzen wir die erste Möglichkeit, um wieder Anschluss zum Radweg an der *Steller Straße* zu erhalten (ein paar Meter Schleichpfad bis zur Böschung). Anschließend wird nahe der Autobahn-Ausfahrt nochmals die *A7* gekreuzt, ehe wir im Ortsgebiet von Altwarmbüchen ein gutes Stück geradeaus der *Hannoverschen Straße* folgen müssen. Unmittelbar beim Friedhof links auf einen Fußweg abzweigend und via *Seestraße* an den Sportanlagen vorbei zum Nordufer des sehr stattlichen **Altwarmbüchener Sees** ❺. Um den weitaus größten Teil des Rundweges ebenfalls noch in die Tour einzubeziehen, gehen wir links weiter (wer keine Lust mehr hat, kann indessen rechts zum raschen Ende kommen). Der Rundweg ist freilich ganz komfortabel und eröffnet immer wieder herrliche Perspektiven. Nachdem

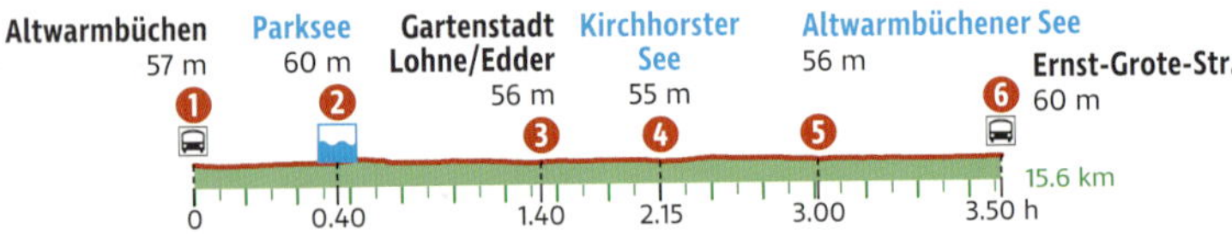

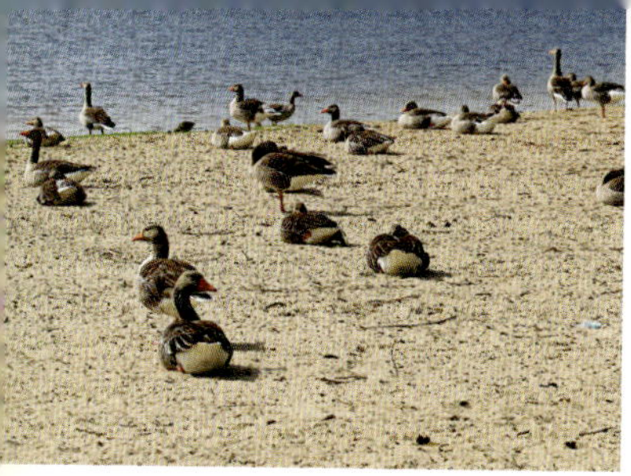

Graugänse am Altwarmbüchener See.

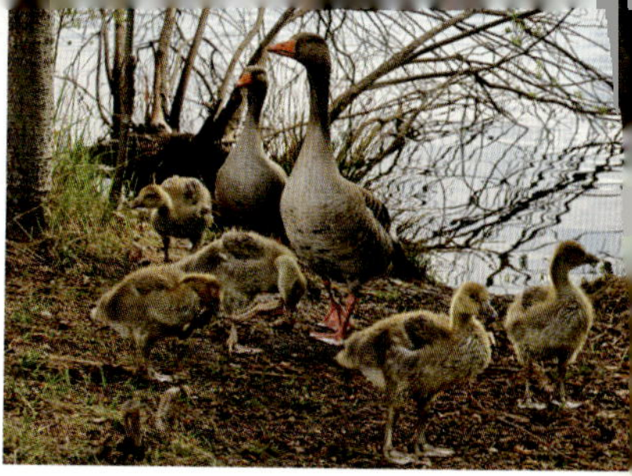

Nachwuchs ist auch schon da.

das Südwesteck umkurvt ist, ergibt sich beim Seecafé eine letzte Einkehrmöglichkeit. Gut 200 Meter dahinter rücken wir schließlich vom See ab und erreichen via *Lüneburger Damm* die Haltestelle **Ernst-Grote-Straße 6**.

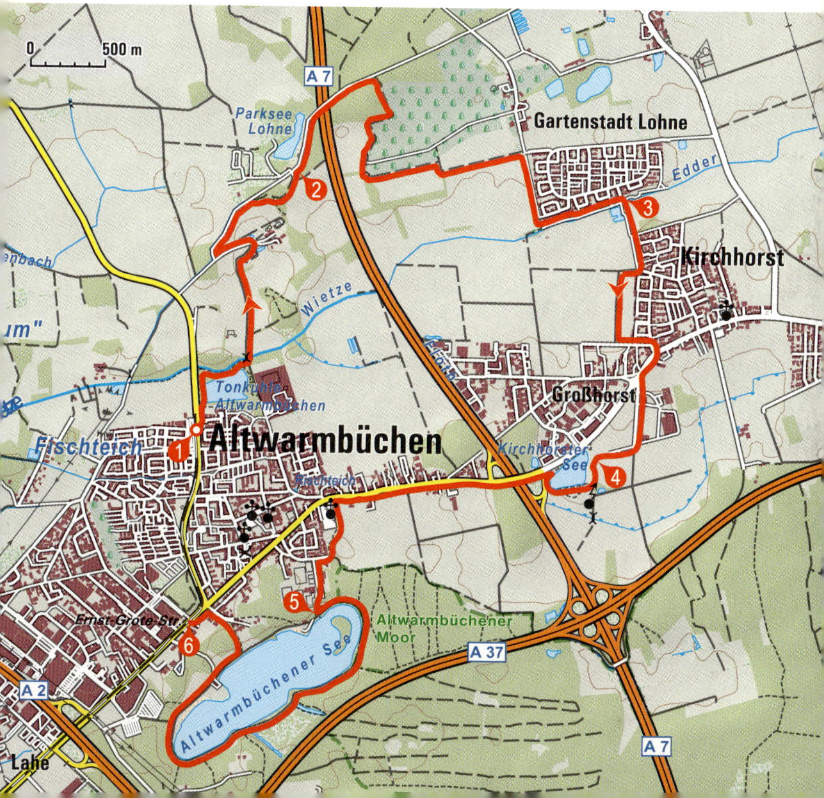

↗ <100 m | ↘ <100 m | 11.2 km

14 Burgwedler Runde zum Würmsee

2.45 h

Typische Wald- und Wiesenwanderung am Übergang zur Heide

Nördlich von Großburgwedel befinden sich im Mosaik aus Waldflächen und offenen Fluren zwei reizvolle Seen. Dabei ist der Springhorstsee – eine ehemalige Kiesgrube – in ein Campingareal eingebunden und somit touristischer Funktion zugeführt worden, während der durch Torfabbau entstandene Würmsee eher naturbelassenen Charakter aufweist und auf einem interessanten Rundweg mit Infotafeln erkundet werden kann. Die Feldwege der Umgebung eignen sich meist auch gut zum Radfahren.

Ausgangspunkt: Bahnhof Großburgwedel, ca. 50 m, knapp nördlich der Ortslage. Haltepunkt des Metronom an der Strecke Hannover – Uelzen.
Anforderungen: Meist breite Wege, abwechselnd durch Waldstücke und offenere Bereiche, streckenweise Hartbelag oder festgefügter Schotter. Kleinerer Fußweg um den Würmsee. Flachlandwanderung von mäßiger Länge; Beschilderungen gelten – sofern vorhanden – Radrouten und helfen nur zum Teil.
Einkehr: Das Restaurant am Würmsee war zuletzt geschlossen; evtl. beim Campingplatz Springhorstsee oder in Großburgwedel.

Vom Bahnhof **Großburgwedel** ❶ orientieren wir uns zum nahen Kreisel (hier auch Parkplatz) und folgen dem Radweg entlang der Landstraße auf einer Distanz von gut 800 Metern, ehe wir rechts abbiegen. Der nun folgende asphaltierte Flurweg tangiert das Campinggelände am Springhorstsee, der jedoch verborgen bleibt. Wer ihn unmittelbar besuchen will, muss

Der Würmsee lohnt eine nähere Erkundung.

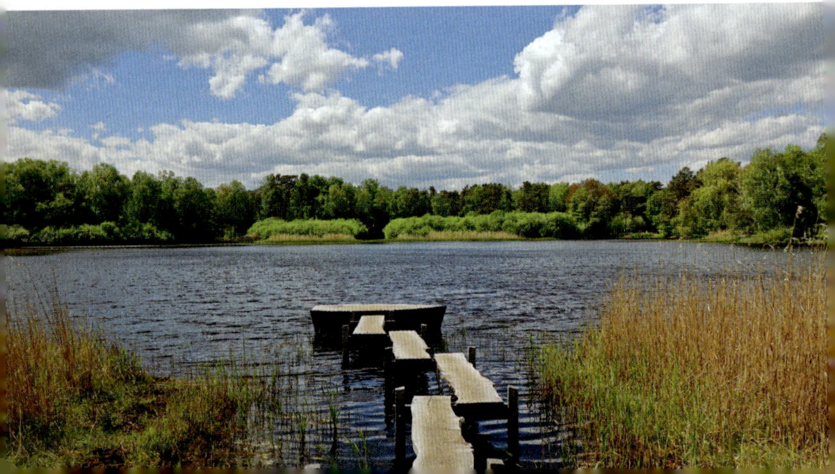

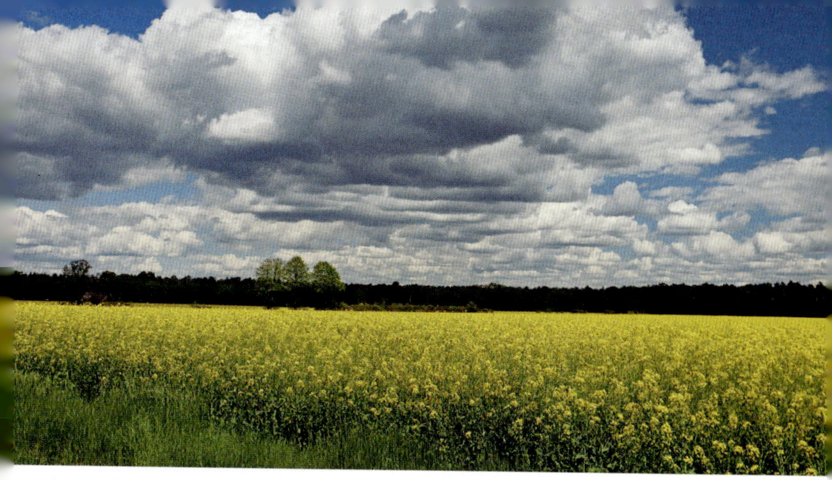

Im Mai leuchten die gelben Rapsfelder.

dies mit kurzem Abstecher von der Südseite her tun. Ansonsten führt uns eine lange Gerade bis zu einer Kreuzung unweit der Autobahn. Hier vollziehen wir einen Rechtsknick 2 und wandern anschließend auf einer Strecke von 2,3 Kilometern abermals fast schnurstracks geradeaus – jetzt in Grundrichtung Nordost und zwischendurch über den *Würmseeweg* (Straße) hinweg. Die Radroute nach Fuhrberg verlassend, nähert man sich nun mit zwei Rechtsbögen dem **Würmsee** 3, wo man den ungefähr einen Kilometer messenden Rundweg keinesfalls versäumen sollte. Es ergeben sich viele schöne Perspektiven. Anschließend geht es auf dem Flurweg weiter gen Süden, wobei noch vier Richtungswechsel zu beachten sind (rechts-links-rechts-links). Zuletzt nach rechts in die *L381* einmündend, ist dies der effektivste Kurs, um zurück zum Bahnhof **Großburgwedel** 1 zu gelangen.

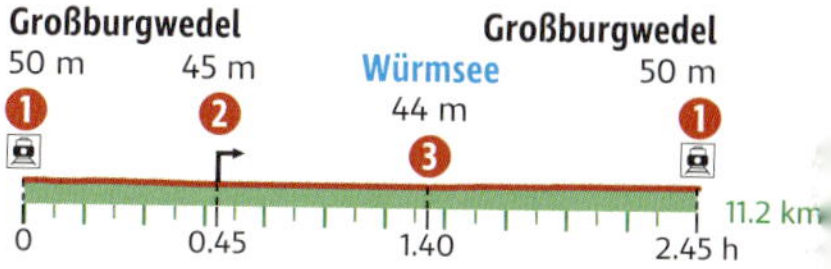

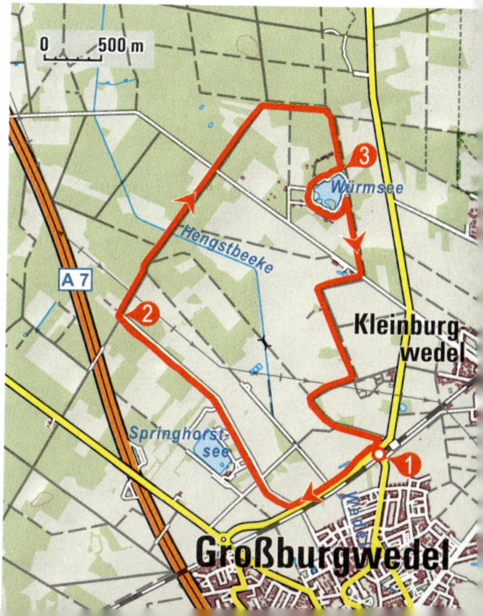

↗ <100 m | ↘ <100 m | 13.5 km

3.20 h

15 Rundtour bei Ehlershausen

Im Kiefernwald südlich vom Großmoor

Zwischen Burgdorf und Celle liegt Ramlingen-Ehlershausen verkehrsgünstig mit S-Bahn-Anschluss, um hier eine Erkundung des umgebenden Geestgebiets zu starten. Am Rande des Großmoores erstreckt sich ein recht ausgedehntes Waldareal, hauptsächlich mit Kiefernbeständen, das wir auf schönen, stillen Wegen in drei- bis dreieinhalb Stunden umrunden.

Ausgangspunkt: Bahnhof Ehlershausen, ca. 44 m, an der S6 bzw. S7 zwischen Hannover und Celle.
Anforderungen: Häufig unbefestigte und teils sandige Wege, meist in Wäldern oder an deren Rand. Bei starker Nässe eventuell unerquickliche Passagen. Fast keine Beschilderungen; es gibt aber nur wenige Richtungswechsel, bei denen man aufmerksam sein muss. Flache, durchschnittlich lange Wanderung.
Einkehr: Haus am Walde (ca. 10 Min. Abstecher in Lahberg); Restaurant Burgdorfer Golfclub; Gasthaus & Hotel Bähre (am Bahnhof Ehlershausen).
Variante: An der Kreuzung, wo man auf den Jakobsweg trifft, mit diesem nach links (etwas kürzer).

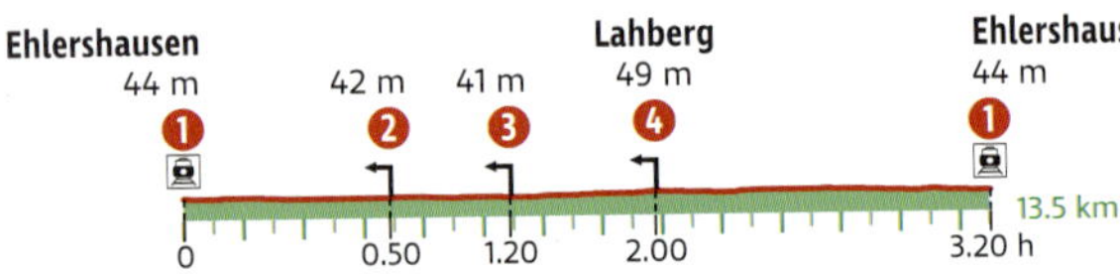

Direkt beim Bahnhof **Ehlershausen** ❶ bzw. dem Gasthaus Bähre schlagen wir die Straße *Edental* ein und nach 300 Metern linker Hand den *Weidendamm*. Dieser führt Richtung *Jägerstraße* und von dort in den *Heideweg* abzweigend. Damit sind wir auf Kurs ins Waldgebiet und absolvieren in

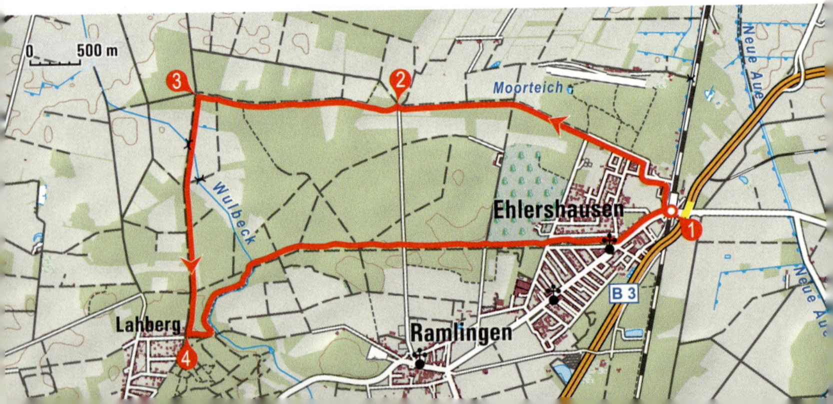

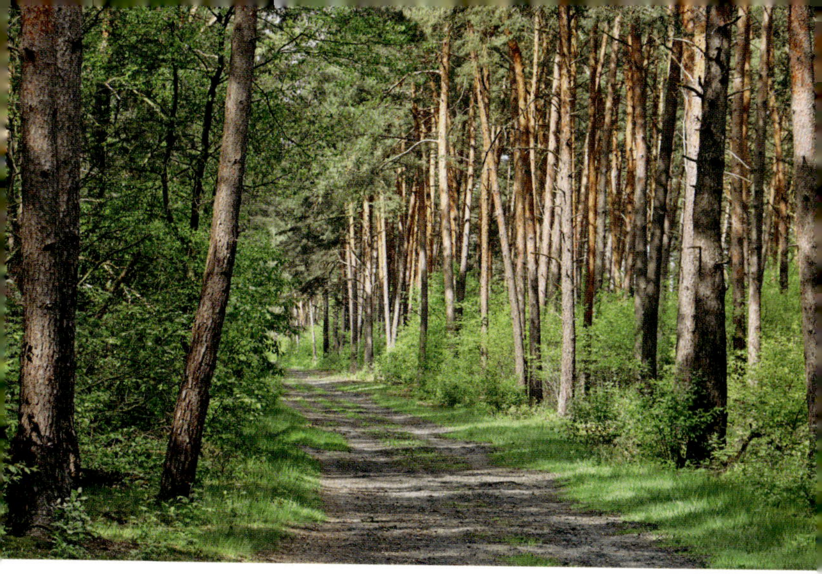

Ausgedehnte Kiefernforste nehmen den Heidecharakter vorweg.

dessen nördlichem Randbereich eine lange Gerade. Zwischendurch kreuzt man ein Sträßchen. Etwa 1,2 Kilometer weiter achtet man unmittelbar nach dem Rechtsschwenk auf den Abzweig eines kleinen Pfades **2**. Dieser setzt sich bald als Gras- respektive Sandweg fort und zieht weiterhin genau nach Westen. Bei einer größeren Kreuzung (Hartbelag) biegen wir nach links, also südwärts, ab **3** und folgen erneut einer sandigen Trasse, ein Stück weit auch in offenerem Gelände. Nach zwei Kilometern kreuzt wiederum ein sehr breiter Weg, der linker Hand eigentlich auch unseren Rückweg nach Ehlershausen vermittelt. Es sei aber empfohlen, noch etwa 500 Meter geradeaus bis an den Rand der Siedlung **Lahberg** **4** zu gehen und erst dort nach links. Damit kommen wir nämlich zum schönsten Abschnitt der Tour, dem kleinen Pfad direkt neben der Wulbeck. Wir begleiten den Graben linksseitig, bis wir wieder auf den großen Hauptweg stoßen. Die Wanderung führt jetzt streng ostwärts, später einen Golfplatz tangierend. Nach Kreuzen der *Waldstraße* können wir einen Waldpfad parallel zur *Alten Heerstraße* nutzen und vollenden die Tour dann in der *Ramlinger Straße* zurück zum Bahnhof **1**.

Unterwegs im »Dschungel« an der Wulbeck.

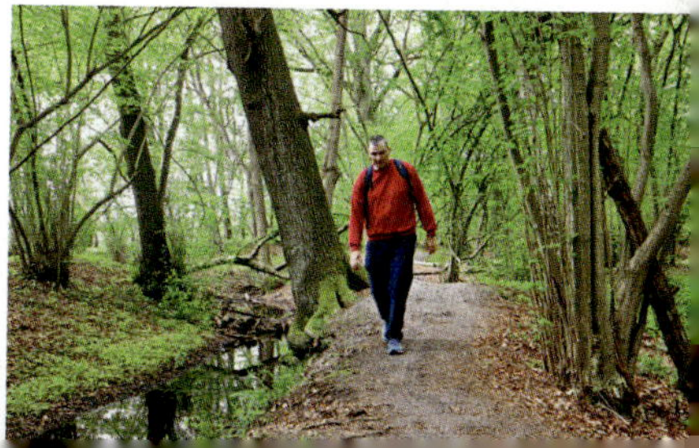

↗ <100 m | ↘ <100 m | 15.5 km

16 Von Fuhrberg ins Wietzenbruch

4.00 h

Durch siedlungsarme Waldgebiete der Geest

Zwischen dem Burgwedler Raum und Wietze bzw. Hambühren weiter nördlich liegt ein ausgedehntes Areal von Moorgeestwäldern, aufgelockert durch gelegentliche Lichtungen mit landwirtschaftlicher Nutzung. Hier im sogenannten Wietzenbruch kann man stundenlang in Stille und Abgeschiedenheit unterwegs sein, denn sobald wir die Ortschaft Fuhrberg verlassen haben, treffen wir lediglich in Rixförde auf eine bescheidene Siedlung.

Ausgangspunkt: Fuhrberg, ca. 41 m, Bushaltestelle »Zur Alten Burg« beim Heide Hotel Klütz; Linie 651 vom Bahnhof Großburgwedel (Anschluss vom Metronom Hannover – Uelzen).
Anforderungen: Durchwegs flache Wald- und Flurwege, abwechselnd sandiger Boden, Grasnarbe und Hartbelag. Bis Rixförde nicht markiert, danach als E1 (weißes X auf schwarzem Grund). Durchschnittliche Marschstrecke ohne Höhenunterschiede.
Einkehr: Heide Hotel Klütz, Pizzeria Francesko, Alte Backstube und Spargelhof Heuer (alle in Fuhrberg).
Variante: Bei Wegpunkt 3 noch ca. 1,5 km geradeaus und dann rechts Richtung Rixförde.

Üppige Farne im Wietzenbruch.

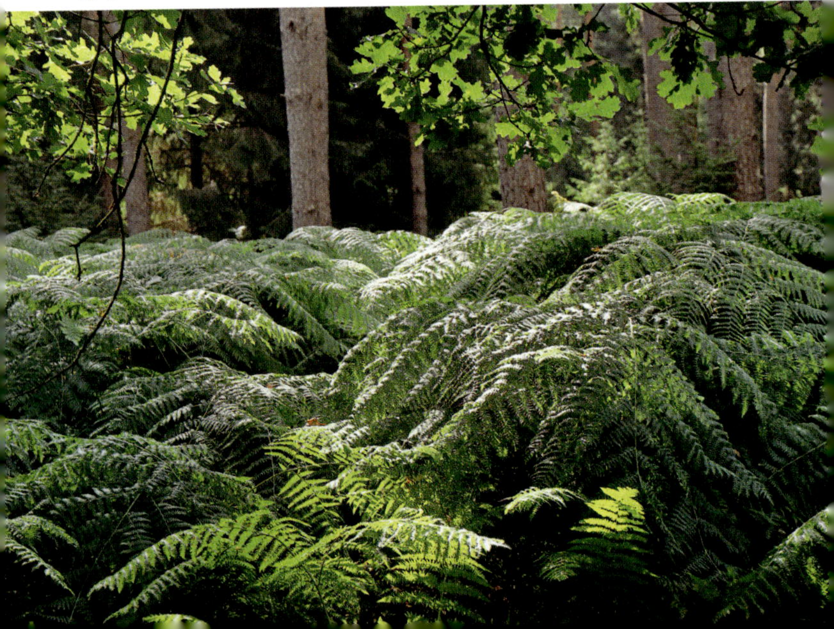

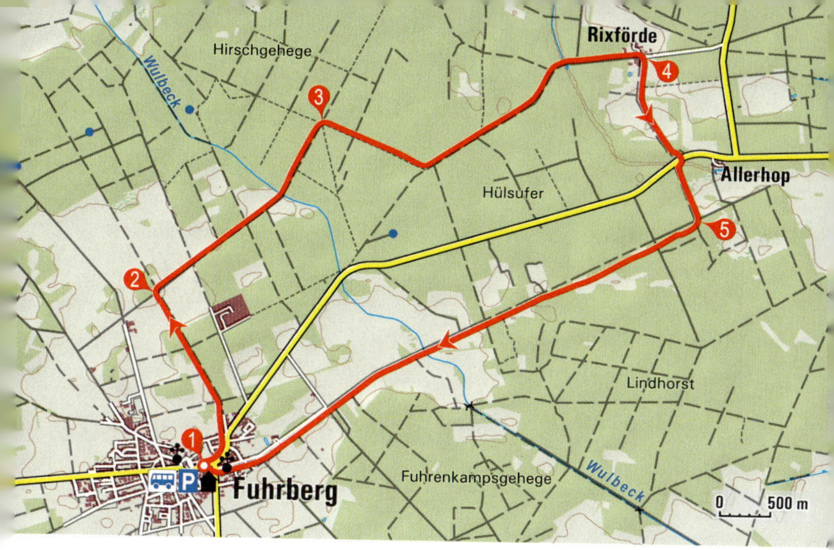

In **Fuhrberg** ❶ folgen wir der *Celler Straße* ortsauswärts und zweigen nach rund 400 Metern links in den *Wieckenberger Weg* ab. Dieser geht am Ende der Siedlungen in eine Schotterfahrbahn über. Nach insgesamt zwei Kilometern biegen wir nach rechts auf eine asphaltierte Trasse ❷ ein. Damit eine ganze Weile geradeaus, später von einem Gras-Sand-Weg abgelöst. Man kreuzt den Graben der Wulbeck und gelangt gut 800 Meter dahinter zu einer Mehrfachkreuzung ❸. Nun rechtwinklig nach rechts (altes Holzschild: Zur alten Poststraße), wobei der folgende Abschnitt auf gut einem Kilometer bei Nässe und etwas höherem Gras ein wenig unangenehm sein kann. Danach trifft man wieder auf eine sandige Trasse, die Richtung **Rixförde** ❹ führt. Beim Gutshof entdecken wir das X des Europäischen Fernwanderweges Nr. 1. Damit jetzt südwärts am Rande einiger Weiden entlang zur *L310*, wo sich der Anschluss wenige Schritte nach rechts versetzt befindet. Nach rund 600 Metern auf kleinerem Pfad stößt man erneut auf eine größere Forststraße ❺ und wendet sich nach rechts. Der Rückweg Richtung **Fuhrberg** verläuft jetzt fast schnurgerade, auf den letzten rund drei Kilometern mit Hartbelag (*Grasbruchweg*). Schließlich kurz in die *Hannoversche Straße* und zum Ausgangspunkt in der *Celler Straße* ❶.

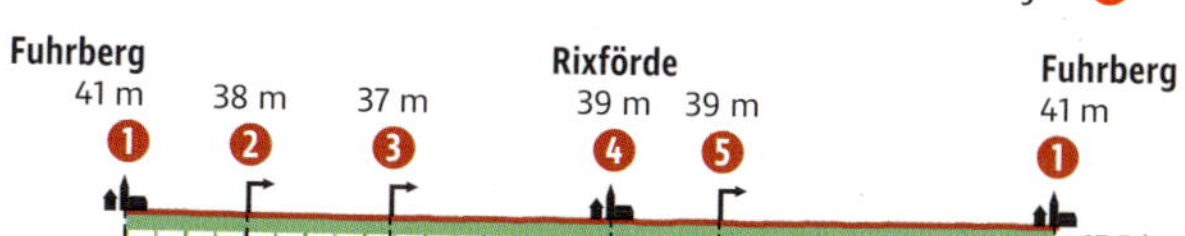

TOP

↗ <100 m | ↘ <100 m | 14.8 km

3.50 h

17 Zwischen Celle und Hambühren

Idyllische Pfade rund ums Neustädter Holz

Diese Tour im näheren Stadtumfeld von Celle zeichnet sich durch naturnahe Wegverläufe aus, ganz besonders auf einem längeren Abschnitt entlang der Aller, aber auch am Fuhsekanal. Wir umrunden damit quasi das Neustädter Holz, das geografisch mit dem Wietzenbruch (im Staatsforst Fuhrberg) ein größeres zusammenhängendes Waldgebiet bildet. Die malerischsten Impressionen bietet fraglos der Allerfluss.

Ausgangspunkt: Bahnhof Celle, ca. 40 m. Halt von ICE, Regional-Express (Metronom) und S-Bahn (S6 und S7).
Anforderungen: Großer Anteil von Naturpfaden, vor allem im Nahbereich der Aller herrlich schmal und verschlungen. Obwohl nur teilweise beschildert, nicht besonders anspruchsvolle Orientierung (sofern man die wenigen maßgeblichen Abzweigungen nicht verpasst). Keine nennenswerten Höhenunterschiede und durchschnittliche Distanz.
Einkehr: Café Unterm Vogelbeerbaum; Waldwirtschaft Alter Kanal; diverse in Celle.
Varianten: 1. Autofahrer können wahlweise bei allen aufgeführten Wegpunkten starten.
2. Der Pfad an der Aller ließe sich über die breite, radtaugliche Forststraße abkürzen.

Vom Bahnhof **Celle** ❶ am besten zunächst über die Kreuzung der *B214* hinweg, am Busterminal vorbei und unmittelbar hinter der Fuhse rechts

Knorrige Bäume stehen am Fuhsekanal Spalier.

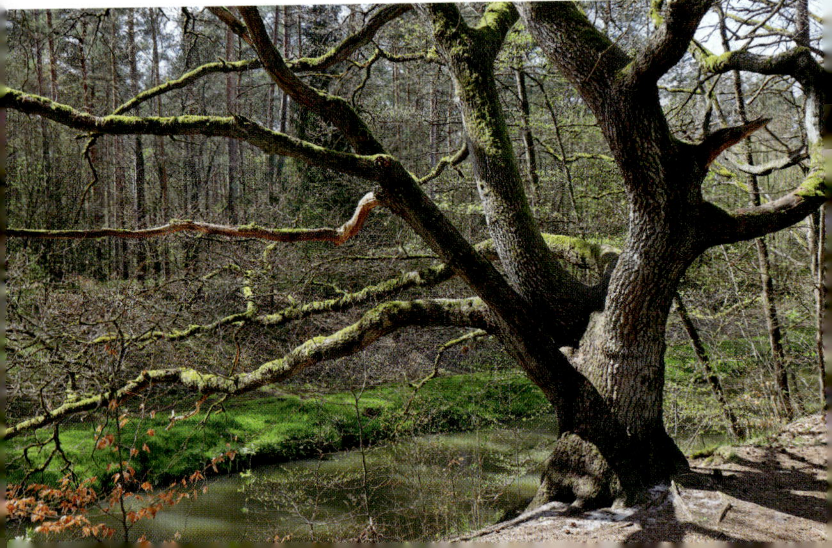

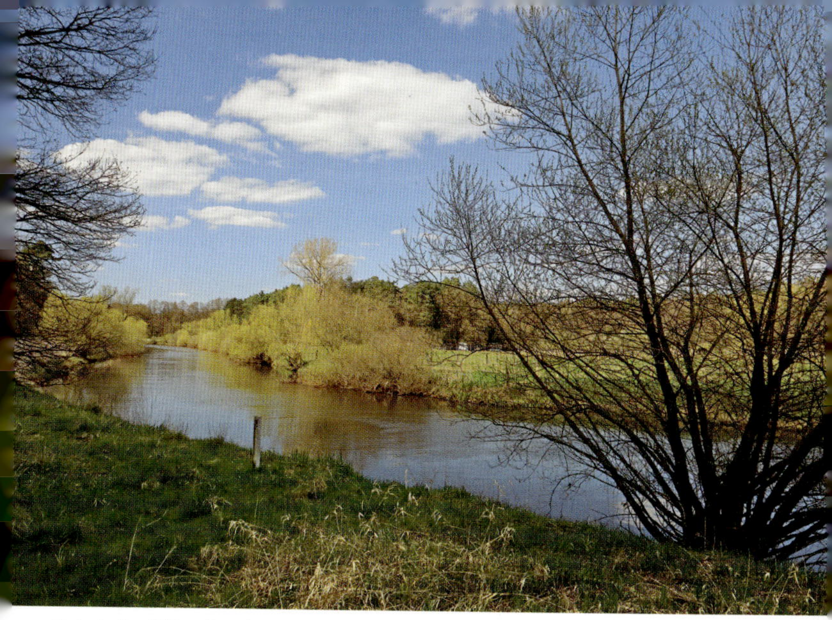

Malerisch schlängelt sich die Aller durch die Landschaft.

auf den Spazierweg, der das Flüsschen begleitet und auf einer massiven Holzbrücke in Kürze nochmals überquert. Man kommt dann wieder zur *B214* (*Nienburger Straße*), kreuzt ein drittes Mal die Fuhse und passiert das Celler Sportstadion sowie den Busbetriebshof stadtauswärts (gen Westen). Gleich dahinter biegen wir rechts ab und stoßen auf einen Wanderparkplatz **2**. Hier schlagen wir rechter Hand den Pfad entlang der Aller ein, der bald nur noch sehr schmal verläuft, und zwar am Saum des Gehölzes zum Uferwiesenstreifen. So geht es eine ganze Weile recht verschlungen mit schönen Perspektiven dahin. Später entfernen wir uns wieder von der Aller und nehmen die breite Trasse

Direkt von Celle aus lassen sich einige reizvolle Touren unternehmen.

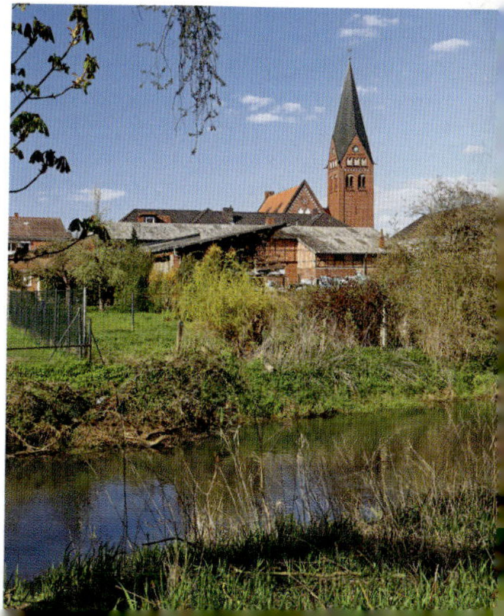

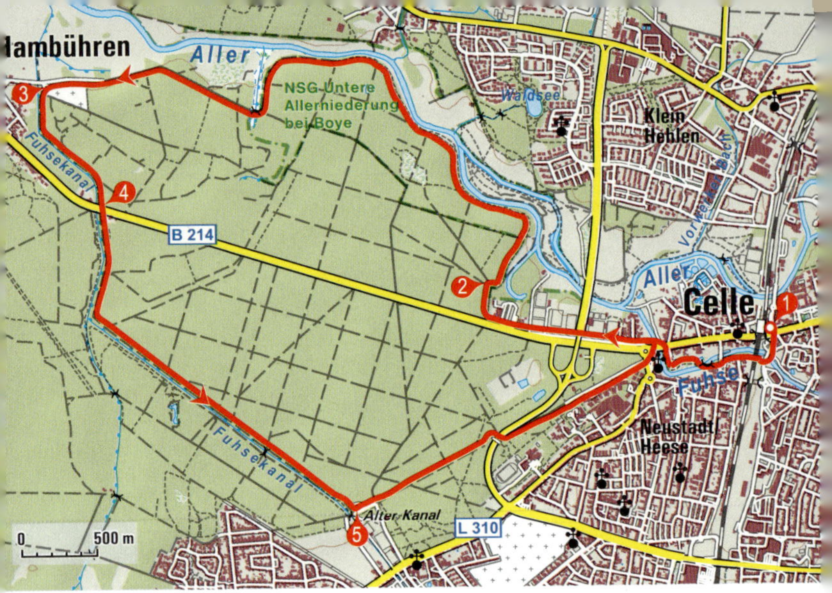

auf, die am Parkplatz links begonnen hatte. Hinter einem kleinen Rastplatz wird ein Asphaltsträßchen daraus, welches Richtung **Hambühren** führt. Schon beim Friedhof ❸ biegen wir allerdings links ab und begleiten im lichten Gehölz den Fuhsekanal. Beim Café »Unterm Vogelbeerbaum« bzw. der Bushaltestelle »Hambühren, Brücke« kreuzen wir die *B214* ❹ und setzen den Weg südwärts in ähnlicher Weise fort. Gut 700 Meter weiter vollzieht die Route einen Linksknick und begleitet den Kanal noch auf einem längeren Stück. Zwischendurch kommt von rechts über eine Brücke der mit X markierte Europäische Fernwanderweg Nr. 1 dazu. Nächstes Ziel ist nun die beliebte Waldgaststätte **»Alter Kanal«** ❺, perfekt für eine Einkehr im Schlussabschnitt der Tour. Durch eine lange Schneise wandert man anschließend zur kunstvollen Überführung des *Wilhelm-Heinichen-Rings* und gelangt über den *Lönsweg* an den Schulen vorbei in das Celler Stadtgebiet. Hinter dem bereits bekannten Kreisel am schönsten wieder entlang der Fuhse zurück zum Bahnhof ❶.

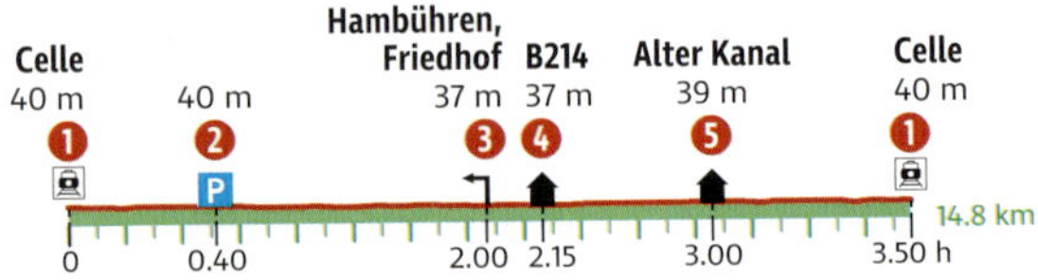

↗ <100 m | ↘ <100 m | 13.4 km

3.15 h

Obere Allerniederung bei Celle

18

Schöne Flusswanderung beidseits der Aller

Im Mittelpunkt dieser Wanderung steht wiederum die Aller, genauer gesagt das Naturschutzgebiet der Oberen Allerniederung zwischen Celle und Altencelle. Die üppig grüne Landschaft wird von typischen Auen- und Bruchwäldern, Feuchtwiesen und Grünland, Röhrichten und Seggenrieden geprägt und ist bei Hochwasser mitunter Überflutungsgebiet. Dabei nehmen wir Richtung Altencelle den nordseitigen und retour den südseitigen Weg. Es lohnt sich bei dieser Gelegenheit auch, einige Bereiche der Celler Innenstadt, etwa den Schlosspark und den Französischen Garten, zu erkunden.

Ausgangspunkt: Bahnhof Celle, ca. 40 m. Halt von ICE, Regional-Express (Metronom) und S-Bahn (S6 und S7). Wer per Auto anreist, kann vorteilhaft in der Nähe des Schlosses starten.
Anforderungen: Überall leichte, komfortable Wege, streckenweise Hartbelag. Nur zwischendurch mal ein Waldpfad, wenn man bei Wegpunkt 3 von der Aller abrückt. Sporadisch beschildert, aber im Prinzip leicht zu finden. Ohne Höhenunterschiede auch konditionell moderat.
Einkehr: Allerkrug in Altencelle; reichlich Auswahl in Celle, speziell in der Altstadt.

Vom Bahnhof **Celle** ❶ geht es anfangs durch die *Bahnhofstraße* stadteinwärts, wobei wir in Kürze in die Triftanlagen (Park) ausweichen. Dahinter über die komplexe Kreuzung der *B3/B214* hinweg und nach Über-

Die Aller bei Altencelle.

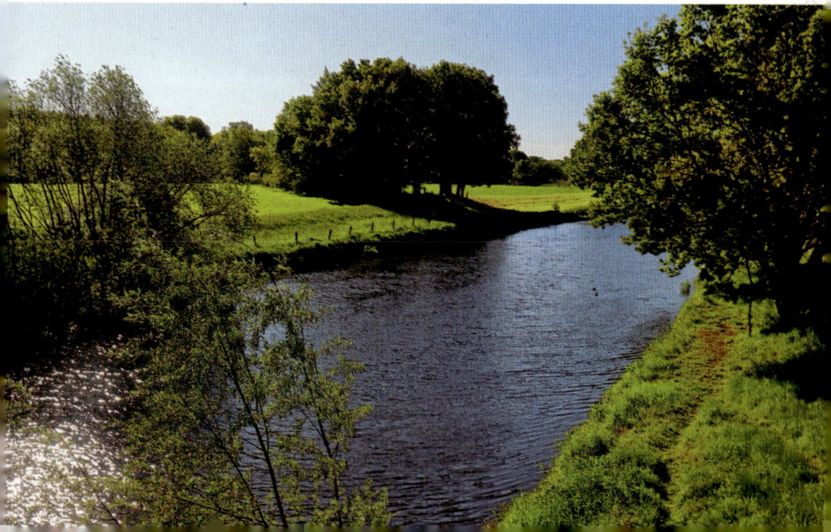

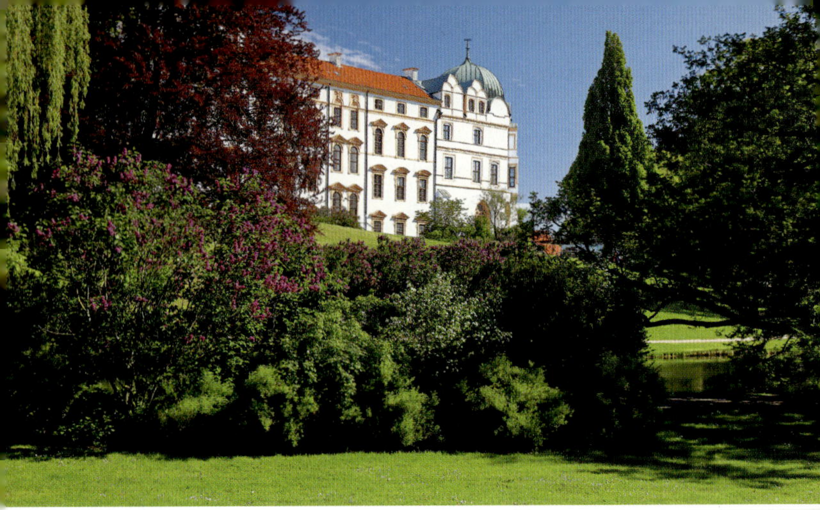

Architektonisches Schmuckstück: das Celler Schloss.

schreiten des Magnusgrabens links abzweigend zum **Schloss**. An dessen Ostseite treten wir vom *Schlossplatz* in die Fußgängerzone der Altstadt ein, lassen die Stadtkirche hinter uns und schwenken am Ende der *Neuen Straße* nach links zur *Schuhstraße*, die jenseits des *Nordwalls* in die *Theo-Wilkens-Straße* übergeht. Anschließend wechseln wir über die **Allerbrücke** ❷ auf die Nordseite. Der Flusslauf wird jetzt auf einem feinen Rad- und Fußweg kilometerweit unmittelbar begleitet – abgesehen von einem kleinen Schlenker an der Mündung der Lachte. Um etwas Abwechslung zu haben, können wir auf Höhe der großen Stromtrasse nach links einen etwas unscheinbaren Naturweg einschlagen ❸. Dieser führt in Kürze an einem Seerosenteich vorbei und taucht dann ins Gehölz ein. Dort halten wir uns rechts. Bei einem Parkplatz trifft man wieder auf den nur unwesentlich kürzeren Alleruferweg, der hier ebenfalls etwas abrücken muss. Nun sind wir ein Stück weit auf den Radweg an der *K74 (Alte Dorfstraße)* angewiesen. Nachdem erneut die Aller überschritten ist, biegen wir gleich nach dem Ortseingang von **Altencelle** ❹ beim Allerkrug nach rechts ab. Der *Oehlmannsweg* bringt uns zur Gertrudenkirche, die bereits auf eine 1000-jäh-

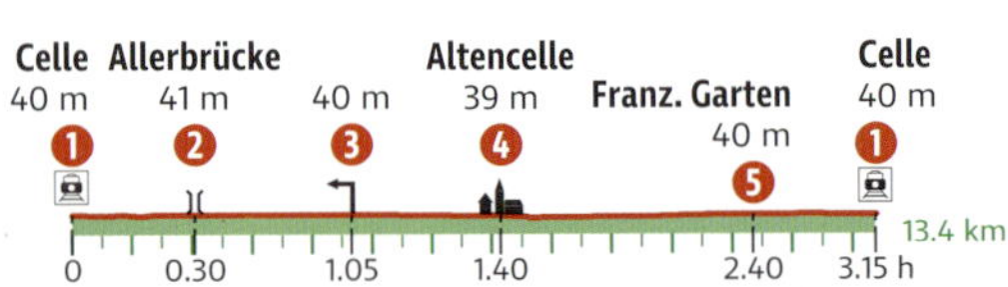

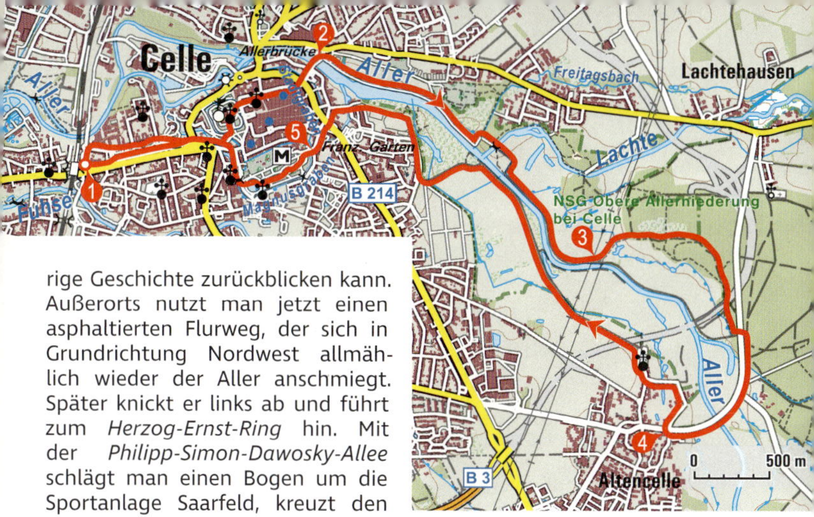

rige Geschichte zurückblicken kann. Außerorts nutzt man jetzt einen asphaltierten Flurweg, der sich in Grundrichtung Nordwest allmählich wieder der Aller anschmiegt. Später knickt er links ab und führt zum *Herzog-Ernst-Ring* hin. Mit der *Philipp-Simon-Dawosky-Allee* schlägt man einen Bogen um die Sportanlage Saarfeld, kreuzt den Magnusgraben und biegt aus dem *Steintor* nach links in die *Fritzenwiese* ein. Jenseits der *B214* via *Wehlstraße* zum **Französischen Garten** ❺, der sich schön durchqueren lässt. Am anderen Ende wartet ein Fontänenteich. Durch *Magnus-* und *Westcellertorstraße* kommen wir wieder in die Nähe des Schlosses und wandern am Ende durch die schon bekannten Triftanlagen zurück Richtung **Bahnhof Celle** ❶.

Ländliches Flair bei Altencelle.

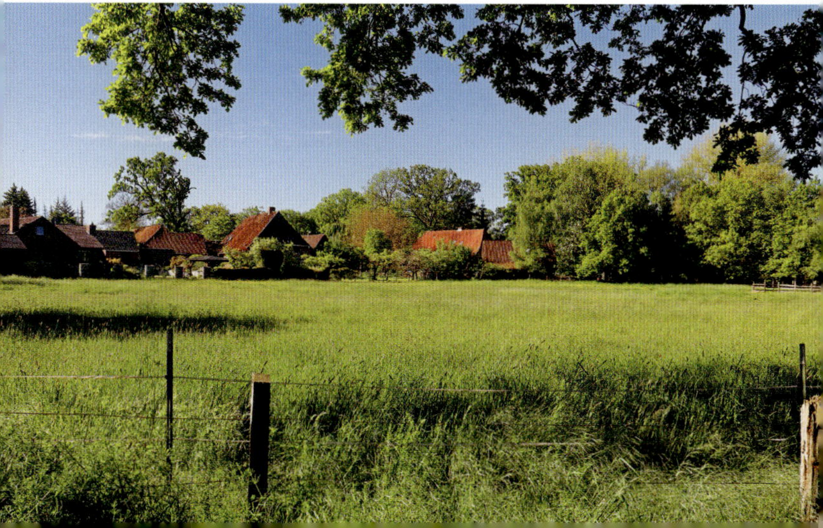

↗ <100 m | ↘ <100 m | 14.1 km

19 Die Aschauteiche und Loher Teiche bei Eschede

3.40 h

Ein veritabler »Seen-Cluster« in der Südheide

Nördlich von Eschede bilden rund 50 einzelne Gewässer eine der schönsten Teichlandschaften Niedersachsens. Die Tradition reicht schon Jahrhunderte zurück und wurde richtiggehend befeuert, als durch den Bau der nahen Eisenbahnstrecke hier viele Kuhlen zusätzlich ausgehoben wurden. Zusammen nehmen die Aschauteiche und die nördlich angrenzenden Loher Teiche eine Fläche von rund 350 Hektar ein – viel umfangreicher, als man es bei einer gewöhnlichen Fischzucht erwarten würde. Als Wasser- und Vogelschutzgebiet sind sie tatsächlich auch viel bedeutender ...

Ausgangspunkt: Bahnhof Eschede, ca. 77 m, an der Strecke Hannover – Uelzen (Metronom).
Anforderungen: Wechsel von befestigten Trassen und Naturwegen mit Grasnarbe, was bei Nässe zu bedenken ist.

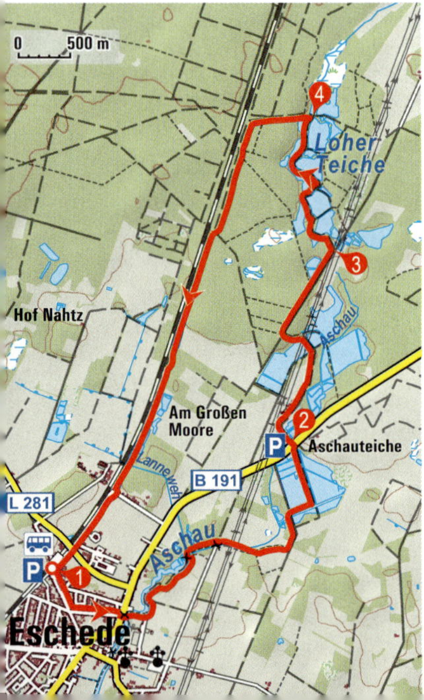

Im Bereich der Teiche kann man sich streckenweise an einem grünen Hecht-Symbol orientieren; es ist aber ein gewisser Routeninstinkt angezeigt. Durchschnittliche Marschdistanz ohne merkliche Höhenunterschiede.
Einkehr: Diverse in Eschede (u.a. Taverna Greco, Deutsches Haus, Aschau-Blick, Rosencafé).
Variante: Rund um die Teiche schlängeln sich zahlreiche Wege und Pfade, die zu Detailerkundungen einladen.

Vom Bahnhof **Eschede** ❶ geht es knapp 500 Meter durch die *Bahnhofstraße* ortseinwärts, dann links in die *Poststraße* und über die *Uelzener Straße (B191)* hinweg zur ruhig fließenden Aschau. Indem wir uns beim Freibad zweimal links halten, begleiten wir den Bach auf einem schönen Naturweg durchs Gehölz, rücken später nach rechts ab und kommen zu einem größeren Fahrweg. Wenige Schritte versetzt geht es auf der anderen Grabenseite weiter, vorübergehend am Rande von Wiesen und Feldern. Danach biegen wir links in einen breiten Wirtschaftsweg ein, folgen diesem etwa 350 Meter und wählen dann vorteilhaft eine Parallelroute weiter rechts,

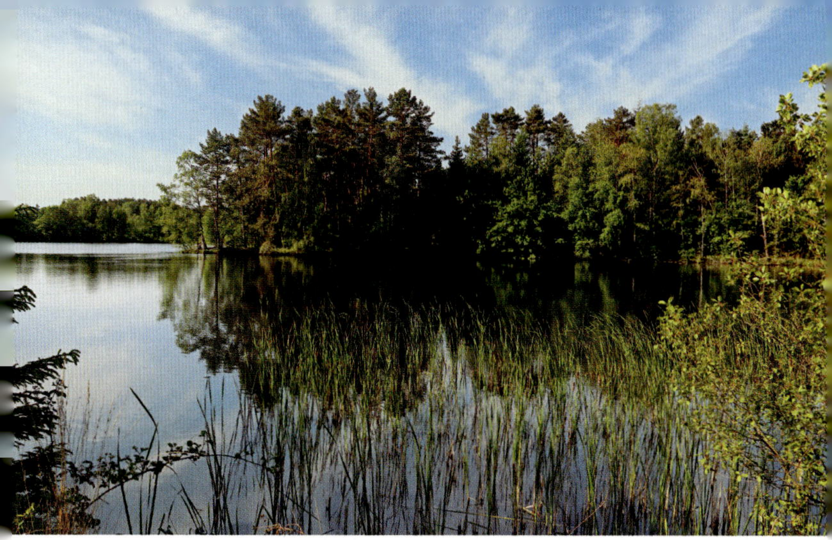

Im Bereich der Loher Teiche erwarten uns zauberhafte Natureindrücke.

die zwischen den südlichsten der zahlreichen Teichanlagen hindurchführt (Graswege). Damit nochmals zur *Uelzener Straße*, die direkt beim Parkplatz **»Aschauteiche«** ❷ überschritten wird.
Im Anschluss begehen wir einen breiten, befestigten Weg, der bald rechts abknickt und – meist mit etwas Abstand – weitere Teiche passiert. Später auf einer großen Forststraße nach rechts, ehe nach rund 900 Metern der Linksabzweig zu den **Loher Teichen** ❸ (an deren Südrand) wahrgenommen wird. Ziemlich kurvenreich schlängelt sich die Route zwischen den diversen Gewässern hindurch (man nimmt bei Verzweigungen praktisch immer die als »Hauptweg« erscheinende Linie). Nach diesem reizvollsten Abschnitt nähern wir uns dem nördlichen Ende der Loher Teiche ❹ im Drellenimmenbusch und drehen dort links ab. Kurz vor dem Bahndamm erneut links und nun parallel zu diesem in Grundrichtung Süd. Bei einer T-Kreuzung geht es kurz rechts versetzt weiter (aber nicht durch die Unterführung!). Wir tangieren nochmals einige Angelteiche und vollenden den Rundkurs zuletzt durch die *Mühlenstraße* zum Bahnhof **Eschede** ❶.

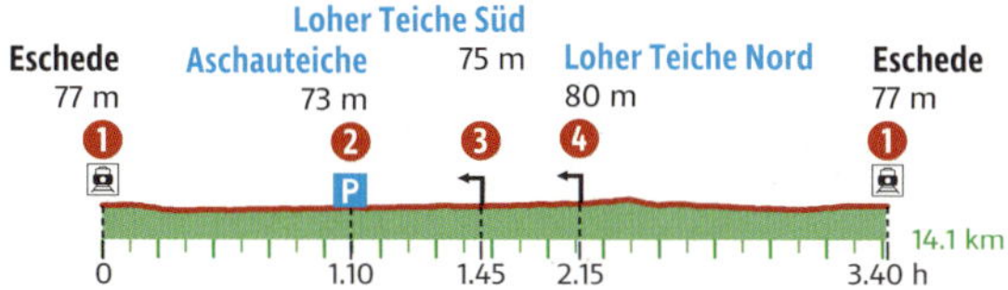

TOP 20

↗ 150 m | ↘ 150 m | 15.0 km

Misselhorner Heide und Angelbecksteich

4.00 h

Ein Relikt der klassischen Heidelandschaft

»Die ganze Strecke Landes zwischen Haarburg und Zelle, und von da bis nahe von Hannover ist unstreitig einer der ödesten, unfruchtbarsten und unangenehmsten Erdflecke, die man in Deutschland sehen kann ... Es ist ein gräulicher Anblick, oft meilenweit keinen Baum, keine Hütte, kein angebautes Feld, sondern überall nichts als dürres Heidekraut zu sehen ...«, gab Joachim Heinrich Campe Ende des 18. Jahrhunderts eher missmutig seine Eindrücke von der Landschaft der Lüneburger Heide wieder. Diese vorherrschende Einstellung änderte sich in der Epoche der Romantik grundlegend, sodass Hermann Löns ein Jahrhundert später ganz anders dichtete: »Viel Liebes und Schönes hat mir die Heide schon gewiesen, wenn ich als einsamer Wanderer ihr nahte«. Das landläufige Bild einer typischen, offenen Heidelandschaft gibt es heutzutage tatsächlich nur noch strichweise zu entdecken, nachdem viele Flächen aufgeforstet worden sind. Im Südteil strahlt die Misselhorner Heide auf dem Mittleren Lüßplateau bei Hermannsburg eine solche Aura aus. Wir schlagen dann noch einen größeren Bogen, durchwandern ausgedehnte Kiefernwälder und machen am zauberhaften Angelbecksteich Station.

Wer früh aufsteht, erlebt den Zauber der Heide ganz eindringlich.

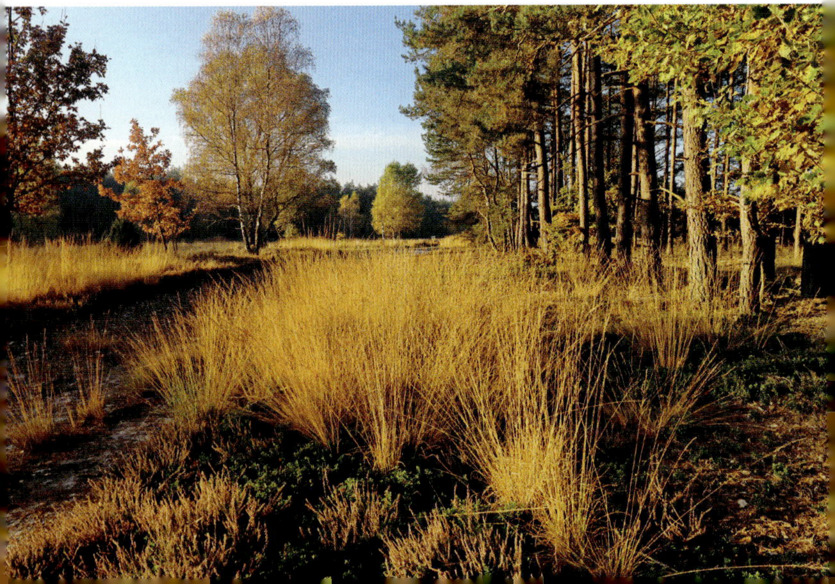

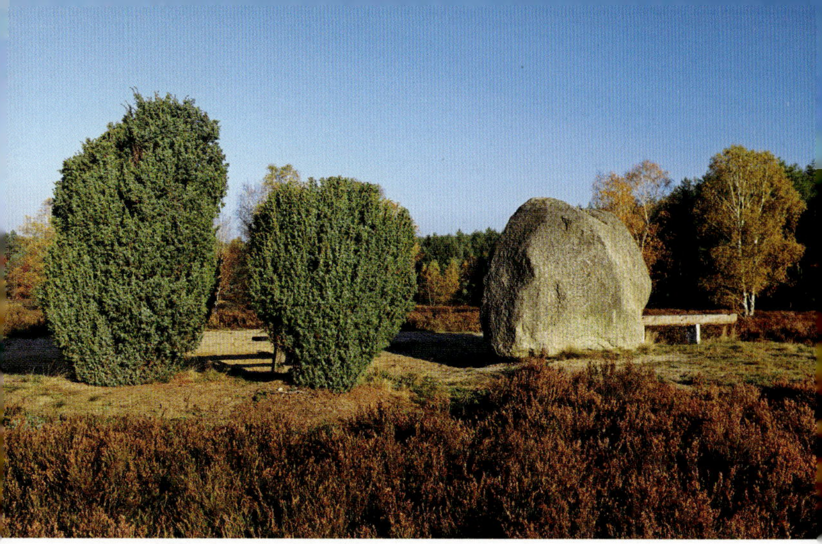

Landschaftsensemble, wie es typisch für die Heide ist.

Ausgangspunkt: Parkplatz »Misselhorner Heide«, ca. 70 m, etwa 4 km vom Ortszentrum Hermannsburg in östlicher Richtung (an der K17 Richtung Unterlüß). Mit dem Metronom von Hannover nach Unterlüß, anschließend Bus 260 Richtung Hermannsburg (nächstgelegene Haltestelle »Misselhorn«).
Anforderungen: Hoher Anteil von Naturwegen, zumeist auf sandigen Böden, abschnittsweise durch Heidegebiete, sonst oft durch Wald verlaufend. Markierung und Beschilderung insgesamt recht gut, aber auch mal lückenhaft. Durchschnittliche Tageswanderung mit sehr gemäßigtem Auf und Ab.
Einkehr: Keine unmittelbar an der Route, aber der Misselhorner Hof unweit des Ausgangspunktes, ansonsten in Hermannsburg.
Variante: Wer eine kürzere Runde bevorzugt, wandert ab Tiefental (Wegpunkt 3) direkt weiter Richtung Misselhorner Heide (Gesamtstrecke gut 7 km).

Vom Parkplatz ❶ aus befinden wir uns umgehend im Bereich der **Misselhorner Heide** und folgen dem mit mehreren Symbolen bestückten Hauptweg in ostsüdöstlicher Richtung leicht aufwärts. Für uns empfiehlt sich die Orientierung am häufig wiederkehrenden »H«. Offene, mit Besenheideteppichen und nur einzelnen Bäumen bewachsene Flächen prägen den Anfang der Tour, fortgesetzt hinter einer kleinen

Knorrige Eiche auf einer Lichtung beim Hof Hiester.

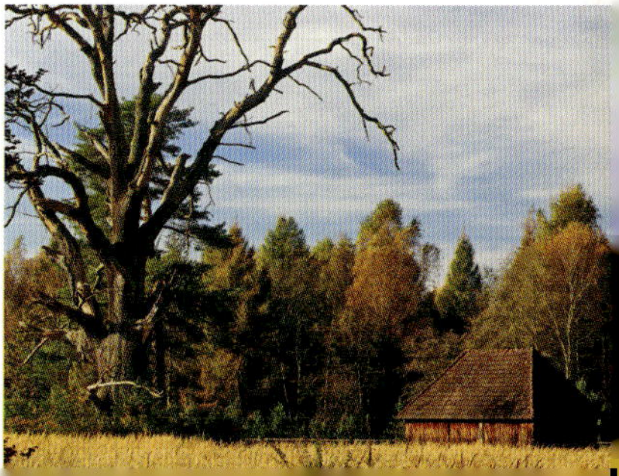

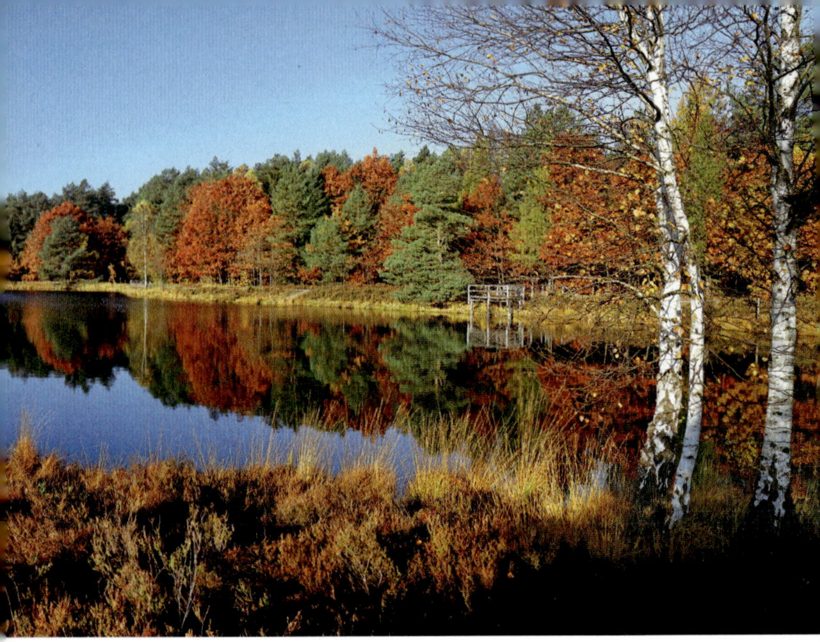

»Indian Summer« am Angelbecksteich.

Senke, wobei man sich jetzt rechts am Rande des Waldes bewegt. Bei einer Kreuzung mit Unterstandshütte ❷ geradeaus weiter und bald rechts eindrehend zur Heide am **Tiefental** ❸. Bei der Weggabelung achten wir auf unser »H« nach links, während rechts der kürzere Rundkurs geschlossen werden könnte. Nach 300 Metern kommen wir zu einer T-Kreuzung. Hier links und durch eine lange Waldschneise wieder Richtung Südosten. Mit einem Rechtsknick zur *L281* ❹, die direkt gekreuzt wird. Gut 700 Meter dahinter lotst uns die Markierung wiederum markant nach rechts und damit allmählich zur kleineren Freifläche der Brönheide. Der unbefestigte Waldweg mündet später in eine breite Forststraße, auf der wir aber nur kurzzeitig unterwegs sind. Rechter Hand öffnet sich erneut eine Heidefläche, in die der idyllische **Angelbecksteich** ❺ eingebettet liegt. Am schönsten ist

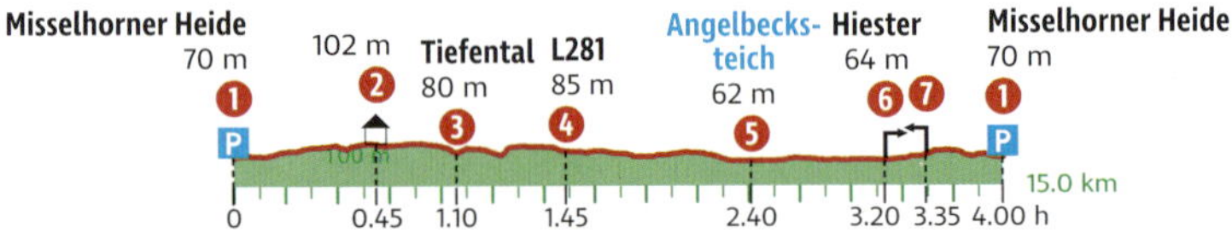

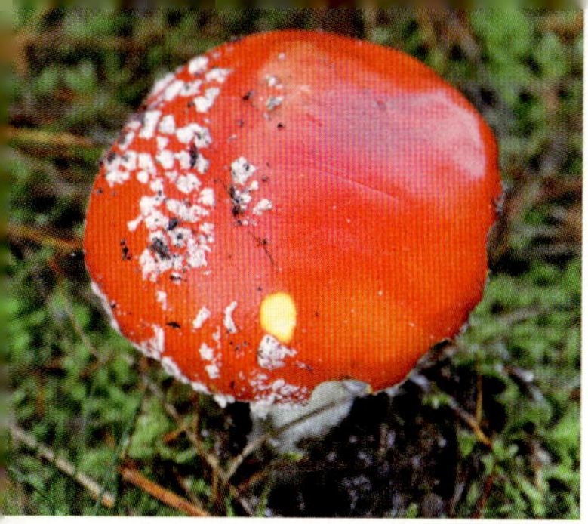

Wie aus dem Märchenbuch – Fliegenpilz im Kiefernforst.

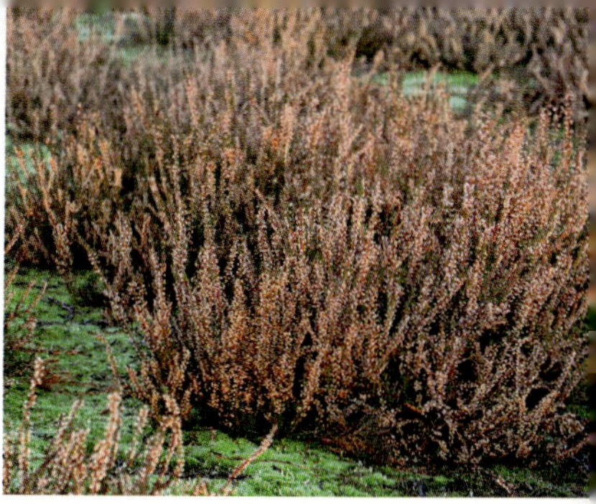

Die Besenheide hat einem ganzen Landstrich den Namen gegeben.

es, einen Bogen um das Südufer zu schlagen, ehe nach einer ausgiebigen Rast nochmals die *L281 (Escheder Straße)* überschritten wird. In nördlicher Richtung wandern wir auf einem verkehrsarmen Sträßchen bzw. der parallelen Radspur, ignorieren die Zufahrt zum Parkplatz »Eicksberg« und biegen erst in der Nähe des Hofes Hiester ohne irgendwelchen Hinweis nach rechts ab **6**. Nach etwa 800 Metern zweigen von diesem Waldweg zwei untergeordnete ab – die Schneise scharf links aufwärts ist für uns richtig **7**. So kommen wir nach einem Rechtsbogen und einem Linksknick wieder ins Gebiet der **Misselhorner Heide** und auf den Beginn unserer Tour zurück.

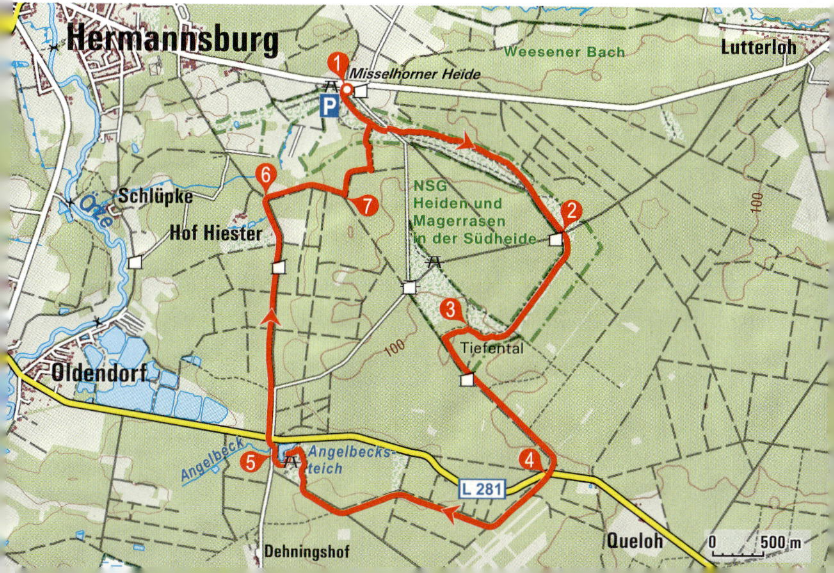

↗ <100 m | ↘ <100 m | 13.5 km

21 Rund um Eversen

3.30 h

Lauschige Wege beidseits der Örtze

Im Westteil des Naturparks Südheide fließt in nacheiszeitlichen Strukturen die Örtze der Aller entgegen. Eine der Ortschaften im Verlauf ist Eversen, dessen frühe Dorfgeschichte eng mit den drei Rittergütern verknüpft ist; ein weiteres befindet sich im abgeschiedenen Ortsteil Feuerschützenbostel. Wie auch einige Fachwerkhäuser im Dorf stehen sie unter Denkmalschutz. Die ländlichen Idyllen beidseits der Örtze laden zu erholsamen Streifzügen ein, bei denen auch ganz unverhoffte Entdeckungen möglich sind: Am Waldrand bei Lindhorst betreibt der über 80-jährige Niederländer Peter sein »Atelier Meerweh«. Falls er zugegen ist, nehme man sich ruhig ein wenig Zeit für einen inspirierenden Plausch. Als früherer Seemann lasse ihn das Meer einfach nicht los – und die Sorge um dessen Zukunft …

Ausgangspunkt: Eversen, ca. 45 m, beim Gasthaus »Zum Dorfkrug« in der Dorfstraße. Öffentlich erreicht man Eversen vom Bahnhof Celle mit den Buslinien 100 und 120 (in Bergen-Hassel umsteigen).
Anforderungen: Abwechselnd befestigte und unbefestigte Wege, mehrheitlich durch Wald, teils auch am Rand offener Fluren. Nur sporadisch Beschilderungen, sodass ein bisschen Orientierungsvermögen von Vorteil ist. Durchschnittliche Länge bei flachem Verlauf.
Einkehr: Restaurant »Zum Dorfkrug« in Eversen; Landcafé Feuerschütz.
Variante: Schon bei Wegpunkt 2 kann man zur nahen Örtze abzweigen und die Tour um gut 2 km abkürzen. An-

Alter Gutshof in Eversen.

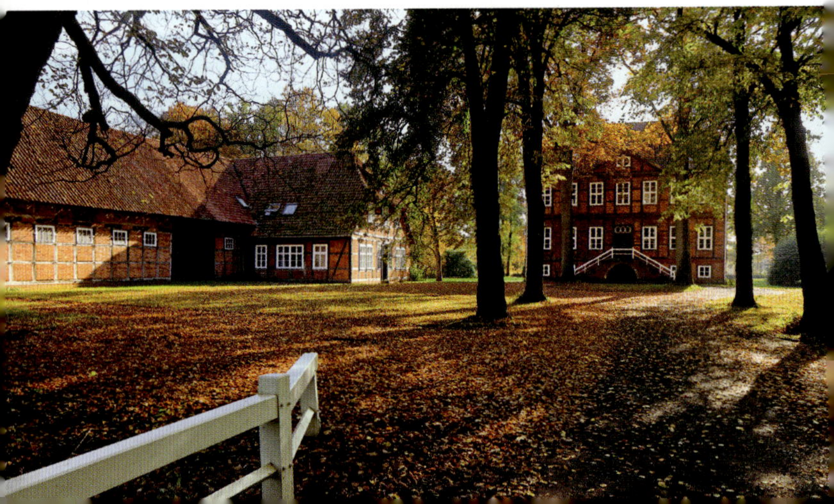

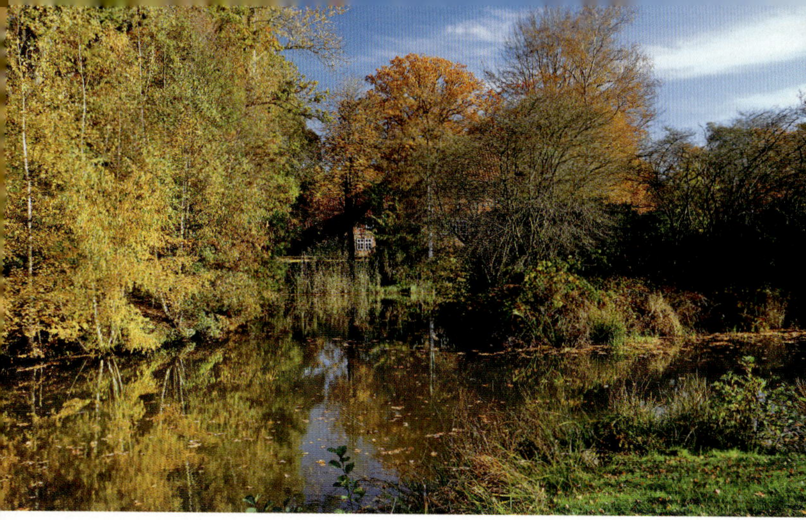

Von diesem Idyll in Eversen muss man sich anfangs erst einmal losreißen.

sonsten bietet noch die L240 (Everser Dorfstraße) einen möglichen Übergang für einen allerdings stark verkürzten Rückweg.

Vom Dorfkrug in **Eversen** ❶ orientieren wir uns nordwärts und biegen sogleich zum Gutshof I ab. Ein Weg zieht ins Gehölz, dort an einem Teich vorbei und später zu einer kleinen Bachbrücke. Wenige Schritte dahinter könnten wir zur Örtze abbiegen ❷, ansonsten folgen wir dem linken Pfad, stoßen rasch auf einen größeren Weg und bei weiteren Teichen auf den frei befahrbaren *Lindhorster Weg*. Mit diesem nun noch ca. 750 Meter nach Norden bis zum »Atelier Meerweh« ❸, wo wir rechts abzweigen, um in Kürze die Lindhorster Örtzebrücke zu überschreiten. Jenseits zur nächsten Kreuzung mit Unterstand ❹ und dort nach rechts, also südwärts. Auf diesem Forstweg kommen wir abermals an Teichen vorbei und wählen bei einer Y-Gabelung die Fortsetzung links (Hauptweg). Wir befinden uns in der Nähe des einstigen **Röhrendamms**, der für den Salinenbetrieb wichtig war – in diesem Zusammenhang steht auch der Hinweis auf den »Zuckerberg«. Bei der folgenden Kreuzung ❺ geradeaus bis zur Möglichkeit, den »Alten Röhrendamm« auf einem kurzen Pfadabschnitt unmittelbar zu begleiten. Wo man wieder auf eine breite Forststraße stößt ❻, muss man

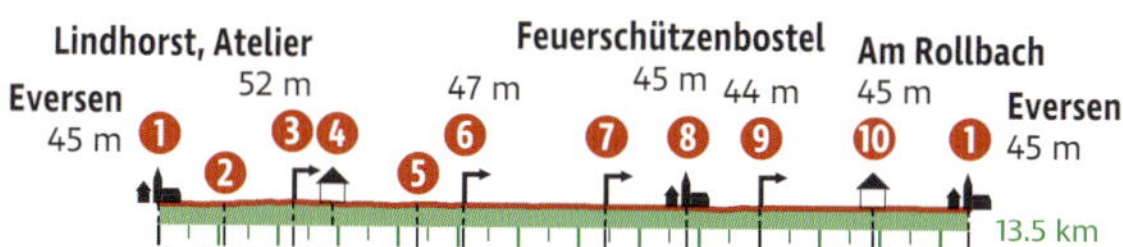

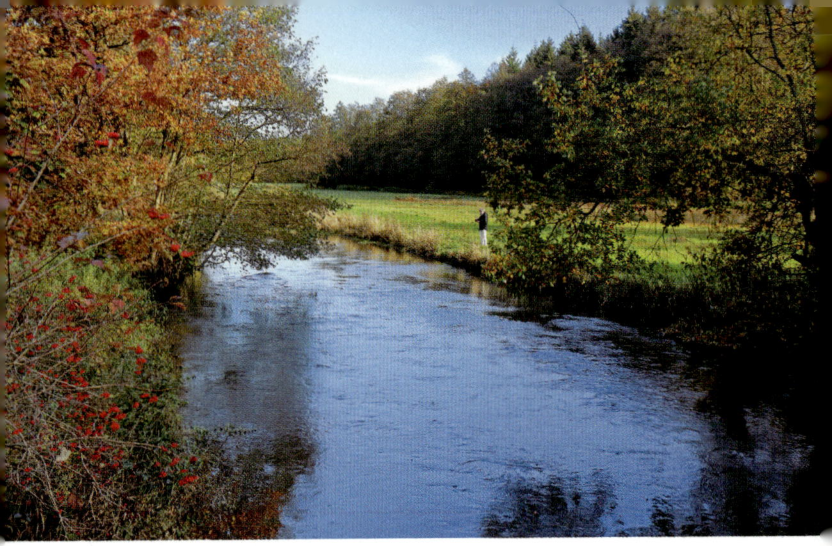

Die Örtze steht im Mittelpunkt dieser Wanderung.

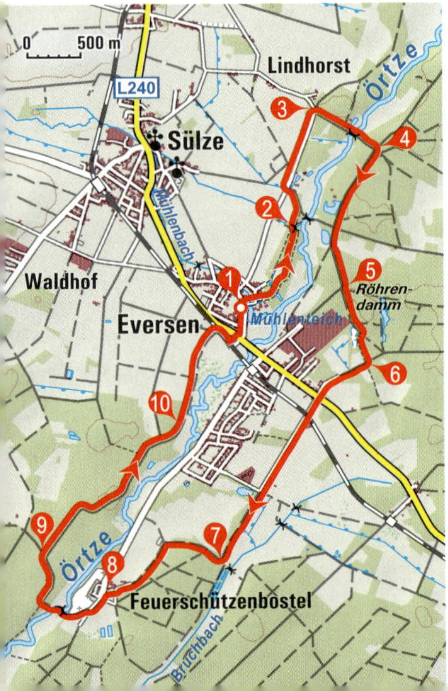

dieser nach rechts zur Kreuzung mit der *L240* folgen (*Mieler Weg*). Gegenüber setzt sich der *Gailweg* fort, vorerst asphaltiert, später in einen Feldweg überleitend. Bei einer Verzweigung 7 scharf rechts, eine Weile am Rande des Waldstücks entlang und damit zur kleinen Siedlung **Feuerschützenbostel** 8. Auf dem Sträßchen zuerst nach links, dann den Ruhewald tangierend zur Brücke über die Örtze. Im Wald halten wir uns rechts und bei einer weiteren Verzweigung 9 abermals rechts, um nicht nach Twiesselhop abzudriften. Das Waldgebiet westlich der Örtzeaue wird nun quasi der Länge nach durchlaufen, bei einer Y-Gabelung rechts, gegen Ende noch den Rastplatz »Am Rollbach« 10 passierend und schließlich via *Am Bahndamm* zurück in die *Dorfstraße* in **Eversen** 1.

↗ <100 m | ↘ <100 m | 13.0 km

3.20 h

Von Wietze in die Alleraue

Seenlandschaft Weißer Stein und Hornbosteler Hutweide

Diese vielseitige Wanderung im Nahbereich der Aller führt im Rundkurs um die Ortschaft Hornbostel. Gestartet wird allerdings in Wietze, wo das Erdölmuseum besonderes Interesse weckt. Nicht umsonst wird Wietze auch als »Klein-Texas« bezeichnet, befand sich hier doch die Wiege der deutschen Erdölförderung. Schon im 17. Jahrhundert gewann man ölhaltigen Sand aus sogenannten Teerkuhlen, ehe ab 1858 mit der weltweit vermutlich ersten Bohrung die industrielle Förderung begann. Zur Blütezeit Anfang des 20. Jahrhunderts lieferte Wietze rund drei Viertel des deutschen Gesamtaufkommens. 1963 war hier Schluss. Unsere Wanderung fokussiert sich freilich auf die Naturräume der Umgebung, und diesbezüglich sind vor allem die in Kiefernwäldern versteckten Seen am Weißen Stein sowie die unter Schutz gestellten Hornbosteler Hutweiden entlang der Aller zu nennen. Mit der Allerschleuse bei Bannetze (kurzer Abstecher) gehen Natur und Technik eine Koexistenz ein.

Ausgangspunkt: Wietze, Parkplatz beim Erdölmuseum im Schwarzen Weg, ca. 33 m. Öffentlich erreicht man Wietze am besten mit der Buslinie 800 vom Bahnhof Celle.
Anforderungen: Oft naturnahe Wege in Wäldern bzw. am Rande von Weidegebieten, zwischendurch auch mal Straßenabschnitte. Markierungen sind nur teilweise nützlich (speziell das Jakobsweg-Symbol), insgesamt gewisse Orientierungsfähigkeit angezeigt. Von der Länge her durchschnittliche Tour.
Einkehr: Diverse Restaurants in Wietze (z.B. Wietzer Grillhaus, Pizzeria Roma, Athos, Toscana, Buskes Hotel).

Die Bannetzer Schleuse lässt sich geschwind »mitnehmen«.

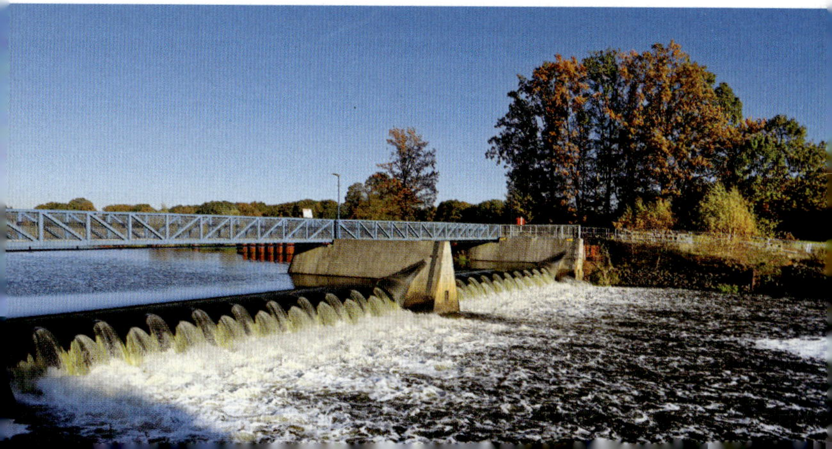

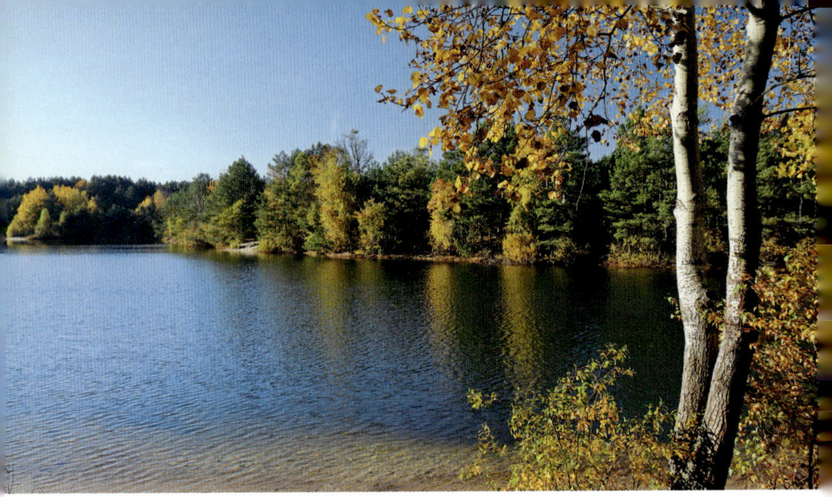

Auch auf dieser Tour gibt es zauberhafte Seen zu entdecken.

Tipp: Deutsches Erdölmuseum, geöffnet von März bis November 10–17 Uhr (außer montags, im Juli/August täglich bis 18 Uhr).

Aus dem *Schwarzen Weg* in **Wietze** ❶ überqueren wir ostwärts die *Hornbosteler Straße*. Die Fortsetzung führt am Waldfriedhof vorbei und schlängelt sich recht anheimelnd durch die dichten Kiefernbestände. Es gibt hier teils parallele Trassen und auch einige, die kreuzen. Nach mehr als zwei Kilometern drehen wir links ab und steuern die hinter einem kleinen Wall gelegenen Seen am **Weißen Stein** ❷ an – idealerweise zwischen dem größten zur Linken und den benachbarten hindurch. Auch in diesem Bereich existieren mehrere Möglichkeiten. Wichtig ist, anschließend den Gewerbekomplex rechts zu passieren und alsbald zur *Winsener Straße* ❸ vorzurücken. Dort verläuft ein Radweg. Knapp 500 Meter weiter westlich leitet die Zufahrt zum Campingplatz **Wacholderpark** ❹ an zahlreichen Wochenendhäuschen vorbei. Dann nehmen wir den Linksabzweig ins Gebiet der Hornbosteler Hutweide und orientieren uns an der gelben Jakobsmuschel auf blauem Grund bzw. der Hauptradroute. Auf gewundenem Kurs geht es somit durch die Alleraue, wobei der Fluss selbst jedoch meist eher nur zu erahnen als wirklich zu sehen ist. Immerhin können wir – rund einen Kilometer

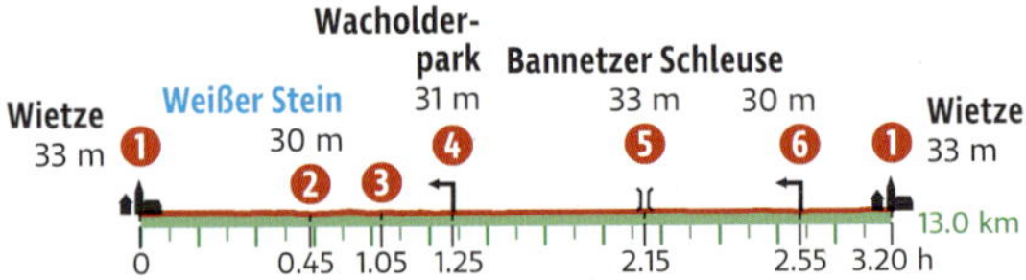

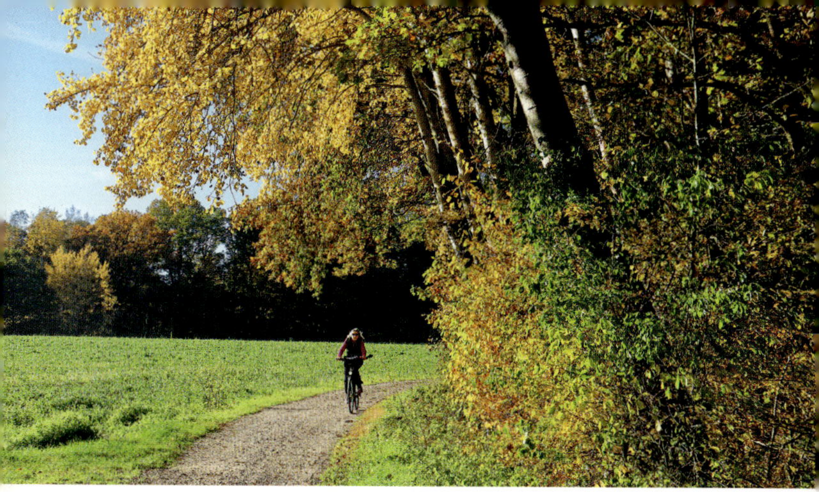

Im Abschnitt zwischen Wacholderpark und Hornbosteler Hutweide.

nachdem ein Rastplatz passiert ist – einen kleinen Abstecher zur **Bannetzer Schleuse** **5** einbauen. Auf dem Weiterweg sorgen immer wieder Tafeln mit sinnhaften Sprüchen, Gedichten oder Kurzgeschichten für Unterhaltung, ehe wir schließlich von der Aller Richtung Wietzer Ortsgebiet abrücken **6**. Man gelangt in den *Schafbrückenweg* und links versetzt in den *Schwarzen Weg*, wo der letzte knappe Kilometer absolviert wird.

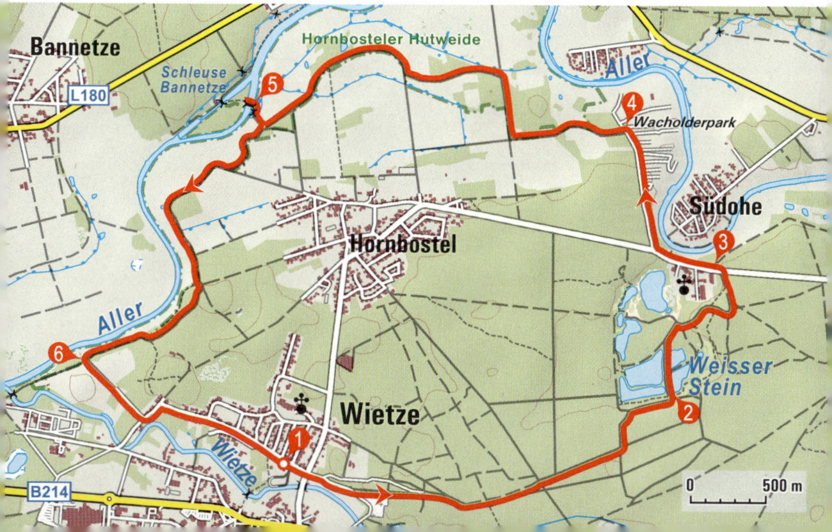

↗ <100 m | ↘ <100 m | 4.4 km

1.10 h

23 Meißendorfer Teiche

Rund um den Hüttensee

Am Südrand der Lüneburger Heide liegt mit den Meißendorfer Teichen und dem Bannetzer Moor ein Naturschutzgebiet von überregionaler Bedeutung – vor allem für das Vorkommen von Brut- und Rastvögeln. Das einstige Moorgebiet im Urstromtal der Aller wurde Ende des 19. Jahrhunderts vom nahe gelegenen Gut Sunder in eine verwirrende Teichlandschaft umgewandelt. Für einige Jahrzehnte entstand die größte Karpfenzucht Norddeutschlands. Als diese aufgegeben werden musste, nutzte der Deutsche Bund für Vogelschutz (Vorläufer des NABU) die Gelegenheit und erwarb einen Großteil des Areals, um es in ein Schutzgebiet zu überführen. 815 Hektar wurden ausgewiesen, davon sind fast die Hälfte Wasserflächen. Ausgenommen ist jedoch der Hüttensee, der touristischen Zwecken zugedacht wurde. So ist auch der Naherholungswert für den Menschen gegeben – herrlich erlebbar auf dem gut einstündigen Rundweg, der mit ausgiebigen Beobachtungen leicht auf die doppelte oder dreifache Zeit ausgedehnt werden kann. Manche Vogelliebhaber bringen hier sogar ganze Tage zu …

Ausgangspunkt: Campingpark am Hüttensee bei Meißendorf, ca. 35 m. Kostenfreier Parkplatz für Wanderer vor dem Areal. Mit Öffis erreichbar von Hannover nach Celle, Bus 900 nach Winsen und anschließend Kleinbus Richtung Meißendorf (Haltestelle »Hüttenseepark«).
Anforderungen: Die kürzeste Tour in diesem Band, denkbar bequem auf schönem Grasweg, also eher Charakter eines Spaziergangs. Der Routenverlauf ist klar vorgegeben.
Einkehr: Restaurant Seehütte auf dem Campingplatz. Beim unweit gelegenen Gut Sunder befindet sich ein Café.
Tipp: Auf Gut Sunder betreibt der NABU

»Freizeitnutzung im Einklang mit der Natur« – das Motto am Hüttensee.

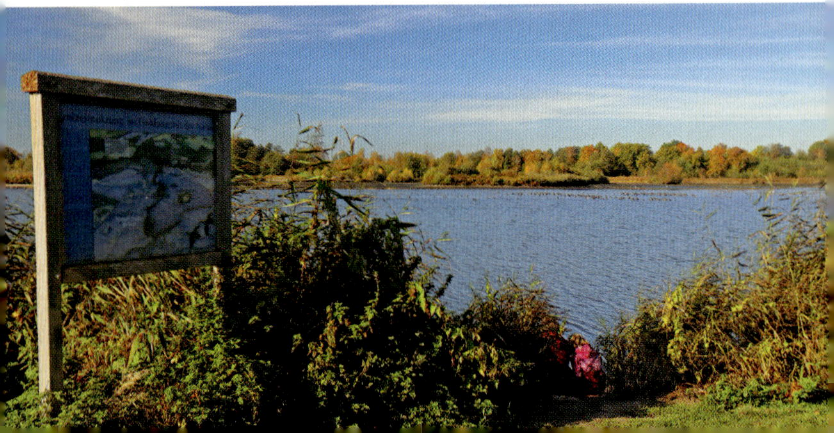

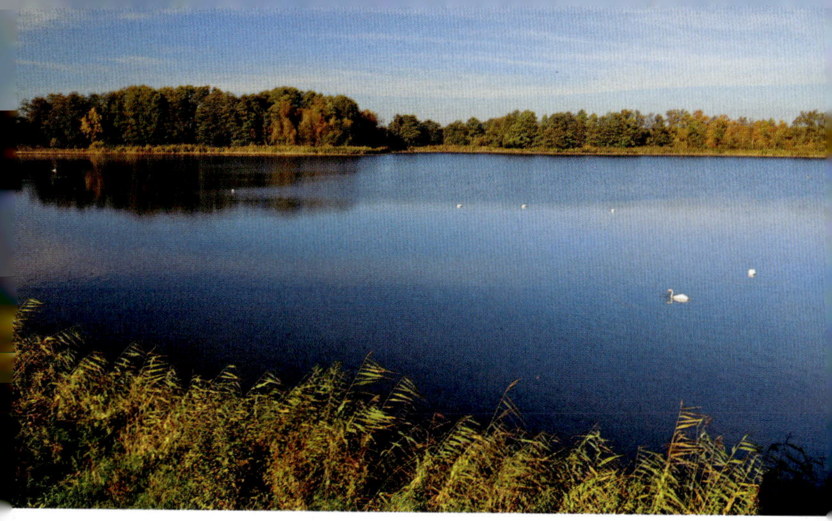

Die großen Wasserflächen sind Lebensraum oder Rastpunkt vieler Vögel.

ein Umweltbildungs- und Naturerlebniszentrum.
Hinweis: Etwaige Wege abseits des Rundweges dürfen – sofern nicht ohnehin abgesperrt – aus Naturschutzgründen nicht betreten werden.

Vom Parkplatz ❶ kurz zur Einfahrt zum **Hüttenseepark** und hier mit Beginn des Rundwanderweges am Zaun entlang. Wir umkurven zunächst einen kleineren Teich teils durch etwas Gehölz und stoßen dann auf den großen Hüttensee. Unsere Route folgt dem Grasstreifen zwischen diesem und angrenzenden Gewässern wie dem Großen Schafmoorteich. Entgegen dem Uhrzeigersinn kommen wir nach einigen Kurven zum Beobachtungsturm ❷, der eine leicht erhöhte Perspektive ermöglicht. Es folgen der nächste markante Bogen sowie die Traverse des gesamten Westufers. Ab und zu steht eine Rastbank – allzu viele sind es aber nicht. Gegen Ende wird der begleitende Gabringsgraben überschritten, bevor sich außerhalb des Campingplatzes der Rundkurs auf einem kleinen Waldpfad zum Parkplatz ❶ hin schließt.

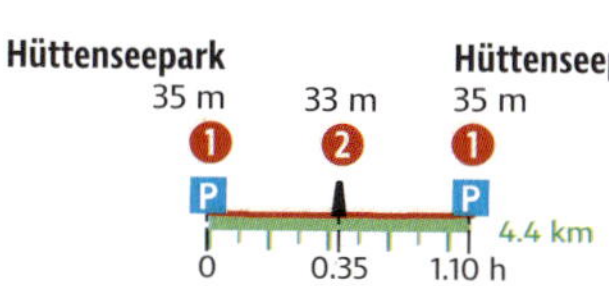

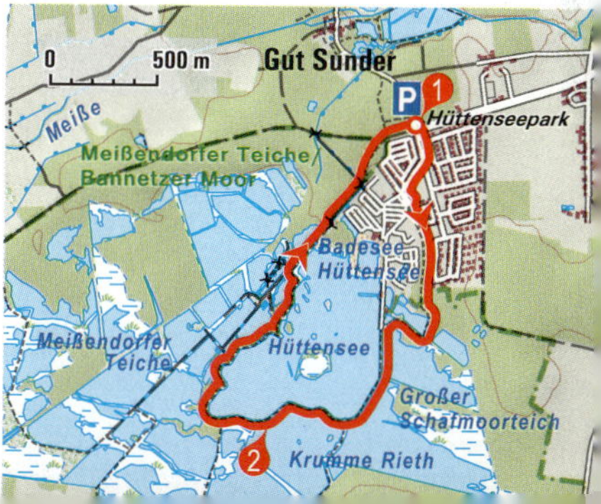

↗ 100 m | ↘ 100 m | 17.5 km

24 Von Walsrode zum Grundlosen See

4.30 h

Mit Rückweg über Fulde und Eckernworth

»Grundloser See« – das hört sich fast ein wenig schauerlich an, und tatsächlich befinden wir uns hier im Bereich eines der seltenen intakten Hochmoore. Es zählt bestimmt zu den schönsten Fleckchen unserer Auswahl und stellt im Einzugsbereich der Heidestadt Walsrode womöglich sogar das attraktivste Naturziel dar. Schon die Annäherung über die Teichanlagen in den Sundern ist recht reizvoll, ebenso das naturnahe Gebiet von Eckernworth beim Rückweg. Die Umrundung des Grundlosen Sees hat man als »Moorerlebnisweg« mit Infotafeln und Wissensquiz für Kinder interessant gestaltet. Wer eine kürzere Tour wünscht, kann eine Runde ab Dreikronen ins Auge fassen oder sogar nur die Kurzzugänge von den Parkplätzen Ebbingen bzw. Forsthof.

Ausgangspunkt: Bahnhof Walsrode, 42 m, an der Erixx-Strecke Hannover – Buchholz/Nordheide.
Anforderungen: Meist gute Waldwege mit ein paar offenen Passagen, vorübergehend auch mal Hartbelag. Markierungen sind rudimentär, somit etwas Orientierungssinn und Achtsamkeit bei Richtungswechseln nötig, zudem Ausdauer für eine relativ lange Strecke.
Einkehr: Krug Dreikronen; Waldgaststätte Eckernworth; weitere zahlreich in Walsrode.
Variante: Von Forsthof etwas direkter Richtung Walsrode (mit der ausgeschilderten Radroute südostwärts, aber we-

In Walsrode brechen wir zu einer ausgedehnten Rundtour auf.

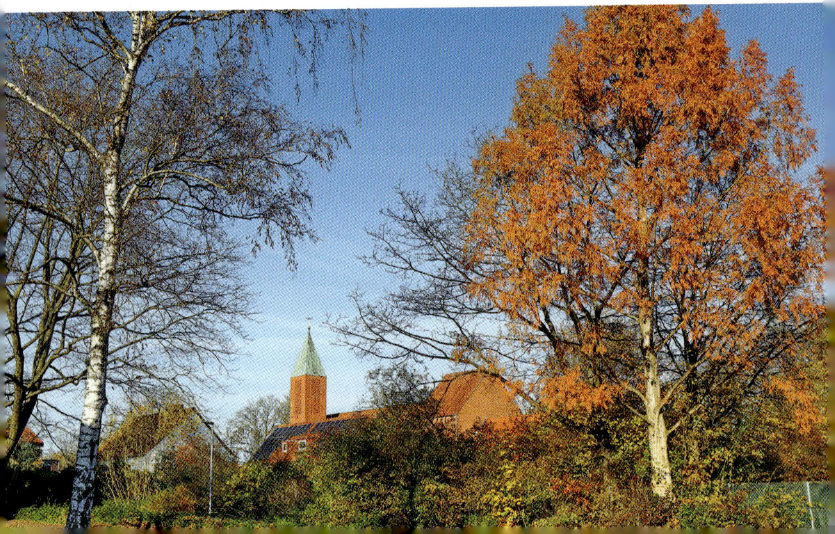

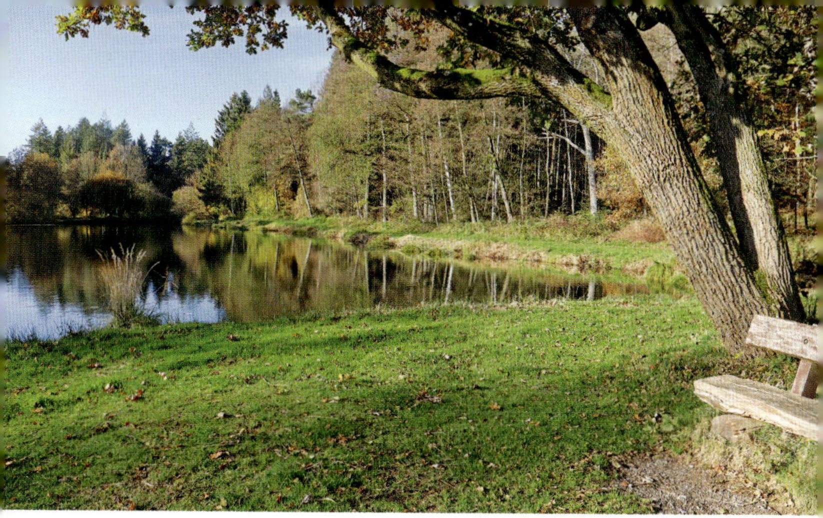

Bei den Teichanlagen bietet sich eine erste Rast an.

niger schön).

Tipps: 1. Vogelpark Walsrode, geöffnet zwischen Mitte März und Ende Oktober, täglich ab 10 Uhr. Der weltgrößte Vogelpark ist ein absolutes Highlight der Region; man sollte sich aber eigentlich einen ganzen Tag dafür nehmen.
2. Heidemuseum Walsrode, geöffnet von April bis November (bis 17 Uhr, Mo/Di geschlossen).

Vom Bahnhof **Walsrode** ❶ geht es durch die *Ostdeutsche Allee* zur Böhmebrücke, dahinter an Sportanlagen vorbei und anschließend in der *Sunderstraße* nach rechts (nordwärts). Dies ist auch der beschilderte Anmarsch zum Vogelpark. Nach einer Weile tauchen wir bei einem Bildungs- und Tagungszentrum in den Wald ein, wandern dann aber nicht ganz bis zum Vogelpark, sondern biegen nach knapp 500 Metern links ab ❷. In Kürze wird die *K129* gekreuzt. Bei der nächsten T-Kreuzung (Unterstand) nach rechts auf eine asphaltierte Trasse und dieser bis zu den ersten Gewässern der ausgedehnten Teichanlage folgen. Hier schlagen wir links einen kleinen, etwas unscheinbaren Pfad ein und schreiten die Teiche auf idyllischer Route in Grundrichtung West ab. Über einen Feldweg erhält man Anschluss zur *L161* bzw. nach **Dreikronen** und nimmt hier den Radweg am gleichnamigen

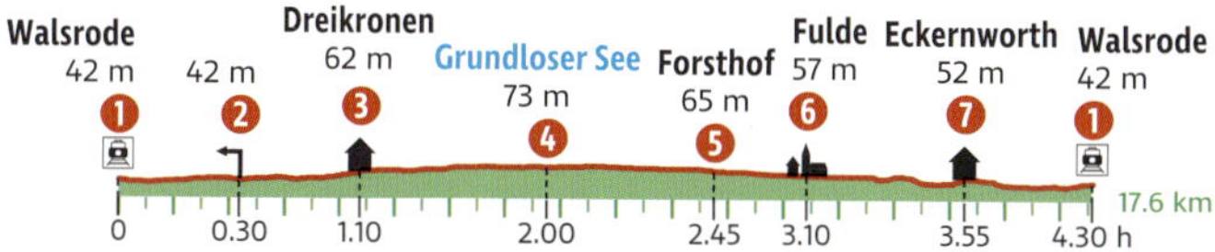

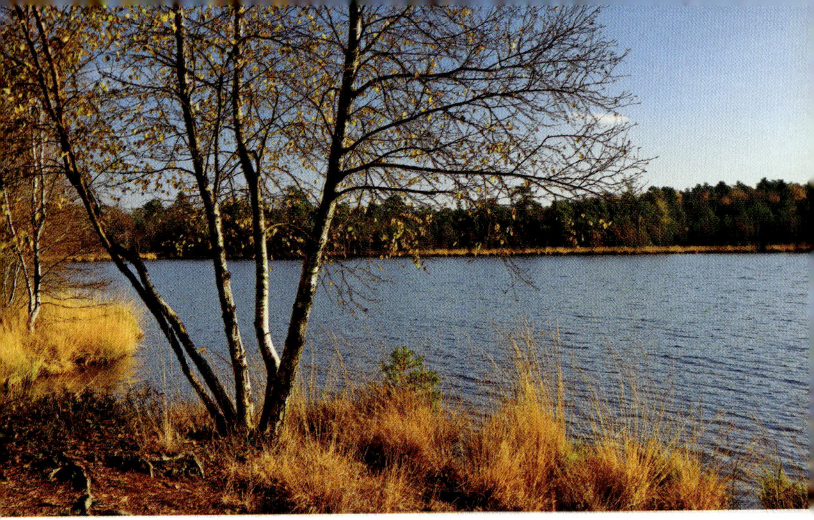

Das Grundlose Moor mit seinem See ist von zauberhafter Schönheit.

Gasthof ❸ vorbei. Kaum 500 Meter an der Landstraße, und wir zweigen erneut links ab. Bei einigen Häusern kurzzeitig auf dem Anliegersträßchen nach rechts und dann wiederum links am Waldrand entlang. Später dringt der unbefestigte Weg ins Gehölz der Großen Horst ein und stößt auf eine T-Kreuzung mit dem Zugang vom Parkplatz Forsthof. Jetzt ist der Grundlose See erstmals auf einem Findlingsblock ausgewiesen. Beim nächsten Abzweig nehmen wir den Moorerlebnispfad links im Uhrzeigersinn auf. Der zauberhafte Rundweg um den **Grundlosen See** ❹ misst ca. 1,7 Kilometer und führt zwischendurch auch mal unmittelbar ans Ufer heran (Weg bitte nicht verlassen).
Anschließend folgen wir dem Waldweg Richtung Forsthof, stoßen vor der Siedlung noch auf eine gepflasterte Trasse und ab **Forsthof** ❺ dann auf Teerbelag. Das genau südwärts führende Sträßchen nach Fulde ist gleichsam die »Durststrecke« der Tour. Man überquert die *K120* geradeaus und zweigt in **Fulde** ❻ bei der ehemaligen Gaststätte »Zur Eiche« nach links ab. Mitunter erscheint die Wandermarkierung »F«, später auch jene für den »Spazierweg Eckernworth«. Das Flüsschen Fulde wird gesäumt von einem Gehölz, in das wir aus der Feldmark kommend eintreten. Im Bereich einiger Teiche können wir den Hauptweg gegen einen besonders reizvollen Parallelpfad an den Ufern entlang eintauschen, ehe wir zum Hallenbad gelangen und damit auch zu den Parkplätzen bei der Waldgaststätte **Eckernworth** ❼. Nur ein paar Schritte entfernt befindet sich das Heidemuseum in der *Hermann-Löns-Straße*. Diese führt nun direkt Richtung Zentrum. Bei der Ampelkreuzung entweder sofort geradeaus weiter oder – netter und

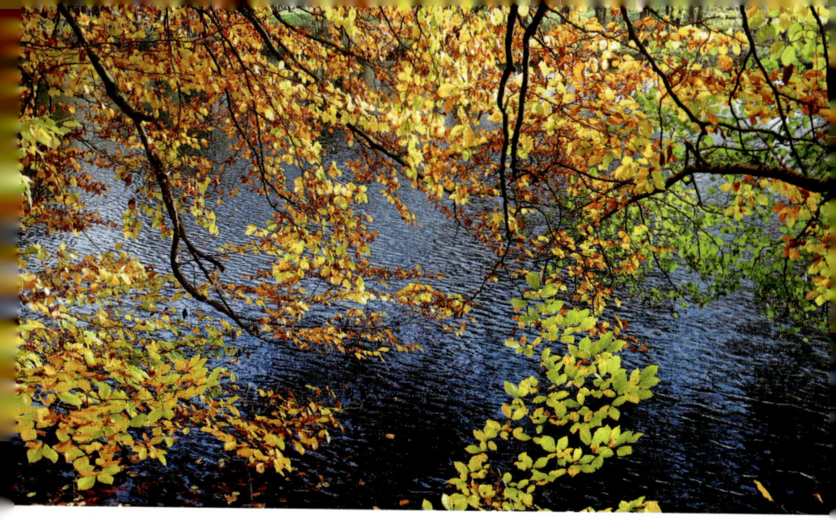

Auch der Abschnitt im Eckernworth bietet noch reizvolle Eindrücke.

nur wenig länger – rechts ausholend durch den Fuldepark. Zuletzt aus der *Langen Straße* zum *Kirchplatz* und durch die *Quintusstraße* zurück zum Bahnhof **Walsrode** ❶.

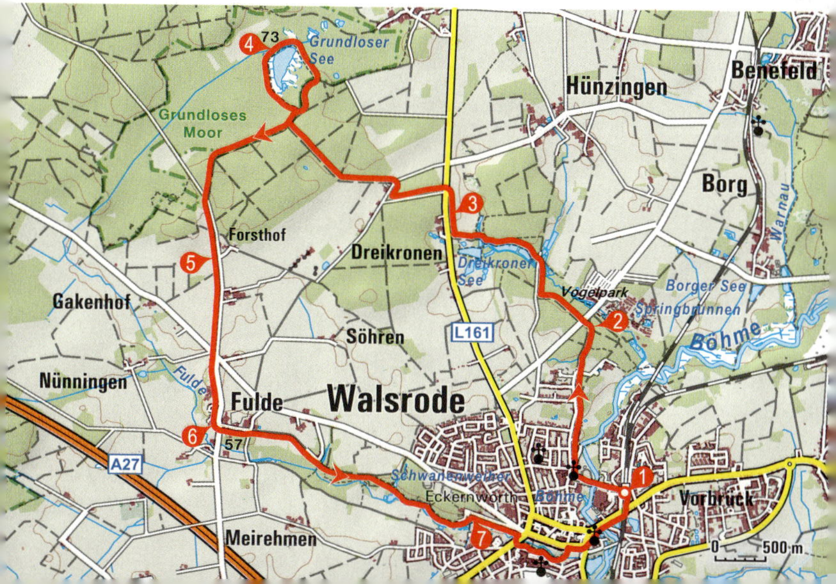

↗ <100 m | ↘ <100 m | 13.1 km

3.15 h

25 Rundtour in der Schotenheide

Einsame Gefilde südlich der Ortschaft Eilte

Südlich der Aller zwischen Rethem und Ahlden befindet sich mit der Schotenheide ein größeres unbesiedeltes Areal. Auf stillen Wegen lässt sich hier in die Natur eintauchen. Im Prinzip können wir das Gebiet auf zahlreichen Routenvarianten erkunden – da wir aber nur selten auf Weghinweise oder Markierungen stoßen, soll der Rundkurs an dieser Stelle nicht zu kompliziert gestaltet werden. Es wechseln dicht bewaldete Abschnitte mit einigen offenen Szenerien.

Ausgangspunkt: Eilte, Wanderparkplatz beim ehemaligen Bahnhof, ca. 21 m. In der Nähe die Bushaltestelle »Eilte Süd« der Linie 602 vom Bahnhof Hodenhagen (Anschluss vom Erixx Hannover – Buchholz/Nordheide).

Anforderungen: Meist breitere Wege mit wechselndem Untergrund, von Hartbelag bis Sand. Man muss sich weitgehend ohne Markierung zurechtfinden; es gibt aber nur wenige markante Richtungswechsel. Durchschnittliche Tourenlänge, dabei durchgängig flach.

Einkehr: Café Gasthaus Annemarie in Eilte.

Variante: Wer mag, kann von der südlichen Tangente einen Abstecher zum Wolfstein einbauen (600 m). Dieser erinnert an den 1948 erlegten »Würger vom Lichtenmoor«. Übrigens dürften sich mittlerweile wieder Wölfe in der Gegend aufhalten.

Beinahe mystisch wirkt der Wald kurz nach Sonnenaufgang.

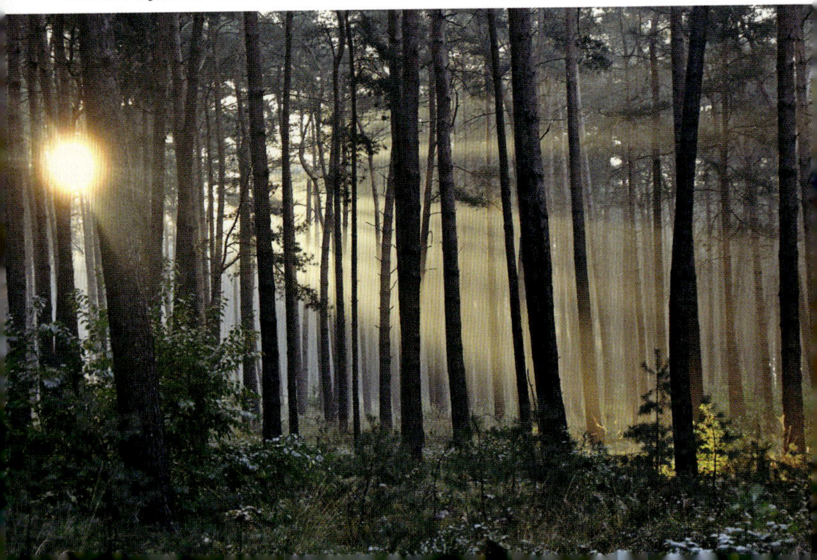

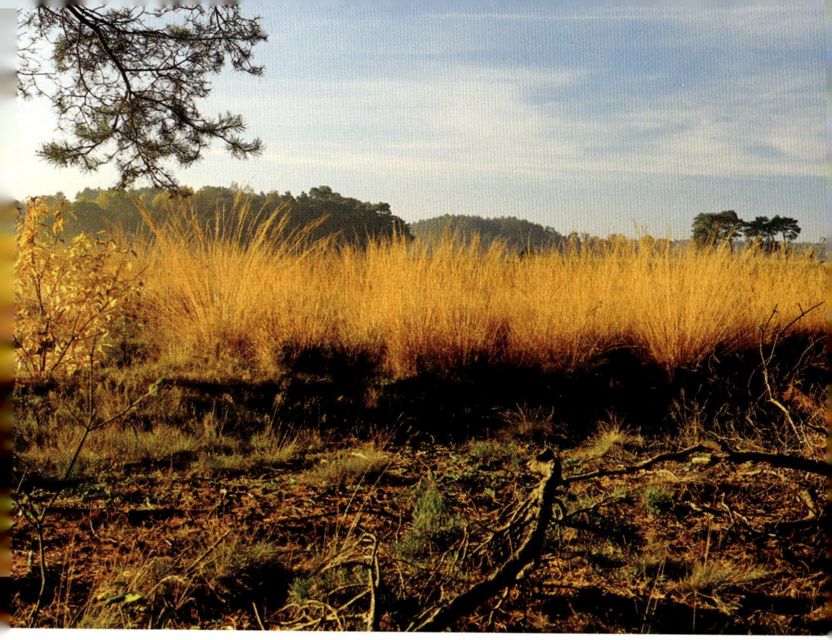

Im südlichen Abschnitt öffnet sich die Szenerie.

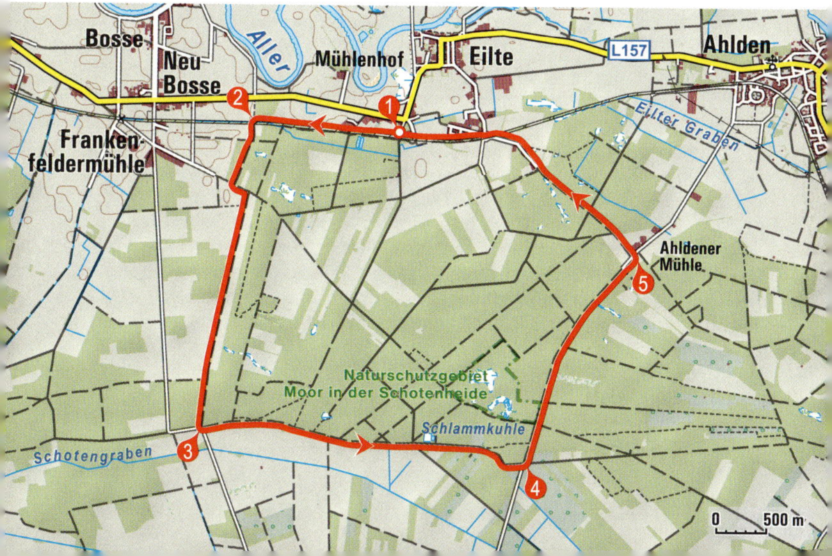

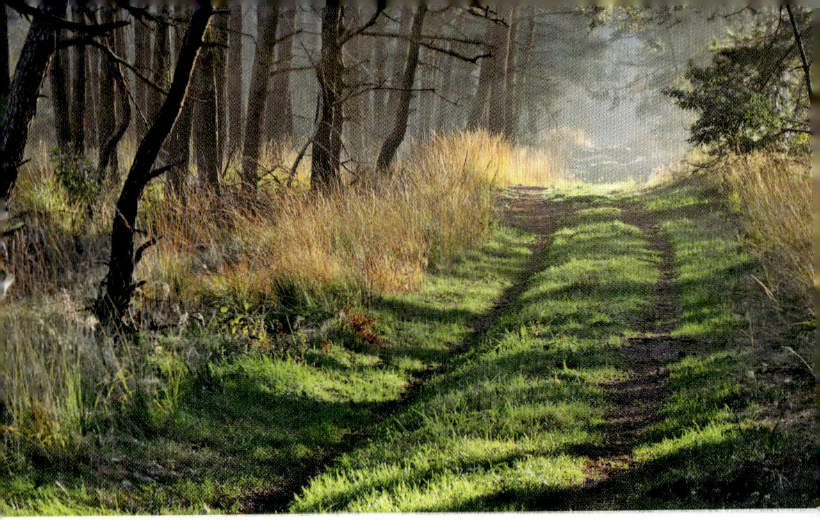

Die Wanderung durch die Schotenheide führt uns in herrliche Stille.

Vom Startpunkt bei **Eilte** ❶ beginnen wir am ehemaligen Bahndamm in westlicher Richtung (die Trasse wurde längst abgerüstet). Ein erstes kreuzendes Sträßchen wird ignoriert, ebenso ein abzweigender Grasweg, ehe wir nach knapp 1,5 Kilometern links abbiegen ❷. An Feldern vorbei erfolgt bald eine Links-rechts-Kombination, anschließend eine lange Gerade, wobei der Untergrund bei schütterer Grasnarbe zunehmend sandig wird. Nach einer Weile gelangen wir zu einer großen Kreuzung und nehmen dort scharf links den unbefestigten Weg ❸. Damit kommen wir nun gen Osten voran – linker Hand befindet sich das dichte Waldgebiet der Schotenheide, in das zuweilen Wege bzw. Schneisen abzweigen; rechts landwirtschaftliche Freiflächen. Diese südliche Tangente erstreckt sich über gut drei Kilometer. Dann knickt unsere Route abermals links ab ❹ und nutzt einen breiten Forstweg Richtung **Ahldener Mühle**. Währenddessen bleiben das geschützte Moor in der Schotenheide links und die sogenannte Schwedenschanze rechter Hand versteckt. Kurz vor dem Wirtschaftsbetrieb ❺ erneut links haltend auf einen Grasweg, mit dem wir später zu einigen Häusern kommen und bald Anschluss zum ehemaligen Bahndamm erhalten. Auf diesem ist es noch etwa ein Kilometer bis zum Start- und Zielpunkt in **Eilte** ❶.

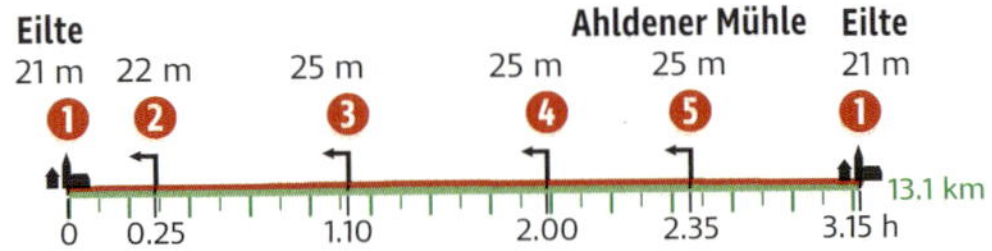

↗ <100 m | ↘ <100 m | 15.1 km

4.00 h

Im stadtnahen Nienburger Umkreis

Vom Steinhuder Meergraben zu den Teichen Hakenwerder

Nienburg liegt als Mittelzentrum ungefähr auf halbem Wege zwischen Hannover und Bremen, direkt an der Weser in einer von Geest und Moor geprägten Umgebung. Wir erkunden den stadtnahen Bereich mit einem südlichen Bogen, wandern zunächst ein Stück am Steinhuder Meergraben entlang, wechseln über die Köhlerberge zur Weser hin und nehmen noch die außergewöhnliche Seenplatte Hakenwerder auf der anderen Seite in einer Extraschleife mit. Gerade dort gibt es idyllische Plätze zum Relaxen in Hülle und Fülle.

Ausgangspunkt: Bahnhof Nienburg, ca. 28 m. Halt von Intercity, Regional-Express (Verbindung Richtung Bremen) und S-Bahn (Endhaltepunkt der S2 von Hannover).

Anforderungen: Wechsel von befestigten Rad- und Spazierwegen, Feldwegen und einigen Straßenabschnitten. Kaum nützliche Beschilderung; bei einigen Abzweigungen und Richtungswechseln ist Aufmerksamkeit gefordert. Gut durchschnittliche Streckenlänge.

Einkehr: Reichlich Auswahl in der Nienburger Innenstadt.

Varianten: 1. Von der Hannoverschen Straße Richtung Quaet-Faslem-Straße, Freytagstraße, Mindener Landstraße und nahe der Festwiese Anschluss zur Hauptroute (Abkürzung des südlichen Bogens).
2. Ohne die Schleife über die Seenplatte durch die Altstadt zurück zum Bahnhof.

Streckenweise geht es am Steinhuder Meerbach entlang.

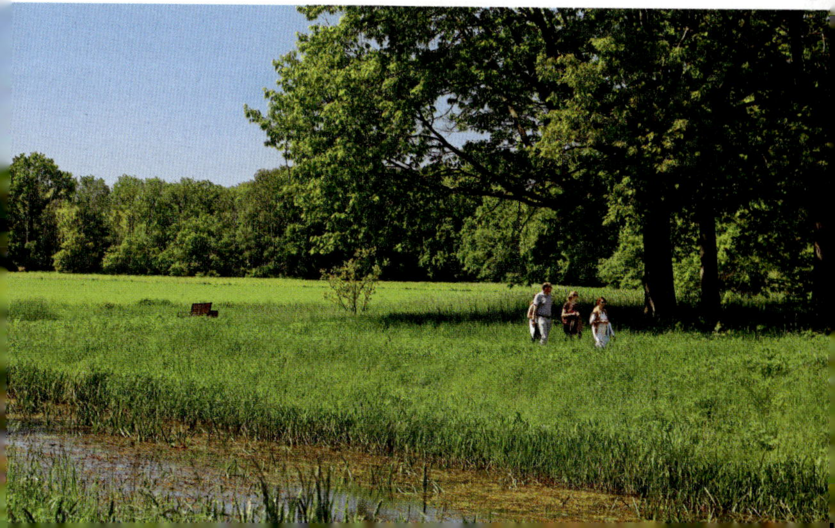

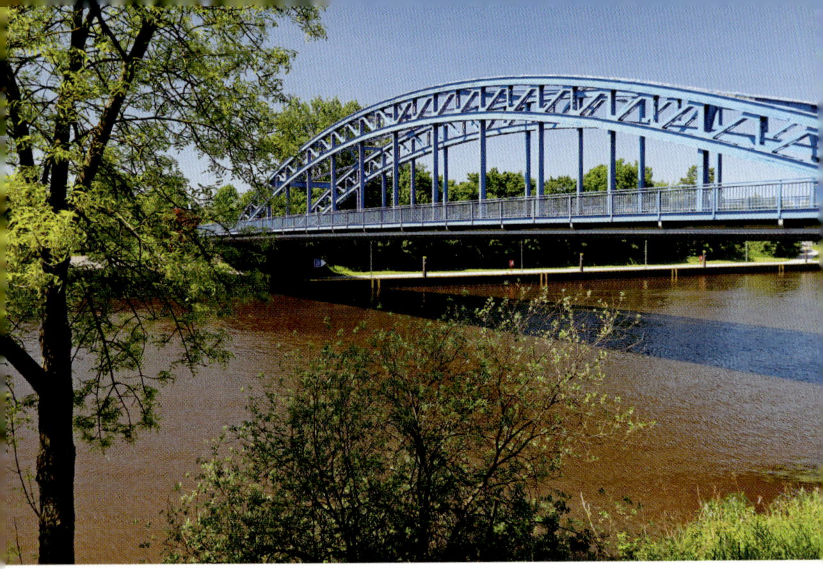

Stählerne Weserbrücke in Nienburg.

Vom Bahnhof **Nienburg** ❶ starten wir südwärts Richtung *Berliner Ring (B215)* und biegen nach gut 700 Metern beim Steinhuder Meerbach nach links auf den Fuß- und Radweg ab. Dieser begleitet den Graben eine ganze Weile, vollzieht dessen Rechtsbogen mit und erreicht die *Ziegelkampstraße*. Wichtig: Hier wechselt man über die Brücke auf die linke Seite und wandert dort weiter. Die nächste Brücke liegt an der *Hannoverschen Straße* ❷. Obwohl sich der Uferweg drüben fortsetzt, müssen wir uns jetzt nach rechts wenden und alsbald links den *Nienburger Bruchweg* einschlagen, denn sonst würde es später umständlich werden. Am Busdepot vorbei bis über das Ende der asphaltierten Strecke hinaus und erst bei der »Neuen Erde« (Gemeinschaftsgarten) nach rechts. Die Verbindung führt in die *Havelstraße* und links versetzt in die *Bunsenstraße* (wobei wir dort vorübergehend auch einen netteren Fußweg parallel durch die Wohnsiedlung nehmen können). Jedenfalls kommt man zum *Berliner Ring (B215)* voran und kann diesen entweder direkt kreuzen oder sich mit dem Radweg zum

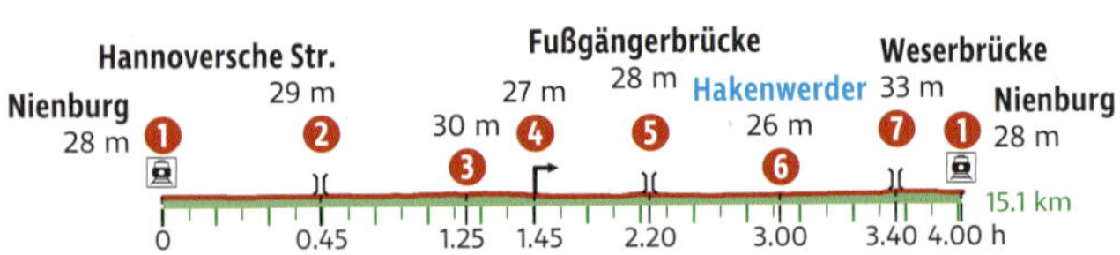

Kreisel 3 wenden, um dort schräg rechts (neben dem Baumarktgelände) einen lauschigeren Waldweg im Bereich der Köhlerberge einzuschlagen. Die beiden kleinen Varianten vereinigen sich wieder und durchqueren das Gehölz auf die Westseite. Dort aufpassen: Gleich hinter dem eingezäunten Areal muss man rechts auf einen Grasweg abzweigen 4. Dieser vollzieht einen weiteren Rechtsknick und bringt uns beim »Portacamp« auf Tuchfühlung zur Weser. Nun auf dem Sträßchen mit dem Weserbogen gen Norden, auf den Fußweg abzweigend und auf einer ungewöhnlichen Brücke über den Steinhuder Meerbach hinweg. Damit befinden wir uns in unmittelbarer Nähe zur Nienburger Altstadt.

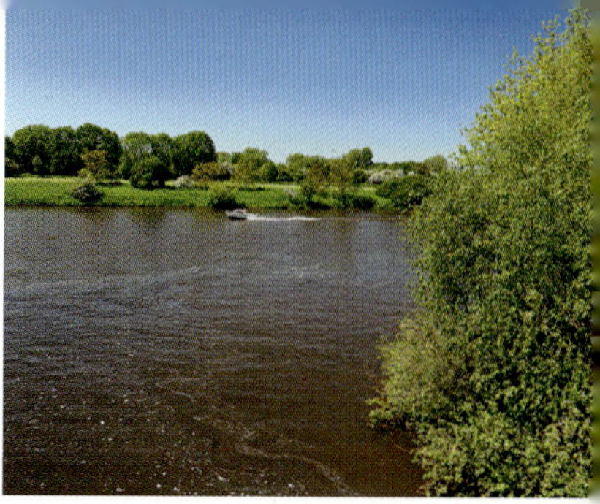

Nienburg liegt direkt am Weserfluss.

Es lohnt sich allerdings, noch einen ausschweifenden Schlenker durch die Seenplatte Hakenwerder im Westen der Stadt zu unternehmen. Dafür überschreiten wir zunächst die Fußgängerbrücke 5, durchlaufen die *Lemker Straße* und kommen zu einem Kreisel an der *Nienburger Straße/Brückenstraße*. Nur gut 200 Meter dahinter biegt man rechts in einen Feld-

Eine Extraschleife über die Teiche im Hakenwerder sollten wir nicht versäumen.

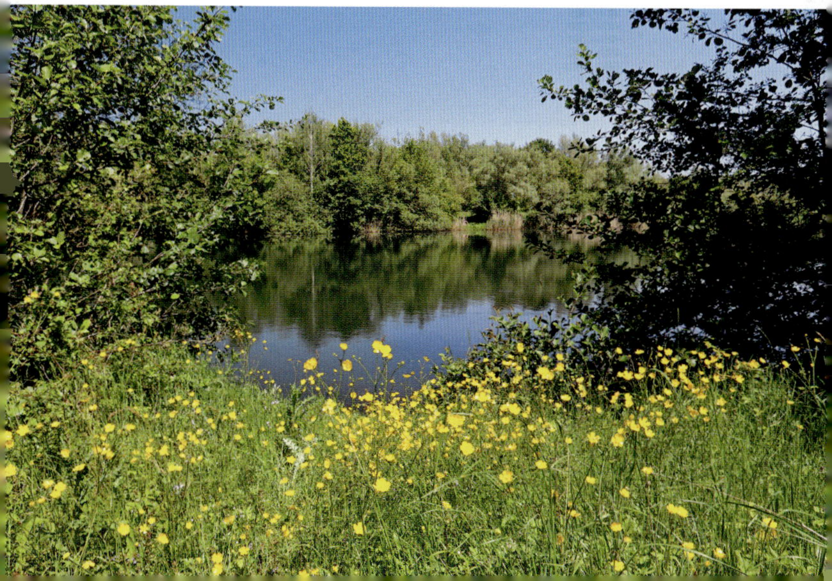

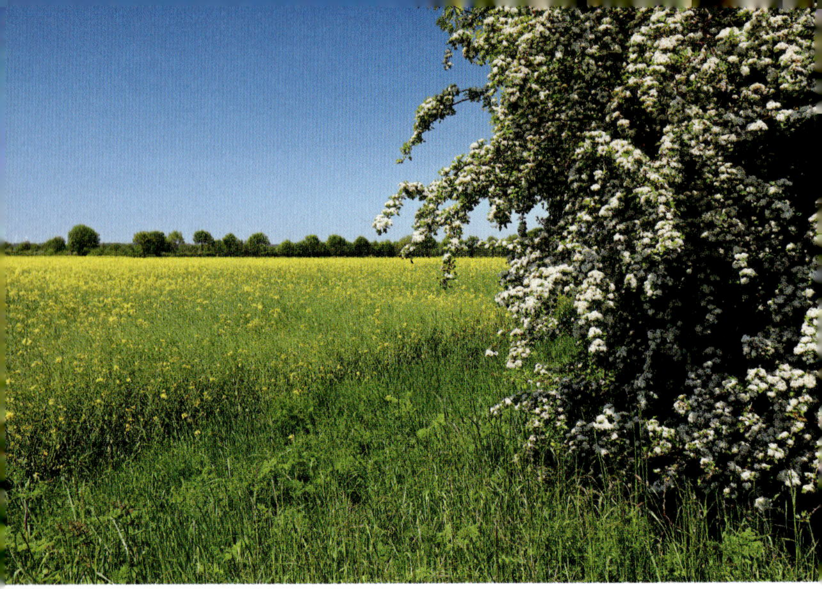

Das Frühjahr zaubert leuchtende Farben in die Landschaft.

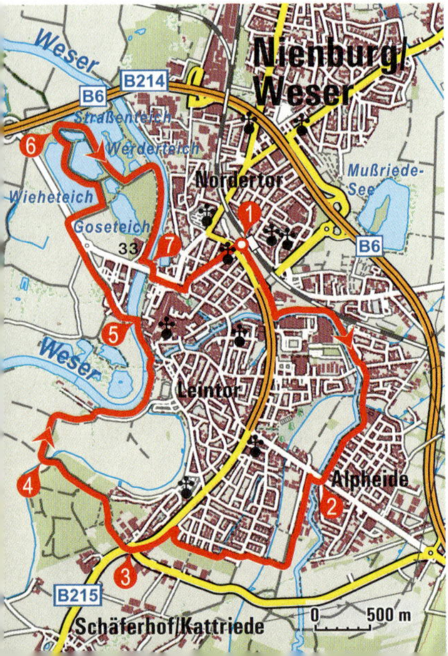

weg ein und gewahrt bereits den Wieheteich. Der beste Kurs durch das Naturschutzgebiet verläuft nun zwischen Wieheteich auf der linken sowie Kleinerteich, Gehlteich und Reiherteich auf der rechten Seite. Beim äußersten Punkt im **Hakenwerder** 6 kommt auch der Straßenteich ins Blickfeld. Retour liegt dann der Werderteich links, der Gehlteich rechts. Später dreht man links zur Weser ab und stößt dort auf den Radweg. Wir laufen vor bis zur *Brückenstraße*, überqueren die Weserbrücke 7 und können den Ausklang der Tour im Bereich der Innenstadt noch ganz individuell gestalten. Dabei kann auch eine kleine Parkanlage einbezogen werden, ehe es durch die *Wilhelmstraße* zurück zum Bahnhof 1 geht.

3.30 h

Stöckser See und Giebichenstein

Interessante Zeugnisse der Natur- und Kulturgeschichte

330 Tonnen wiegt der Findling des Giebichensteins bei Stöckse und ist damit wohl der größte Granitbrocken, den die Eiszeiten auf niedersächsischem Boden hinterlassen haben. Die Gletscherfracht aus Skandinavien kam wahrscheinlich vor 200.000 bis 250.000 Jahren während der Saale-Kaltzeit an Ort und Stelle. Und auch aus der Kulturgeschichte des Menschen offenbart dieser Fleck Zeugnisse, etwa einen Lagerplatz späteiszeitlicher Rentierjäger, die damals durch eine Art Tundrenlandschaft streiften, oder Relikte einer Megalithgrabstätte, die den jungsteinzeitlichen Bauernkulturen zugeschrieben wird. Im Volksmund heißt sie »Teufelsbett«. Nur wenig entfernt befindet sich der lauschige Stöckser See inmitten der seichten Moränenwellen, die diese Gegend im Nienburger Umland prägen. Unsere Wanderung führt dabei weithin durch naturnahe Areale.

Ausgangspunkt: Bahnhof Linsburg, 41 m, Haltepunkt der S2 zwischen Hannover und Nienburg.
Anforderungen: Durchwegs flache Wanderung mittlerer Länge; Wechsel von befestigten (teils auch asphaltierten) und unbefestigten Abschnitten. Über die Hälfte der Tour ist einheitlich mit X bezeichnet (Roswithaweg), in der Nähe der Bahnlinie dann unmarkiert, aber im Prinzip leicht zu finden.
Einkehr: Keine.
Variante: Wenn man vom Giebichenstein bis zum Südrand des Krähenmoores geht, ergibt sich eine etwas ausschweifendere Schleife, gut 30 Min. länger.

In der Feld- und Wiesenflur bei Linsburg.

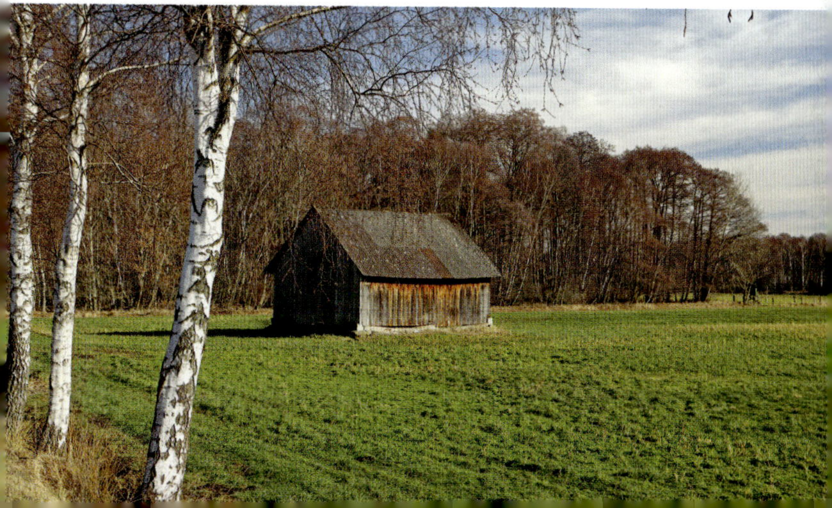

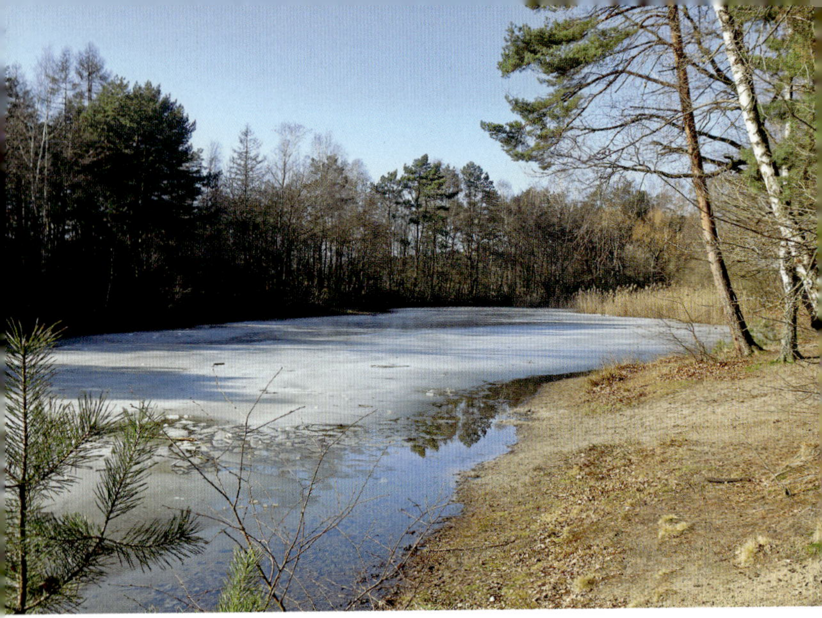

Während einer Kälteperiode hat sich auf dem Stöckser See eine Eisschicht gebildet.

Vom Bahnhof **Linsburg** ❶, 41 m, schlagen wir mit der Symbolik X bzw. XR die Straße *Zum Weißen Moor* ein und entfernen uns in Nordrichtung rasch aus der kleinen Siedlung. Vor der Mühlenhorst knickt die Route rechts ab, überschreitet den Führser Mühlbach und zieht rund 1,8 Kilometer geradewegs durch offenes Gelände, bis der nächste scharfe Linksabzweig erfolgt. Gute 500 Meter danach wieder nach rechts und bis kurz vor die Ortschaft Stöckse. Noch vor einem Sportplatz lotst uns die Markierung jetzt links haltend zum **Stöckser See** ❷. Jenseits der kleinen Straße kommen wir wenige Minuten später auch bereits zum **Giebichenstein** ❸. Ein teils etwas sandiger Naturweg führt im Waldgebiet der Krähe westwärts, später in einen größeren, asphaltierten Weg einmündend. Mit einem markanten Linksschwenk erreichen wir die **Führser Mühle** ❹ mit der Reitsportanlage. Wir kreuzen nochmals den Mühlbach und orientieren uns an der öffentlichen

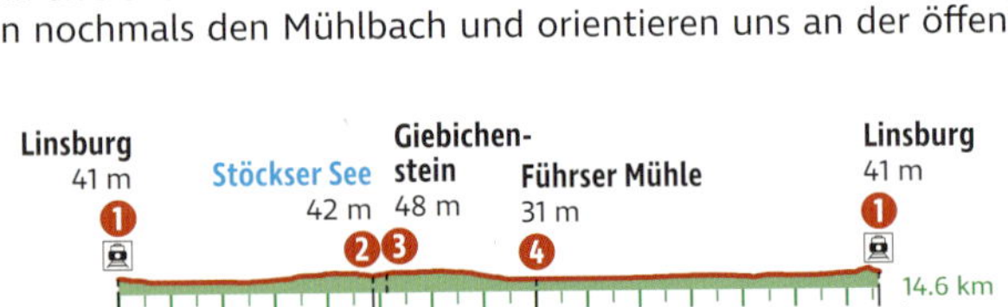

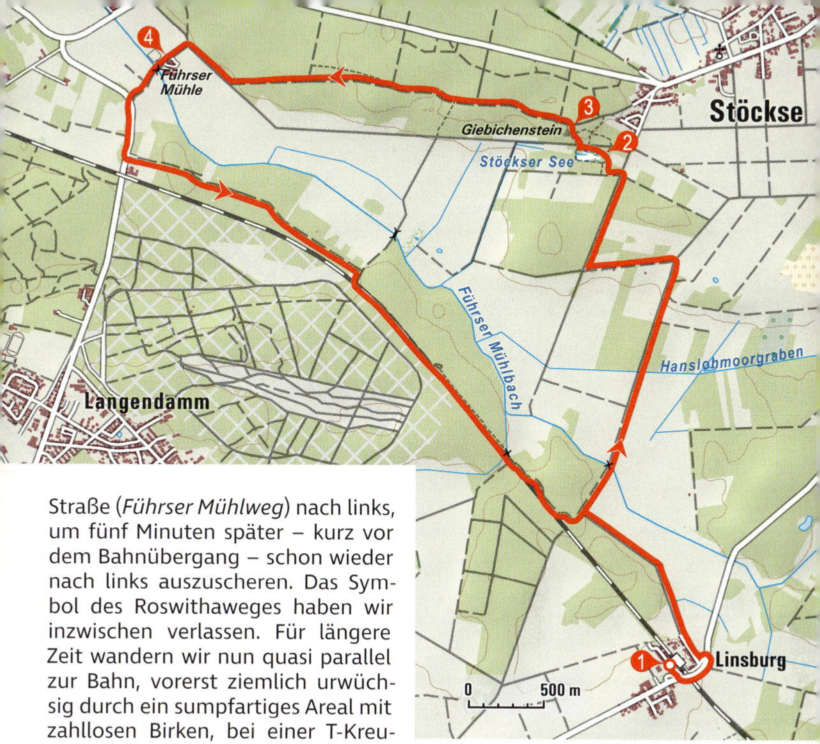

Straße (*Führser Mühlweg*) nach links, um fünf Minuten später – kurz vor dem Bahnübergang – schon wieder nach links auszuscheren. Das Symbol des Roswithaweges haben wir inzwischen verlassen. Für längere Zeit wandern wir nun quasi parallel zur Bahn, vorerst ziemlich urwüchsig durch ein sumpfartiges Areal mit zahllosen Birken, bei einer T-Kreuzung dann rechts unmittelbar zur Bahntrasse hin. Zwischendurch wird noch ein kleiner Graben gekreuzt, ehe wir mit einem Linksschwenk auf den Hartbelag der vom Beginn bekannten Route zurückkommen. Damit zum Bahnhof **Linsburg** ❶ – das Gleis Richtung Hannover befindet sich jenseits der Brücke.

In der Moorgeest stehen mitunter regelrechte Birkenwälder.

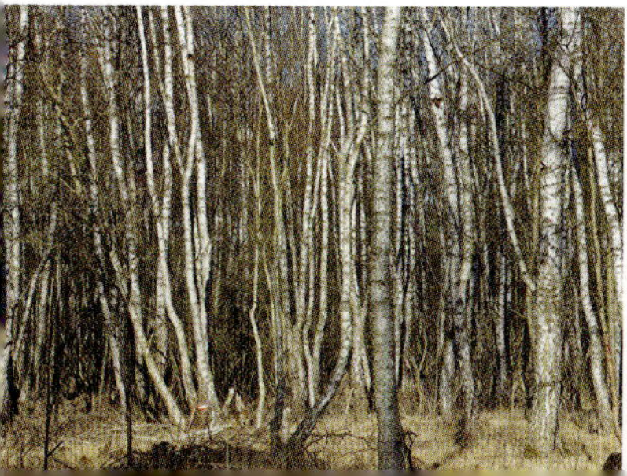

Größter Findling Niedersachsens: der Giebichenstein.

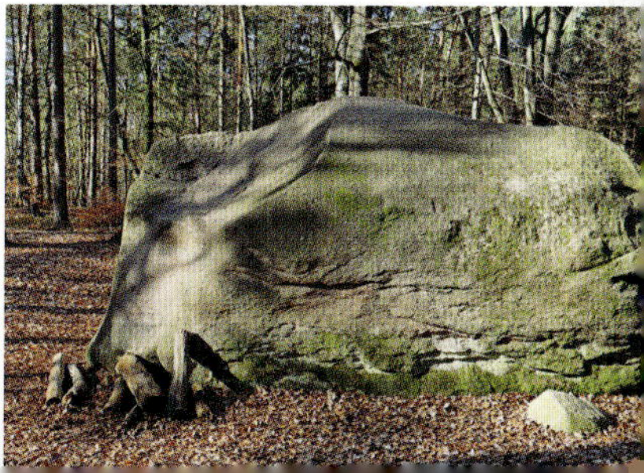

↗ < 100 m | ↘ < 100 m | 26.4 km

28 Von Schwarmstedt zum Kloster Mariensee

6.15 h

Auf dem Jakobsweg durchs nördlichste Leinegebiet

Manche Wanderer bezeichnen ihre Aktivität zuweilen als »Pilgern«, insbesondere wenn spirituelle Motive damit verbunden sind. Der wohl berühmteste aller Pilgerwege ist der Jakobsweg, zu dem es unzählige Streckenvarianten bzw. Zubringer in allen möglichen Ländern gibt. Unser Vorschlag greift auf ein Teilstück zurück, welches in der nördlichen Leineniederung verläuft, bevor dieser wichtigste Fluss der Hannoverschen Region in die Aller mündet. Wir starten vorteilhaft mit Bahnanschluss in Schwarmstedt, nehmen in Kürze das blau-gelbe Symbol auf, mit dem uns die Jakobsmuschel stets die Richtung weisen wird, und begeben uns – meist nicht allzu weit von der Leine entfernt – auf Kurs Süd. Mit den Kirchen in Schwarmstedt und Niedernstöcken sowie der monumentalen Backsteinbasilika in Mandelsloh besuchen wir unterwegs bereits drei Gotteshäuser, ehe die Tour beim 1207 gegründeten Kloster Mariensee endet. Sie kann im Übrigen auch gut mit dem Fahrrad absolviert werden – bei 26 Kilometern Distanz keine abwegige Option …

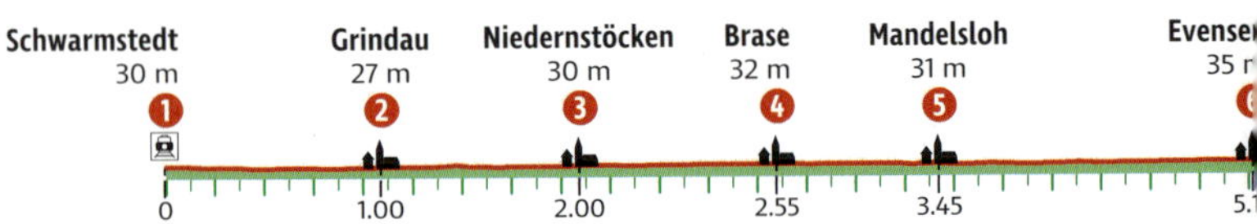

Erster Abschnitt in der Feldmark zwischen Schwarmstedt und Grindau.

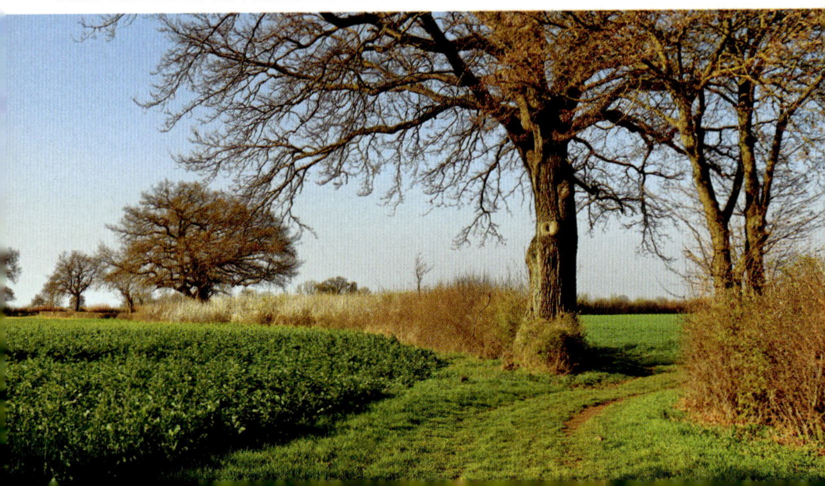

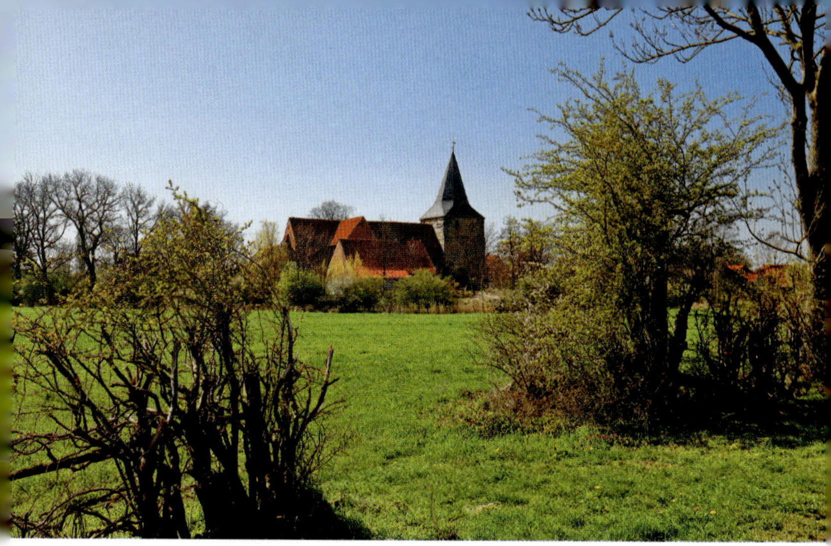

Wir nähern uns der Basilika St. Osdag in Mandelsloh.

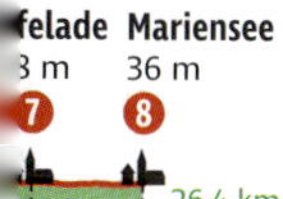

Ausgangspunkt: Bahnhof Schwarmstedt, 30 m, erreichbar mit der Regionalbahn (Erixx) von Hannover Richtung Buchholz/Nordheide.
Endpunkt: Kloster Mariensee, ca. 36 m. Mit Buslinie 850 zum Bahnhof Neustadt am Rübenberge (dort Anschluss Richtung Hannover), allerdings am Wochenende eingeschränkt (nach Samstag 15 Uhr nur noch per Rufbus). Wer zu Fuß den nächstgelegenen Bahnhof erreichen möchte, wandert knapp 5 km weiter bis nach Eilvese.
Anforderungen: Sehr lange Flachlandwanderung, zumeist in freier Flur zwischen Feldern und Wiesen. Mehrheitlich Hartbelagwege, vorübergehend Grasnarbe. Volle Marschstrecke nur für Ausdauernde geeignet, durchgängig und ausreichend (wenn auch nicht immer auffällig) mit dem Symbol des Jakobsweges markiert (gelbe Jakobsmuschel auf blauem Grund).
Einkehr: Diverse in Schwarmstedt; Café am Kirchturm (im Winterhalbjahr geschlossen) und Hof-Café Haasenhof in Mandelsloh; Gasthäuser Bartling und Gließmann in Wulfelade; Hotel Restaurant Schulz und Vito's Eiscafé in Mariensee.
Variante: Auch Teilbegehungen sind praktikabel, denn alle durchquerten Ortschaften ab Niedernstöcken liegen an der Buslinie 850.
Tipp: Naturbaden im Franzsee bei Amedorf.

In **Schwarmstedt** ❶ begeben wir uns zuerst durch die *Bahnhofstraße* in die *Marktstraße*, machen kurz bei der Laurentiuskirche Station, folgen anschließend *Schmiede-* und *Maschstraße* und verlassen diese nach rechts auf einen Flurweg. In der Leinemasch nimmt unsere Route einen etwas verwinkelten Verlauf und wird dabei vorerst häufig von Hecken und ein-

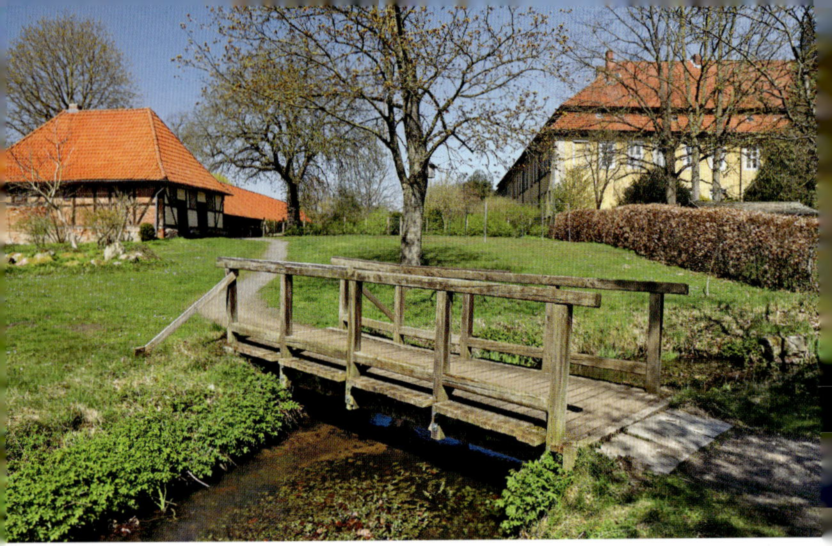

Beim Kloster Mariensee, dem Zielpunkt der langen Tour.

zeln oder in kleineren Gruppen stehenden Eichen gesäumt. Vorübergehend sind wir auf einem Grasweg unterwegs, später abgelöst von einer asphaltierten Trasse, die uns Richtung **Grindau** ❷ bringt. Dort gleich vorn nach rechts in den *Stöckener Weg* und unmittelbar zur Leine hin, wo nun der wohl idyllischste Abschnitt der gesamten Tour verläuft. Derweil wird ein Unterstand passiert. Über den Grindaugraben hinweg bleiben wir noch eine Weile in der Nähe der Leine und wechseln schließlich ihre Seite hinein nach **Niedernstöcken** ❸. Hier geht es von der *Hammersteinstraße* geradeaus über die Hauptdurchgangsstraße (*L191*) hinweg und *In der Twacht* weiter einen knappen Kilometer gen Westen, ehe man außerorts nach links auf einen breiten Feldweg abbiegt. Nun in Grundrichtung Süd, zwischendurch einmal nach rechts versetzt. Mit einem Linksschwenk wieder zur *L191* hin, die abermals gekreuzt wird, um nun im Dörfchen **Brase** ❹ die Straße

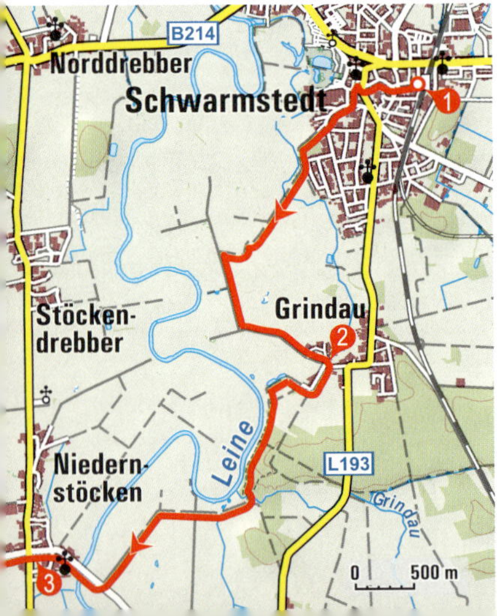

Am Westertore einzuschlagen und somit auf einem parallelen Feldweg Richtung Mandelsloh zu marschieren. Via *Rosseeweg, Überm See* und *Seeweg* kommen wir zur stattlichen Basilika St. Osdag in **Mandelsloh** ❺. Diese Ortschaft hängt quasi ohne markante Zäsur mit **Amedorf** zusammen, in das wir gleich danach über *In der Wiek* und den *Steinhagen* eintreten. *Im Dorfe* biegt man scharf nach links ab und wandert nun wieder in der offenen Feldflur. Nach mehreren Richtungswechseln auf typischen landwirtschaftlichen Wegen, vorbei an der Ziegelei, kommen wir noch einmal ziemlich nah an die Leine heran (Rastbank). Dann markant nach rechts eindrehend und schnurstracks Richtung **Evensen** ❻, wo es ein Feriendomizil auf einem Rittergut gibt. Am Beginn und Ende eines Graswegabschnitts steht jeweils eine Unterstandshütte. Damit laufen wir in Kürze bereits in **Wulfelade** ❼ ein, durchmessen dort den *Moritzgraben* und finden vorn an der *Wulfelader Straße* zwei Gaststätten. Sofort geht es wieder nach links in die von Weiden geprägte Niederung und zum Finale Richtung **Mariensee** ❽, wo die Tour in der *Höltystraße* beim Kloster (auch Bushaltestelle) ihren Abschluss findet.

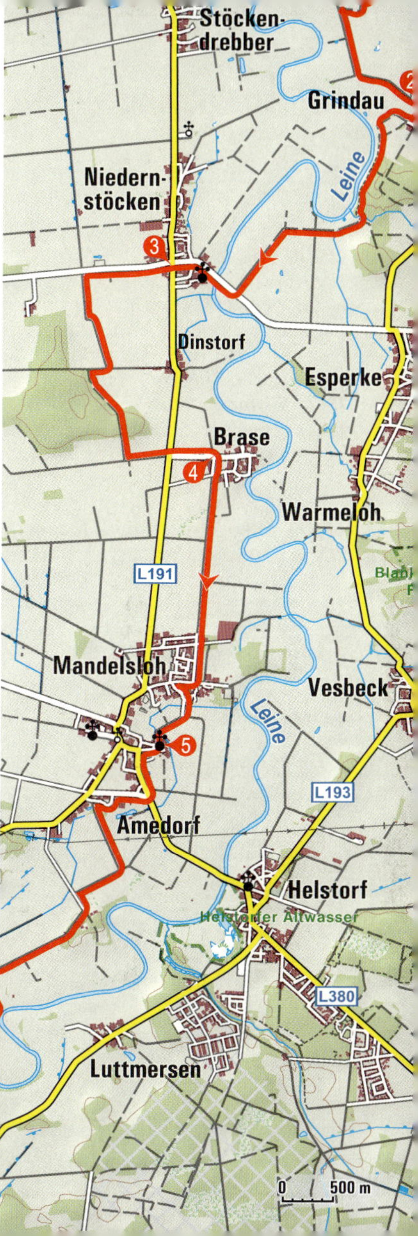

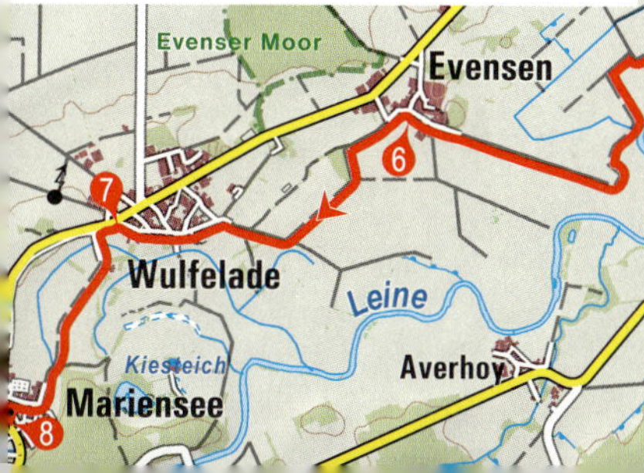

↗ 170 m | ↘ 150 m | 16.3 km

29 Durch die Wedemark

4.00 h

Von Bennemühlen über Brelingen nach Bissendorf

Nördlich des Ballungsraumes Hannover liegt die Wedemark, ursprünglich eine Landschaftsbezeichnung, die mittlerweile auf eine aus zahlreichen Ortsteilen bestehende Flächengemeinde übergegangen ist. Das ländliche Gepräge mit erholsamen Waldarealen, vielen Pferdekoppeln und hübschen Hofstellen im Fachwerkstil strahlt eine gewisse Idylle aus und hat als Wohngegend mit guter Anbindung an die Großstadt einige Beliebtheit erlangt. Zwischen den Bahnhaltepunkten Bennemühlen und Bissendorf ziehen wir einen gut 16 Kilometer langen Kurs durchs Herz der Wedemark und erwandern dabei zunächst das Gebiet der Brelinger Berge. Der Legende nach hatte ein Riese den Sand in seinen Schuhen hier ausgeleert – tatsächlich handelt es sich natürlich um eine aufgeschobene Endmoräne der Saale-Kaltzeit, wie der geologisch Interessierte auf einem eigens angelegten Lehrweg unter dem Motto »Bewegte Steine« erfahren kann. Sandiger Untergrund ist also charakteristisch für die Gegend, in der auch einige Baggerseen eingestreut liegen. Am renaturierten Brelinger Kiesteich kommen wir unmittelbar vorbei. Die zweite Halbzeit der Tour verläuft dann in den Waldbereichen am Henjeskamp zwischen Brelingen und Bissendorf, wobei für einige urwüchsige Passagen zwischendurch der Europäische Fernwanderweg Nr. 1 aufgenommen wird.

Was wäre Niedersachsen ohne seine Rösser?

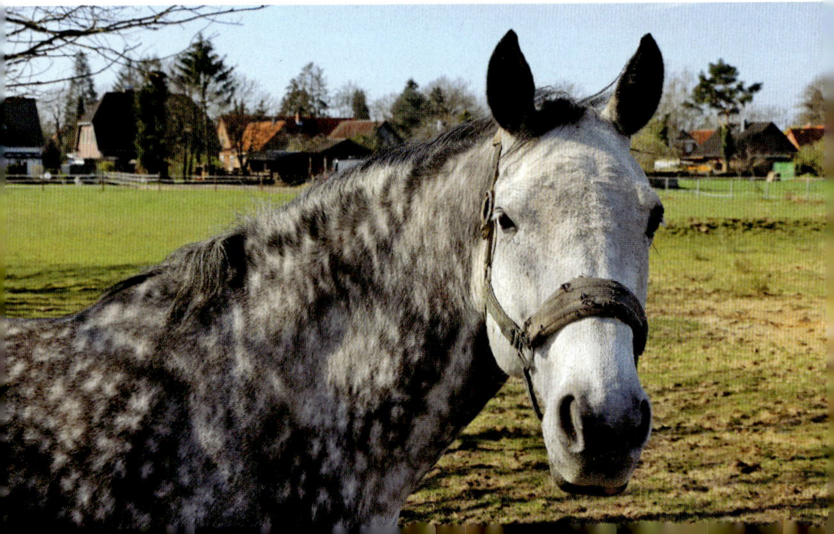

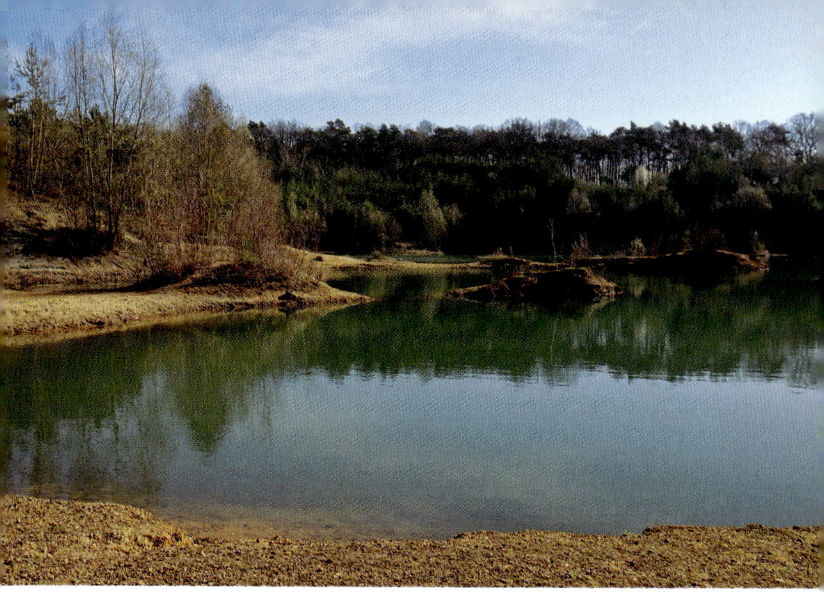

Am renaturierten Kiesteich bei Brelingen.

Ausgangspunkt: Bahnhof Bennemühlen, ca. 40 m, Endhaltepunkt der S4 von Hannover Hbf.
Endpunkt: Bahnhof Bissendorf, ca. 58 m, ebenfalls an der S4.
Anforderungen: Mehrheitlich naturbelassene Waldwege, um die Ortslagen auch Abschnitte auf Hartbelag. Markierungen sind nur auf dem E1 gut, sonst kaum vorhanden, was insgesamt einen guten Orientierungssinn erfordert. Leicht überdurchschnittliche Tourenlänge.
Einkehr: Beans Country in Bennemühlen; Saloniki in Brelingen; Sombrero und weitere im Ortszentrum von Bissendorf.
Variante: Vor allem der Geologische Erlebnispfad »Bewegte Steine« erlaubt anfangs zwischen Bennemühlen und Brelingen alternative Verläufe. Gegebenenfalls kann man sich auch auf diesen kürzeren Rundkurs (gut 5 km) konzentrieren.

Vom Bahnhof **Bennemühlen** ❶, der eigentlich im Nachbarort Elze liegt, schlagen wir hinter dem Bahnübergang den *Kaffeedamm* ein (Radweg) und gelangen damit ins Dorf Bennemühlen. Dort rechts in die *Alte Chaussee* und nach 200 Metern links in die Straße *Am Mergelberg*. Bei einem Bauernhof gewahren wir mit einem Rechtsschwenk einen Hinweis auf den Geologischen Erlebnispfad. Wir gehen ein Weilchen geradeaus, biegen vor dem großen Deponieareal nach links in einen breiteren Weg ein, den es aber nach knapp 400 Metern rechter Hand wieder zu verlassen gilt ❷. Ein kleiner Pfad schlängelt sich jetzt am Saum zwischen Wald und offenem Gelände dahin. Wer gern den höchsten Punkt am **Brelinger Berg** ❸, 92 m, aufspüren möchte, muss einen größeren Sandweg zunächst schwach ver-

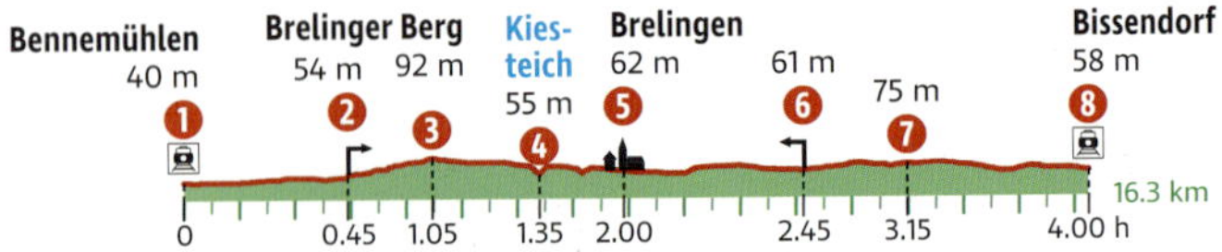

setzt kreuzen und gelangt dann nach knapp 500 Metern etwas verschlungen zu einer an den Landvermesser Carl Friedrich Gauß erinnernden Steinsäule inmitten kleiner Erdmulden, die offenbar auch von Mountainbikern öfters befahren werden.

Nach diesem kleinen Seitensprung vermittelt der bereits erwähnte breite Sandweg jedoch die Fortsetzung Richtung Süden. Wo sich der Wald merklich öffnet, kommen wir zur Nabu-Trafostation und sollten kurz dahinter einen weiteren Abstecher zum Ufer des renaturierten **Kiesteichs** ❹ nicht versäumen (Hinweis: Vereinsgelände des AVS Neustadt). Der ufernahe Pfad soll nicht begangen werden, doch haben wir am anderen Ende nochmals die Chance, einen großzügigen Blick über das ausgedehnte Gewässer zu werfen. Danach geht es ins nahe Dorf **Brelingen** ❺ hinein, und zwar von der Straße *Zu den Brelinger Bergen* zur Kreuzung der *Bennemühler Straße* mit der *Hauptstraße*.

Hier zuerst links und kurz darauf rechts in die *Starkampstraße* (Richtung Wiechendorf), mit der wir die Ortschaft südwärts hinter uns lassen. Schon knapp außerhalb biegt man links *Zum Hülseberg* ab und befindet sich nun wieder in einem Waldgebiet mit typischen Kiefern-

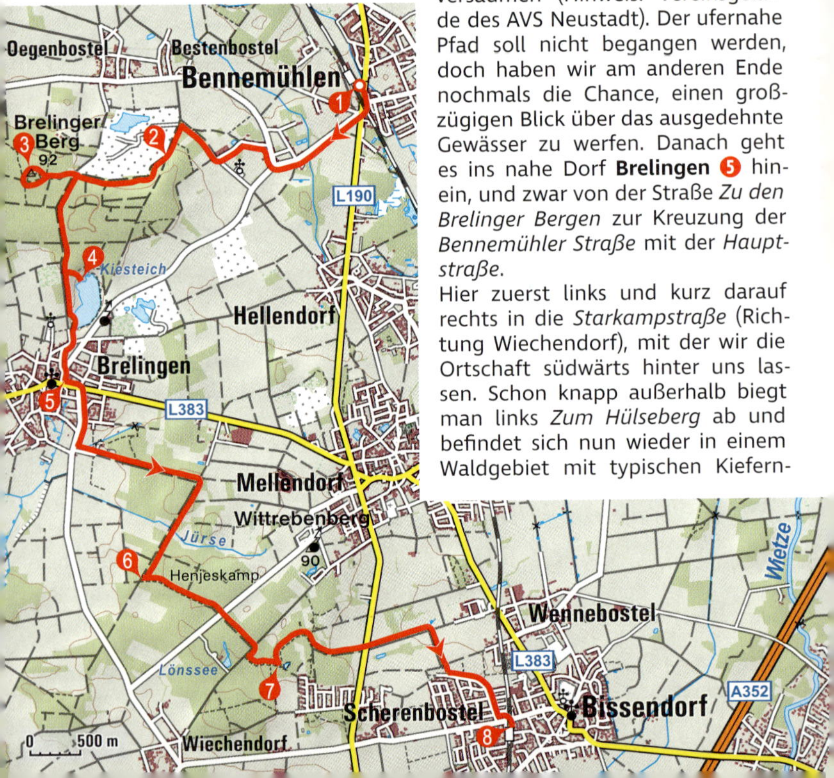

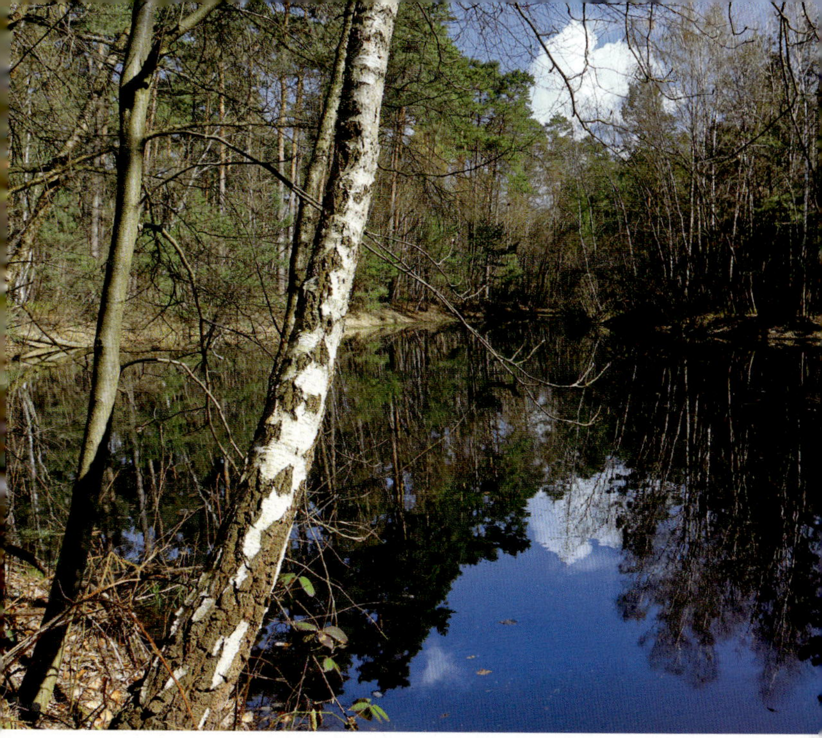

Auf dem Weg nach Bissendorf verblüfft uns dieser See tief im Gehölz.

beständen. Bei einer T-Kreuzung wandern wir rechts weiter und stoßen nach rund 1,2 Kilometern auf den Verlauf des E1 **6**. Der wichtige Linksabzweig lässt sich an dieser Stelle leicht übersehen, doch taucht im Anschluss sehr häufig das weiße X auf schwarzem Grund als Markierung auf. Zwischendurch wird eine Autostraße gekreuzt, ehe der E1 in der Nähe des Lönssees eine Rechts-links-Kombination vollzieht. Jetzt wird der Verlauf im Gehölz teilweise noch etwas verschlungener, bleibt anhand der zuverlässigen Markierung aber gut verfolgbar und führt uns direkt an einem kleinen Waldweiher **7** vorbei. Nach einigen Bögen treten wir allmählich zum Waldrand hinaus, überqueren die zwischen Mellendorf und Scherenbostel verlaufende Straße geradeaus und rücken etwa 650 Meter dahinter vom Teerweg nach rechts auf einen unbefestigten Feldweg ab. Dieser bringt uns schon in die Ortslage von Bissendorf, wo wir der *Hinrich-Braasch-Straße* komplett folgen. Schlussendlich in die *Scherenbosteler Straße* und zum Bahnhof **Bissendorf** **8**.

TOP

↗ <100 m | ↘ <100 m | 19.5 km

30 Rund ums Bissendorfer Moor

5.00 h

Die Hannoversche Moorgeest in der westlichen Wedemark

Einst war das Bissendorfer Moor beinahe zehnmal so groß, doch verschwanden weite Teile wie üblich durch Torfabbau und landwirtschaftliche Kultivierung. Der verbliebene Rest gilt allerdings als eines der am besten erhaltenen Hochmoore Niedersachsens und steht heute unter strengem Naturschutz. Die seltene standorttypische Vegetation soll durch weitere Renaturierungsmaßnahmen gestärkt werden. Von zwei Beobachtungstürmen am Süd- und Nordrand können wir die fast baumfreie, leicht emporgewölbte Fläche überblicken und uns auf Infotafeln sachkundigen »Background« verschaffen. Insgesamt binden wir die leicht verschlungenen Pfade am Rand des Bissendorfer Moores in eine größere Runde durch den Westteil der Wedemark ein. Als Ausgangspunkt bietet sich der Ort Resse an.

Ausgangspunkt: Resse, ca. 50 m, Bushaltestelle »Osterbergstraße« der Linie 460 zwischen Nordhafen und Mandelsloh (Anschluss von der Stadtbahnlinie 6).
Anforderungen: Am Rand des Bissendorfer Moores meist naturbelassene Waldpfade, sonst auch breitere Feld- und Waldwege. Bei etlichen Richtungswechseln aufpassen, nützliche Beschilderungen sind kaum vorhanden. Längere Wanderung, die Ausdauer verlangt.
Einkehr: Resseo (am Sportplatz) und Paradies zum Waldeseck (ein Stück nördlich außerhalb der Ortschaft).
Variante: Eine etwas verkürzte Strecke ergibt sich, wenn man im Resser Ortsteil Lönswinkel startet (insbesondere per Auto, aber auch Bus von Mellendorf/Bissendorf).

Immer wieder sind reizvolle Wegabschnitte dabei.

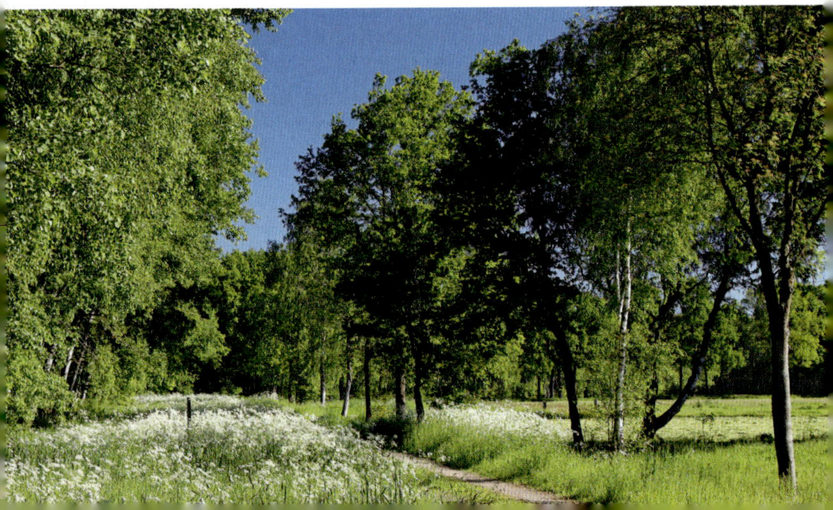

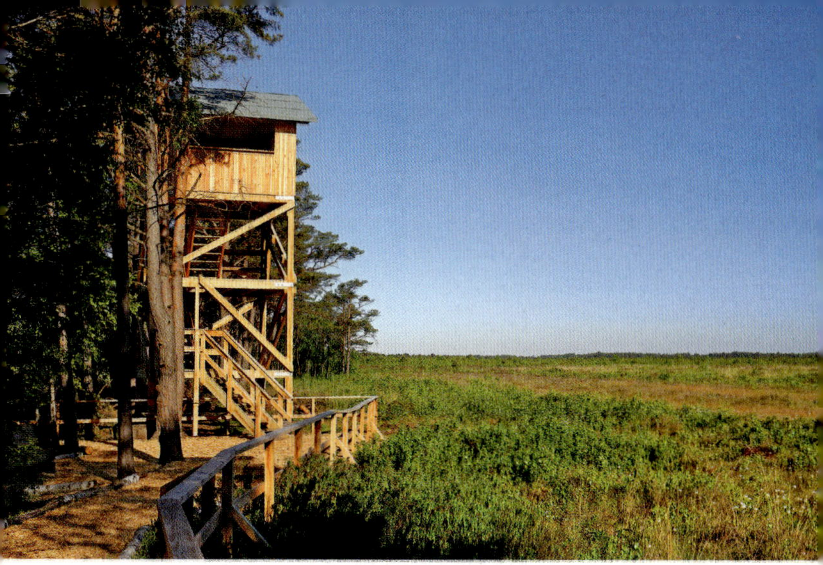

Der südliche Beobachtungsturm am Bissendorfer Moor.

Von der *Osterbergstraße* in **Resse** ❶ zunächst zur Kreuzung mit der *Engelbosteler Straße* und geradeaus weiter auf dem Radweg bis zur Siedlung **Lönswinkel**. Hier zweigen wir rechts in den *Kolonnenweg* ab, der bald zur (sehr breiten) Forststraße wird. Nach einer Linksbiegung folgt eine lange, nahezu schnurgerade Strecke – vorbei an einigen Lichtungen – bis zu einer T-Kreuzung. Hier links und zu einem Erdweg, der den Hauptvorfluter begleitet. Nach einer Weile ergibt sich ein Abstecher zu dem eigens eingerichteten **Südturm** ❷ am **Bissendorfer Moor**. Der Blick schweift über die riesige offene Fläche, und auch einige Lehrtafeln findet man. Anschließend nehmen wir wieder den kleinen Waldpfad in östlicher Richtung auf und stoßen nach ca. 1,4 Kilometern auf einen befestigten Feldweg, in den wir links einschwenken. Nach einem Rechtsknick achten wir erneut auf einen abzweigenden Pfad und wiederholen das Spiel im Verlauf der Osttraverse mit mehreren kleinräumigen Richtungswechseln, ehe es an der Nordseite jetzt (fast) streng westwärts geht. Dort erwartet uns ein weiterer Beobach-

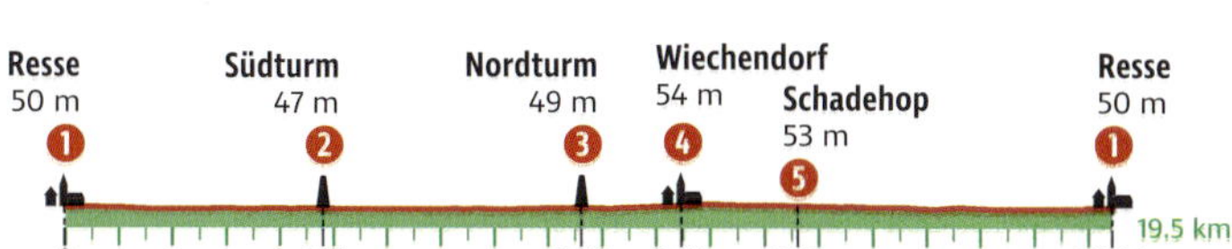

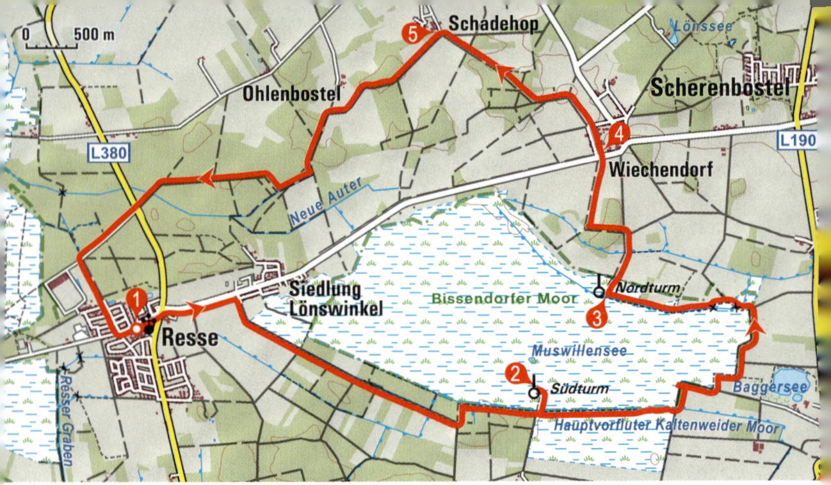

tungsposten, der entsprechend seiner Lage **Nordturm** ❸ genannt wird. An dieser Stelle rücken wir endgültig vom Bissendorfer Moor ab und nähern uns dem kleinen Ort **Wiechendorf** ❹, am besten zuvor schon mit einer Links-rechts-Kombination, damit die Straße (*Schnippheide*) später direkt überschritten werden kann. Im *Westerfeld* geht es weiter, dann außerorts auf einem asphaltierten Flurweg, den wir etwa 300 Meter hinter einer Linksbiegung nach rechts auf einen unbefestigten Weg verlassen. Dieser leitet – wie meistens ohne Beschilderung – zum kleinen Weiler **Schadehop** ❺. Nun können wir zumindest vorübergehend auf das X des E1 zurückgreifen. Wo es scharf rechts abbiegt, verharren wir jedoch geradeaus und nehmen erst den folgenden Rechtsabzweig. Nach etwa 400 Metern nochmals rechts, auf diesem Forstweg mit zwei zwischenzeitlichen Linkskurven zur *L380 (Im Hagen)* und über diese hinweg. Mit der asphaltierten Fortsetzung erfolgt nur noch ein letzter Linksknick und wir treffen wieder in **Resse** ein. In der *Osterbergstraße* kurz links zur Bushaltestelle ❶.

Wollgras findet man meist in Moorgebieten.

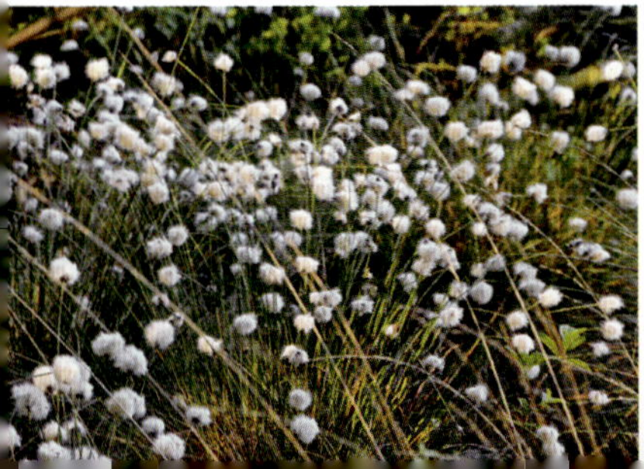

Rapsfeld bei Schadehop.

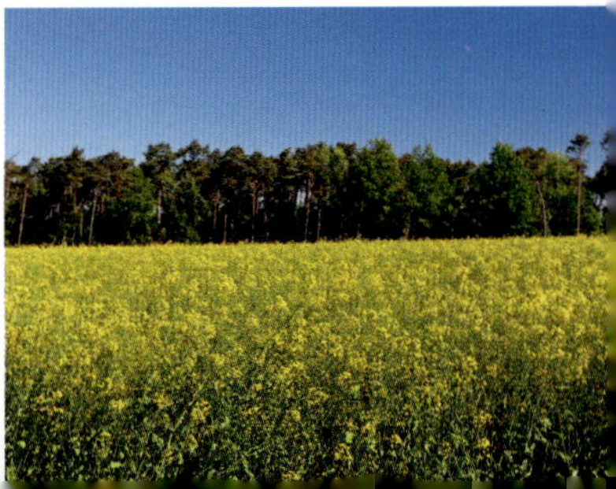

↗ <100 m | ↘ <100 m | 15.6 km

3.45 h

Von Eilvese nach Mardorf am Steinhuder Meer

31

Auf Tuchfühlung mit dem Toten Moor

Nordöstlich des Steinhuder Meeres – teils im umgebenden Naturpark gelegen – erstreckt sich das rund 33 Quadratkilometer umfassende Tote Moor, das seit dem 18. Jahrhundert in größerem, d.h. geregeltem Stil für Torfstich genutzt wird. Heute steht der Abbau natürlich in scharfer Konkurrenz zu Naturschutzinteressen, zumal man die Bedeutung intakter Hochmoore nicht nur für Flora und Fauna, sondern auch im Sinne des Klimaschutzes erkannt hat. Bisher konnten vor allem im südlichen Teil des Toten Moores Areale unter Schutz gestellt werden. Mitten hindurch führen keine Wanderwege. Wir können das Tote Moor aber auf weiter Front tangieren, indem wir schon in Eilvese (per Bahn erreichbar) starten und das Steinhuder Meer als wunschgemäßes Ziel ansteuern. An seinem touristisch frequentierten Nordufer liegt Mardorf.

Ausgangspunkt: Bahnhof Eilvese, ca. 47 m, an der S2 zwischen Hannover und Nienburg.
Endpunkt: Mardorf, ca. 44 m, Bushaltestelle »Kirche« (Linien 830 bzw. 835 zum Bahnhof Neustadt am Rübenberge, werktags auch zum Bahnhof Eilvese möglich). Entlang der Meerstraße können vorab andere Bushaltestellen angelaufen werden.
Anforderungen: Flur- und Waldwege unterschiedlicher Beschaffenheit, teils sandiger Untergrund. Zu Beginn sowie bei Mardorf am Steinhuder Meer Hartbelag. Die Route folgt dem Pilgerweg Loccum und ist damit nicht übermä-

Segelmasten ragen gen Himmel: Bootshafen am Steinhuder Meer.

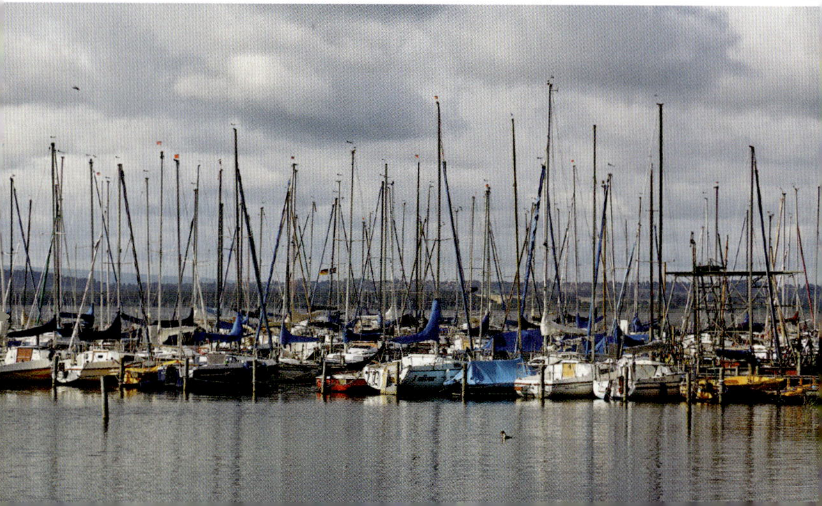

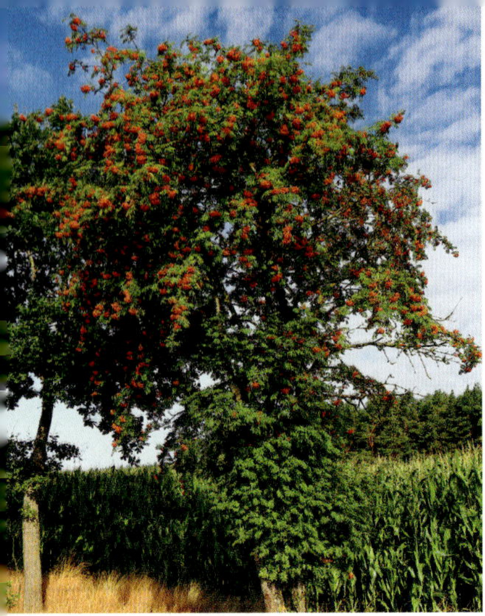
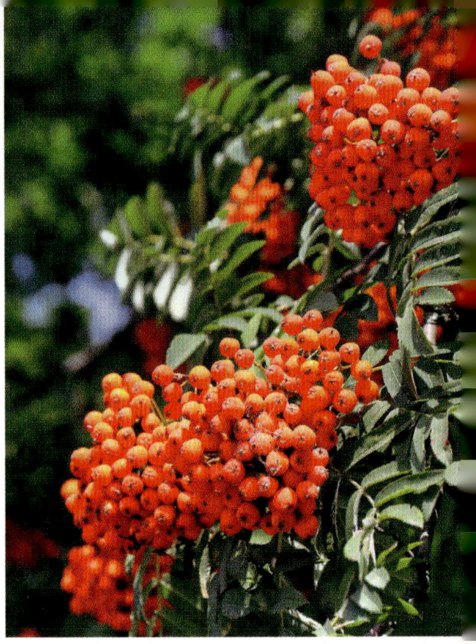

Der Vogelbeerbaum hängt voller reifer Früchte.

ßig auffällig, aber zuverlässig markiert. Durchschnittliche Marschdistanz, dabei praktisch komplett flach.
Einkehr: Pizzeria Eilvese; einige Möglichkeiten entlang des Uferweges in Mardorf; am Endpunkt das Restaurant Alte Schule.
Variante: Wer eine kürzere Tour bevorzugt, kann den Start in Schneeren (Buslinie 830) erwägen.

Vom Bahnhof **Eilvese** ❶ folgen wir der *Eilveser Hauptstraße* westwärts – der vom Pilgerweg vollzogene Schlenker kann im Prinzip ausgelassen werden – und zweigen erst nach rund 1,7 Kilometern rechts ab. Nach einem Linksschwenk führt unser Flurweg zur Ampelkreuzung an der *B6* ❷. Dort geradeaus in die *Schneerener Straße* und fünf Gehminuten später scharf links auf einen Forstweg. Mit diesem nähern wir uns jetzt dem Toten Moor, das sich auf längerer Strecke nebenan ausbreitet. Nach einem Rechtsbogen achten wir auf die schräg links wegziehende Fortsetzung des Pilgerweges (über die Feldbahngleise) und befinden uns nun auf einer 2,4 Kilometer messenden Geraden, ehe eine Links-rechts-Kombination mal wieder für Richtungswechsel sorgt. Kurz vor dem im Gehölz versteckten Bannsee erfolgt ein Linksabzweig ❸ Richtung Feriensiedlung Weißer Berg und damit hin zum Steinhuder Meer. Nach rechts in den Uferweg einfädelnd, treffen wir in Kürze auf den Sandstrand der **Weißen Düne** ❹. Das Ufer verbleibt für die folgende gute

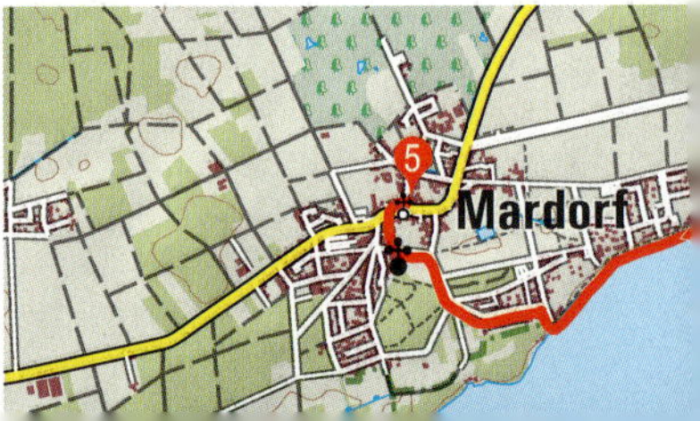

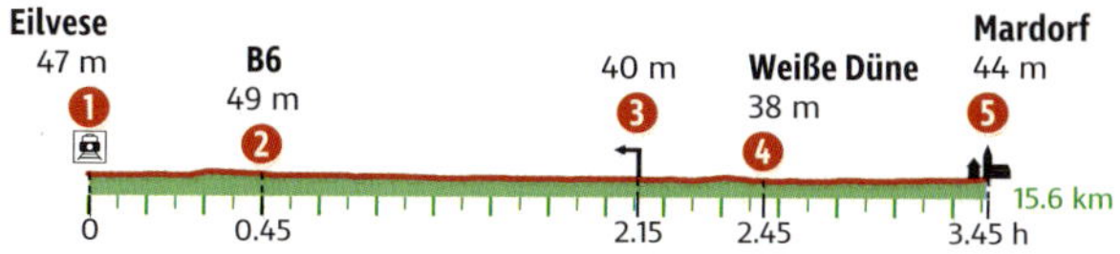

halbe Stunde stets nicht weit entfernt und ist höchstens mal durch kleine Gehölzabschnitte verborgen. Wir passieren etliche Bootsstege sowie die reichhaltige touristische Infrastruktur entlang der Promenade und rücken hinter dem Seehotel schließlich davon ab. Via *In der Weißen Riede*, *Poggenecke* und *Heerhoff* laufen wir bis in die Ortsmitte von **Mardorf** 5 und zur Haltestelle »Kirche«.

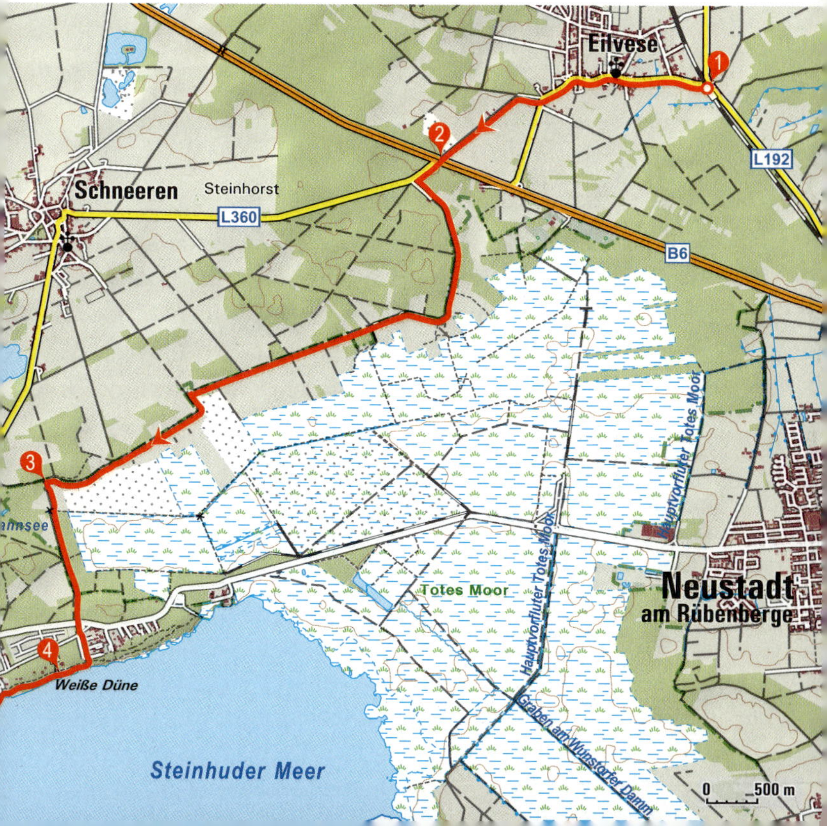

TOP

↗ <100 m | ↘ <100 m | 32.5 km

32 Rund ums Steinhuder Meer

8.00 h

Ein Beinahe-Wandermarathon mit vielen Facetten

Das Steinhuder Meer ist der größte Binnensee im gesamten nordwestlichen Teil Deutschlands und für den Großraum Hannover – aber auch überregional – ein Ausflugs- und Freizeitziel ersten Ranges mit über zwei Millionen Besuchern jährlich. Seine Entstehung ist eiszeitlich bedingt und wird heute mit dem Phänomen des Thermokarsts erklärt. Durch das Abschmelzen sogenannter Eislinsen (oder auch durch Auftauen von Permafrostböden) kommt es zur Bildung von Senken, die dann mit Wasser volllaufen. Am Ende der letzten Kaltzeit dürfte das Steinhuder Meer allerdings die dreifache Fläche von heute umfasst haben. Verlandungsprozesse führten nach und nach zu den ausgedehnten Randmooren, wie dem Toten Moor auf der Ostseite. Neben dem Tourismus, der vor allem in Mardorf am Nordufer sowie in Steinhude am Südostufer wirksam ist, wird in einigen Bereichen auch dem Naturschutz hoher Stellenwert eingeräumt – dies insbesondere am Ostufer (inklusive Totes Moor) und am Westufer (Meerbruch). Damit ist die Uferlinie selbst bei Weitem nicht überall zugänglich – an manchen Stellen finden sich allerdings Bohlenwege zu Beobachtungstürmen, die beide Aspekte in Einklang bringen sollen und sich hoffentlich als Plätze stillen Naturgenusses erhalten. Diese wollen wir in unsere vollständige Umrundung des Steinhuder Meeres auch einbinden. Mit etwa 32 Kilometern handelt es sich um

Am Südufer mit Blick Richtung Wilhelmstein.

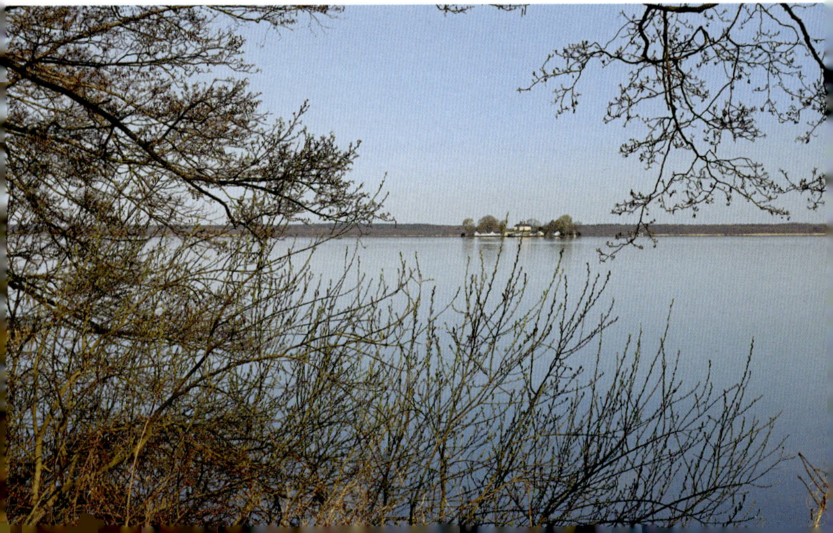

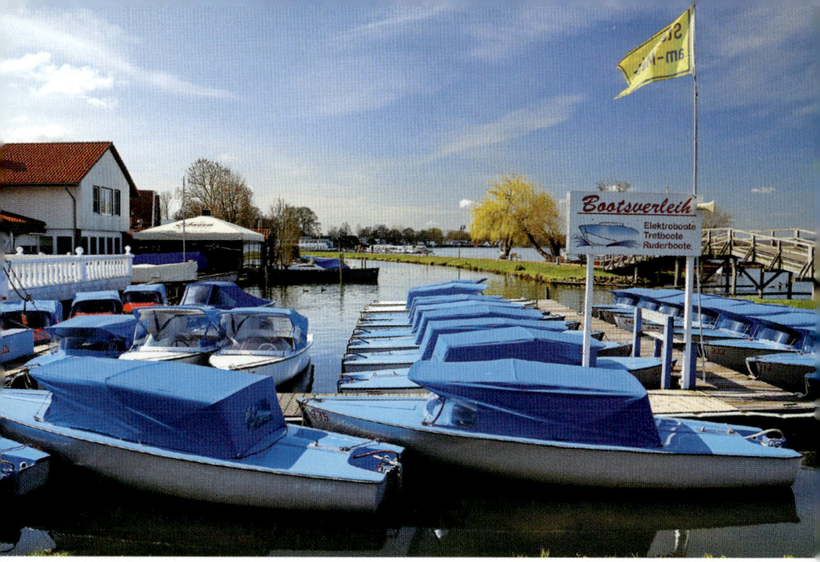

Für Wasserfreunde liegen in Steinhude zahlreiche Boote bereit.

die längste Tour unserer Auswahl – in praktischer Hinsicht eigentlich häufiger eine Unternehmung mit dem Rad anstatt zu Fuß, doch passionierte Wanderer werden die Herausforderung sicherlich gerne annehmen. Es gibt auf jeden Fall viel zu entdecken ...

Ausgangspunkt: Steinhude, ca. 42 m. Bushaltestelle »An der Friedenseiche« im Ortskern (häufige Verbindung vom Bahnhof Wunstorf). Nahe dem Zentrum gibt es ausreichend Parkplätze.
Anforderungen: Wegen der außergewöhnlichen Länge konditionell anspruchsvolle Wanderung, allerdings durchgängig sehr flach und stets auf problemlosen, befestigten Wegen, streckenweise Hartbelag. Zur Orientierung dient das Fahrradsymbol (zuweilen rege befahren).
Einkehr: Kleine Abstecher zum Moorgarten und nach Winzlar möglich; etliche Gelegenheiten im Bereich Mardorf/Weißer Berg (bis Alte Moorhütte); Landhaus Strandallee und schlussendlich reichlich Auswahl in Steinhude.

Variante: Teilbegehungen möglich, wenn man die Ausflugsschiffe einbezieht – damit lässt sich auch die Insel Wilhelmstein besuchen. Natürlich kann man ebenso gut entgegen dem Uhrzeigersinn unterwegs sein.

Bei Mardorf, auf der Nordseite des Steinhuder Meeres.

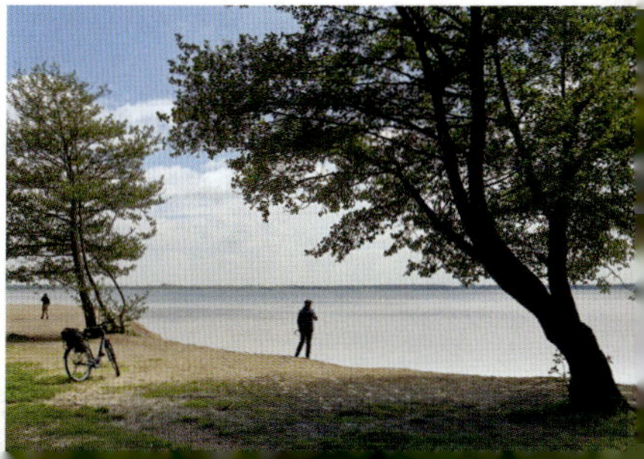

Idylle am Seitenkanal bei Schloss Hagenburg.

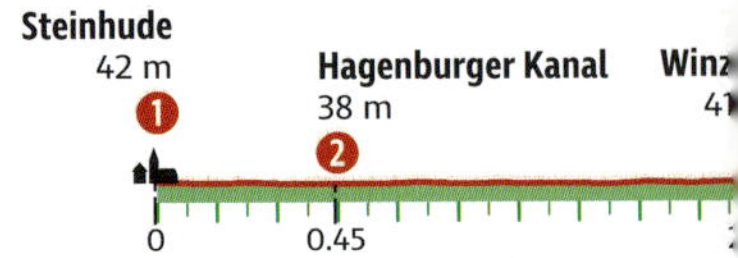

In **Steinhude** ❶ können wir uns zu Beginn gleich einmal Richtung Anleger begeben, um einen ersten Eindruck von den Ausmaßen des Steinhuder Meeres zu erhaschen. Dann geht's in Grundrichtung Westen, in der *Lütjen Deile* hinter der Häuserzeile entlang, bald aber außerorts direkt neben dem Ufer. Nach rund drei Kilometern muss man sich an einem Panorama-Eck jedoch für längere Zeit davon verabschieden ❷. Wir schweifen am Hagenburger Kanal südwärts ab, kreuzen diesen nach einer Rechts-links-Kombination (kleine Variante via Moorgarten und Rhododendronallee beim Schloss Hagenburg möglich) und umgehen das geschützte Hagenburger Moor (Meerbruch) in gebührendem Abstand über die befestigten Flurwege. Die Ortschaft **Hagenburg** selbst wird nicht berührt. Abzweigende Wege sind aus Naturschutzgründen oft gesperrt – ohnehin hält uns das Fahrradsymbol bei Richtungswechseln auf Kurs. Die Route dreht allmählich gen Norden ein und nähert sich – nach einer schönen Passage im Bereich Winzlarer Grenzgraben – der Ortschaft **Winzlar** ❸, die ostseitig tangiert wird. Ein Stück weiter bekommt man innerhalb der **Meerbruchwiesen** die Gelegenheit zu einem Abstecher direkt ans Ufer. Dort wurde ein Vogelbeobachtungsturm ❹ errichtet – zwei liegen bereits an dem Steg, der dorthin führt.

Zurück auf der Hauptroute wandern wir wieder vermehrt auf Hartbelag streng nordwärts bis zu einem Rechtsknick nahe einer weiteren Beobachtungshütte und nähern uns

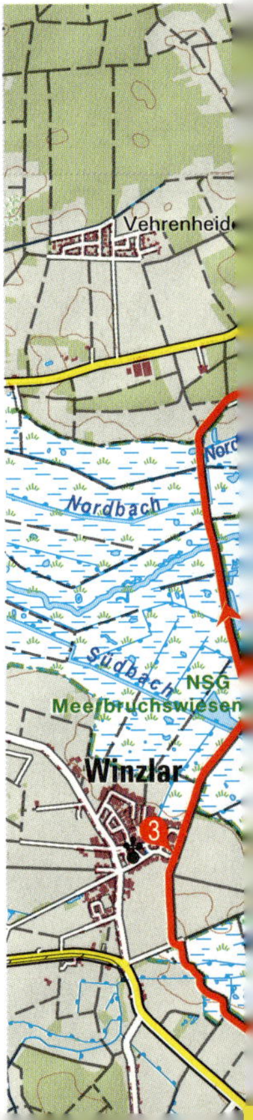

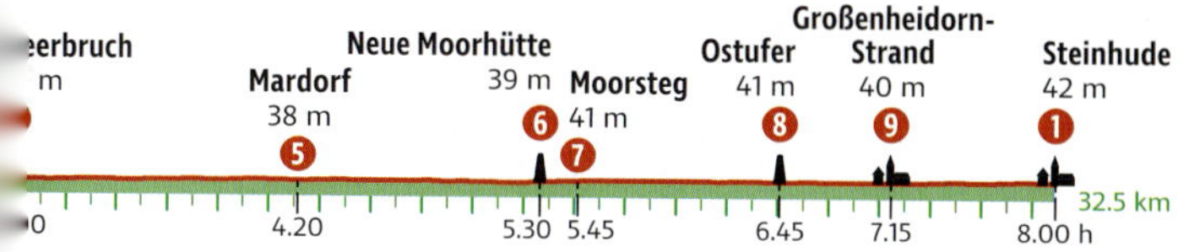

anschließend **Mardorf**. Der Ortskern bleibt auch hier abseits, doch kommt man via *Weißdornweg, Am Vogelherd* und *In der Weißen Riede* erneut unmittelbar ans Steinhuder Meer heran 5. Der nun folgende Abschnitt ist stark touristisch geprägt: zugängliche Uferbereiche, Yachthafen mit zahlreichen Stegen, Campingareale und etliche Einkehrmöglichkeiten säumen

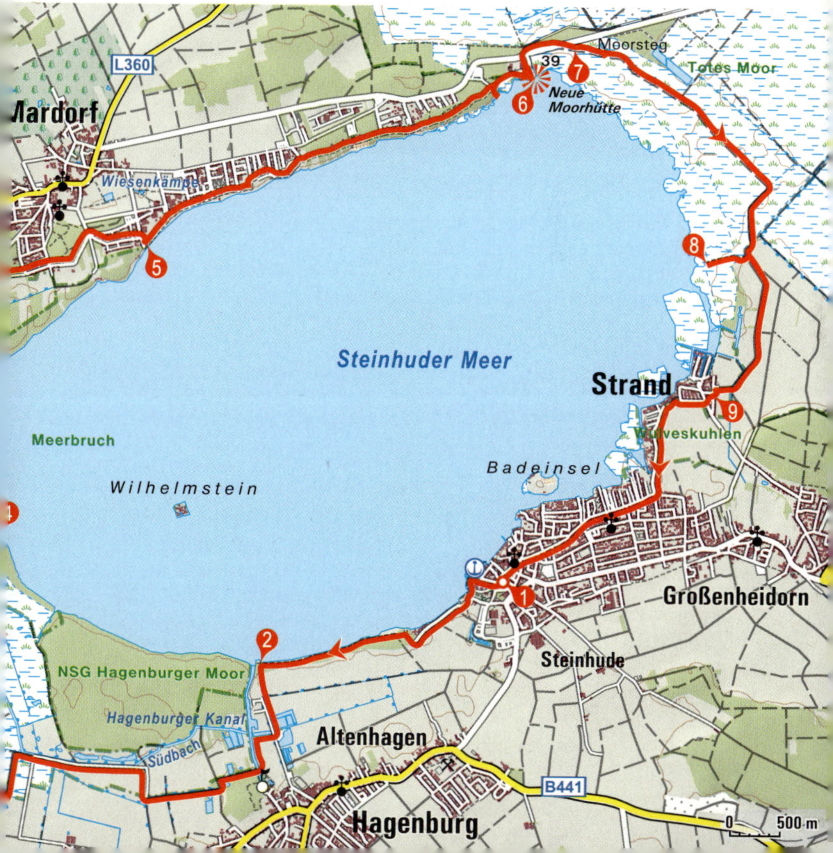

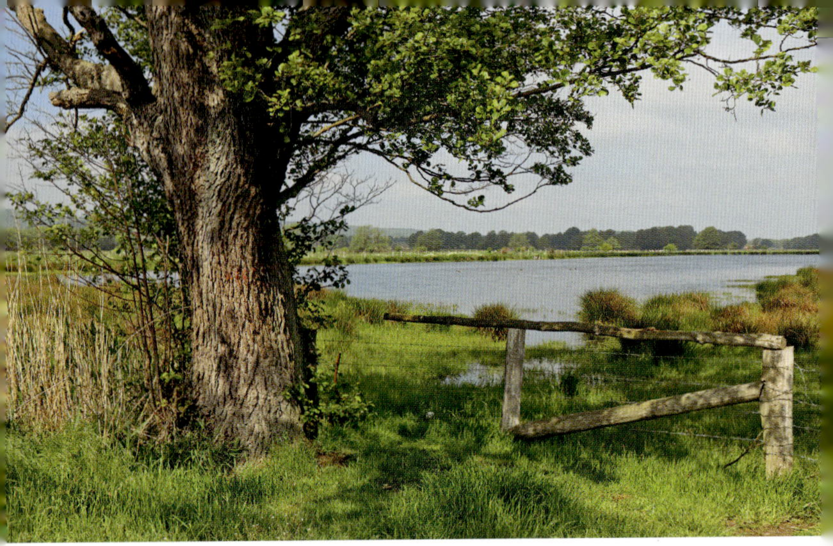

Im Bereich der Meerbruchwiesen, die unter Naturschutz stehen.

den Weg. Zwischen Waldstücken empfängt uns die **»Weiße Düne«**; rückseitig liegt die Ferienhaussiedlung »Weißer Berg«. Bei der Alten Moorhütte (Imbiss) schlägt man am besten den Bohlenweg ein (kurzzeitig also nicht gleichlaufend mit dem Radweg) und absolviert den kurzen Abstecher zum Aussichtsturm **Neue Moorhütte** **6**. Dann vorübergehend zur *Moorstraße* hin, mit dem Radweg aber alsbald wieder in die naturnahen Bereiche des Toten Moores hinein und zu den nächsten interessanten Stellen: dem **Moorsteg** **7** sowie dem Seerosensee. Beide Beobachtungspunkte sind mit typischen Holzbohlenwegen erschlossen. Bei der Durchquerung des Naturschutzgebietes »Ostufer Steinhuder Meer« sind wir ansonsten an den breiten Rad- und Wanderweg gebunden, der später einen markanten Rechtsknick vollzieht. Im Kreuzungsbereich mehrerer Trassen ergibt sich abermals ein Abstecher zu einem ufernahen Beobachtungsturm **8**. Danach kommen wir zur Siedlung **Großenheidorn-Strand** **9** voran, laufen nach dem Zickzack dort durch die Straße *Ostenmeer* und biegen schließlich nach rechts in die *Bleichenstraße* ein. An der Petruskirche vorbei vollendet sich die große Runde zum Start- und Zielpunkt *An der Friedenseiche* in **Steinhude** **1**.

Auf den Spuren der Dinos …

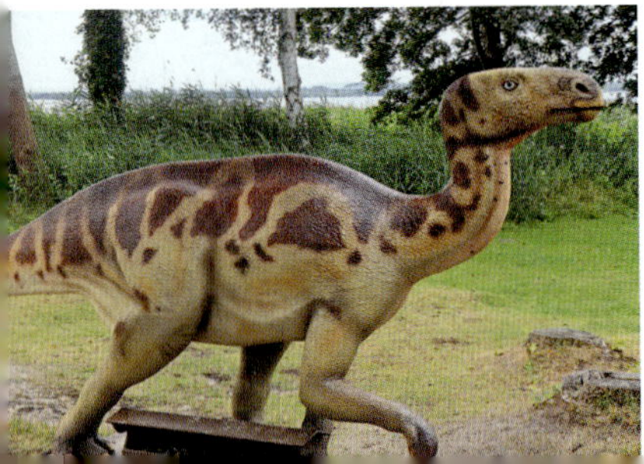

↗ 180 m | ↘ 180 m | 13.1 km

3.30 h

Über die Rehburger Berge zum Kloster Loccum

33

Eine der bedeutendsten Klosteranlagen Norddeutschlands

Auf Wanderungen durch den südlichen Teil Niedersachsens stoßen wir immer wieder mal auf den Pilgerweg Loccum – Volkenroda. Um 1163 gründete das thüringische Zisterzienserkloster Volkenroda in Loccum eine Niederlassung des Ordens, die heute als eine der architektonisch besterhaltenen Deutschlands gilt. Da Ende des 16. Jahrhunderts die Augsburger Konfession angenommen wurde, untersteht es heute der evangelisch-lutherischen Landeskirche. Im Rahmen unserer Wanderung nähern wir uns dem Kloster Loccum von Münchehagen über die schönen Waldwege in den Rehburger Bergen. Wer noch Lust auf ein Zusatzprogramm hat, sollte einen Besuch des Dinosaurierparks in Münchehagen nicht versäumen. Die prähistorischen Tiermodelle in Lebensgröße sind insbesondere für Kinder ein tolles Erlebnis! Hintergrund der Anlage ist die Entdeckung von Saurierfährten im Sandstein der Kreidezeit. Drumherum wurde wissenschaftlich untermauert das weltweit größte Freilichtmuseum dieser Thematik im Stile eines Erlebnisparks eingerichtet.

Ausgangspunkt: Münchehagen, ca. 85 m. Parkplatz an der Ecke Schulstraße/Hauptstraße, hier auch Haltestelle »Festplatz« der Buslinie 50 von Nienburg nach Loccum.
Anforderungen: Meist angenehme Wald-

Loccum wird durch seine bedeutende Zisterzienserabtei geprägt.

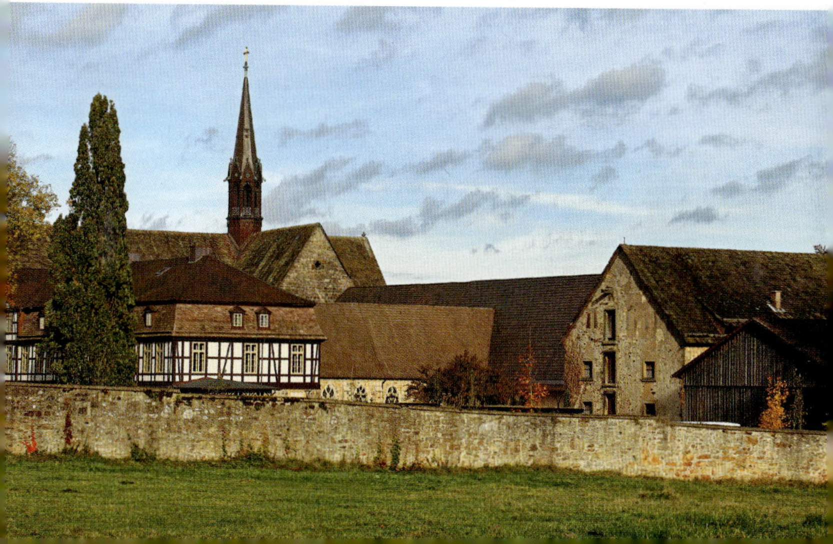

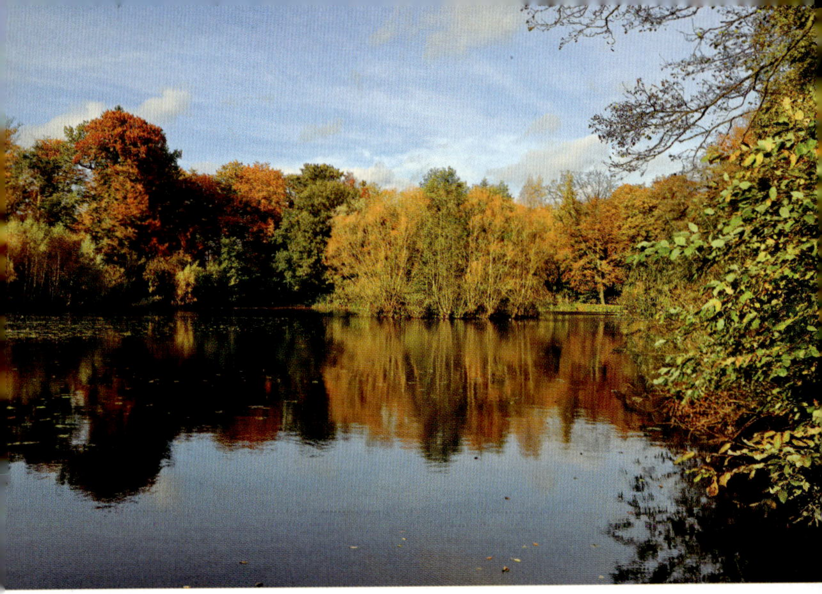

Am Backteich sind Liebhaber stiller Gewässer in ihrem Element.

wege, in den Ortslagen Straßenpassagen. Als Orientierung dienen streckenweise (aber nicht durchgängig) Roswitha- und Sigwardsweg. Durchschnittliche Tour mit gemäßigten Höhenunterschieden.
Einkehr: Loccum (Sperlingslust, Vier Jahreszeiten, Rodes Hotel, Marktcafé, Klosterladen & Café); Münchehagen (Deutsches Haus, Gasthof Deutsche Eiche).
Tipps: Dinosaurierpark Münchehagen, täglich geöffnet von 9 bis 18 Uhr. Kloster Loccum, täglich geöffnet von 10 bis 18 Uhr, Führungen zwischen April und Oktober jeweils Sa/So um 15 Uhr.

In **Münchehagen** ❶ begeben wir uns in die *Bergmannstraße*. An deren Ende über die Wiese an einem eingezäunten Teich vorbei zur *Alten Zollstraße*, wo man am Rande des Dinoparks in den Wald eintritt. Zwischen diesem und einem Steinbruch zieht die Route (Markierung Sigwardsweg) gegen den **Brunnenberg** aufwärts. Nahe dem Sendeturm nehmen wir den Roswithaweg auf, passieren sofort den **Marienplatz** ❷, der an Königin Ma-

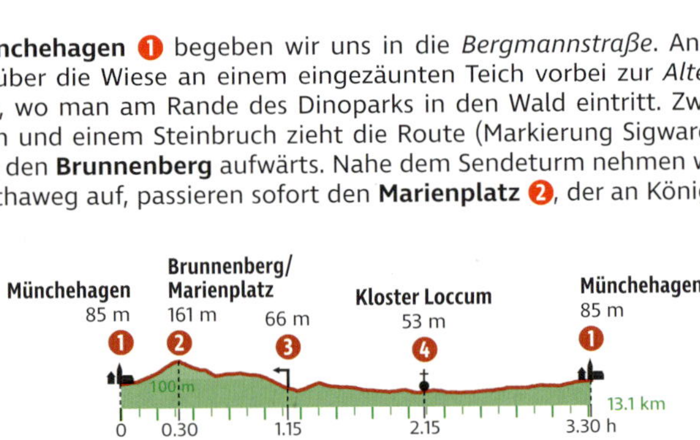

rie von Hannover erinnert, und wandern nun im (topografisch wenig ausgeprägten) Kammbereich der Rehburger Berge gen Norden, später nordwestwärts eindrehend. Wenige Schritte bevor die Markierung des Roswithaweges nach rechts abknickt, schwenken wir entgegengesetzt nach links ❸ und nähern uns dem Loccumer Golfareal. Auf dessen Ostseite zunächst nach links und bei der nächsten Kreuzung dann rechts, um die südliche Tangente abzulaufen. Sie bringt uns in den *Windmühlenweg* und damit ins Siedlungsgebiet. Eine Passage durch den Hopfengarten führt zur Evangelischen Akademie jenseits der *Münchehäger Straße*. Dort an einer Kapelle vorbei etwas verwinkelt zum Rand des Klosterwaldes und zum **Kloster Loccum** ❹. Nach einer kleinen, lohnenswerten Schleife über den Brauteich drehen wir am größeren Backteich mit dem Sigwardsweg südwärts ab, begleiten ein Stück weit die Fulde und orientieren uns dann eher ostwärts, zwischendurch mal leicht links versetzt. Der Sigwardsweg nähert sich allmählich Münchehagen und zieht in die offene Feldflur hinaus. Zuletzt sei vorgeschlagen, durch die *Friedhofstraße* zur *Hauptstraße* vorzurücken. Damit schließt sich der Kreis.

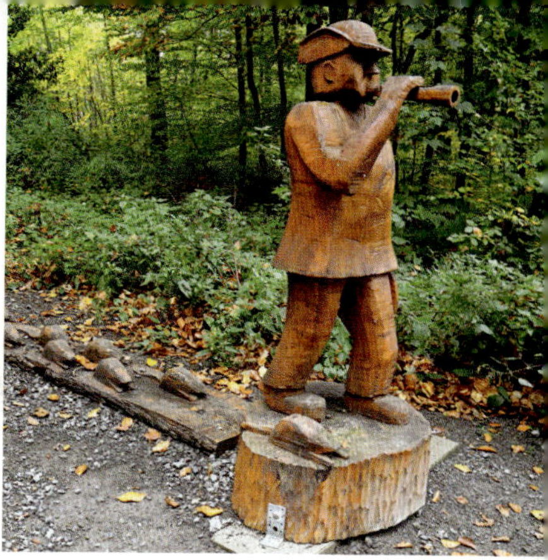

In den Rehburger Bergen begegnen wir Gestalten aus Märchen und Sagen.

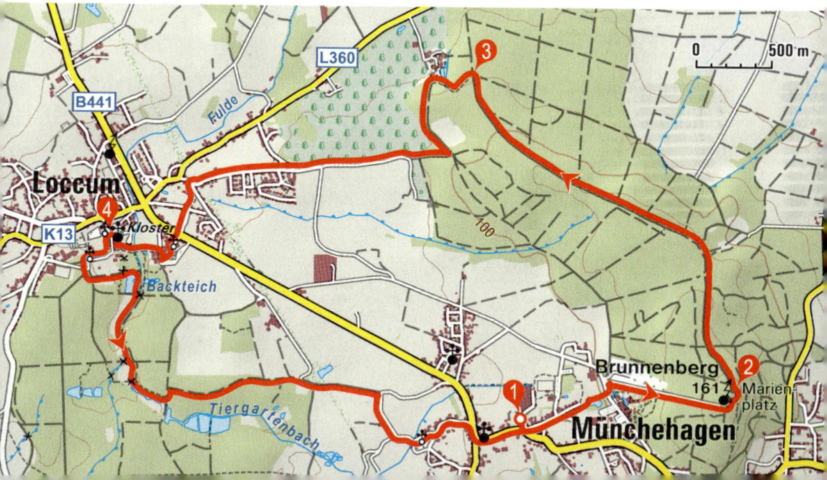

↗ <100 m | ↘ <100 m | 16.2 km

34 Von Haste zum Steinhuder Meer

4.00 h

Auf dem E1 über Idensen und Hagenburg

Mit der Verlockung des Steinhuder Meeres als Ziel durchwandern wir auf dieser Tour das südliche Umland. Vorteilhafter Ausgangspunkt ist das verkehrstechnisch gut angeschlossene Haste. Leitlinie soll der einheitlich und zuverlässig markierte Europäische Fernwanderweg Nr. 1 (E1) sein – mit Stationen in Idensen, wo die uralte Sigwardskirche bewundert werden kann; in Mesmerode, wo der »Kalimandscharo« ein Baudenkmal ganz anderer Art setzt; sowie in Hagenburg, wo Försterteich und Moorgarten zur idyllischen Rast einladen. Bald darauf erreichen wir das Südufer des Steinhuder Meeres, das den Ahnungslosen in seiner Größe vielleicht doch verblüfft. Der Zielort Steinhude präsentiert sich als touristischer Hotspot ersten Ranges im Hannoveraner Land.

Ausgangspunkt: Bahnhof Haste, ca. 53 m, erreichbar ab Hannover mit dem Regional-Express (WestfalenBahn Richtung Bielefeld oder Rheine) sowie der S1.
Endpunkt: Steinhude, ca. 42 m. Bushaltestelle »An der Friedenseiche« im Ortskern (häufige Verbindung zum Bahnhof Wunstorf).
Anforderungen: Überwiegend breite Fels- und Waldwege, zum Ende hin meist Hartbelag. Zuverlässig markiert mit dem weißen X auf schwarzem Grund (E1). Gut durchschnittliche Marschdistanz ohne nennenswerte Höhenunterschiede.
Einkehr: Diverse Möglichkeiten in Hagenburg (u.a. Da Mario, Hagenburger Hof, Schnitzelhaus, Afrino, Café Moorgarten), sehr viele in Steinhude.
Variante: Mit dem Originalweg des E1 ein Stück weit entlang des Mittellandkanals und dann von Süden hinein nach Idensen.

Zwischen Haste und Idensen überschreiten wir den Mittellandkanal.

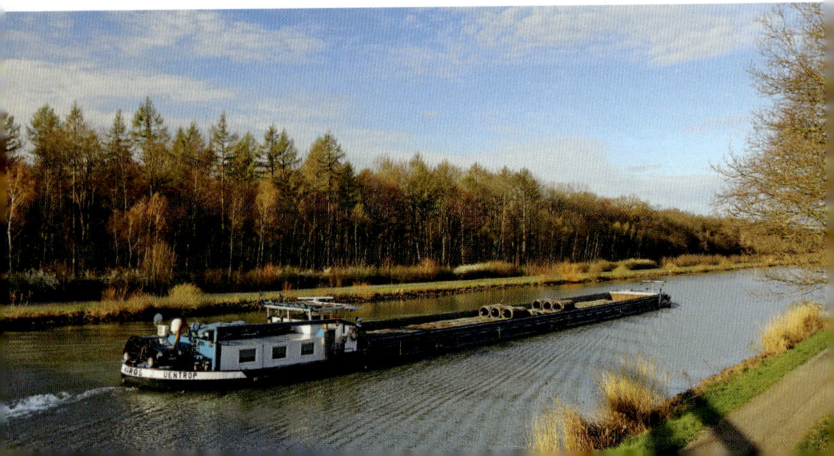

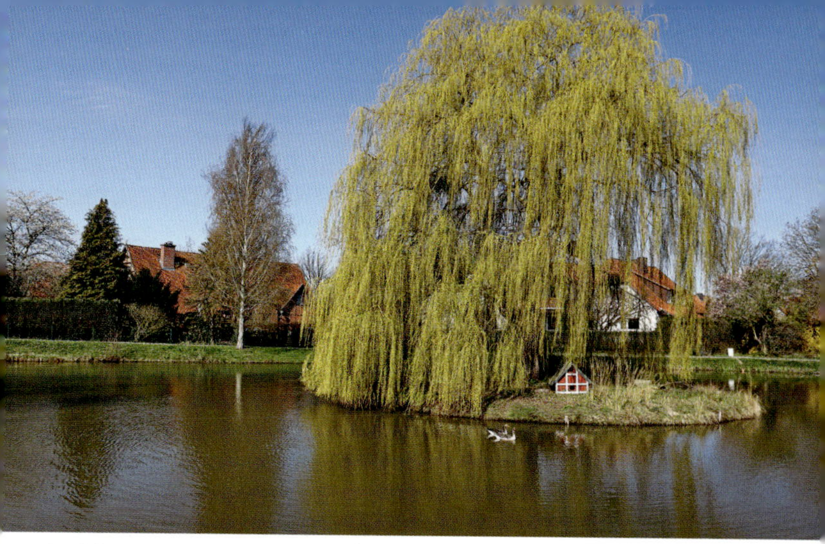

Am liebreizenden Försterteich in Hagenburg.

Vom Bahnhof **Haste** ❶ zuerst zum Fußweg, der parallel zur *Waldstraße* verläuft. Nach rund 700 Metern tauchen wir mit dem blauen Sigwardsweg rechter Hand in das Waldstück ein und stoßen bei der nächsten T-Kreuzung auch auf das Symbol des E1. Rasch wird der **Mittellandkanal** ❷ erreicht. Während der E1 nun an der gegenüberliegenden Seite für eine knapp zwei Kilometer lange Strecke dem Kanal folgt und sich dann dem Dorf Idensen von Süden her nähert, können wir mit dem Sigwardsweg (und vorerst der beschilderten Radroute nach Steinhude) über Wald- und Flurwege (später auf Hartbelag) etwas abkürzen. In **Idensen** ❸ selbst geht es via *Grafforst* und *Koloniestraße* zur sehenswerten Sigwardskirche und anschließend nordwärts heraus Richtung **Mesmerode** ❹. Mit stetem Blick auf den »Monte Kali« bzw. »Kalimandscharo«, wie die großen Abraumhalden der Stein-

In der Rhododendronallee.

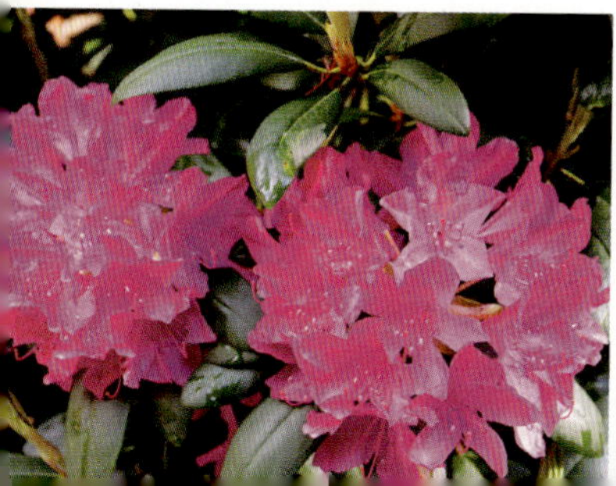

Maritimes Flair in Steinhude.

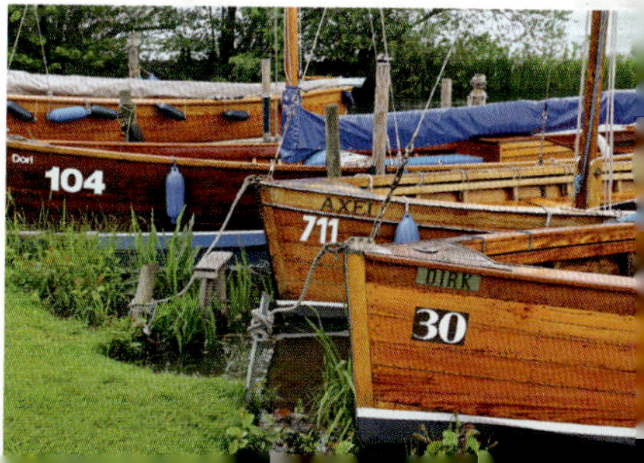

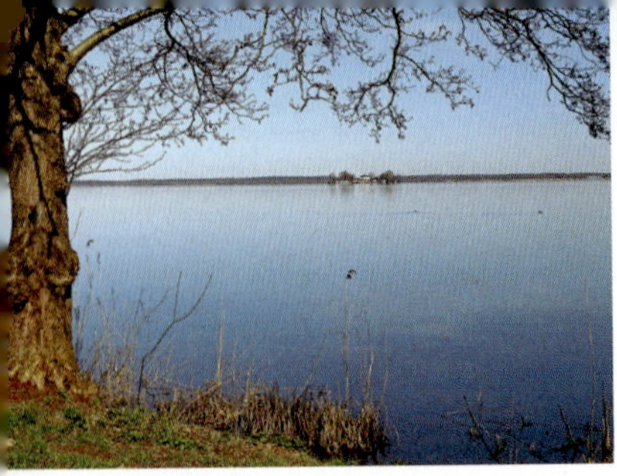

Gegen Ende gelangen wir ans Ufer des Steinhuder Meeres.

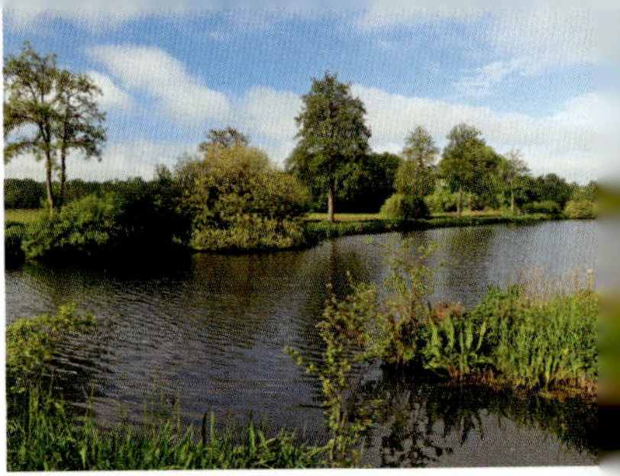

Am Hagenburger Kanal, der schon das nahe Steinhuder Meer ankündigt.

salzgewinnung im Volksmund üblicherweise heißen, kreuzen wir hier die *Auhagener/Bokeloher Straße* und biegen nach 300 Metern mit dem X links in einen Feldweg ein. Etwas verwinkelt, aber zuverlässig markiert, führt unsere Route in und durch das Waldgebiet der Schier, kreuzt zwischendurch die L445 und trifft über den *Düdinghäuser Weg* in der Ortschaft **Hagenburg** 5 ein. Aus der *Schützenstraße* kommen wir zum idyllischen Försterteich. Weiter geht's in den *Kanalsdamm* und entweder durchgängig dem E1 folgend oder schöner durch die »Rhododendronallee« und am Schloss Hagenburg sowie dem Moorgarten (Café) vorbei. Jedenfalls wandert man anschließend ein Stück am Hagenburger Kanal entlang, schwenkt rechts

Die romanische Sigwardskirche zählt zu den ältesten Bauwerken der Region.

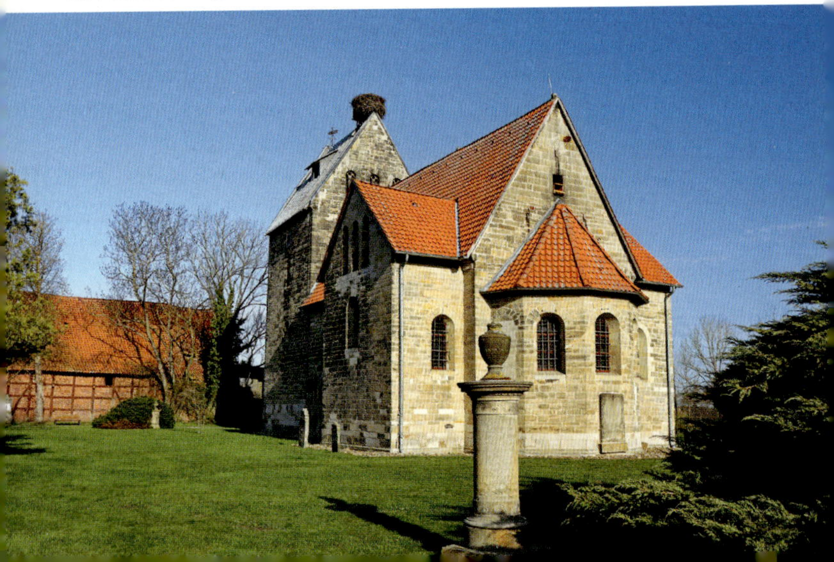

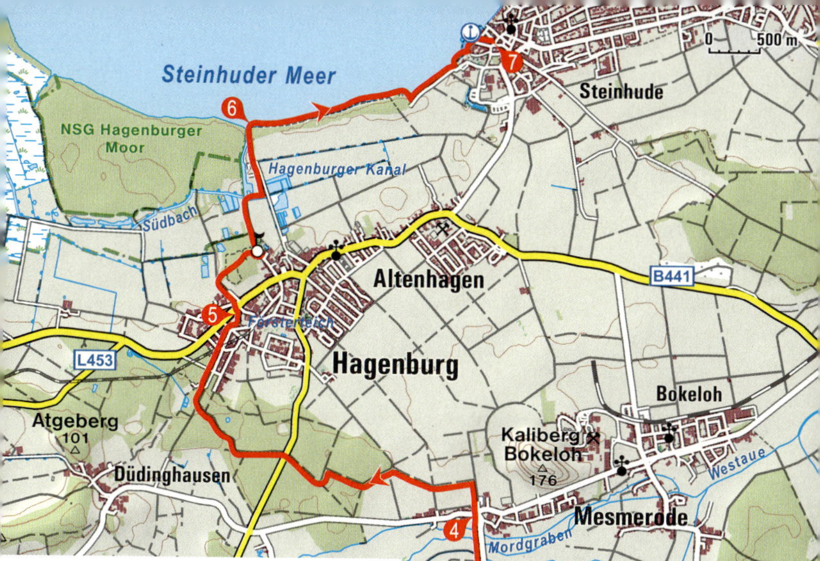

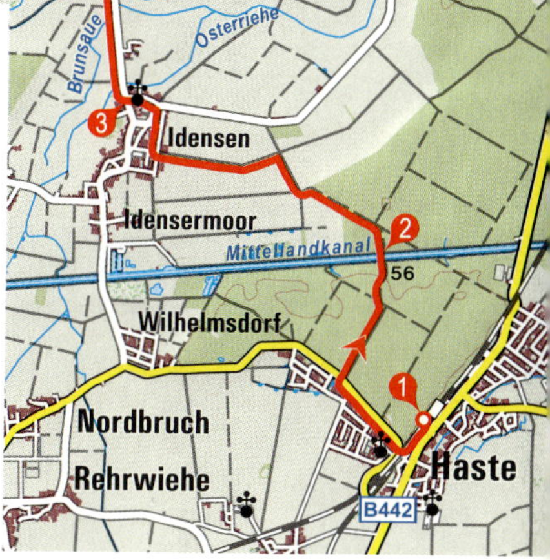

zum *Lüerssendamm*, passiert den Yachthafen (mit Bistro) und nähert sich mit Spannung dem **Steinhuder Meer** 6, und zwar an jener Stelle, wo der Kanal einmündet. In 1,7 Kilometer Entfernung zeigt sich die Insel Wilhelmstein. Der Abschluss der Tour gehört nun dem asphaltierten Uferweg, der in Steinhude hinter eine Häuserzeile (*Lütjen Deile*) zurückfällt. Im Bereich der Promenade wird man sich je nach Gusto noch ein wenig umsehen, ehe der nominelle Endpunkt mit der Bushaltestelle *An der Friedenseiche* direkt in **Steinhude** 7 erreicht wird.

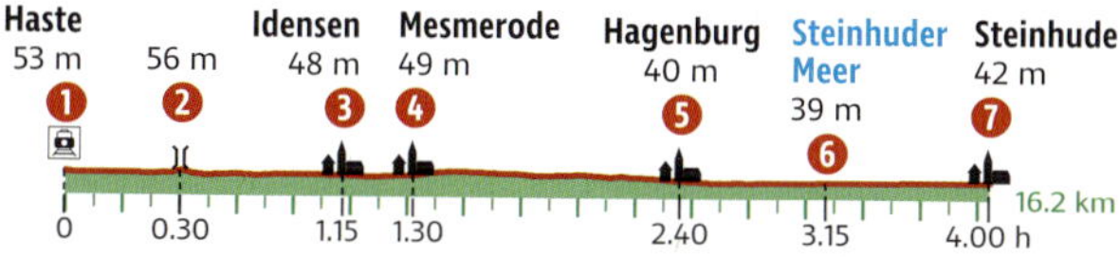

↗ <100 m | ↘ <100 m | 14.8 km

35 Zwischen Neustadt am Rübenberge und Bordenau

3.50 h

Rundwanderung in der Leinemasch

Flussauen sind in der Region Hannover immer wieder Hort naturnaher Bereiche, vor allem entlang der Leine, wie wir uns bei Neustadt am Rübenberge überzeugen können. Wir laufen einen Rundkurs bis Bordenau ab und entdecken dabei auch den zauberhaften Bordenauer See. Als kulturelle Besonderheiten an der Strecke erwähnenswert sind das im Stil der Weserrenaissance errichtete Schloss Landestrost in Neustadt sowie das denkmalgeschützte Gut Harms bei Poggenhagen, wo heutzutage sogar Veranstaltungen stattfinden.

Ausgangspunkt: Bahnhof Neustadt am Rübenberge, ca. 40 m. Haltepunkt des Regional-Express zwischen Hannover und Bremen sowie der S2 zwischen Hannover und Nienburg.
Anforderungen: Häufig naturbelassene Wege und Pfade, nur vorübergehend auch mal Hartbelag. Vor allem in der ersten Hälfte teils recht knifflige Orientierung. Durchschnittliche Marschdistanz.
Einkehr: Kurzer Abstecher nach Poggenhagen (Landgasthaus Meyer); diverse in Neustadt (u.a. Pizzeria Martino).
Variante: Im Bereich zwischen Neustadt und Moordorf/Poggenhagen ist der »Moorhenniespfad« mit insgesamt 31 Stationen eingerichtet worden, unterteilt in zwei jeweils rund 6 km lange Schleifen. Der südliche Rundweg widmet sich schwerpunktmäßig Kultur und Geschichte, der nördliche Natur und Landschaft. Vorteilhafter Einstieg beim Bahnhof Poggenhagen.

Schloss Landestrost in Neustadt.

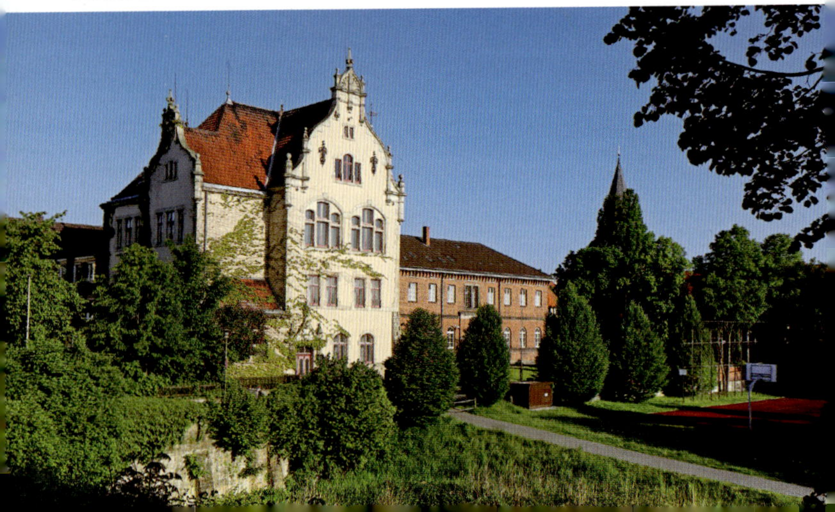

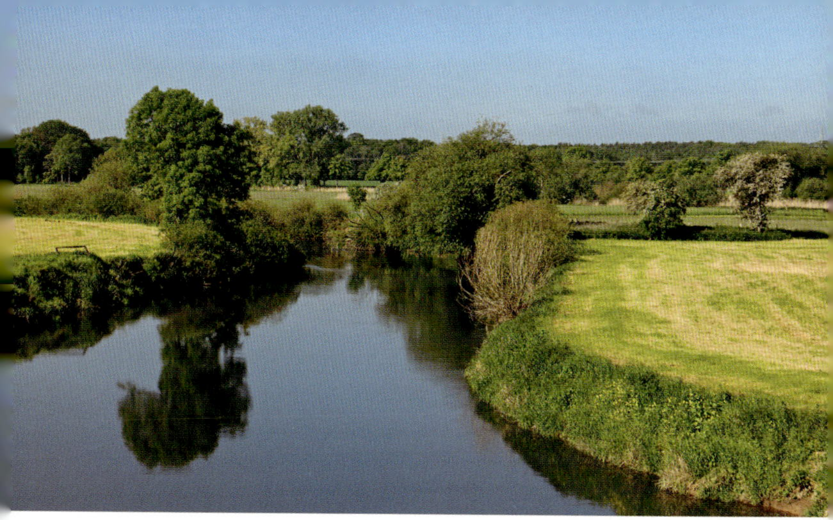

Bei Bordenau überqueren wir die Leine.

Vom Bahnhof **Neustadt am Rübenberge** ❶ überqueren wir die *Wunstorfer Straße*, folgen der *Herzog-Erich-Allee* bis zur gleichnamigen Bushaltestelle und biegen dann zum Schloss Landestrost ab. Dort tangiert man die Kleine Leine, kann den Schlosspark aber auch geradliniger durchlaufen. An dessen Südende liegt die Kreuzung der *Marschstraße*. Wer einen kleinen Schleichpfad nicht scheut, begibt sich hier nach links, schlägt sich ein wenig durch Buschwerk und tangiert den Randbereich einer Wiese. Herrschen allerdings keine trockenen Bodenverhältnisse, sollte man besser durch die Siedlung gehen (*Albert-Schweitzer-Straße*). Nächstes Ziel ist der sogenannte Krankenhausteich (falls man vom Wiesenpfad kommt, ist dieser zunächst hinter einem Graben verborgen, aber von rechts her rasch erreichbar). Anschließend orientieren wir uns links zur Leine, die dort einen Bogen beschreibt, und folgen dem schönen Wanderweg an einigen Teichen vorbei zum Friedhof **Lüningsburg** ❷. Der lauschige Pfad leitet weiter am Schiffgraben entlang zu einer doppelten Kreuzung. Diesseits erst links, jenseits dann sofort rechts ins Gehölz und bei den nächsten beiden Y-Gabelungen jeweils links haltend. Man durchwandert jetzt ein längeres Waldstück, allerdings unweit

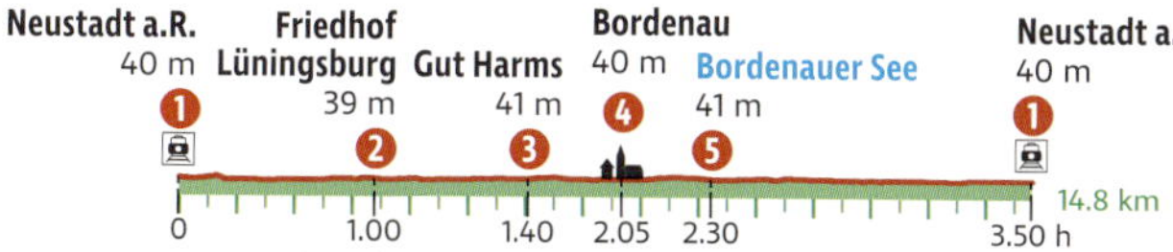

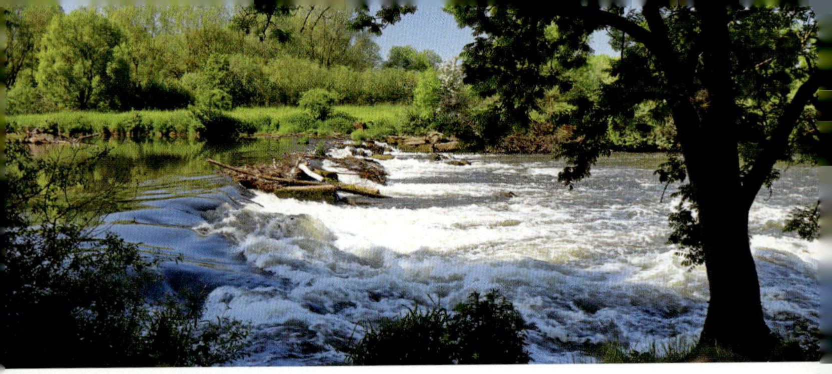

Stromschnellen an der Leine.

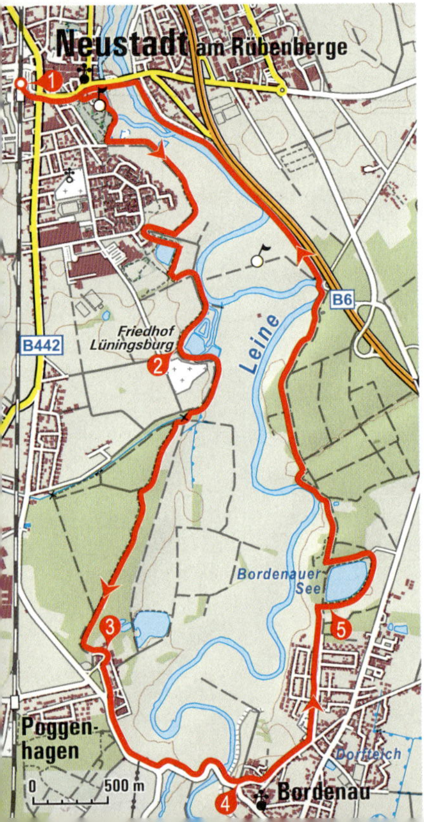

der Leinewiesen. Damit kommen wir zum **Gut Harms** ❸ bei **Poggenhagen** voran, folgen der *Poggenhagener Straße* sowie dem Linksabzweig *Am Fährhaus*, um über die Leinebrücke nach **Bordenau** ❹ zu wechseln. Hier links Richtung *Steinweg* und später nochmals links abzweigend in den *Burgsteller Weg*. Dieser geht nahtlos in einen Waldweg über, der in Kürze den **Bordenauer See** ❺ linksseitig passiert. Wir sollten es nicht versäumen, den idyllischen Rundweg abzuschreiten. Man kommt wieder zurück auf den Hauptweg, der mehr oder weniger parallel zur Leine nordwärts führt. An einer Biegung befindet sich der Aussichtspunkt »Fuchsberg«. In der Nähe des Jüdischen Friedhofs befindet man sich in unmittelbarer Nähe zur *B6*, die aber meist hinter einer Böschung verborgen bleibt, während unser Wanderpfad nach wie vor recht naturnah dahinzieht. In **Neustadt** laufen wir in der *Apfelallee* ein, schwenken nach links in die *Herzog-Erich-Allee* und überschreiten die Leine retour zum Bahnhof ❶.

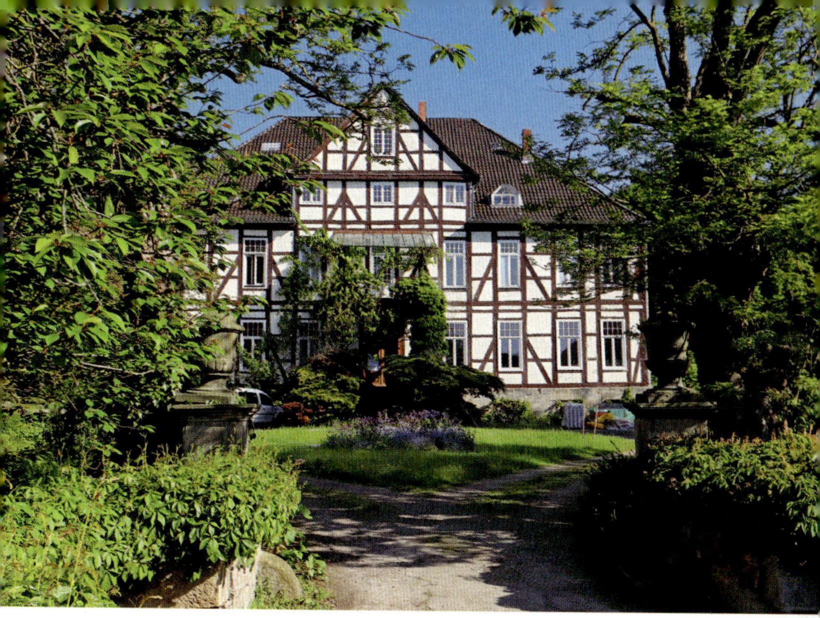

Oben: Gut Harms bei Poggenhagen.
Unten: Die Umrundung des Bordenauer Sees ist wohl Ehrensache.

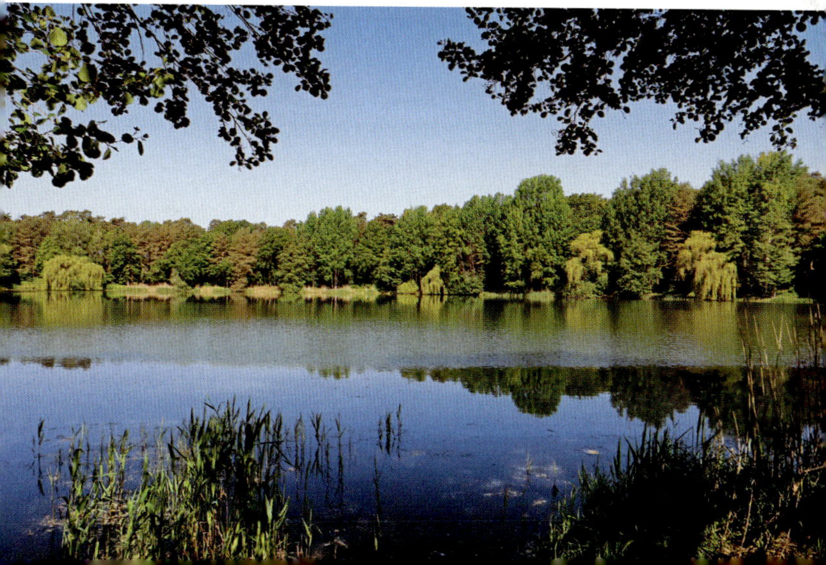

↗ <100 m | ↘ <100 m | 9.8 km

36 Um Horst und Schloß Ricklingen

2.30 h

Landpartie um Garbsens Dörfer

Die nordwestlichen Eingemeindungen Garbsens weisen noch recht ländlichen Charakter auf, etwa die Ortschaften Horst, Frielingen und Schloß Ricklingen, die vom Waldgebiet der Rettmer Berge flankiert werden. Inmitten der Fluren lässt sich eine stille 10-Kilometer-Runde absolvieren, die auch am kleinen Horster See Station macht.

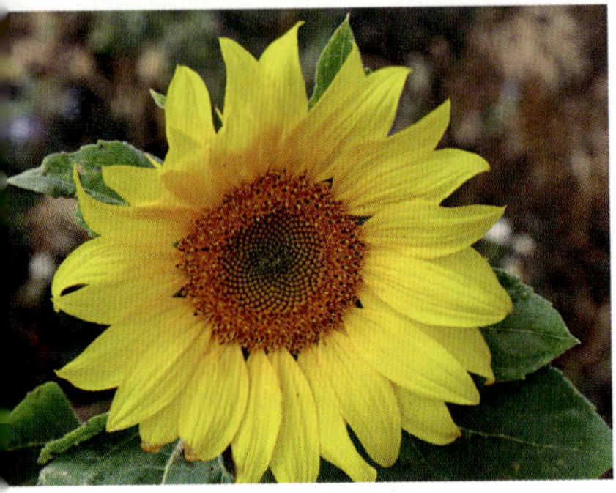

Ausgangspunkt: Horst, ca. 49 m. Bushaltestelle »Kirche« der Linien 400 vom Wissenschaftspark Marienwerder nach Neustadt am Rübenberge bzw. 410 von Garbsen (Auf der Horst) nach Wunstorf.
Anforderungen: Überwiegend Feldwege, abschnittsweise unbefestigt auf Grasnarbe, teils auf Hartbelag. Ohne Markierung bei Richtungswechseln achtgeben, insgesamt aber nicht zu kompliziert. Verhältnismäßig kurze Tour.
Einkehr: Homeyers Hof, Gasthaus Kruse und Horst Pizza & Döner (alle in Horst); Hotel Gasthaus Schubert in Schloß Ricklingen.

In **Horst** ❶ biegen wir von der *Andreaesstraße* (Kirche) rechts in die *Frielinger Straße* ein und hinter der Bushaltestelle »Vor der Höhe« in die gleichnamige Straße, die in Kürze zum Feldweg wird. Bei einer Y-Gabelung wählen wir links den kleineren Grasweg. Bei der nächsten Verzweigung zum Waldrand hin, der inklusive Rechts- und Linksknick ein Stück weit begleitet wird,

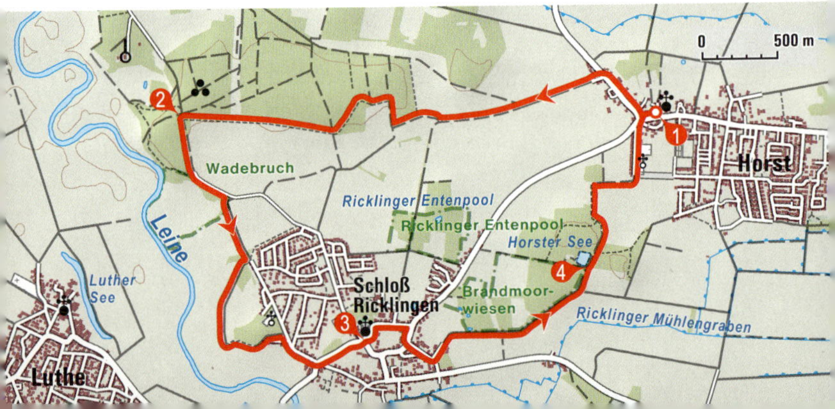

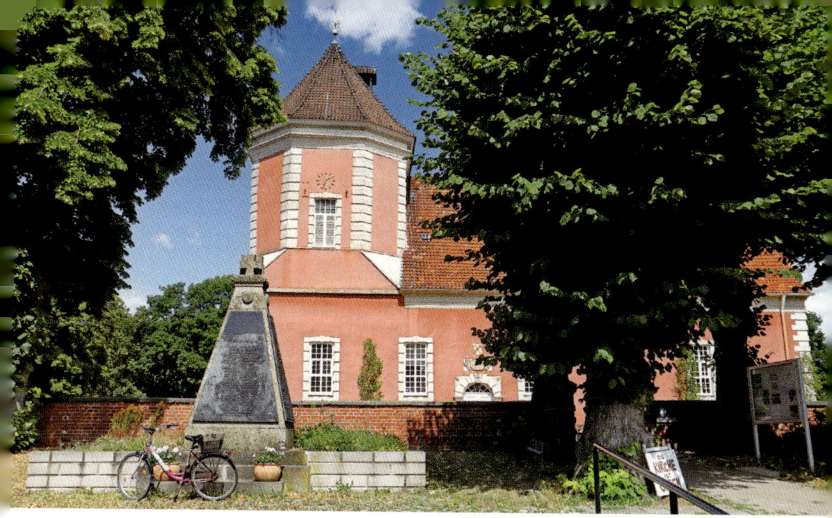

Sehenswert: die Kirche von Schloß Ricklingen.

ehe die Spur vorübergehend ins Gehölz eintaucht (leicht zu übersehen). Man kommt aber ohnehin rasch wieder zurück zum Waldrand der Rettmer Berge, ignoriert hier die größere Trasse und folgt dem Grasweg etwa einen Kilometer streng nach Westen bis zu einer T-Kreuzung ❷. Hier links, also südwärts, und damit zu einem Wanderparkplatz. Von der Zufahrt zweigen wir alsbald nach rechts ab und nähern uns der Ortslage von Schloß Ricklingen. Im Prinzip könnte man gleich komplett durch den *Lönsweg* laufen, doch ergibt sich nach rechts eine nette Passage außerhalb, sogar mit einem kurzen Schleichpfad an einem Gehölz entlang. Damit zurück in den *Lönsweg*, dann links in die *Karl-Prendel-Straße* und an der hübschen Barockkirche von **Schloß Ricklingen** ❸ vorbei. Über die Straßen *Am Born* und *Kiebitzmoor* verlassen wir die Ortschaft wieder, folgen ein Weilchen einem asphaltierten Flurweg und dann dem Linksabzweig zum etwas versteckten **Horster See** ❹. Es schließen sich ein Pfadabschnitt sowie ein Grasweg an, womit wir zurück nach **Horst** ❶ gelangen, und zwar via *Am Kahlen Berg* in die *Andreaesstraße*.

Am Horster See lassen wir die Seele baumeln.

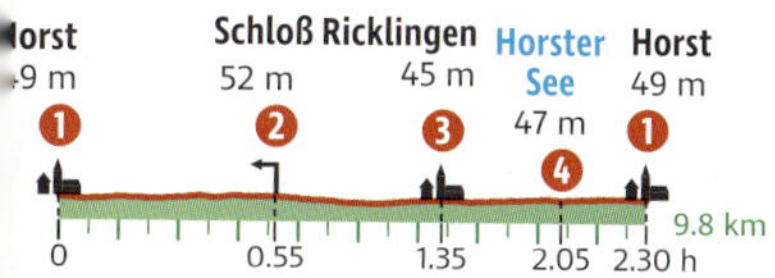

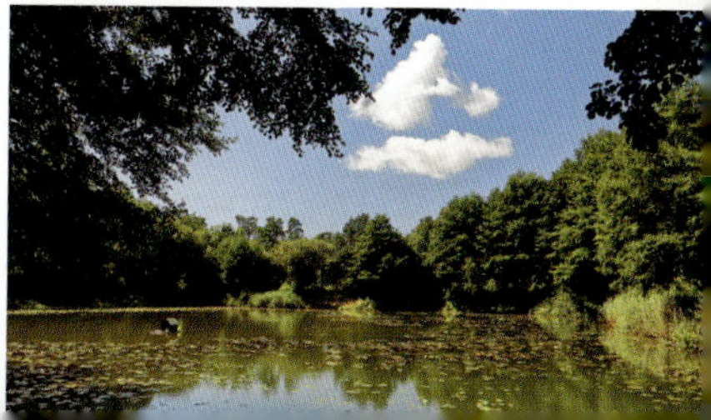

↗ <100 m | ↘ <100 m | 16.6 km

37 Rund um Garbsen

4.00 h

Die Leineaue bei Marienwerder sowie drei stattliche Seen

Diese Wanderung führt uns in die naturnahen Bereiche rund um Garbsen, das zwar eng mit der Landeshauptstadt verbunden ist, kommunalpolitisch allerdings eine eigenständige Stadt unmittelbar nordwestlich von Hannover bildet. Vom Klosterort Marienwerder aus begeben wir uns durch den bereits im 18. Jahrhundert angelegten Hinüberschen Garten in die Leineaue mit ihren artenreichen Wiesen und Weiden, tangieren dabei Seelze und wechseln später auf die Nordseite des Mittellandkanals. In der zweiten Hälfte der Tour stehen gleich drei besuchenswerte Seen auf dem Programm. Der Blaue See entstand aus einem Sandabbaugebiet am Rande der »Garbsener Schweiz«, wie die Endmoränenlandschaft hier zuweilen genannt wird; Berenbosteler und Schwarzer See sind ehemalige Tongruben. Während der Erstgenannte heute vor allem der sportiven Freizeitgestaltung dient, locken die beiden anderen zahlreiche Spaziergänger und Wanderer zur Entspannung in der Natur. Längere Abschnitte dieser Tour verlaufen in Landschafts- oder Naturschutzgebieten, die in Garbsen einen erheblichen Flächenanteil ausmachen.

Drei-Seen-Tour: Blauer (unten), Berenbosteler (oben rechts) und Schwarzer See (unten rechts).

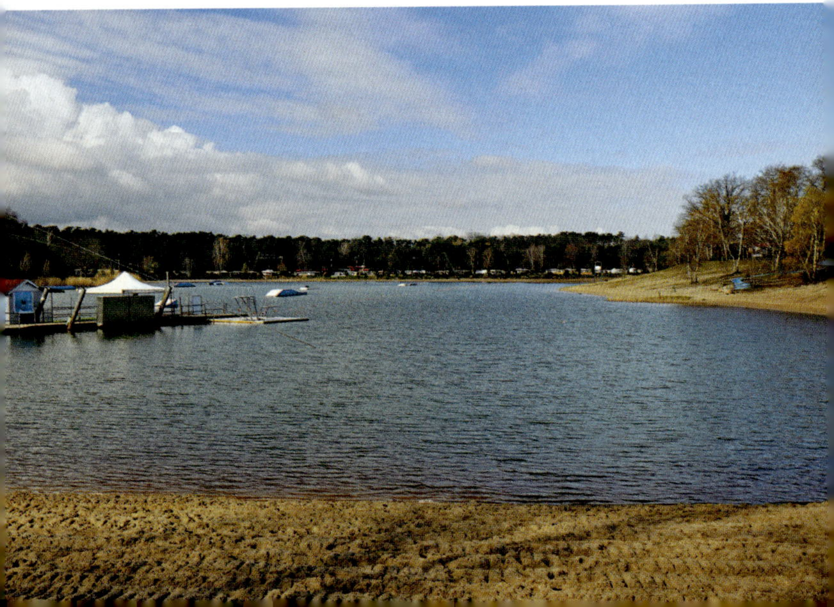

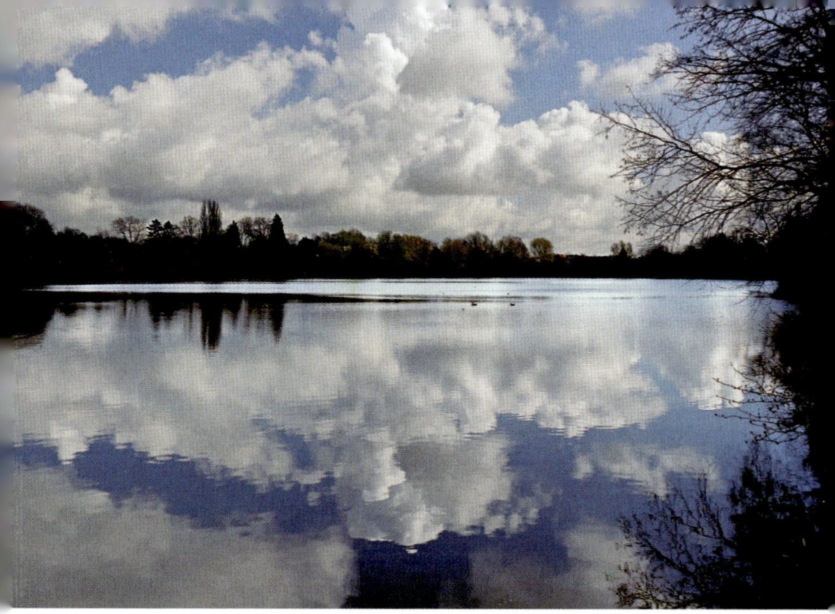

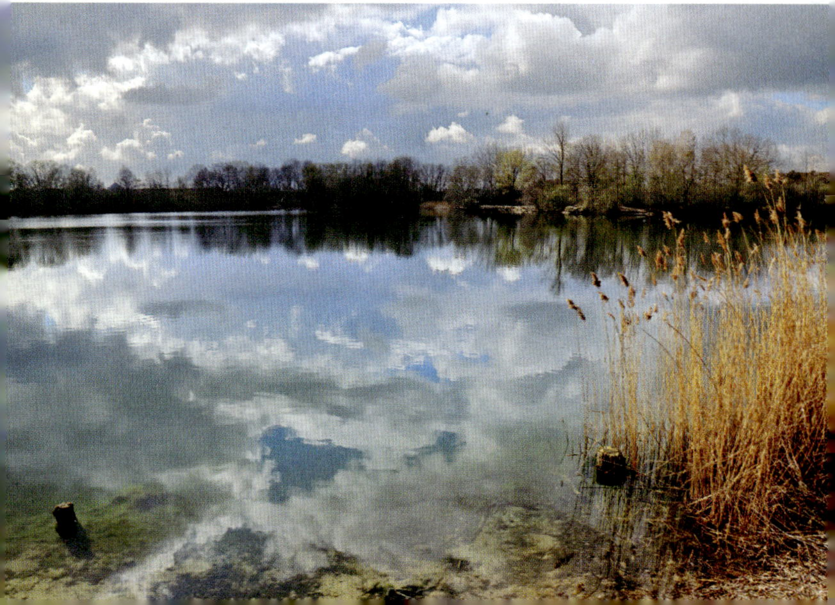

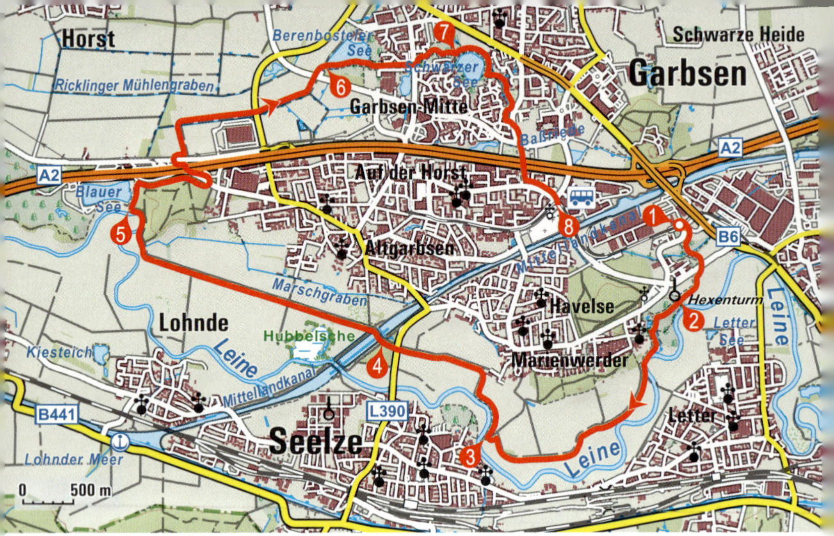

Ausgangspunkt: Wissenschaftspark Marienwerder, ca. 51 m, Haltestelle der Stadtbahnlinie 4 Richtung Garbsen.
Endpunkt: Schönebecker Allee, ca. 55 m, ebenfalls an der Stadtbahnlinie 4.
Anforderungen: Mehrheitlich Feldwege mit Naturbelag, abschnittsweise auch mit Hartbelag, ein paarmal parkähnliches Gelände. Ausgeschildert sind meist nur Radstrecken; bei entsprechender Aufmerksamkeit an Richtungswechseln ist die Route aber recht gut zu finden. Etwas überdurchschnittliche Marschdistanz.
Einkehr: Waldkauz (an der Garbsener Landstraße); Bürgerstuben und Hoch-Saison Bier- und Weingarten (in Seelze); Restaurants am Blauen See; Pizza Sunflower und Autobahnraststätte Garbsen; Landhaus am See und weitere direkt in Garbsen.
Variante: Kleinere Varianten sind insbesondere zwischen Marienwerder und Seelze sowie im Bereich der Garbsener Berge praktikabel.

Von der Haltestelle **Wissenschaftspark Marienwerder** ❶ begeben wir uns in die *Hollerithallee* und durchqueren nach wenigen Minuten den Landschaftspark hinüber zur *Garbsener Landstraße*. Leicht nach rechts versetzt geht es weiter zum **Hexenturm** ❷, der bereits als Ruine errichtet wurde und insofern eher ein »Kunstwerk« darstellt. Damit sind wir nun in den **Hinüberschen Garten** eingetreten, passieren dort einen hübschen Ententeich sowie – mit etwas Abstand – die Klosterkirche Marienwerder. Dahinter wandern wir in die offene Leineaue hinein und wählen den Feldweg, der stets mehr oder weniger deutlich rechts vom Fluss bleibt und von einem kleinen Damm begleitet wird. Bei **Seelze** halten wir uns bis unmittelbar vor die Leinebrücke, bleiben aber weiterhin diesseits und biegen somit scharf rechts ab ❸. Ein Naturweg führt ein Stück weit am Fluss entlang und rückt dann zwischen Feldern davon ab. Wir lassen **Havelse** knapp rechts liegen, steuern mit einem Linksknick die *Garbsener Landstraße (L390)* und gleich dahinter den **Mittellandkanal** ❹ an. Dieser wird erstaunlicherweise nicht überschritten, sondern unterquert! Man kann auch kurz zum Uferweg aufsteigen, um zu schauen, ob vielleicht just ein Schiff vorbeifährt.

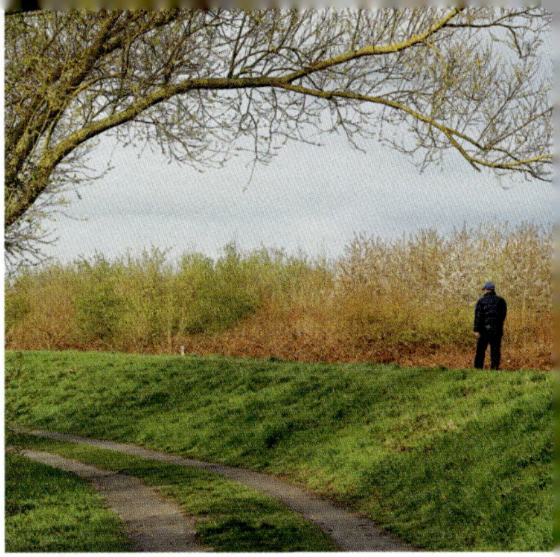

Am Weg Richtung Seelze.

Anschließend steht eine zweieinhalb Kilometer lange »Durststrecke« auf schnurgeradem, asphaltiertem Flurweg bevor. Mit einem Rechtsknick wird es augenblicklich wieder idyllischer, zumal man jetzt eine schöne Schleife der Leine tangiert. Damit kommen wir zum Freizeitareal am **Blauen See** ❺ voran – mit Wassersportmöglichkeiten, Badestrand, Campingplatz und Restaurants. Wer dieses nicht direkt durchqueren möchte (in der Saison kostenpflichtig), kann es auch außerhalb über die bewaldeten Hügelchen der »Garbsener Berge« östlich davon passieren. Sandige Pfade zeigen, dass es sich um eine alte Endmoräne handelt. Parallel zur Seezufahrt bringt uns einer der Pfade Richtung Autobahn-Raststätte Garbsen an der *A2*. Hier gilt es jetzt auf die andere Seite zu wechseln (Unterführung). In der *Burgstraße* wenden wir uns nach rechts und gleich darauf nach links in den nächsten Feldweg. Nach einem abermaligen Rechtsknick begleiten wir den Moorwinkelgraben ostwärts, kreuzen die *Gutenbergstraße* sowie später die *Meyenfelder Straße* und gelangen damit zum stattlichen **Berenbosteler See** ❻. Man wandert südseitig daran vorbei, setzt die Tour im *Kastendamm* fort und wählt dann am besten leicht links ausbiegend die schönen Spazierwege im Stadtpark Garbsen (mit Baumlehrweg). Der **Schwarze See** ❼ lässt sich je nach Gusto links oder rechts umkurven. An der Südostseite scheren wir jedoch vom Uferweg aus, können weiterhin Fuß- und Radwegen folgen, kreuzen mit der *Walter-Koch-Straße* die *Havelser Straße* und gehen damit auch über die *A2* hinweg (*Baßriede*). Im Garbsener Stadtteil *Auf der Horst* endet die Tour bei der Stadtbahn-Haltestelle **Schönebecker Allee** ❽.

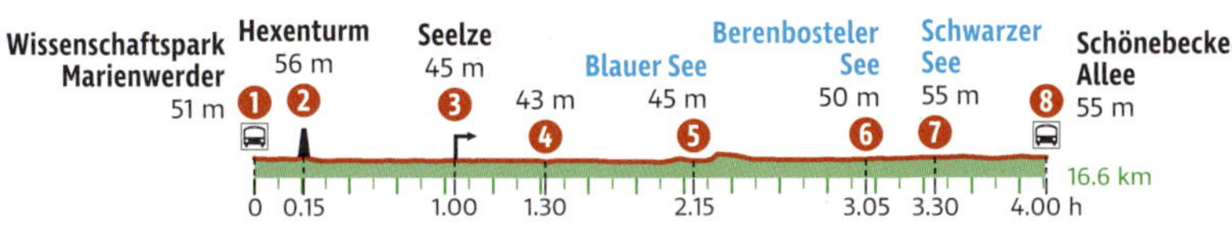

↗ 300 m | ↘ 260 m | 19.3 km

38 Von Linden über den Benther Berg nach Wennigsen

5.00 h

Auf dem Kansteinweg ins Vorland des Deisters

Mit 173 Metern Höhe und relativ überschaubarer Ausdehnung ist der Benther Berg zwar kein sonderlich eindrucksvoller Höhenzug, überragt seine überwiegend flache Umgebung im Calenberger Land aber doch merklich. Die Laubmischwälder ziehen regelmäßig Erholungssuchende an. Auch der Kansteinweg überschreitet den Benther Berg, nachdem er zuvor die Gegend um den Lindener Berg und im Südwesten Hannovers den Stadtteil Badenstedt durchquert hat. Wir weichen allerdings zwischenzeitlich von der Originalroute ab und wandern ein gutes Stück entlang der Fösse mehr im Grünen. Im weiteren Verlauf sind wir auch noch am Gehrdener Berg unterwegs und kommen damit ins Vorfeld des Deisters, wo die Tour logistisch günstig in Wennigsen enden soll. Sie ist schon eher für Ausdauernde gedacht, kann aber auch gut in Teilbereichen unternommen werden.

Ausgangspunkt: Lindener Markt, ca. 55 m, Haltestelle der Stadtbahnlinie 9.
Endpunkt: Bahnhof Wennigsen, ca. 97 m. Mit der S1 über Weetzen zurück nach Hannover Hbf.
Anforderungen: Überall gute Wege, oft befestigt und überwiegend radtauglich, aber verhältnismäßig wenig Hartbelag. Am Benther Berg und Burgberg Pfadabschnitte. Die Orientierung gelingt gut mit dem regelmäßig angebrachten Symbol des Kansteinweges (weißes Dreieck auf schwarzem Grund). Auch die davon abweichende Strecke an der Fösse ist leicht zu finden. Aufgrund der Länge Ausdauer erforderlich.

Küchengarten-Pavillon am Lindener Berg.

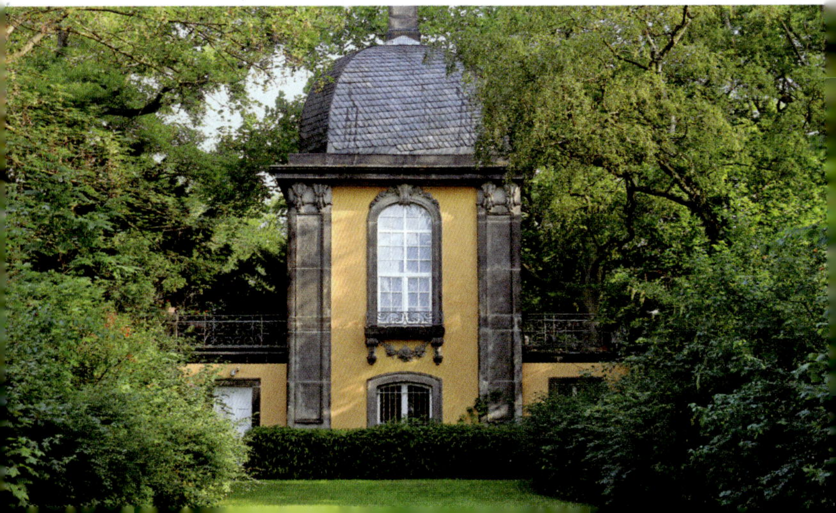

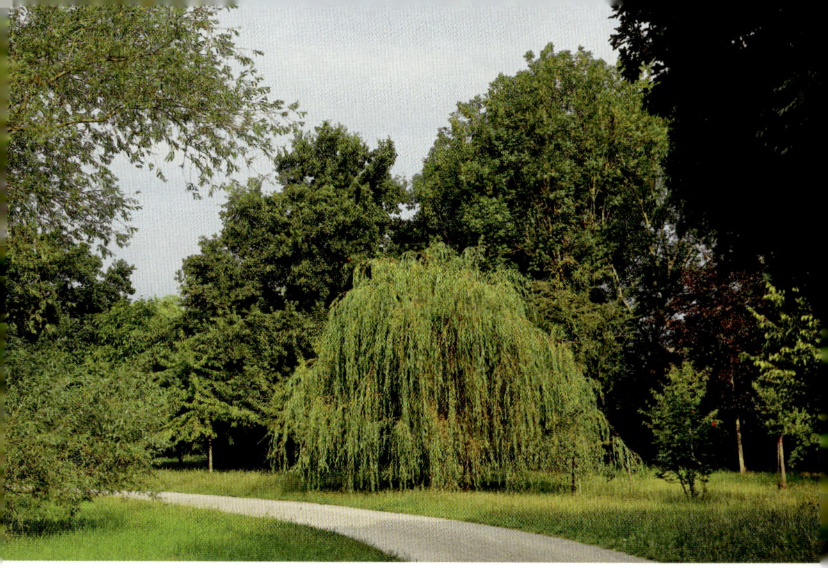

Im Bereich der Fösse bei Badenstedt wandern wir im Grünen.

Einkehr: Im Bereich Lindener Markt (u.a. Restaurant Parga); Biergarten Lindener Turm; Ganesha (Am Ihlpohl); Badenstedter Sportclub; Hotel Benther Berg; Restaurant Ambiente am Friedhof Gehrden; Berggasthaus Niedersachsen am Gehrdener Berg; Gaststätte Möllerburg an der Bönnigser Str. bei Wennigsen; Da Angelo und Hotel Calenberger Hof (beide in Bahnhofsnähe).

Varianten: 1. In der Petermannstraße weiter dem Kansteinweg folgend auf etwas kürzerer Linie quer durch Badenstedt.
2. Der Startpunkt der Tour könnte auch an die Haltestelle »Am Soltekampe« (Linie 9) verlegt werden.
3. Der Burgberg wird vom originalen Kansteinweg auf der Westseite traversiert.

Vom **Lindener Markt** ❶ gelangen wir durch die *Niemeyerstraße* in wenigen Minuten zum Von-Alten-Garten. Nach dessen Durchquerung rechts haltend an einem Spielpark vorbei und *Am Lindener Berge* etwas aufwärts. Der Markierung des Kansteinweges folgend passieren wir den Hochbehälter sowie den Lindener Turm (Biergarten) und tangieren den Lindener

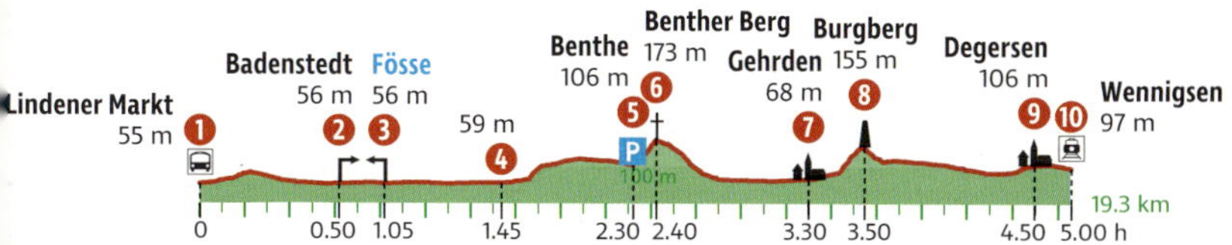

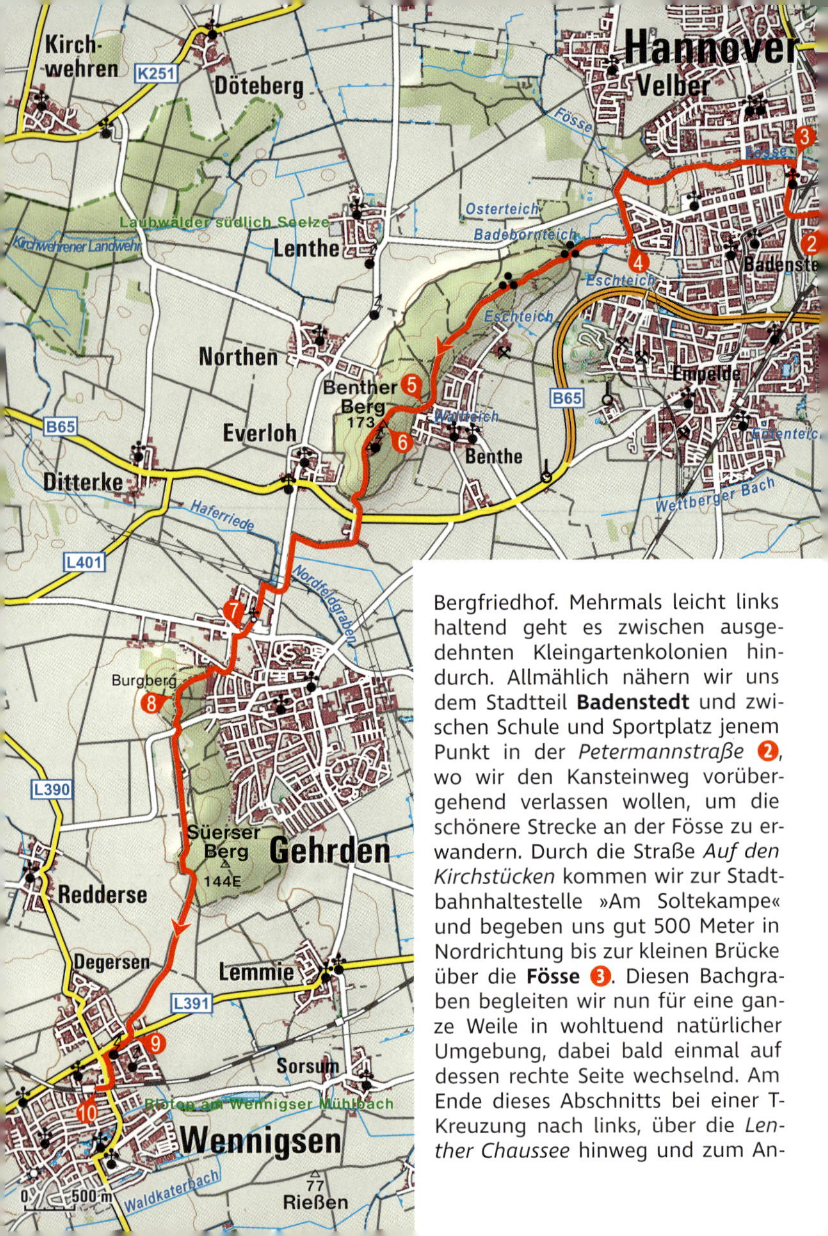

Bergfriedhof. Mehrmals leicht links haltend geht es zwischen ausgedehnten Kleingartenkolonien hindurch. Allmählich nähern wir uns dem Stadtteil **Badenstedt** und zwischen Schule und Sportplatz jenem Punkt in der *Petermannstraße* **2**, wo wir den Kansteinweg vorübergehend verlassen wollen, um die schönere Strecke an der Fösse zu erwandern. Durch die Straße *Auf den Kirchstücken* kommen wir zur Stadtbahnhaltestelle »Am Soltekampe« und begeben uns gut 500 Meter in Nordrichtung bis zur kleinen Brücke über die **Fösse** **3**. Diesen Bachgraben begleiten wir nun für eine ganze Weile in wohltuend natürlicher Umgebung, dabei bald einmal auf dessen rechte Seite wechselnd. Am Ende dieses Abschnitts bei einer T-Kreuzung nach links, über die *Lenther Chaussee* hinweg und zum An-

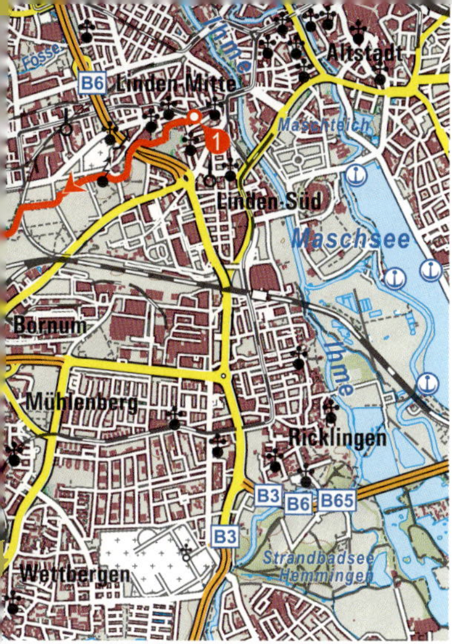

schluss an den Kansteinweg ganz im Westen von **Badenstedt** ❹, im *Albrecht-Schaeffer-Weg*.
Am eingezäunten Badebornteich vorbei geht es jetzt gegen den Benther Berg hinan. Mit einer kurzen, aber nennenswerten Steigung tauchen wir ins Waldgebiet ein, das etliche – vermutlich bronzezeitliche – Hügelgräber birgt und auf erholsamen Wegen durchquert wird. Später tangiert man die Ortschaft **Benthe** bis zu einem Wanderparkplatz ❺ und bewältigt für zehn Minuten das kräftigste Bergauf zum höchsten Punkt der Tour am **Benther Berg** ❻, 173 m. Urwüchsige Pfadabschnitte führen dann wieder abwärts zum südwestlichen Fuß des Waldrückens. Hier beachten wir den scharfen Linksknick, kreuzen vom *Berggarten* kommend die *B65* (Vorsicht!) und passieren das Rittergut Erichshof. Rechts abdrehend leitet der Flurweg zur Verbindungsstraße zwischen Everloh und Gehrden, das als Nächstes angesteuert wird. Hinter einem Weiher scheren wir aber bei einem landwirtschaftlichen Gebäude rechts aus. Dann gleich wieder links und zum Friedhof von **Gehrden**, der sich in Ortsrandlage neben einem Gewerbegebiet befindet.
An der *Levester Straße* ❼ nach rechts und bei nächster Gelegenheit *Am Spehrteich* links hoch zum *Knülweg*. Der Waldhügel des **Burgbergs** ❽ kann nun wahlweise überschritten oder – mit dem Kansteinweg – rechts umgangen werden, wobei der Aussichtsturm nur an manchen Sonntagen geöffnet ist. Kurz nach der Zusammenführung der Varianten geht es an der *Großen Bergstraße* ein paar Schritte rechts versetzt weiter. Ein Waldrandweg eröffnet jetzt Blicke zum Deister und führt am Berggasthaus Niedersachsen (mit Parkanlage) vorbei. Später nähern wir uns in gänzlich offener Feldflur der Ortschaft **Degersen** ❾. Dort zur *Bönnigser Straße* hin und gegenüber der Gaststätte Möllerburg (Ampelkreuzung) links nach **Wennigsen** hinein. In Kürze erreichen wir mit einem letzten Rechtsabzweig den Bahnhof ❿).

Entlang der Kornfelder nähern wir uns der Ortschaft Degersen.

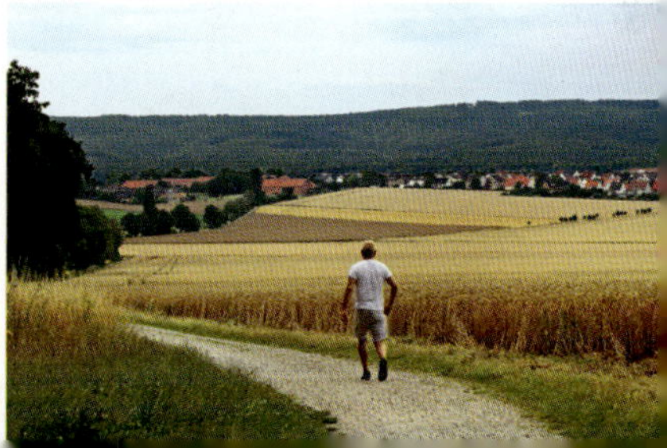

↗ 100 m | ↘ 100 m | 8.8 km

39 Rund um den Benther Berg

2.20 h

Genusswanderung in der Calenberger Lössbörde

Leicht erhöht zeigt sich der bewaldete Benther Berg am südwestlichen Stadtrand von Hannover – eine kompakte, aber wertvolle Naturoase in der fruchtbaren, stark landwirtschaftlich geprägten Calenberger Lössbörde. Beliebt ist die Umrundung des Benther Bergs auch bei Radlern und Joggern – für uns stellt sie eine wenig fordernde Genusswanderung dar, zumal sich der Begriff »Genuss« bei einer Handvoll Einkehrmöglichkeiten durchaus auch auf das leibliche Wohl beziehen lässt. Da wir uns überwiegend direkt am Waldrand bewegen, sind freie Ausblicke fast permanent.

Ausgangspunkt: Benthe, ca. 87 m. Bushaltestelle »Am Steinweg« (Linie 560 von Empelde, Anschluss vom Endpunkt der Stadtbahnlinie 9). Mit Pkw startet man etwas höher beim Parkplatz »Benther Berg« in der Vogelsangstraße.
Anforderungen: Bequeme Waldrandwege, nur auf kurzem Stück mal Hartbelag. Sowohl orientierungsmäßig als auch konditionell leichte Tour.

Einkehr: Café benthe.mitte; Hotel Benther Berg; Bergschänke; Sportheim Northen-Lenthe; Waldwinkel.
Variante: Es gibt zahlreiche Wege und Pfade innerhalb des Waldgebiets am Benther Berg, die für Varianten infrage kommen. Streckenweise führt wenige Meter neben dem Hauptweg auch ein paralleler Pfad durchs Gehölz. Zur Überschreitung siehe Tour 38.

Vom Waldrand schweift der Blick bis zum Deister.

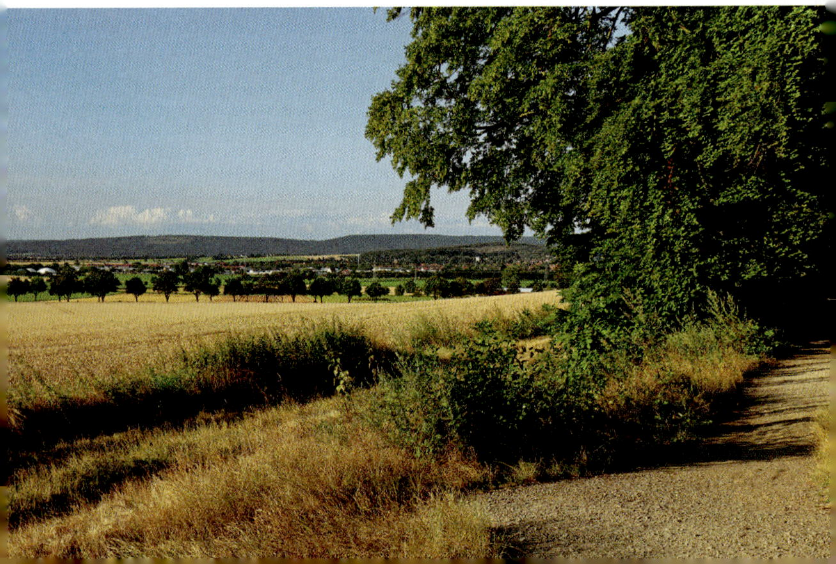

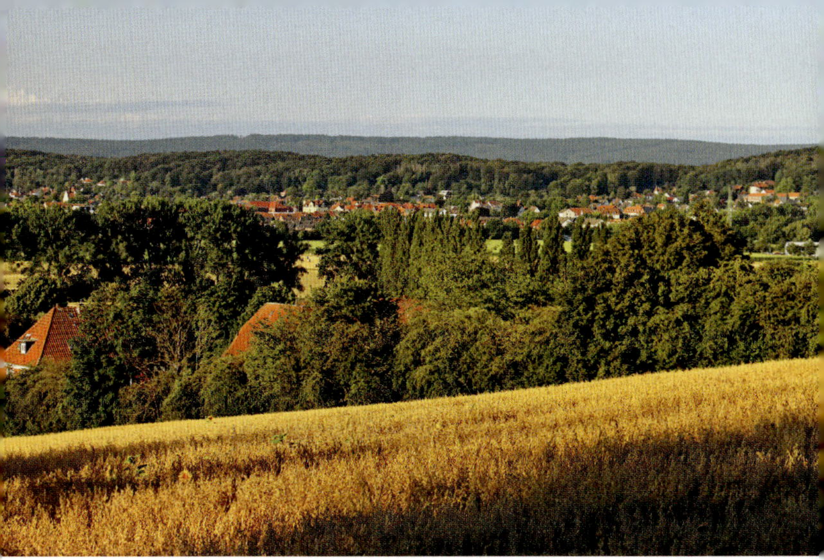

Eine Tour im Herzen des Calenberger Landes.

In **Benthe** ❶ orientieren wir uns in die *Vogelsangstraße* und erreichen beim Hotel Benther Berg den Waldrand, der nun quasi stets die Leitlinie bildet. Bei einer Begehung im Uhrzeigersinn holen wir zunächst gen Süden aus und kommen nach einem Bogen zum oberen Rand des Dorfes **Everloh** ❷. Nun in Grundrichtung Nord an den Feldern entlang. Wir wandern zur **Bergschänke** ❸ bei **Northen**, dessen Ortslage knapp links liegen gelassen wird. Wenig später ergibt sich mit kurzem Abstecher zur Sportanlage eine weitere Möglichkeit zur Einkehr. Noch eine Weile geht es wie gewohnt direkt am Saum des Waldes entlang, ehe wir im nordöstlichen Teil kurzzeitig mal darin eintauchen. Damit kommt man zum äußersten Eck ❹ unweit des eingezäunten Badebornteiches und nimmt nun den gepflasterten Weg an der Südostflanke auf. Im Blick befindet sich der »Waldberg Empelde« (Halden des ehemaligen Kaliwerks).

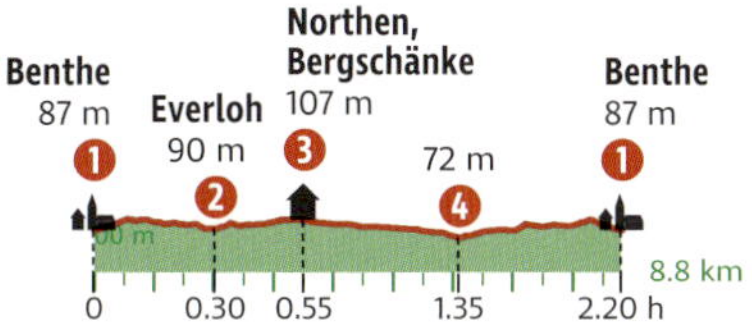

Sonnenblumen recken ihre Köpfe dem Licht entgegen.

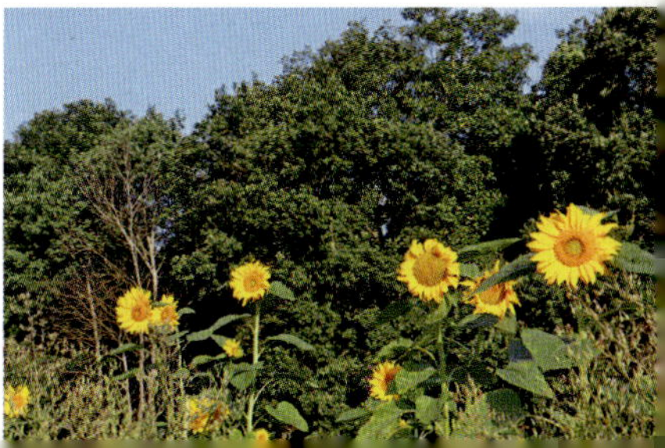

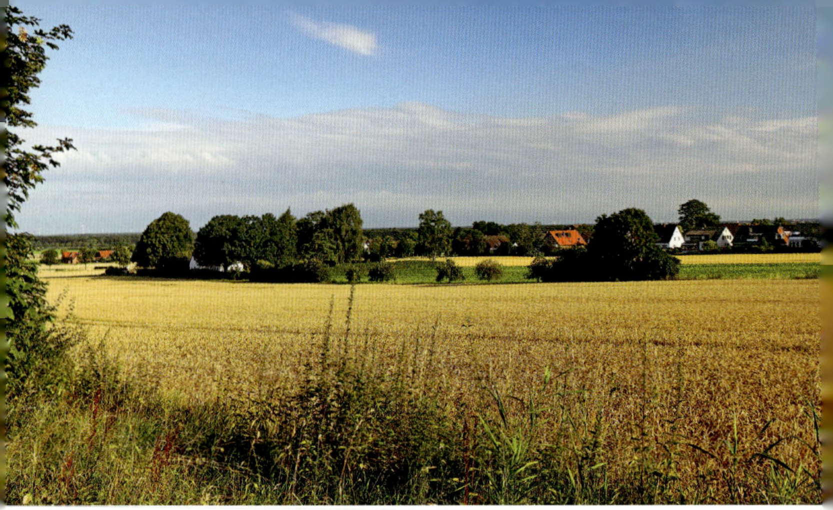

Die Kornfelder der Calenberger Lössbörde umgeben den Benther Berg, hier bei Northen.

Wir passieren das idyllische Café Waldwinkel und biegen etwa 350 Meter dahinter nach rechts auf einen Grasweg ab (zumal es geradeaus alsbald in die Siedlung ginge). Somit steht uns noch ein Abschnitt auf lauschigem Waldpfad bevor. Dieser läuft Richtung Hotel Benther Berg aus; 400 Meter weiter liegt die Bushaltestelle in **Benthe** ❶.

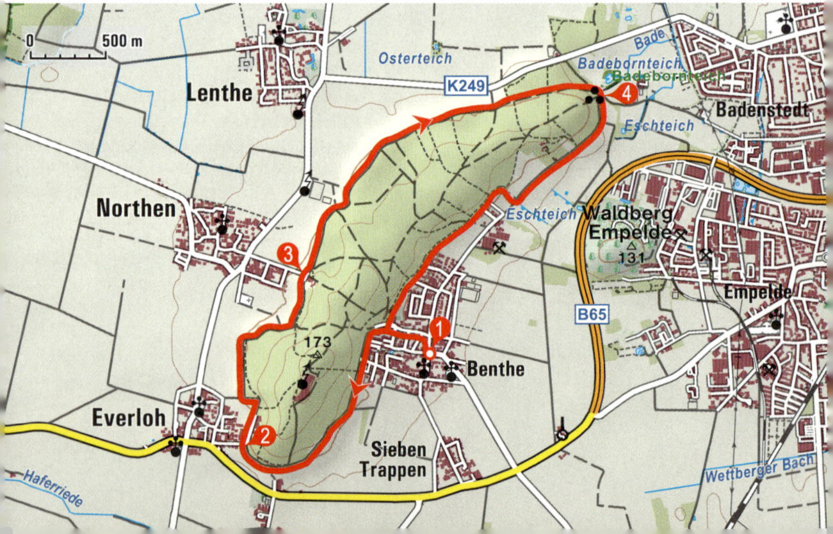

↗ 380 m | ↘ 380 m | 15.2 km

4.00 h

Von Barsinghausen zum Nordmannsturm

Populärer Aussichtspunkt am Deisterkamm

Die Zugänge hinauf zur Kammroute am Deister sind zahlreich, allein von Barsinghausen aus steht eine ganze Handvoll Alternativen zur Auswahl. Wir wählen jene durchs Bullerbachtal und haben oben am Kammweg noch rund viereinhalb Kilometer bis zum eigentlichen Ziel, dem Nordmannsturm, vor uns. Nur dort erhascht man veritable Fernblicke (vorzugsweise in westlicher Richtung zum Süntel), denn ansonsten zeigt sich der Deister weithin mit dichten Buchenmischwäldern bestanden.

Ausgangspunkt: Bahnhof Barsinghausen, ca. 100 m, an der S1 von Hannover nach Haste. Zudem etliche Buslinien in der Deisterregion.
Anforderungen: Überwiegend leicht begehbare Forst- und Waldwege, bis zum Deisterkamm mit merklicher Steigung. Von der Länge her durchschnittliche Tour, problemlos zu finden.

Einkehr: Waldgaststätte Nordmannsturm (10–18 Uhr, Mo Ruhetag); diverse Möglichkeiten in Barsinghausen, speziell rund um die Marktstraße.
Varianten: Von Barsinghausen führen außerdem die Königsallee, der Rücken zum Großen Hals sowie die Route durchs Fuchsbachtal zum Kammweg hinauf.

Vom Bahnhof **Barsinghausen** ❶ gelangen wir via *Deisterplatz* und *Bahnhofstraße* rechts in die *Marktstraße* und weiter durch die *Bergstraße* in die *Bullerbachstraße*, die schließlich in einen Forstweg übergeht. Nach einer

Die versteckt liegende »Alte Taufe« gibt Historikern Rätsel auf.

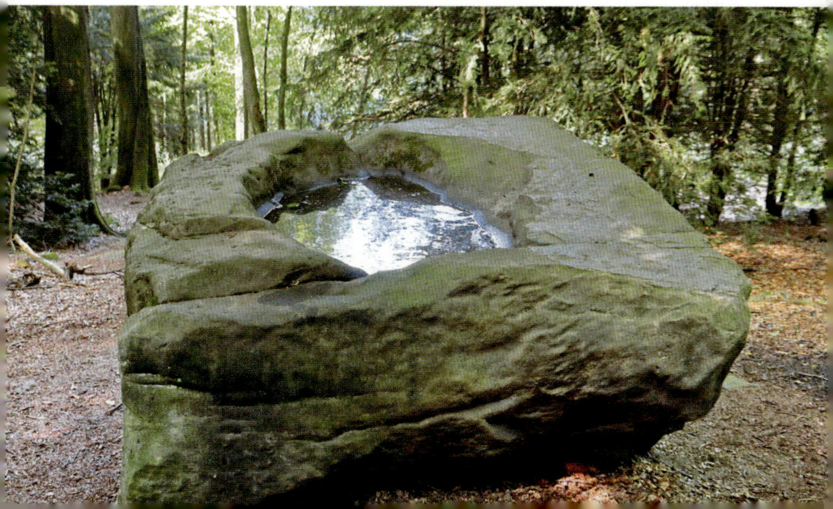

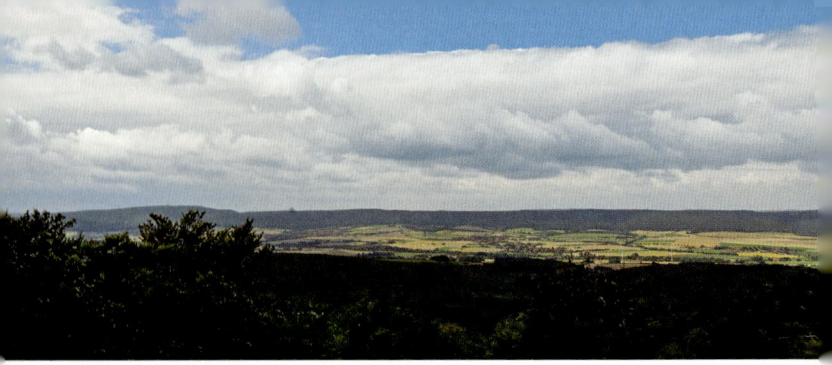

Blick vom Nordmannsturm zum südwestlich gelegenen Süntel.

Linkskurve halten wir uns bei einer Gabelung rechts leicht abwärts und kommen damit in die Sohle des **Bullerbachtals** ❷, wo wiederum ein gewöhnlicher Forstweg verläuft (wenige Schritte nach rechts zweigt übrigens die Königsallee ab). Wir sollten ruhig die weniger bekannte Route durchs Bullerbachtal wählen – nebenan befinden sich einige Stationen des Bergbau-Lehrpfades, etwa mit dem Ministerstollen (kurzer Abstecher). Weiter oben zieht unser Weg merklich steiler an, vollzieht eine markante Rechtskehre und flacht dann ab. Erst mit diesem Schlenker schließen wir zum Deisterkammweg auf, der bei der **Kreuzbuche** ❸, ca. 320 m, erreicht wird. In Grundrichtung Südost geht es am Großen Hals an einem riesigen Sendeturm vorbei, ehe im weiteren Verlauf ein Hinweis auf die **Alte Taufe** ❹ neugierig macht. Der große Felsblock mit der rätselhaften Vertiefung liegt wenige Meter abseits der Hauptroute im Wald. Höchstens eine halbe Stunde ist es von dort noch bis zum **Nordmannsturm** ❺, 382 m, der bei geöffneter Gaststätte bestiegen werden kann.

Ziel der Wanderung ist der Nordmannsturm auf dem Deisterkamm.

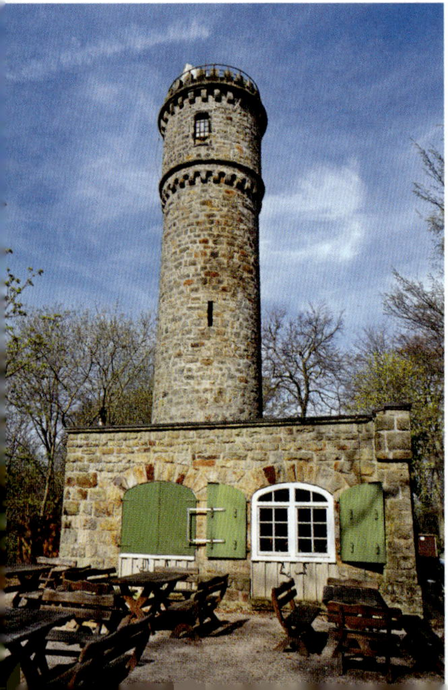

Anschließend ca. 500 Meter zurück und mit dem Hinweis nach Barsinghausen rechts abzweigend. Ein

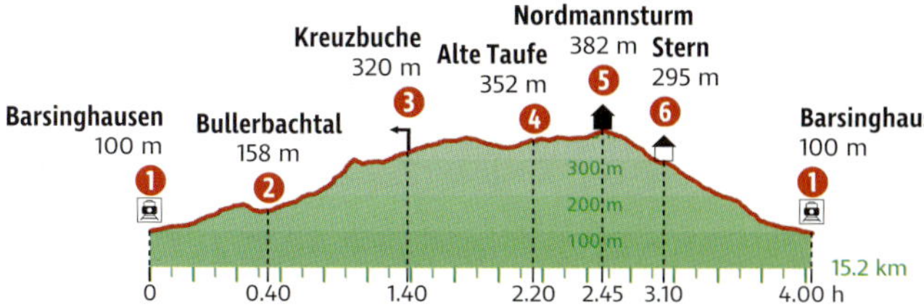

angenehmes Gefälle bringt uns zur Unterstandshütte am **Stern** 6. Kurz darauf links und anhaltend bergab zur Einmündung in eine Forststraße mit Hartbelag. Wo diese hinter dem historischen Hochbehälter rechts abdreht, gehen wir geradeaus und beim Brauns-Denkmal dann am besten links. Damit auf kleinerem Waldweg hinunter ins Stadtgebiet, am Kloster rechts vorbei in die *Marktstraße* und zuletzt wie bekannt zurück zum Bahnhof **Barsinghausen** 1.

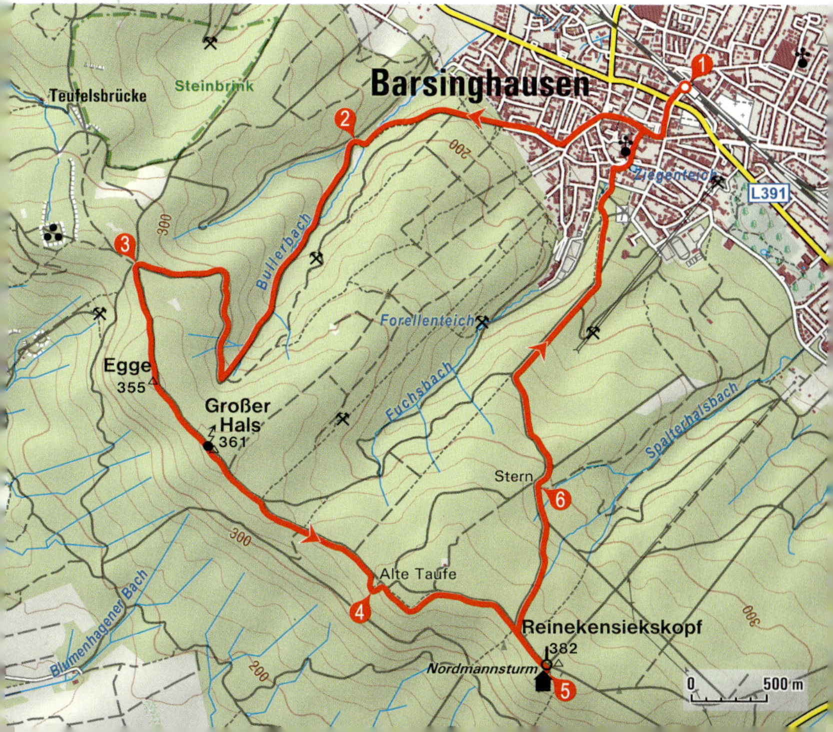

TOP

↗ 300 m | ↘ 320 m | 13.5 km

41 Am Deisterrand von Egestorf nach Bantorf

3.30 h

Schlemmertour am Calenberger Weg

Im Einzugsbereich der Stadt Barsinghausen wird der Nördliche Deister eifrig erwandert. Mit diesem Vorschlag tauchen wir gar nicht so tief darin ein, sondern halten uns die ganze Zeit mehr im Randbereich auf. Zuweilen öffnen sich schöne Blicke übers Calenberger Land. Die besonderen Pluspunkte sind aber die abwechslungsreichen, stets angenehm zu begehenden Wege sowie die Fülle von Einkehrmöglichkeiten in rührigen Waldgaststätten. Mithilfe der Deisterbahn kann diese Tour ganz individuell zugeschnitten werden – stimmig und nicht zu lang wäre sie mit Beginn in Egestorf und Ausstieg Richtung Bantorf.

Ausgangspunkt: Bahnhof Egestorf, ca. 105 m, an der S1 bzw. S2 von Hannover nach Haste.
Endpunkt: Bahnhof Bantorf, ca. 80 m, an derselben Linie.
Anforderungen: Wechsel von schmaleren, unbefestigten und breiten, befestigten Wegen, mehrheitlich im Wald. Außer gegen Ende durchgängig und zuverlässig mit dem Symbol des Calenberg-Harz-Weges (auf dem Kopf stehendes T) markiert. Durch das häufige leichte Auf und Ab kommen ein paar Höhenmeter zusammen; konditionell aber durchschnittliche Tour.
Einkehr: Waldwirtschaft Bärenhöhle; Waldapotheke; Petit Renard und per Abstecher diverse Möglichkeiten in der Stadt Barsinghausen; Naturfreundehaus Barsinghausen; Deister Alm; Café im Schafstall und Hotel Krügers in Bantorf.
Variante: Fortsetzung auf dem Calenberger Weg bis Bad Nenndorf (vgl. Tour 42).

Magnolienblüte in Barsinghausen.

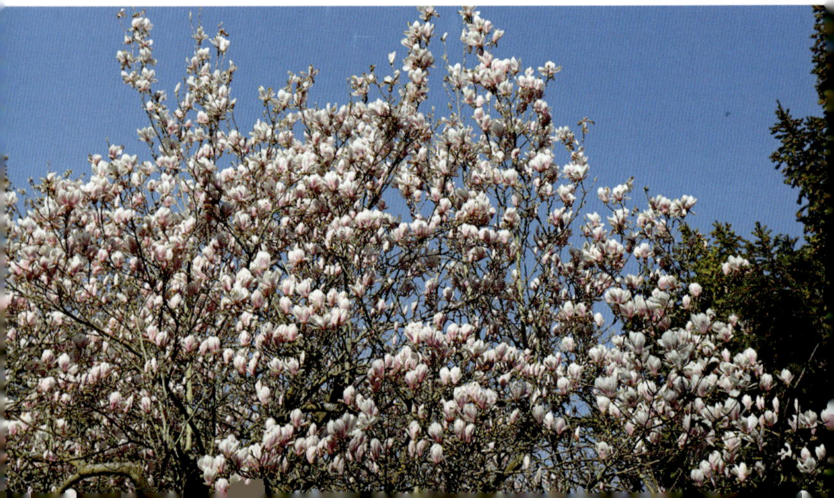

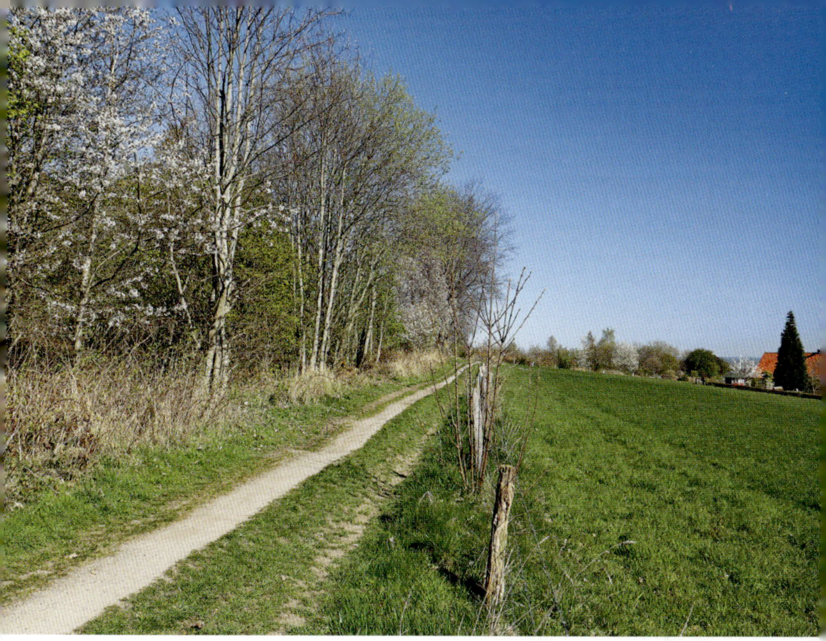

Zeitweise aussichtsreich zieht unsere Route vor dem Deister entlang.

Vom Bahnhof **Egestorf** ❶ geht es auf der Südseite der Gleise in den angrenzenden Wald, wo wir in Kürze die Markierung des Calenberger Weges aufnehmen. Die Ortschaft wird im Folgenden noch tangiert, ehe wir über die *Waldstraße* zur **»Bärenhöhle«** ❷ gelangen. Bereits 10 Minuten später passieren wir mit der **»Waldapotheke«** ❸ am Beerbeekenplatz die nächste Ausflugsgaststätte. Jetzt links haltend auf lauschigem Pfad weiter in die Nähe einer Weide sowie des Waldgartens oberhalb von Kirchdorf, wo die Route ein seichtes Tälchen durchläuft. Bei einem Forststraßendreieck setzen wir links fort, kommen später erneut auf ein etwas verschlungenes Pfadstück und nähern uns **Barsinghausen**. In der *Ludwig-Jahn-Straße* an der Freilichtbühne vorbei, über die *Deisterstraße* geradeaus hinweg und

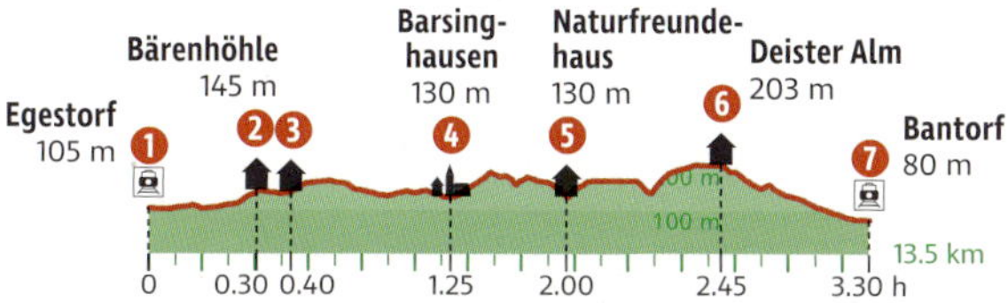

dann links aufwärts abdrehend ❹ zum *Mozartweg*. Eine Treppe stellt die Verbindung zur Zufahrt des renommierten Sporthotels Fuchsbachtal her, wo Fußballmannschaften aus aller Welt gastieren. Bei den Parkplätzen achte man gut auf den Weiterweg scharf rechts. Unser Pfad leitet zu einer langen Geraden oberhalb von Barsinghausen. Im Einschnitt des Bullerbachtals besitzt das **Naturfreundehaus** ❺ einen idyllischen Platz.
Direkt oberhalb links haltend und mit einem ausgeprägten Bogen zu einer offenen und daher sehr aussichtsreichen Wegpassage unweit der Siedlung Höhenluft. Hinter dem ehemaligen Lokal »Walhalla« muss in ähnlicher Weise ein weiteres Tälchen durchschritten werden, d.h. kurz steil ab- und wieder aufwärts. Unser Naturpfad stößt dann auf eine breite Forststraße, die uns zur rustikalen **»Deister Alm«** ❻ bringt. Auch wenn man jetzt schon Richtung Bantorf absteigen könnte, sei empfohlen, noch ein Weilchen am Calenberger Weg zu bleiben. Dieser führt neben einer Obstbaumwiese abwärts und dann rechts. Wir entdecken einen Hinweis »Schöne Aussicht« und blicken von diesem Punkt nochmals weit nach Norden hinaus. Man folgt vorteilhaft dem kleinen Pfad am Waldrand und schwenkt nach rund 500 Metern markant nach rechts. Der Feldweg zieht jetzt rasch hinein nach **Bantorf** (*Im Dorfe*). Mit den letzten Schritten *An der Königseiche* endet die Tour am Bahnhof ❼.

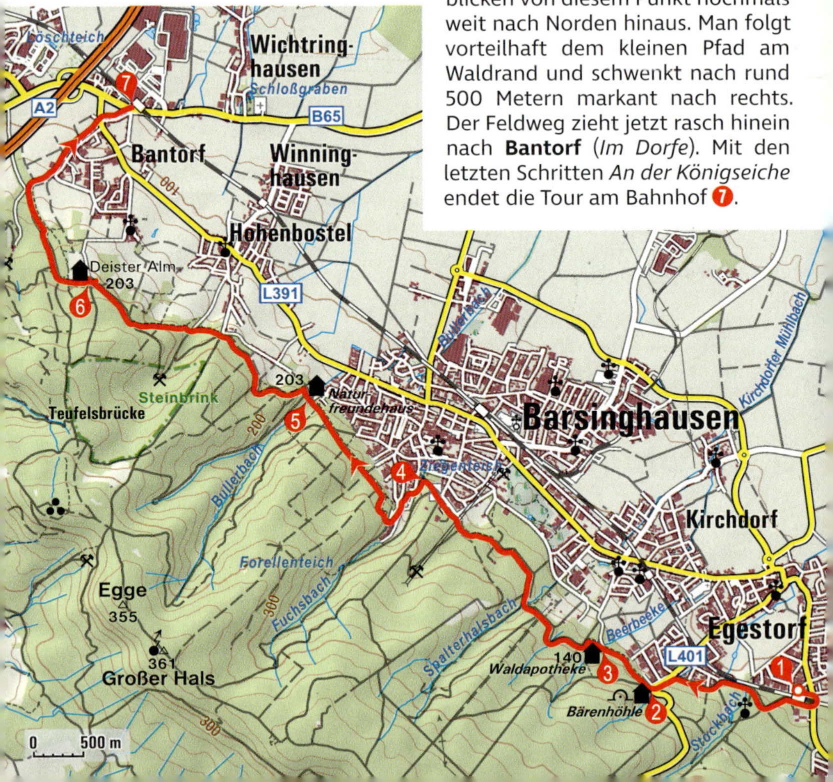

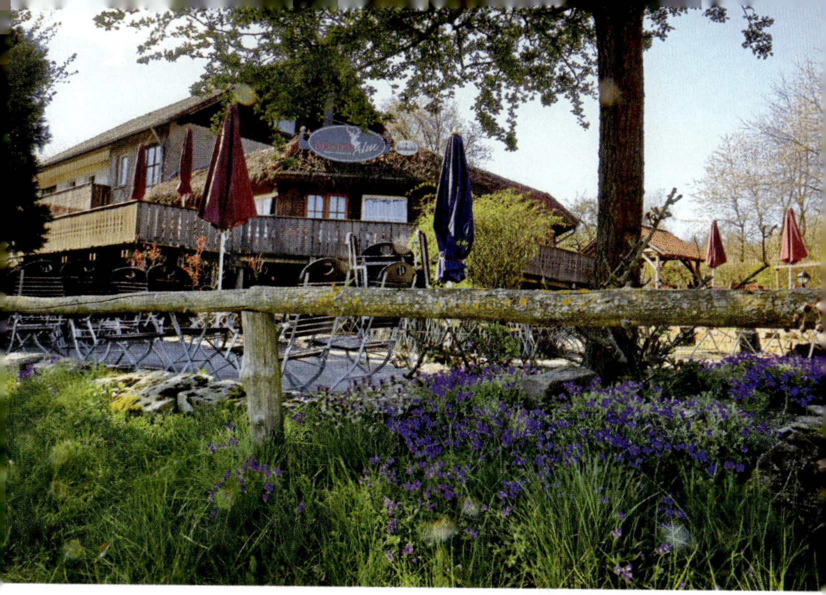

Oben: Die Deister Alm, eine beliebte Ausflugsgaststätte.
Unten: Egestorf liegt am nordöstlichen Abhang des Deisters.

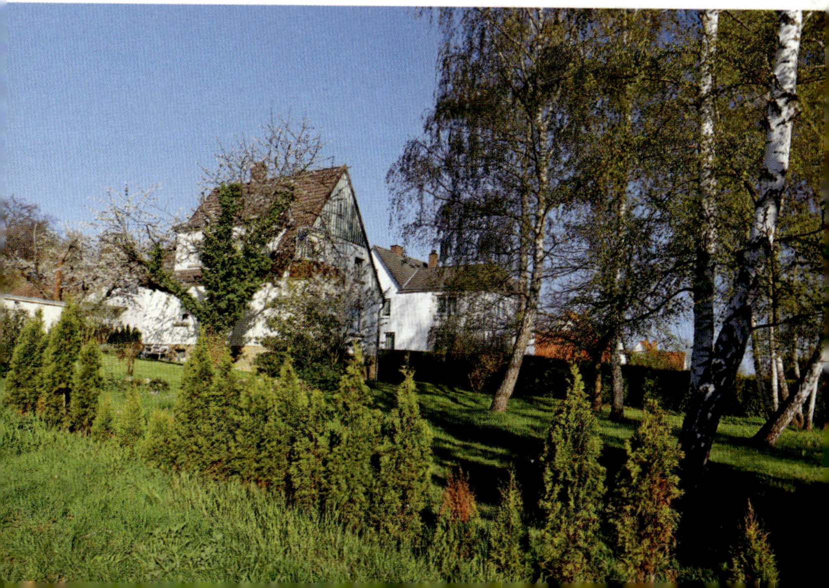

↗ 350 m | ↘ 350 m | 12.0 km

3.20 h

42 Von Bad Nenndorf in den Deister

Zur Teufelsbrücke und Mooshütte

Am nordwestlichen Ende des Deisters liegt Bad Nenndorf, das seinen Rang als Kurort den starken, heilsamen Schwefelquellen verdankt. Während im Kurpark gemächliches Flanieren angesagt ist, schwärmen die Wanderer bevorzugt in den Höhenzug aus. Eine überschaubare Rundtour führt über den Strutzturm bis zur Teufelsbrücke, wo in Waldeinsamkeit eingekehrt werden kann. Die stattliche Mooshütte empfängt uns auf dem Rückweg, den wir am Ende noch via Galenberg variieren können.

Ausgangspunkt: Bahnhof Bad Nenndorf, ca. 60 m, erreichbar mit der S1 bzw. S2 von Hannover nach Haste (Ringlinie).
Anforderungen: Überwiegend kleinere, naturbelassene Waldwege, im Nahbereich des Kurortes schöne Spazierwege. Markierungen sind zahlreich vorhanden, im dichten Netz mitunter aber auch etwas verwirrend, deshalb elementares Orientierungsvermögen angezeigt. Nicht besonders lange Tour, aber mit durchaus kräftigen Steigungen.
Einkehr: Waldgaststätte Teufelsbrücke; Mooshütte; diverse Möglichkeiten in Bad Nenndorf.
Variante: In den Deisterwäldern kann auf ein dichtes Netz an Wegen und Pfaden zurückgegriffen werden.

Vom Bahnhof in **Bad Nenndorf** ❶ bringt uns die *Bahnhofstraße* Richtung Zentrum. Dort linker Hand in den Kurpark, wo wir der Beschilderung »Deister« sowie dem Kürzel XE1 folgen. Eine besondere Attraktion ist die »Süntelbuchenallee« mit ihren knorrigen Bäumen. Nach Kreuzen der *B65* kommen wir zu den beiden Teichen im **Erlengrund** ❷ und beginnen nun das Berg-

Das ehemalige Schwefelbadehaus im Neu-Rokoko-Stil, heute ein Grandhotel.

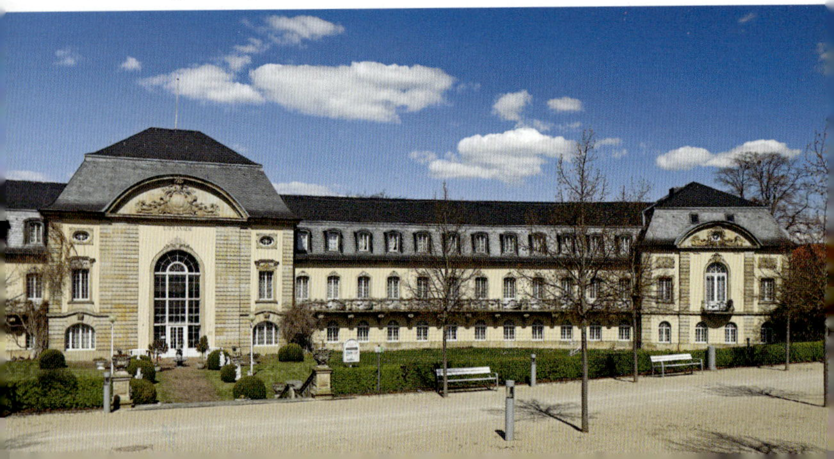

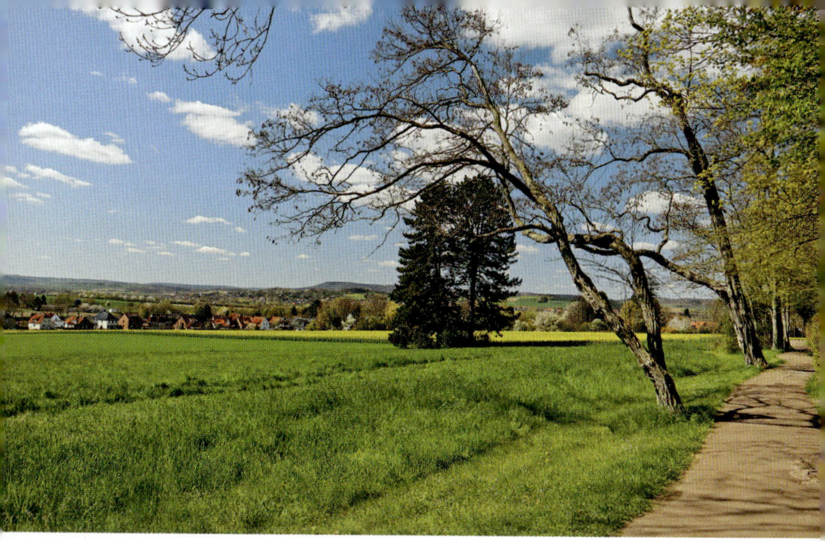

Ausblick vom Südhang des Galenbergs bei Bad Nenndorf.

auf an den äußersten Ausläufern des Deisters. Kurz nachdem die Autobahn unterquert ist, erreichen wir die **Cecilienhöhe** und wählen den Waldweg hinauf zum **Strutzturm** ❸, der leider kaum noch bis über die Baumkronen hinausreicht. Ein Holzschild verweist auf die Fortsetzung Richtung Teufelsbrücke. Wir bewegen uns jetzt an der westlichen Abdachung oberhalb von Rodenberg und drehen nach ein wenig Auf und Ab in den Einschnitt der Ackersbeke ein. Weiter oben empfängt uns die Waldgaststätte **Teufelsbrücke** ❹. Von dort mit der Markierung des E1 über eine steile, treppenartige Passage aufwärts und gen Norden fortsetzend. Hinter dem höchsten Punkt der Tour senkt sich der schöne Waldweg hinab zur **Mooshütte** ❺. Wir wandern weiter zum Waldrand, können jetzt die Cecilienhöhe

»Wegweiser« bei der Teufelsbrücke.

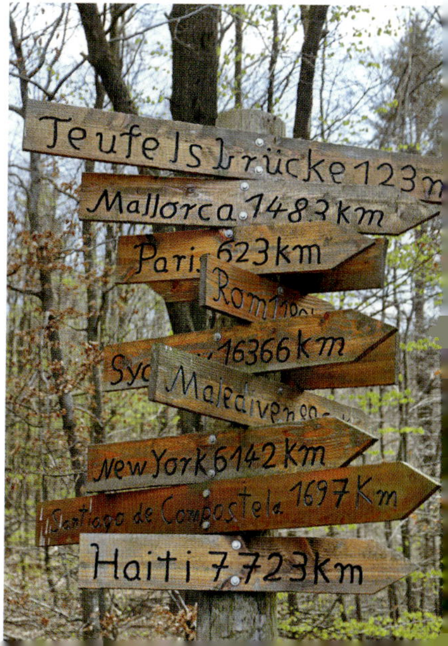

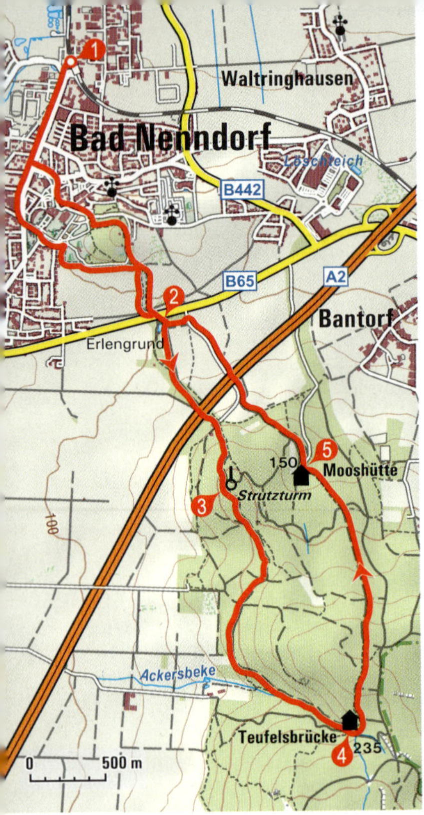

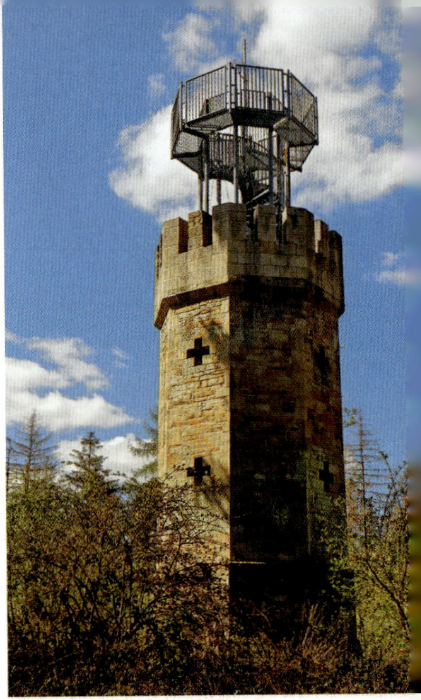

Auch den Strutzturm wollen wir besteigen.

links liegen lassen und dem Sträßchen unter der Autobahn hindurch folgen. Kurz vor der *B65* aber am besten wieder nach links hinüber in den **Erlengrund** ❷ und erst dort die Ampelkreuzung nutzen. Bei der anschließenden Gegensteigung lässt sich noch ein alternativer Weg über den **Galenberg** einschlagen, ehe wir im Bergab wieder den Kurpark tangieren und die Tour Richtung Bahnhof **Bad Nenndorf** ❶ abschließen.

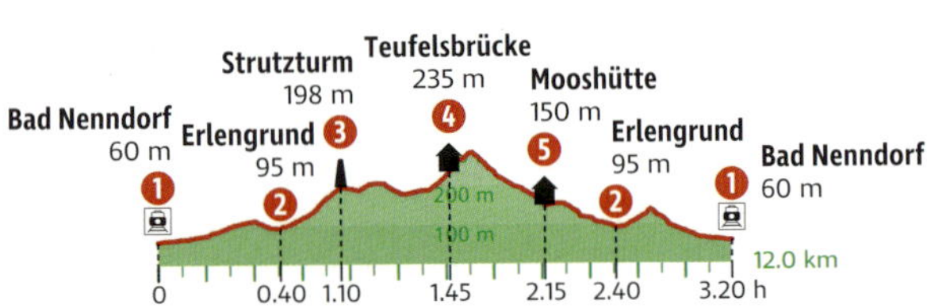

↗ 230 m | ↘ 230 m | 15.9 km

4.15 h

Zwischen Rodenberg und Lauenau

In der weitgeschwungenen Tallandschaft zwischen Deister und Süntel

Auf dieser Tour bewegen wir uns im nördlichen Teil des Deister-Süntel-Tals, abschnittsweise auf sehr reizvollen, mitunter gar etwas verschlungenen Wegen am Rande des Deisters, teils auch in der Feldflur der Niederung. Immer wieder ergeben sich schöne Blicke über die von den beiden größeren Höhenzügen eingerahmte und sonst weithin offene Landschaft. In Rodenberg und Lauenau gibt es ein paar sehenswerte Bauwerke sowie nette Parkanlagen.

Ausgangspunkt: Rodenberg, 67 m, Parkplatz beim Schloss in der Burgstraße. Nächste Bushaltestelle »Stockholm« (Linie 2602 zwischen Bhf. Haste bzw. Bad Nenndorf und Lauenau).
Anforderungen: Am Deisterrand abschnittsweise schmale Pfade, die bei Nässe etwas rutschig werden können. Hier taucht als Markierung der Doppelstrich auf. Sonst überwiegen breite Feldwege ohne Bezeichnung. Durchschnittliche Tourenlänge.
Einkehr: Rodenberg (diverse, vor allem in der Langen Str.); Lauenau (diverse im Ortszentrum).
Variante: Man kann auch mit dem Bus von Lauenau zurückfahren, falls einem das Schlussstück zu langwierig erscheint (damit Reduktion auf knapp 10 km).
Tipps: Freilichtmuseum Schloss Rodenberg; Besucherstollen in Feggendorf (Führungen von April bis September sonntags).

Verschlungener Pfad zur Zeit der Bärlauchblüte im Deister.

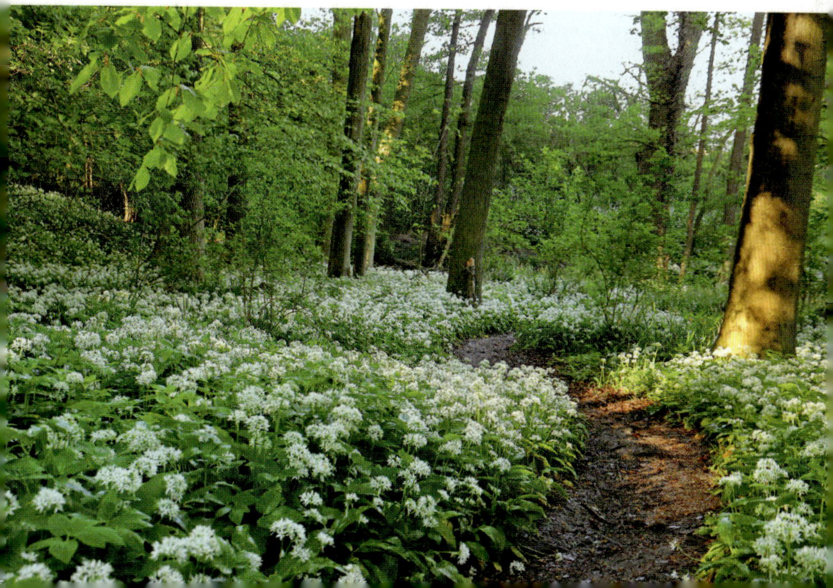

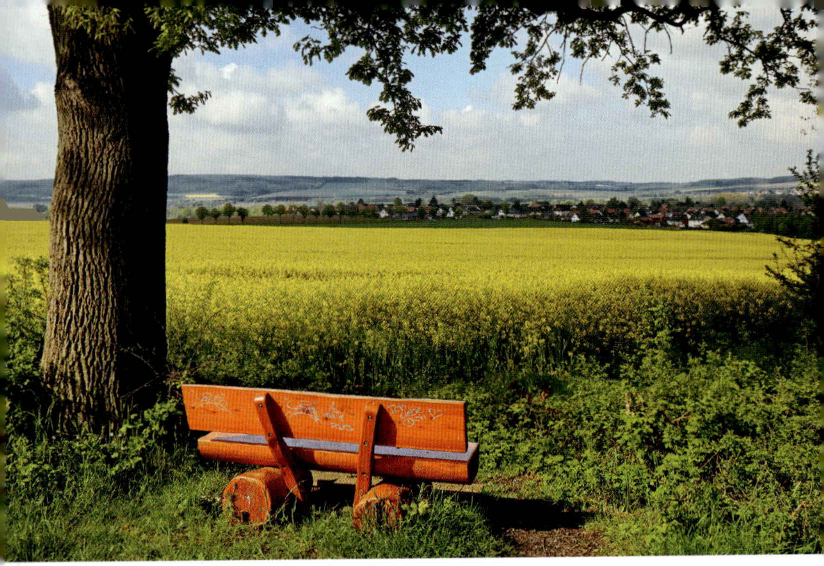

Einladende Rastbank beim Abstieg nach Lauenau.

Nach Start beim Schloss **Rodenberg** ❶ ist der Beginn der Tour in gewissem Rahmen flexibel; empfohlen sei der Kurs durch *Mühlenstraße, Lange Straße* (kurz nach links) und *Im Jagdgarten*. An der Schule vorbei landen wir auf einem Spazierweg und zweigen vor dem kleinen Bolzplatz rechts auf einen Feldweg in der Nähe der Rodenberger Aue ab. Noch vor der Domäne wieder scharf links in den *Johann-Sebastian-Bach-Weg* und an der *Suntalstraße* gegenüber in den *Krümmeweg* (Gewerbebetriebe). Mit Kreuzen der *B442* sowie der *A2* (Unterführung) sind wir endgültig aus dem Ort heraus und steigen Richtung Deister auf. Wo wir den Waldrand erreichen ❷, geht es rechts weiter, nun für eine ganze Weile anhand des Doppelstrich-Symbols. Der folgende Abschnitt verläuft recht verschlungen auf einem kleinen Pfad. Nach einem Gefällstück auf die Fortsetzung scharf links achten. Es wechseln jetzt typische Forstwege und kleine Pfadstücke. Dabei wandern wir knapp oberhalb an **Feggendorf** ❸ vorbei und verlassen

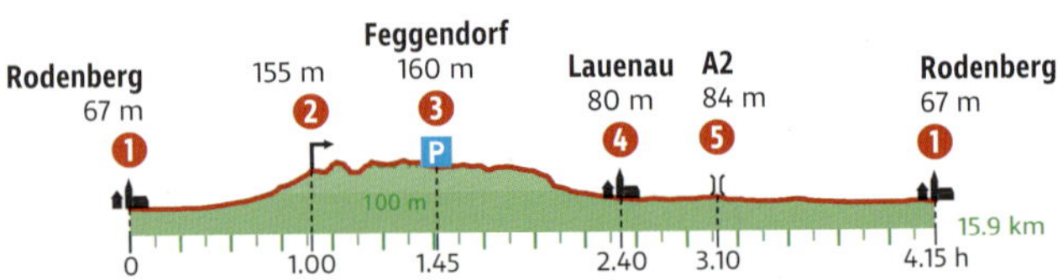

ca. 10 Minuten später den Hauptweg mit dem Doppelstrich auf eine kleine, unscheinbare Spur, die eine interessantere Abkürzung darstellt. Wo man aus dem Wald heraustritt, nimmt man das Symbol wieder auf und steigt knapp links versetzt auf einem asphaltierten Flurweg Richtung Lauenau ab. Dabei wird in Kürze das Gefallenen-Denkmal passiert. **Lauenau** ❹ selbst durchqueren wir via *Unterer Triftweg, Am Scheunenfeld, Marktstraße* und *Am Amtsgraben* quasi von Ost nach West, hinter dem Ortskern auch am Schloss vorbei (einstige Wasserburg im Privatbesitz). Unmittelbar vor der Auffahrt zur *B442* gegenüber der Tankstelle von der *Pohler* rechts in die *Apelerner Straße*. Diese geht in einen Radweg über, mit dem wir die *A2* ❺ auf einer großen Brücke überschreiten. Bald dahinter ist das laute, unschöne Intermezzo passé. Unmittelbar bei der Einmündung der *L443* von Apelern schlagen wir einen Feldweg ein und lassen das Dorf damit links liegen. In Kürze erfolgt eine Links-rechts-Kombination, ehe wir nordwärts zur Domäne Rodenberg gelangen und hier wieder links abbiegen. Damit nähern wir uns allmählich der Stadt, wandern an den Sportanlagen vorbei und schließen die Tour via *Tor, Allee* und *Amtsstraße* bis Schloss **Rodenberg** ❶.

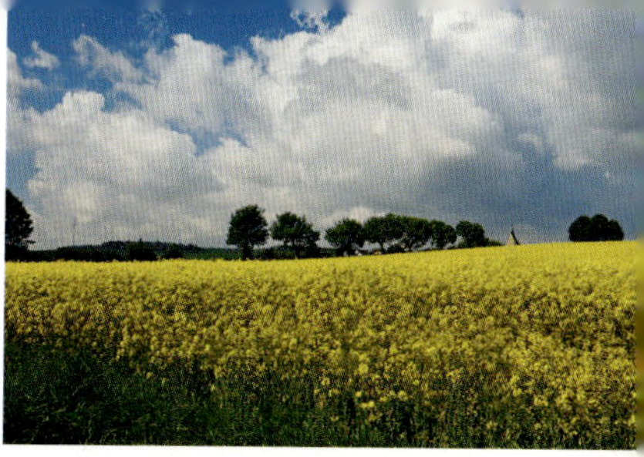

Droht uns etwa ein Gewitter über den Rapsfeldern bei Apelern?

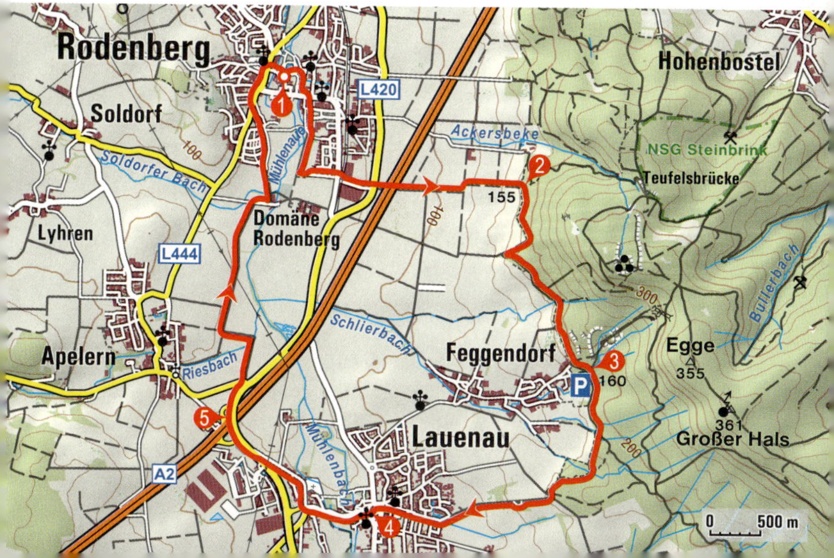

↗ 180 m | ↘ 180 m | 7.6 km

44 Hasselberg und Waltersbachtal bei Eimbeckhausen

2.00 h

Naturjuwel am Deister-Westrand

Auf der Westseite des Deisters liegt unterhalb von Nienstedt das naturgeschützte Waltersbachtal eingeschnitten. Zwischen den Hangwäldern erstreckt sich ein schmaler Streifen mit extensiv bewirtschafteten Weiden. Vom »Stuhldorf« Eimbeckhausen aus passieren wir zunächst den Hasselberg bis kurz vor Nienstedt und wandern anschließend von oben durch das lauschige, urwüchsige Waltersbachtal: ein schöner, kleiner Rundkurs, der vom Deutschen Wanderverband als »Qualitätsweg« zertifiziert wurde.

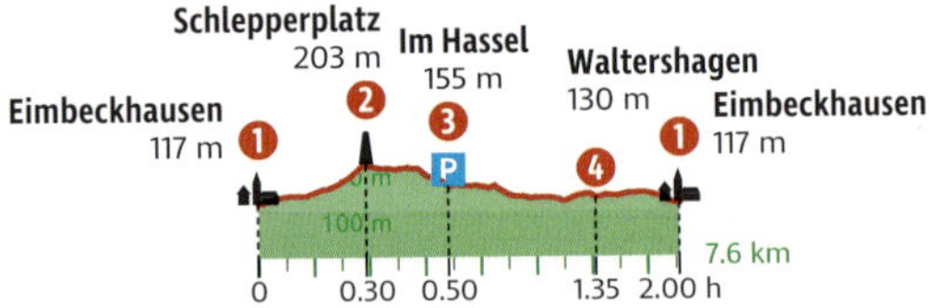

Ausgangspunkt: Eimbeckhausen, ca. 117 m, an der Ecke Hauptstraße/Nordfeldstraße/Waltenshäger Straße (westlicher Ortsteil). Nächste Bushaltestelle »Rosenstraße« (Linie 10 von Hameln/Bhf. Bad Münder, nicht am Wochenende!).
Anforderungen: Teils schmale Waldpfade (speziell im Waltersbachtal), teils breitere Feld- und Forstwege. Als Rundweg mit dem Kürzel WE2 markiert (bis auf den Abschnitt via Waltershagen). Überschaubares Marschpensum.
Einkehr: Restaurant Metaxa in Eimbeckhausen.
Variante: Vom Weserbergland-Tourismus wird der Wanderparkplatz »Im Hassel« (Wegpunkt 3) als Startpunkt empfohlen. Zufahrt in Nienstedt über die Ludwig-Schlepper-Straße (etwas versteckt).
Tipp: Deutsches Stuhlmuseum in Eimbeckhausen (Fritz-Hahne-Str. unweit des Startpunkts).

Kleiner Naturpfad im Waltersbachtal.

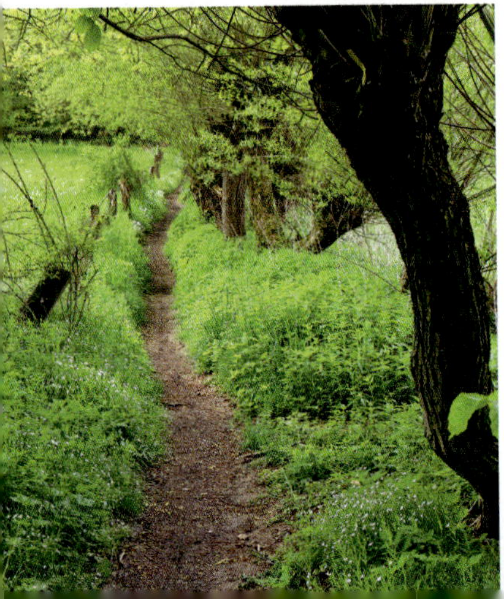

Wir beginnen die Tour in der *Waltershäger Straße* in **Eimbeckhausen** ❶ und treffen nach gut 5 Minuten auf den Rundweg WE2. Jetzt geht es auf dem geschotterten Flurweg oberhalb der Ortschaft rund 800

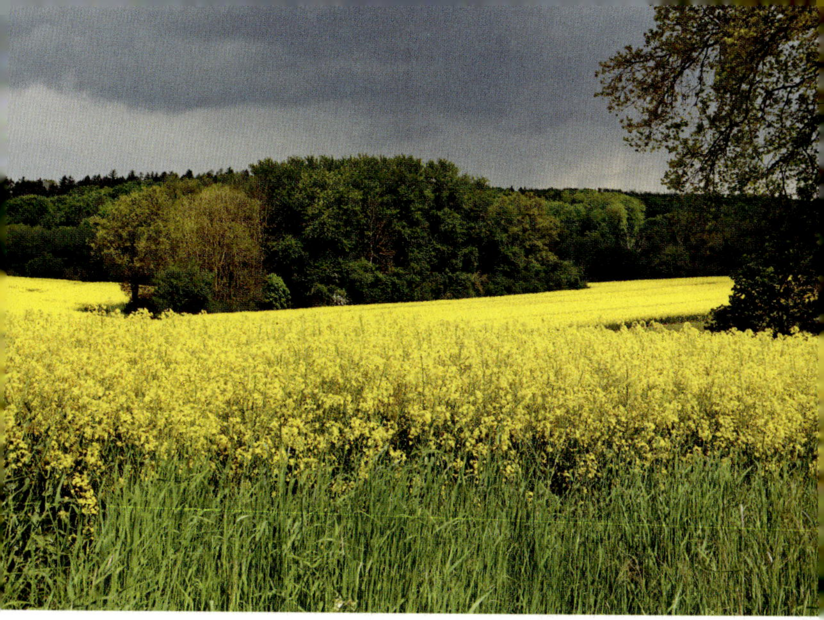

Hier sind wir auf der Westseite des Deisters unterwegs.

Meter gen Osten, bis unsere Route bergwärts abknickt. Die Steigung bringt uns zum **Schlepperplatz** ② mit kleinem Denkmal im Hain und taucht hinter der folgenden Rechtskurve ins Waldgebiet ein. In mäßigem Gefälle kommen wir zur Örtlichkeit **»Im Hassel«** ③, die vom nahen Dorf Nienstedt her anfahrbar ist. Damit befinden wir uns nun auch im Waltersbachtal, orientieren uns auf die rechte Seite und folgen dort einem schmalen Naturpfad – teils am Hang, mitunter auch mal direkt am Bach. Dieser kann später nach links überschritten werden, womit man vom offiziellen Kurs der WE2-Route vorübergehend abrückt, doch ist der Weg via **Waltershagen** ④ wohl der reizvollere. Dahinter kommen die beiden Feldwege wieder zusammen und führen über eine kleine Anhöhe südwärts zurück nach **Eimbeckhausen** ①.

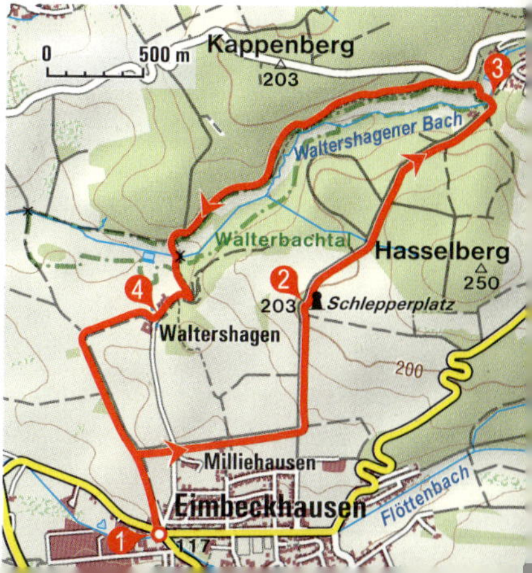

↗ 480 m | ↘ 480 m | 25.0 km

45 Von Hessisch Oldendorf nach Stadthagen

6.20 h

Quer über Wesergebirge und Bückeberge

Diese lange Streckenwanderung im Weserbergland, die sich am Verlauf des E12 – die meiste Zeit identisch mit dem Pilgerweg – orientiert, erstreckt sich zwischen zwei Bahnhöfen des Regionalverkehrs und ist damit insbesondere von Hannover aus logistisch gut umsetzbar. Geht man von Süd nach Nord, führt sie von Hessisch Oldendorf zunächst über das relativ schmale Wesergebirge nach Rehren im Auetal und im zweiten Teil über die Bückeberge hinweg Richtung Wendthagen und schließlich Stadthagen. Zwei längere Steigungen schlagen also zu Buche. Eine absolute Besonderheit sind die Dinosaurierfährten, die in den Sandsteinschichten des Obernkirchener Steinbruchs freigelegt worden sind. Sie stammen aus dem geologischen Zeitalter der Unterkreide und datieren damit auf rund 140 Millionen Jahre, als in der Gegend Flachwasserbedingungen (womöglich eine Lagune) unter tropischem Klima herrschten. Paläontologen fanden heraus, dass Raubsaurier der Art Iguanodontipus das Gelände teils im Familienverband durchquerten. Ganz in der Nähe sind auch die Relikte des Steinkohlebergbaus (Bremsschacht 7) interessant. Der noch aktiv abgebaute Obernkirchener Sandstein hat übrigens prominente Verbreitung gefunden, etwa an bekannten Bauwerken in Bremen, Holland und sogar in Übersee.

Fast unglaublich: Die Vertiefungen im Sandstein stammen von Dinosauriern und sind 140 Millionen Jahre alt.

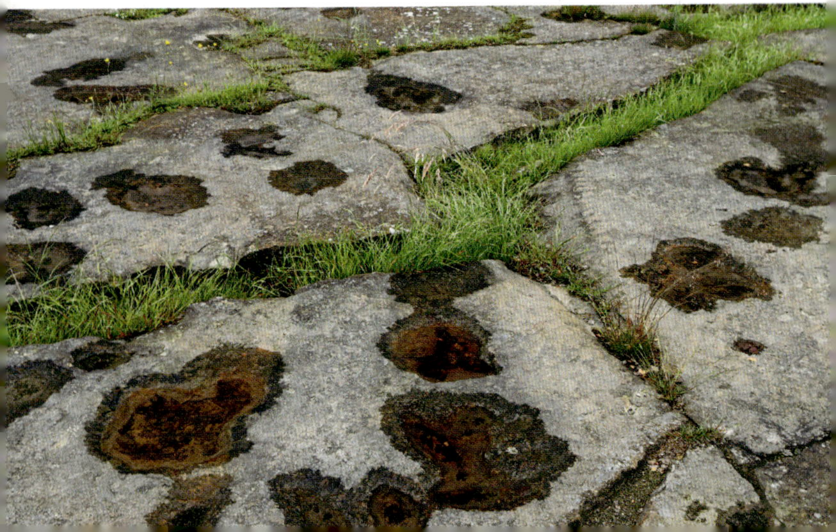

Ausgangspunkt: Bahnhof Hess. Oldendorf, ca. 65 m, an der Linie Hildesheim – Löhne, aus Richtung Hannover mit Umstieg vom Metronom in Elze oder von der S5/S51 in Hameln.
Endpunkt: Bahnhof Stadthagen, ca. 65 m. Mit Regional-Express (WestfalenBahn) oder der S1 etwa halbstündlich zurück nach Hannover.
Anforderungen: Bunte Mischung aus Feld- und Forstwegen, meist verkehrsarmen Straßen sowie auch mal schmalen Pfadabschnitten. Die Markierung des E12 ist nur selten vorhanden, das Symbol des Pilgerweges Loccum – Volkenroda taucht hingegen regelmäßig auf. In voller Länge konditionell anspruchsvolle Wanderung.
Einkehr: Gaststätten in Hess. Oldendorf; Weinschänke Rohdental; Hotel Mühlenhof und Pizzeria Taormina in Rehren; Restaurant Olymp in Wendthagen; diverse in Stadthagen (z.B. Lusthaus im Schlosspark, weitere in der Innenstadt sowie in der Bahnhofstraße).
Varianten: 1. Mit dem Pilgerweg anfangs weiter östlich ausholend über Segelhorst nach Rohdental (geringfügig länger).
2. Im Kammbereich der Bückeberge Schlenker über das Jugend-Bildungs-Freizeitzentrum (ebenfalls Pilgerweg).
3. Falls es sich am Ende zu sehr zieht, kann ab Wendthagen der Bus nach Stadthagen genommen werden. Außerdem Zweiteilung in Rehren möglich (Busverkehr nach Rinteln, Lauenau und Obernkirchen).

In **Hessisch Oldendorf** ❶ durchqueren wir zunächst den kleinen Park am *Münchhausenring* und orientieren uns dann nach links Richtung Marienkirche. Weiter geht's durch die *Mittelstraße*, links in die *Schilfstraße* und wieder rechts in die *Bergstraße*, aus der wir nach gut 300 Metern links auf einen Wanderweg ausscheren. Wo wir auf den *Rohdener Weg*

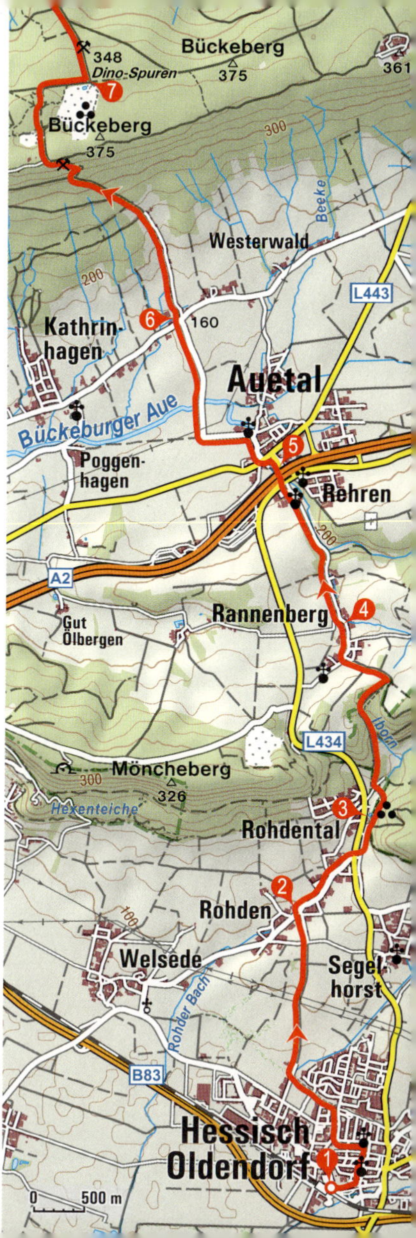

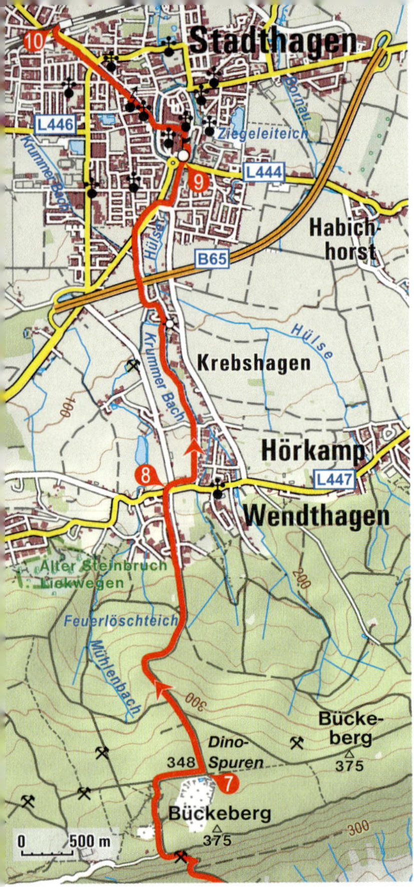

Leuchtende Feuerlilien, entdeckt in einem Rannenberger Garten.

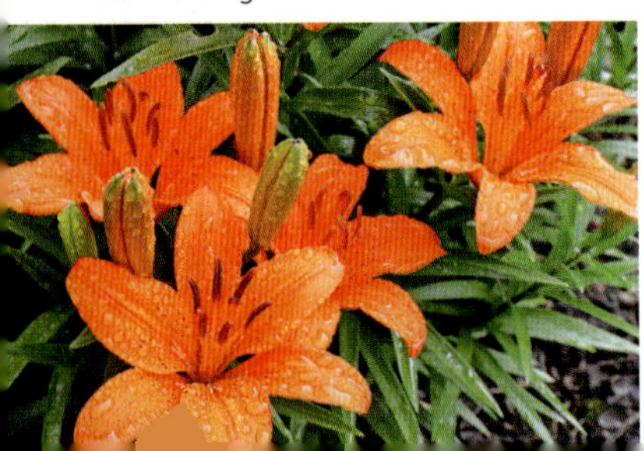

stoßen, mit diesem aufwärts und alsbald nordwärts in die Feldmark. Nach Unterqueren einer Überlandleitung nähert man sich dem Dorf **Rohden** ❷. Hier vom *Schratbrink* in die *Ellerbachstraße* und bis zur stärker befahrenen *L434* bei **Rohdental**. Es lässt sich aber abseits davon parallel durch die *Bulte* wandern, mit der Fortsetzung eines Waldweges, der bald am Hotel Weinschänke ❸ vorbeiführt. Noch vor dem Waldbad am Zaun entlang nach links zur Zufahrt und mit scharfem Rechtsknick zum Weserberglandweg, dessen gute Beschilderung kurz berührt wird. Wir halten uns vorerst Richtung Schneegrund, bei der Gabelung jedoch an den linken Ast (also den Weserberglandweg verlassend) und gewinnen mit einer längeren Steigung die Höhe des Wesergebirges im Übergang nach **Rannenberg** ❹, wo wir über einen Feldweg eintreffen. Mit der *Rannenberger Straße* geht es sachte abwärts zu den Sportplätzen, am Hotel Mühlenhof vorbei und unter der *A2* hindurch ins Ortsgebiet von **Rehren** ❺.

Nach einem Linksschwenk biegen wir sofort rechts in die *Auestraße* ein und dann bei der Rehrener Kapelle in die Straße *Zum Wischfeld*, die westwärts hinausführt. Man ist nun für einige Zeit auf den Hartbelag angewiesen, beginnt nach dem Rechtsknick die Gegensteigung nach **Kathrinhagen** ❻ und setzt dort aus der *Hagenstraße* kommend knapp rechts versetzt *An der Eulenburg* fort. Bei einem Wanderparkplatz mit dem Unterstand der Eichenhütte leitet die Asphaltstraße in einen Forstweg über, der weiter-

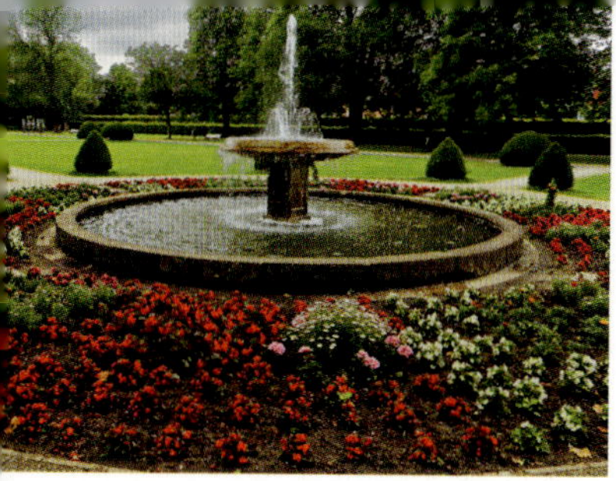

Springbrunnen im Schlosspark von Stadthagen.

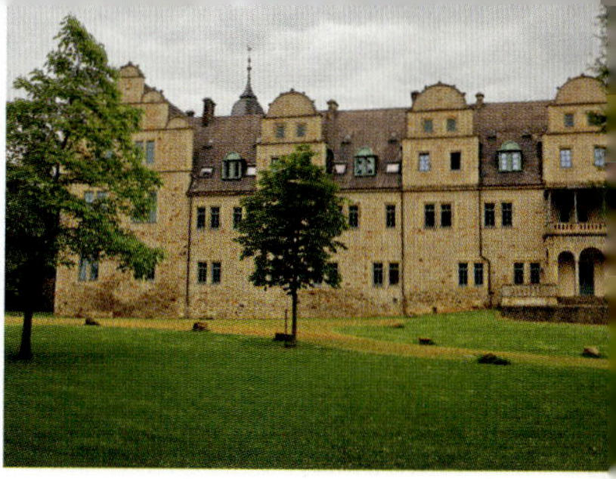

Unweit steht das bekannte Weserrenaissance-Schloss.

hin recht kräftig ansteigt. Wo wir auf einen Querweg stoßen, gilt es achtzugeben. Am besten steigt man nun nämlich knapp rechts mit einer Schleife weiter bergauf, stößt rasch auf eine Teerstraße und nimmt 200 Meter westlich die kürzeste Verbindung an den Sandsteinbrüchen vorbei zur weiter nördlich verlaufenden Forststraße (womit der Schlenker über das JBF-Zentrum vermieden wird). In Gegenrichtung gelangen wir nun bald zum Areal der **Dinosaurierfährten** ⑦ mit ausführlichen Info-Tafeln.
Pilgerweg und E12 setzen dann gemeinsam zum Abstieg an – über eine längere Forststraße, an Bremsschacht 7 vorbei, nordwärts Richtung **Wendthagen** ⑧. Wo der *Schaumburger Weg* mit der *Hauptstraße* kreuzt (hier Bushaltestelle und Restaurant Olymp), gehen wir mit Letzterer etwa 300 Meter nach rechts und biegen dann wieder links zum *Scheplingsbach* ab. Abseits der Siedlung Krebshagen haben wir bald einen kleineren Pfad vor uns, der sich zwischen Weiden und Krummem Bach dahinschlängelt. Nach einer Weile erreichen wir die *Kampstraße*, wechseln links in die *Triftstraße* und gleich wieder rechts in die *Bergstraße*, welche die *B65* unterquert. Mittlerweile befinden wir uns in **Stadthagen**, kommen via *St. Annen, Krebshäger Straße* und *Brunnenstraße* in den Schlosspark voran und passieren jenseits der *Habichhorster Straße* das **Schloss** ⑨ selbst. Aus der *Schulstraße* links haltend zur Martinikirche, anschließend durch die Fußgängerzone und zuletzt durch die *Bahnhofstraße* zum Endpunkt der Tour am Bahnhof ⑩.

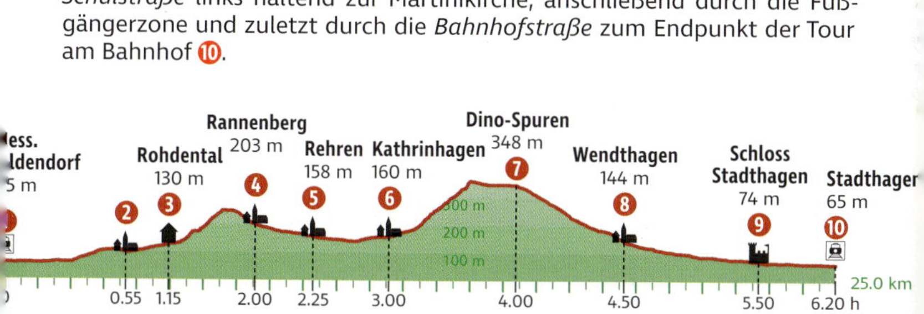

TOP

46

↗ 560 m | ↘ 600 m | 18.4 km

Von Bad Münder über den Süntel nach Hameln

5.10 h

Ein Stück vom Weserberglandweg sowie vom E1

Diese Tour spielt sich im Weserbergland ab und bietet damit einiges Auf und Ab. Für eine praktikable Logistik verbinden wir die Bahnhöfe Bad Münder und Hameln, wenden uns damit zunächst dem Höhenzug des Süntels zu und erreichen am Süntelturm einen erlesenen Aussichtspunkt (zugänglich, wenn auch die angeschlossene Gaststätte geöffnet ist). Der Rundumblick reicht über weite Bereiche des Weserberglandes! An diesem Punkt stoßen wir auf den perfekt markierten Weserberglandweg, der nun für fast acht Kilometer neben dem üblichen E1 die Leitlinie bildet: zunächst im längeren Abstieg nach Unsen und anschließend über Schweineberg und Basberg hinweg. Dort klinken wir uns wieder aus, um direkt in die Kreisstadt Hameln abzusteigen.

Ausgangspunkt: Deisterbahnhof Bad Münder, ca. 112 m, an der S5 zwischen Hannover und Hameln.
Endpunkt: Bahnhof Hameln, 72 m. Mit der S5 über Bad Münder Richtung Hannover.
Anforderungen: Anfangs in der Feldmark, zum größten Teil aber Waldwege, abschnittsweise auch unbefestigt. Marschstrecke und Höhenprofil (mit einer langen und zwei kürzeren Steigungen) verlangen gute Kondition. Überwiegend gut beschildert, am Weserberglandweg sogar tipptopp, zudem über weite Strecken mit dem X des E1.
Einkehr: Waldgaststätte Bergschmiede; Waldgaststätte Süntelturm (Mi–So 10–17 Uhr); Hotel Waldhof in Unsen; Forsthaus Heisenküche; weitere in Hameln.
Variante: Zum Süntelturm auch über Klein Süntel und durchs Steinbachtal; als Rundtour könnte man dann via Bergschmiede nach Bad Münder zurückkehren. Wer mag, kann die Tour ebenso gut umkehren und in Hameln starten.

Buchstäblicher Höhepunkt ist das Panorama vom Süntelturm.

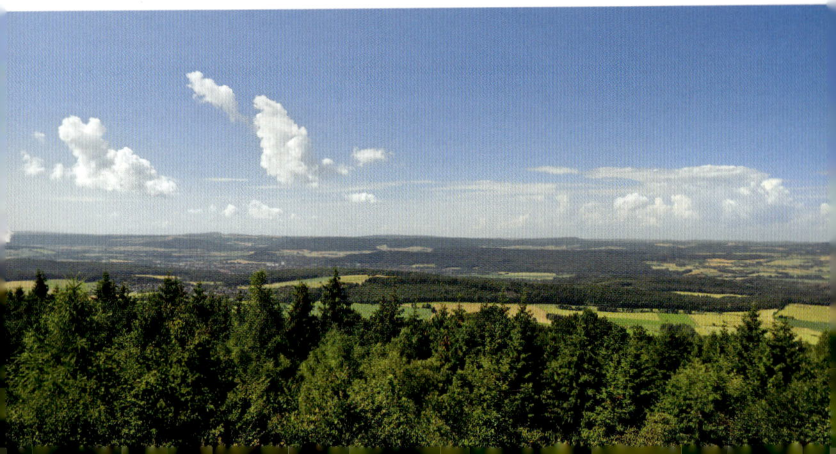

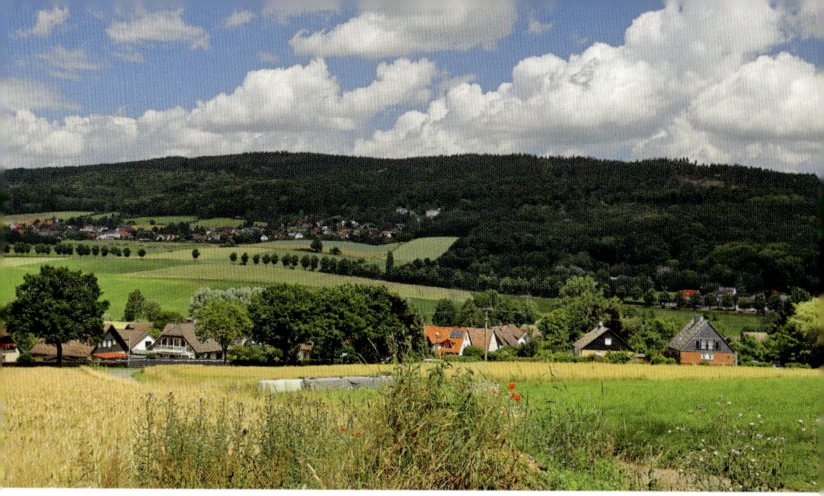

Unsen liegt am Südfuß des Süntels.

Vom Deisterbahnhof **Bad Münder** ❶, der etwas außerhalb der Stadt liegt, auf der Zufahrt kurz nach Norden, dann mit dem Hinweis »Süntelturm« nach links in die Feldmark. Bei der nächsten Y-Gabelung rechts und in Grundrichtung West über Theensen (Reiterhof) bis zur *Süntelstraße* ❷, wo wir auf den aus dem Stadtgebiet kommenden E1 (weißes X auf schwarzem Grund) stoßen. Zur Waldgaststätte **Bergschmiede** ❸ nutzen wir den schönen, bereits recht kräftig anziehenden Waldweg, sind danach vorübergehend wieder auf der asphaltierten *Süntelstraße* unterwegs und nach einigen etwas verwachsenen Abkürzungen auf einer gewöhnlichen Forststraße. Diese führt über die Eulenflucht stetig weiter bergauf und erreicht im Bereich der Hohen Egge den **Süntelturm** ❹, 437 m, samt gemütlicher Gaststätte.
Die Fortsetzung orientiert sich einerseits weiterhin am E1, jetzt zusätzlich auch am E11 und speziell am sehr sorgfältig markierten Weserberglandweg. Wir verlieren in südlicher Richtung sukzessive an Höhe, schlagen teils auf Erdwegen, teils auf Forststraßen einige Bögen und nähern uns

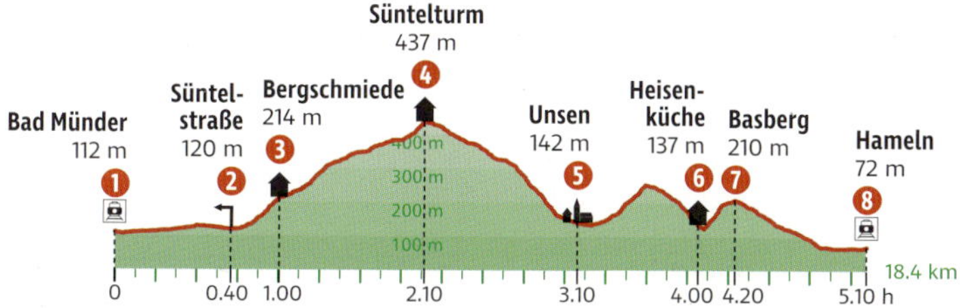

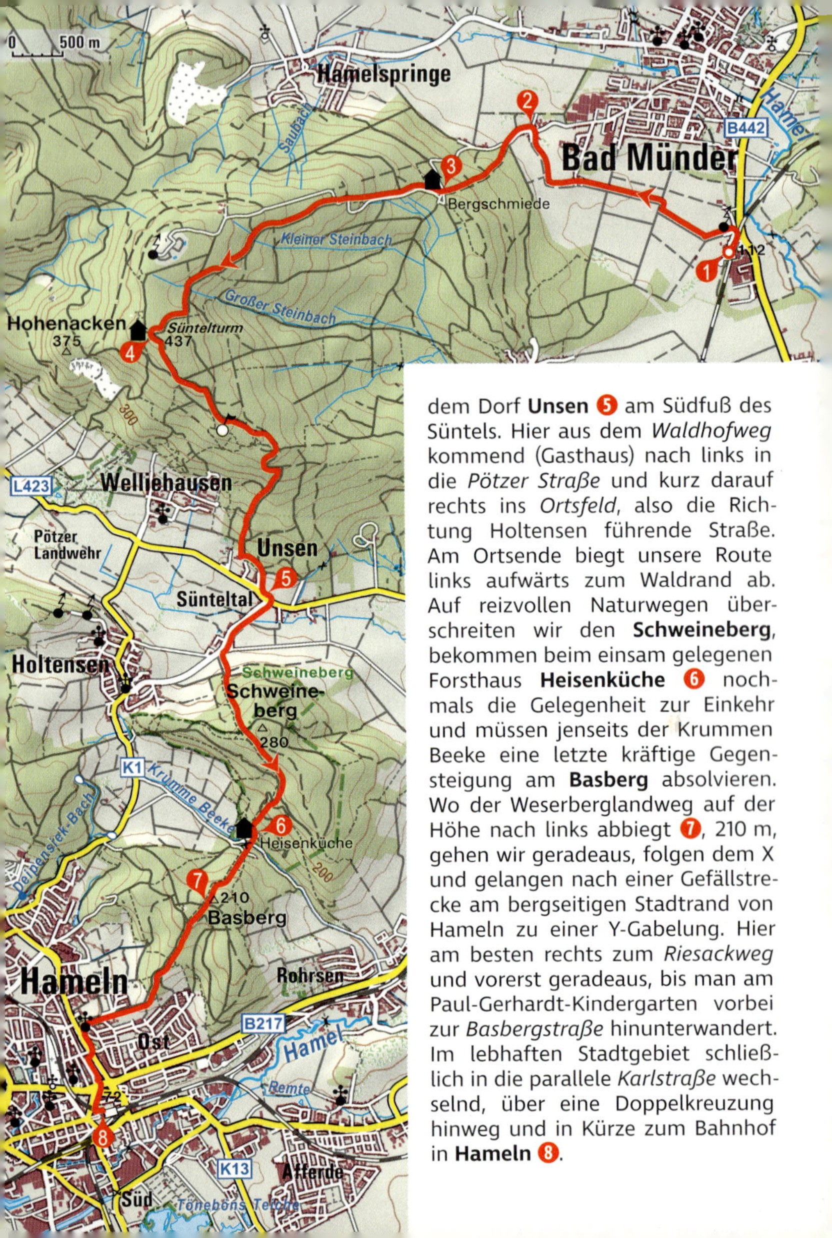

dem Dorf **Unsen** 5 am Südfuß des Süntels. Hier aus dem *Waldhofweg* kommend (Gasthaus) nach links in die *Pötzer Straße* und kurz darauf rechts ins *Ortsfeld*, also die Richtung Holtensen führende Straße. Am Ortsende biegt unsere Route links aufwärts zum Waldrand ab. Auf reizvollen Naturwegen überschreiten wir den **Schweineberg**, bekommen beim einsam gelegenen Forsthaus **Heisenküche** 6 nochmals die Gelegenheit zur Einkehr und müssen jenseits der Krummen Beeke eine letzte kräftige Gegensteigung am **Basberg** absolvieren. Wo der Weserberglandweg auf der Höhe nach links abbiegt 7, 210 m, gehen wir geradeaus, folgen dem X und gelangen nach einer Gefällstrecke am bergseitigen Stadtrand von Hameln zu einer Y-Gabelung. Hier am besten rechts zum *Riesackweg* und vorerst geradeaus, bis man am Paul-Gerhardt-Kindergarten vorbei zur *Basbergstraße* hinunterwandert. Im lebhaften Stadtgebiet schließlich in die parallele *Karlstraße* wechselnd, über eine Doppelkreuzung hinweg und in Kürze zum Bahnhof in **Hameln** 8.

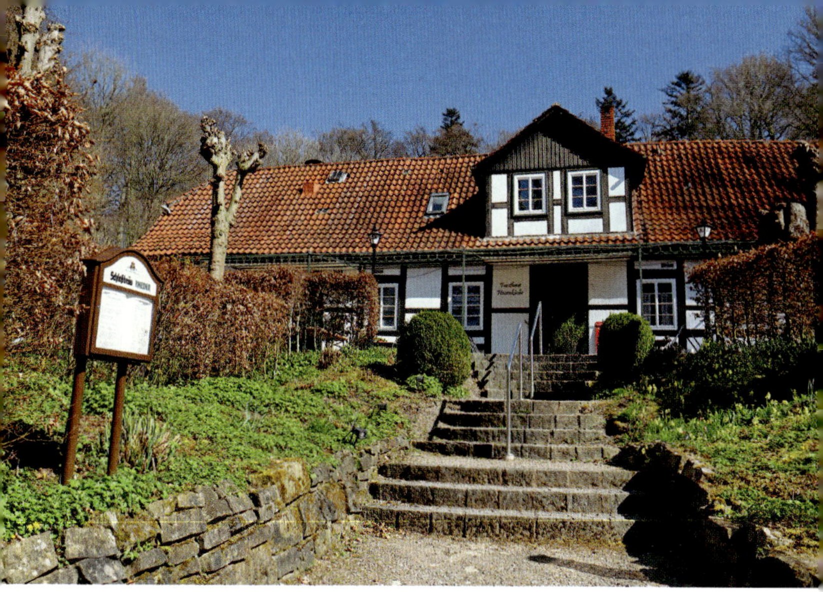

Ausflugsziele beidseits des Süntels: die Waldgaststätten Heisenküche (oben) und Bergschmiede (unten).

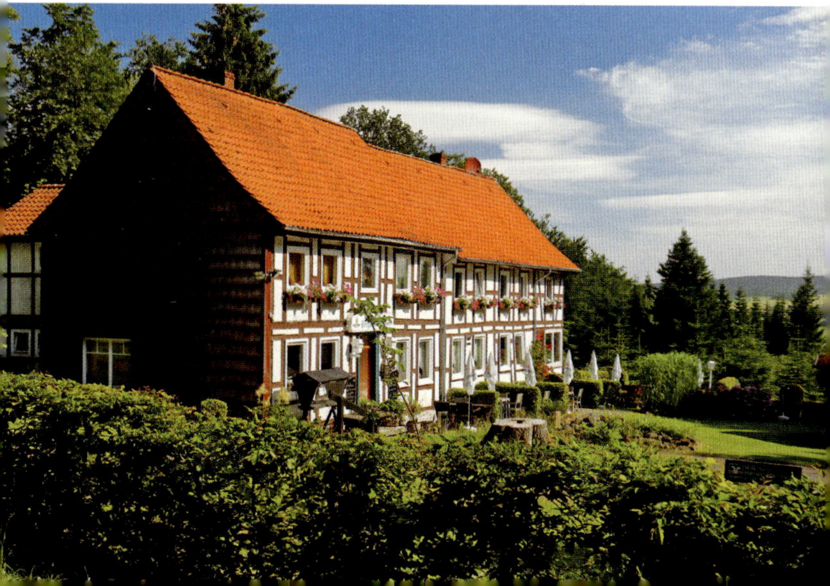

↗ 420 m | ↘ 420 m | 17.7 km

47 Von Springe zum Annaturm

4.45 h

Im Südteil des Deisters

Die Kleinstadt Springe liegt an der sogenannten Deisterpforte – so heißt die Talsenke zwischen den bewaldeten Höhenzügen des Großen und Kleinen Deisters. Natürlich finden wir in den ausgedehnten Buchenwaldgebieten unsere bevorzugten Wanderziele, etwa den Annaturm auf dem Bröhn, wo sich über die Baumkronen weit ins Land hinausblicken lässt. Den besten Blick auf Springe selbst genießt man am Bielstein. Und nach dem ersten knackigen Anstieg stehen wir am Ebersberg an der Abbruchkante eines verwilderten Steinbruchs.

Ausgangspunkt: Bahnhof Springe, ca. 117 m, an der S5 zwischen Hannover und Hameln.
Anforderungen: Mehrheitlich gewöhnliche Forstwege, aber auch einige unbefestigte, zum Teil sogar recht steile Steigabschnitte. Bei Verzweigungen meistens Holzwegweiser, auf denen die wichtigsten Punkte vermerkt sind. Konditionell etwas überdurchschnittlicher Anspruch, auch wegen des Höhenunterschieds.
Einkehr: Waldgaststätte Annaturm (geöffnet 10–17 Uhr, Mo Ruhetag); diverse Restaurants in Springe (im Stadtbereich südlich des Bahnhofs).
Varianten: 1. Anfänglicher Anstieg auch via Kurt-Schumacher-Str. und dann

Der Wald im Deister besteht größtenteils aus Buchen ...

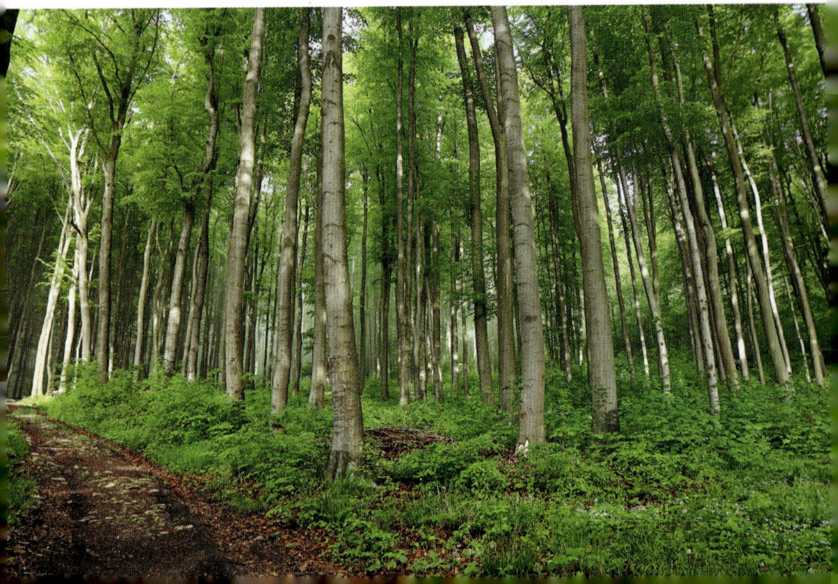

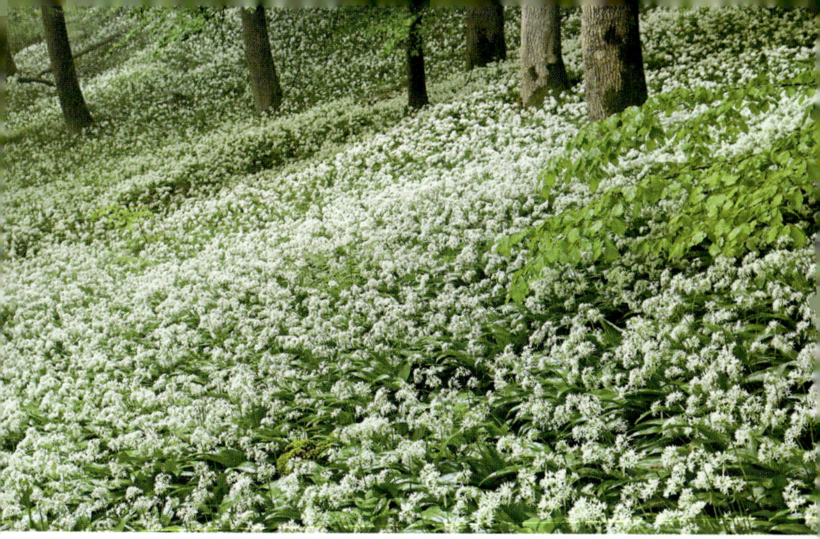

... und ist im Frühling erfüllt von intensivem Bärlaucharoma.

rechts vom Steinbruch hinauf.
2. Vom Taternpfahl Abstieg nach Völksen, wo sich ebenfalls ein Bahnhof befindet. Man nutzt entweder den Kammweg zum Gaußstein oder den Flankenweg mit dem umgedrehten T.

Vom Bahnhof **Springe** ❶ beginnen wir in der *Industriestraße* westwärts, dann *Am Kalkwerk*, links abzweigend in die *Bernauer Straße* und in der *Brandenburger Straße* mit Fortsetzung *Zum Ebersberg* allmählich aufwärts (bis hierher auch per Stadtbus möglich). Nach Beschilderung »Deisterpforte« schließen wir steil zum **Heinrich-Göbel-Denkmal** ❷ – das an den Erfinder der Glühbirne erinnert – auf und wählen nach dem minimalen Abstecher den kurz davor einsetzenden Waldsteig. Er zieht kräftig an, nimmt die Signalisierung des E1 auf und schwenkt weiter oben nach rechts. Nun befinden wir uns im Bereich des **Ebersberges**, wo hinter einem Umsetzer in der Linkskurve ein kleiner Pfad abzweigt, der unmittelbar über dem Steinbruch entlangquert. Außer bei Nässe ist er eine empfehlenswerte zwischenzeitliche Option. Von seinem Ende kommt man links haltend rasch auf die Hauptroute zurück und achtet bei zwei, drei Verzweigungen stets auf die Beschilderung »Köllnischfeld« respektive auf das hin und wieder aufgepinselte X.

Am Annaturm erwartet uns eine Einkehrmöglichkeit.

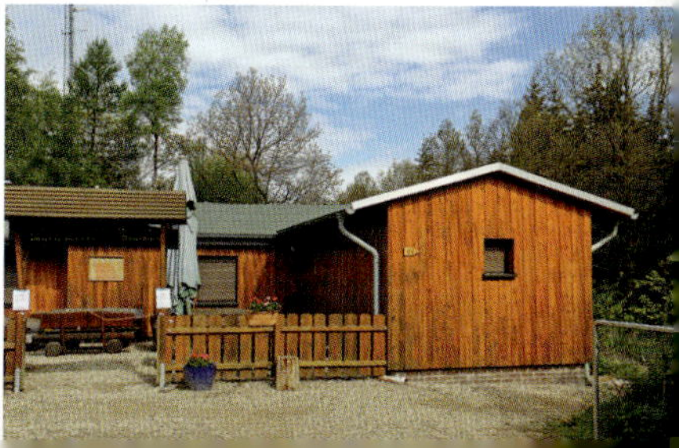

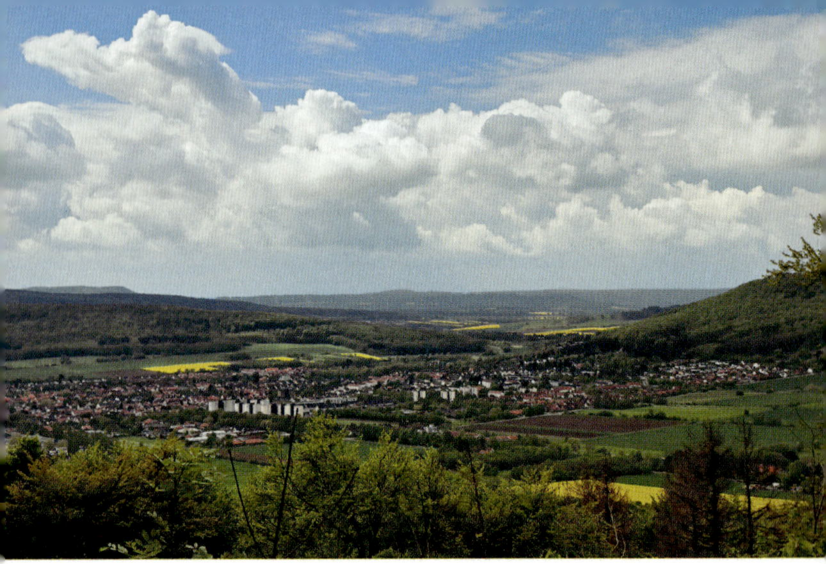

Die schönste Perspektive auf Springe erhascht man am Bielstein.

Naturpfad zwischen Bielstein und Taternpfahl.

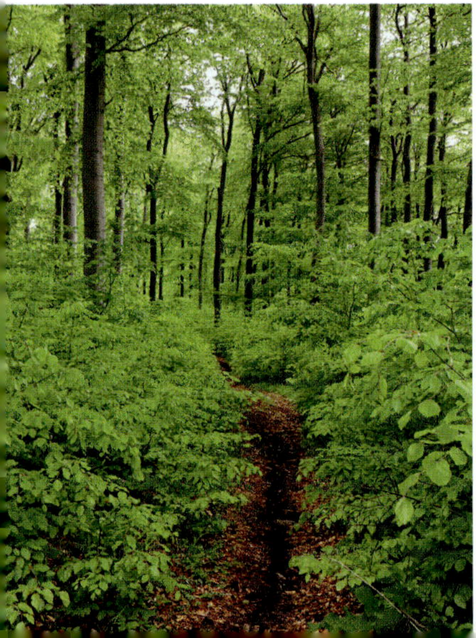

Nach einer längeren Geraden senkt sich unser Weg leicht abwärts zum Forsthaus **Köllnischfeld** 3 inmitten der Deisterwälder. Eine ehemalige Abkürzung Richtung Annaturm ist inzwischen versperrt – stattdessen werden wir mit einem Bogen über die Forststraße gelotst und zweigen dann auf einen urwüchsigen Pfad ab, der zum breiten Deisterkammweg hinaufführt. Dort verbleiben noch rund 500 Meter bis zum **Annaturm** 4, 405 m, der bei geöffneter Gaststätte auch bestiegen werden kann.

Für die Fortsetzung der Tour geht es zunächst wieder zurück und dann am Kammweg verbleibend Richtung **Laube** 5, 376 m, wobei man zuvor noch einen kleinen Abstecher Richtung »Müllers Höh« einflechten könnte, um einen Blick auf die

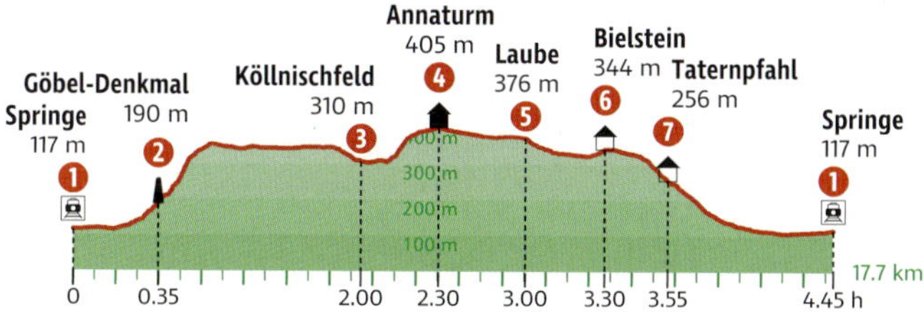

Nordseite des Deisters zu werfen. Ansonsten vorerst immer geradeaus und via Laube bis zum Kreuzungspunkt »Wöltjebuche«, wo wir uns halbrechts Richtung **Bielstein** 6 orientieren. Bei der Unterstandshütte öffnet sich ein herrlicher Blick auf Springe und Umgebung. Ein Minipfad schlängelt sich gegen Osten weiter und wird dort bald wieder von einem breiteren Waldweg aufgenommen, der uns im Bergab zum **Taternpfahl** 7, 256 m, bringt. Hier südwärts eindrehend Richtung Springe und auf der Forststraße beständig bergab. Am Waldrand kommt man zum Parkplatz Sophienhöhe und zum *Hannoverschen Weg*. Wer die Straßen im Gewerbegebiet zumindest noch gegen einen kurzen Pfadabschnitt eintauschen möchte, kann bis unmittelbar vor die Gleise gehen und dann parallel dazu. In der *Industriestraße* schließt sich letztlich der Rundkurs zum Bahnhof **Springe** 1.

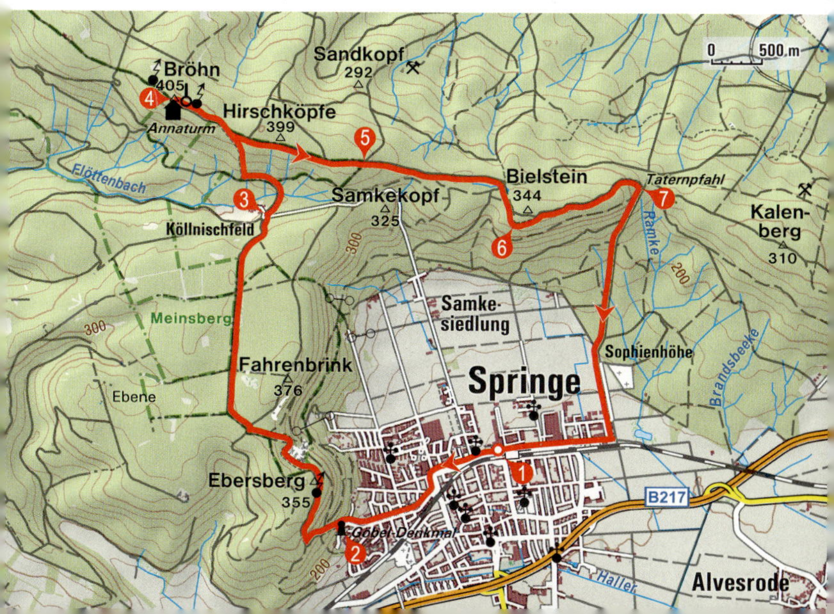

↗ 240 m | ↘ 240 m | 14.8 km

48 Am Ostrand des Deisters

3.45 h

Um Bennigsen, Holtensen und Bredenbeck

Diese Wanderung bewegt sich im Bereich der fruchtbaren Calenberger Lössbörde am östlichsten Ausläufer des Deisters und dem vorgelagerten Süllberg. Besonderheiten sind das Schloss Bredenbeck mit dem Gutshof der Freiherren von Knigge, die vor gut 200 Jahren gegründete Glashütte Steinkrug mit ihrem 13 Meter hohen Turm aus Deistersandstein sowie der Ringwall der Bennigser Burg, die in das 10. Jahrhundert datiert wird.

Ausgangspunkt: Bahnhof Bennigsen, 94 m, an der S5 zwischen Hannover und Hameln.
Anforderungen: Wald- und Feldwege, meist breit und befestigt, abschnittsweise auch schmaler geführt. Bei Richtungswechseln Orientierungssinn angezeigt, zumal Wandermarkierung weitgehend Fehlanzeige; teils sind Radrouten bezeichnet. Durchschnittlicher konditioneller Anspruch bei gemäßigten Steigungen.
Einkehr: Deister Grill, La Pizza, Bennexer, Trattoria Ristorante Petrucci und Akropolis in Bennigsen; La Cascina, Sporthaus und Dorfgemeinschaftshaus in Holtensen; Dorfkrug und La Bella in Bredenbeck; Hotel Steinkrug.
Varianten: Zu Beginn kann der Süllberg direkt überschritten und gegen Ende die Bennigser Burg ausgelassen werden.

Beim ersten Anstieg fällt der Blick auf Lüdersen.

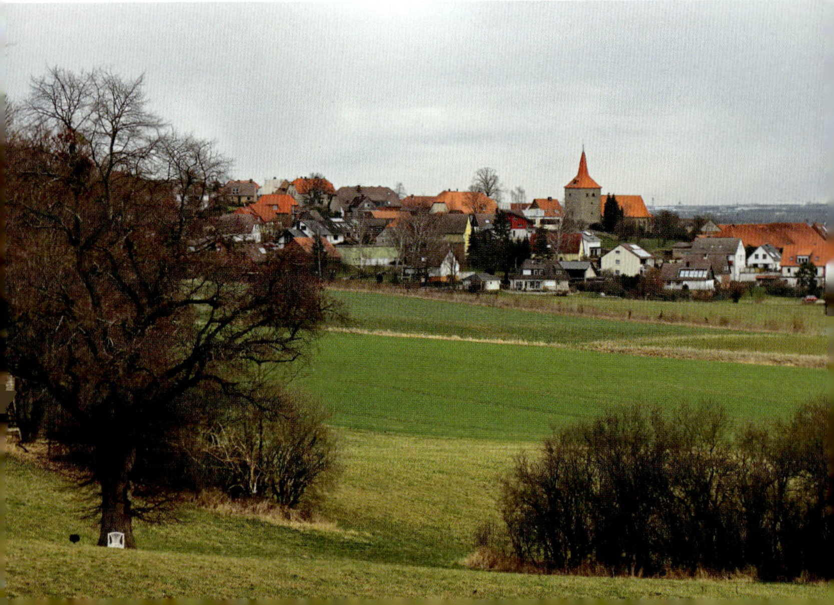

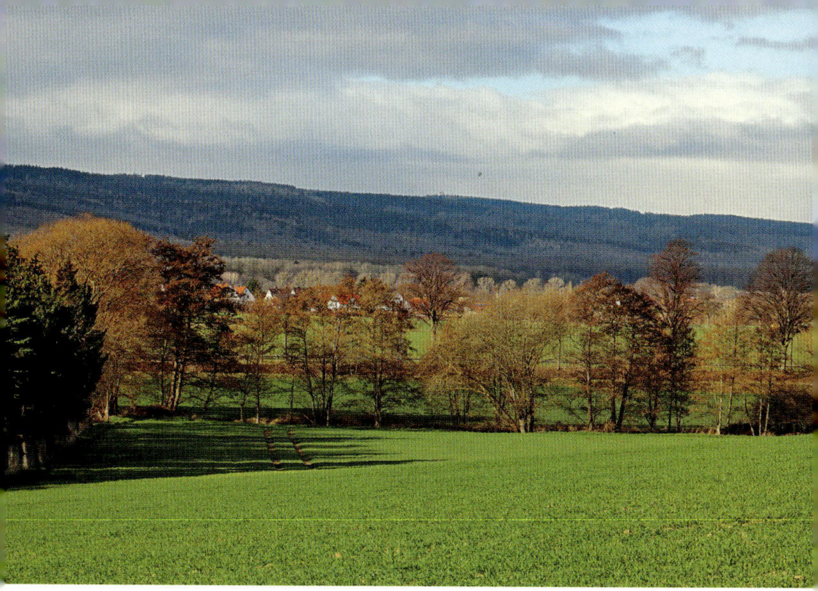

Am Weg nach Holtensen liegt der Deister fast wie eine Mauer vor uns.

In **Bennigsen** 1 geht es aus der Straße *Osterland* rechts aufwärts *Zur Schille*. Abgelöst von einem Grasweg gegen den **Süllberg** hinan und wenige Meter ins Gehölz eintauchend. Wir halten uns dann links und bleiben stets in Nähe des Waldrandes, umwandern den Süllberg somit auf seiner Westseite und kommen mit Blick auf den Deister-Höhenzug zu einem Tümpel. Knapp oberhalb befindet sich der skurrile »Elfenbaum«. Nun weiter durch die Feldmark Richtung **Holtensen**, in das wir über die *Bergstraße* eintreten. Zwischen den Hausnummern 17 und 15 achten wir auf den kleinen Pfad (der uns etwas über heimische Gartenvögel erzählt) und erreichen jenseits des Dorfbachs die Kirche 2. Aus der *Linderter Straße* wird die *B217* geradeaus in die *Bredenbecker Straße* gekreuzt. Nach 700 Metern (kurz vor dem Ortsschild) rechts abzweigend und damit außen entlang zur *Wennigser Straße* und zum **Rittergut Bredenbeck** 3. Wir weichen dem Privatgrund rechts

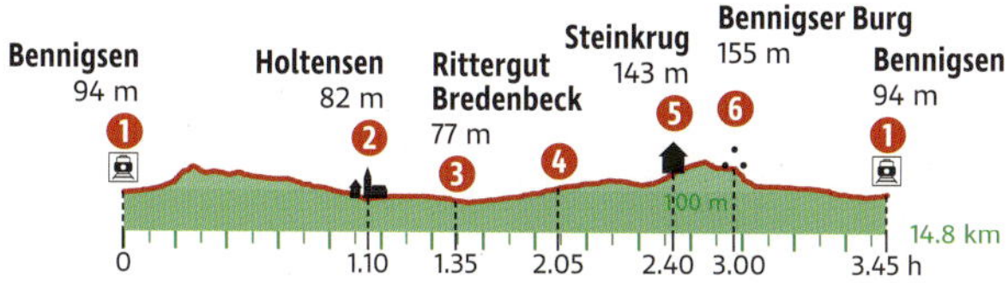

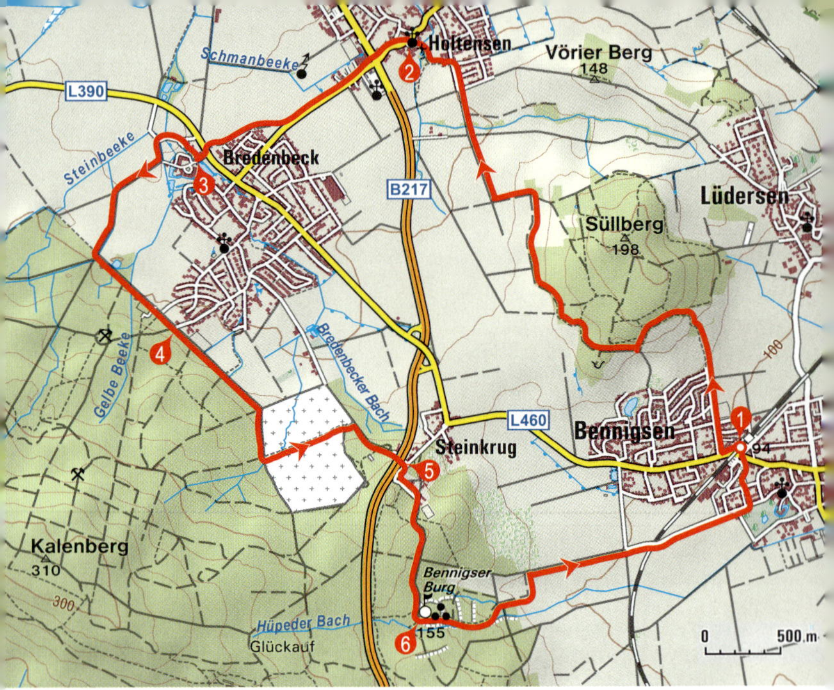

aus und kommen aus der seichten Ackersenke Richtung Deisterrand voran. Dort nutzen wir den bequemen Weg, der vor dem Wald entlangführt. Zwischendurch wird bei P. 107 ❹ die Zufahrt zum Kalkwerk gekreuzt. Später passieren wir den Ruheforst, vollziehen nach einigen Minuten einen Linksknick und erreichen als Nächstes – direkt nach der Unterführung der *B217* – **Steinkrug** ❺. Nebenan befindet sich das Areal der Glashütte. Leicht ansteigend durchqueren wir nun das äußerste Osteck des Deisterwaldes und können noch eine Schleife über die ehemalige **Bennigser Burg** ❻ unternehmen. Schließlich ostwärts in die offene Feldmark, dort die vorherige Abkürzung aufnehmend und über die Bahntrasse hinweg mit dem *Meierhofweg* nach **Bennigsen** hinein. Dort schließt sich über den *Rolfskamp* der Weg zum Bahnhof ❶.

Die Dorfkirche von Holtensen.

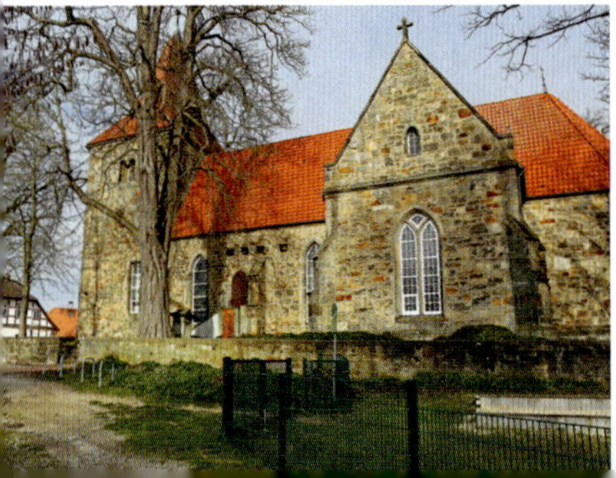

↗ <100 m | ↘ <100 m | 13.5 km

TOP

3.30 h Südliche Leineaue bei Rethen, Grasdorf und Laatzen

49

Nahe dem Ballungsraum und doch vollkommen im Grünen

Aufgrund ihrer Hochwassergefährdung ist die Leineaue am südlichen Stadtrand Hannovers von Überbauung großflächig verschont geblieben – und auch die Landwirtschaft hat hier nicht alles vereinnahmt. So zeigt der Fluss noch eine naturnahe Struktur mit hübschen Mäandern, Gehölzsäumen und Resten typischen Auwaldes. Wir beginnen die Rundtour bei Rethen auf der rechten Leineseite, passieren Grasdorf und Laatzen, können uns auf halber Strecke beim voll im Grünen gelegenen Wiesendachhaus stärken und wandern unweit von Harkenbleck auf abwechslungsreicher Strecke zurück. Die Wege sind überwiegend angenehm zu begehen.

Ausgangspunkt: Bahnhof Rethen, ca. 62 m, an der S4 zwischen Hildesheim und Bennemühlen (via Hannover Hbf.). In der Nähe auch Haltestelle der Stadtbahnlinien 1 und 2.
Anforderungen: Bequeme Fuß- und Radwege, abschnittsweise auch mal Pfadcharakter, komplett flach. Durchschnittliche Wanderstrecke, im Wesentlichen nur Radbeschilderung, daher Aufmerksamkeit bei Verzweigungen.
Einkehr: Zur Leinemasch (in Grasdorf, weitere zur Hildesheimer Straße hin); Wiesendachhaus (Mo Ruhetag).
Variante: Vom Beobachtungsturm geradeaus Richtung Grasdorf und am Leineufer entlang zum Wegpunkt 5 (ca. 20 Min. kürzer).

Am Leineufer zeigen sich oft wunderschöne Ansichten der Natur.

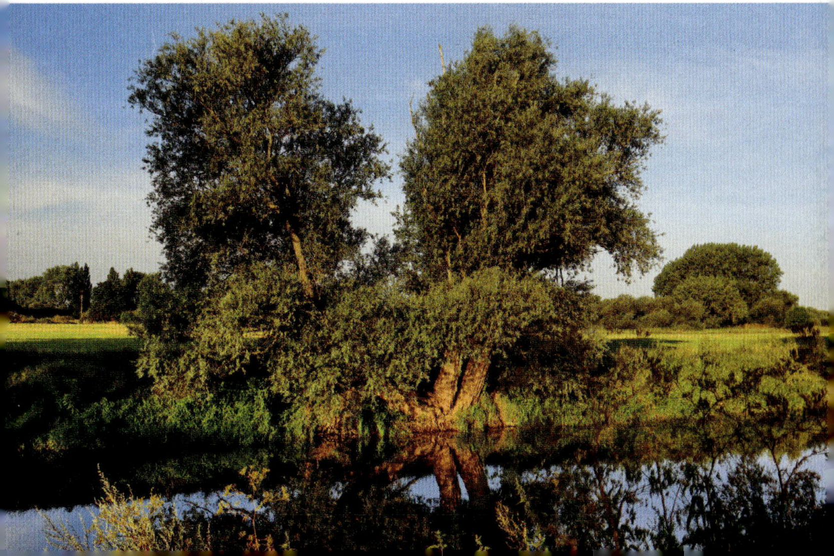

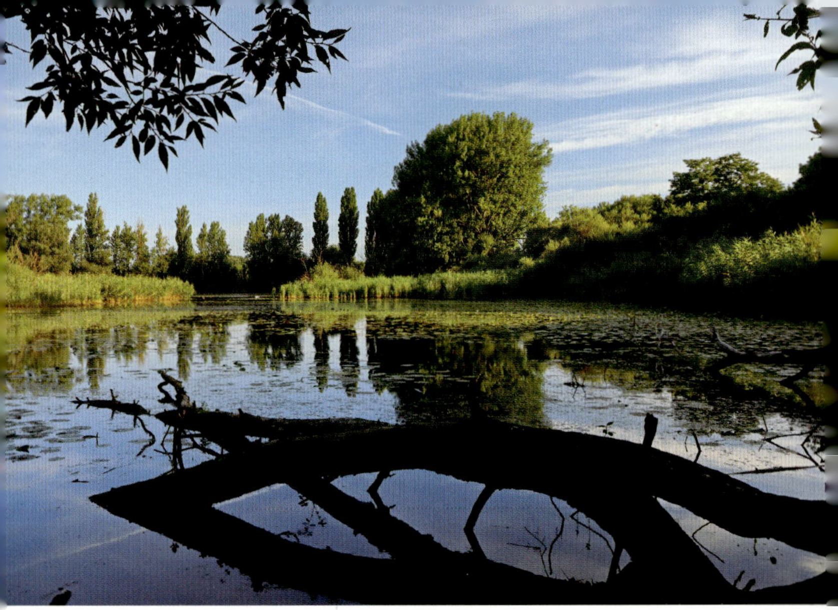

Rund ums Wiesendachhaus liegen malerische Teiche.

In der *Koldinger Straße* auf der Westseite des Bahnhofs **Rethen** ❶ kurz nach Norden, dann neben der Bruchriede (Bachgraben) sofort links abzweigend und damit zur Leine hin. Diese begleiten wir nun Richtung **Grasdorf** ❷, das lediglich tangiert wird, und weiter mit einem Linksbogen an der nächsten Brücke vorbei. Der folgende Mäander wird abgeschnitten, ehe wir auf Höhe von Laatzen je nach Verhältnissen den schmalen Reitpfad über eine Wiese oder den parallelen Radweg nutzen. Gleich dahinter überschreiten wir die

Liebreizender Wanderpfad am Rande der Harkenblecker Feldmark.

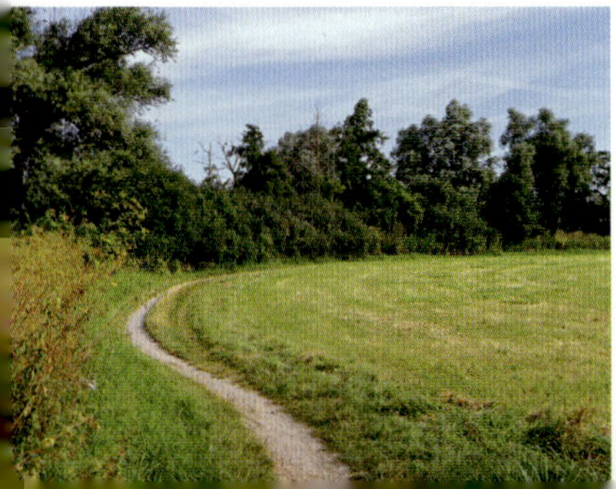

Der Fluss bildet auf längeren Strecken unsere Leitlinie.

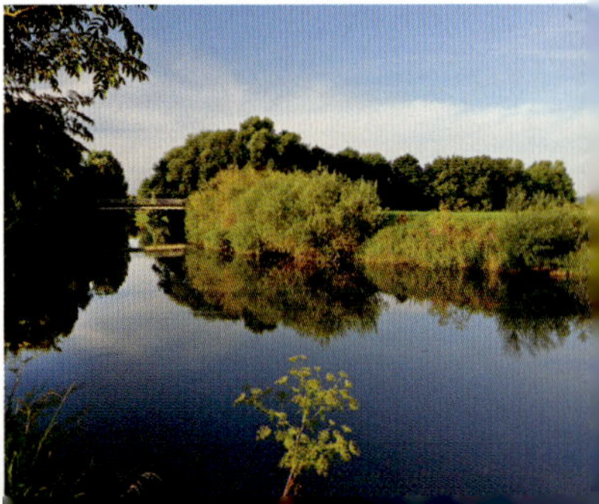

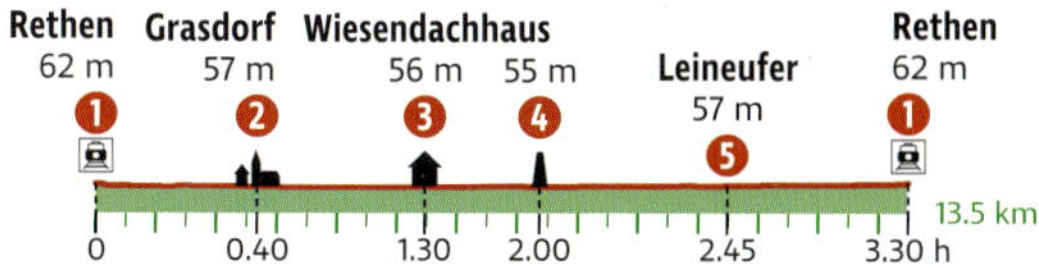

Leine (auf der insgesamt vierten Brücke, die bisher nebenan aufgetreten ist) und steuern das zwischen zwei Seen gelegene, beliebte Ausflugslokal **Wiesendachhaus** ❸ an.

Mit einem Bogen wird anschließend der Rückweg eingeleitet. Der Kurs ist zwar etwas verwinkelt, doch kann man bis zum **Aussichtsturm Leinemasch** ❹ kaum fehlgehen. Um noch interessante Pfadabschnitte einzugliedern, zweigen wir von der direkt nach Grasdorf führenden Verbindung rechts ab (Schild »Harkenblecker Furth«), müssen nach Kreuzen der geschlängelten Alten Leine zwar vorübergehend mit Feldwegen vorliebnehmen (Linksabzweig beachten), bevor nach abermaligem Überschreiten der Alten Leine ein schöner Pfad zum Fluss leitet ❺. Diesen begleiten wir jetzt auf rund 1,2 Kilometern, wechseln dann auf die andere Seite und rücken in Kürze davon ab. Zwischen Feldern gibt es noch mehrere markante Richtungswechsel, ehe man sich auf einem schönen, unbefestigten Weg der *B443* nähert (Ampel). Gegenüber in Kürze zurück zum Bahnhof **Rethen** ❶.

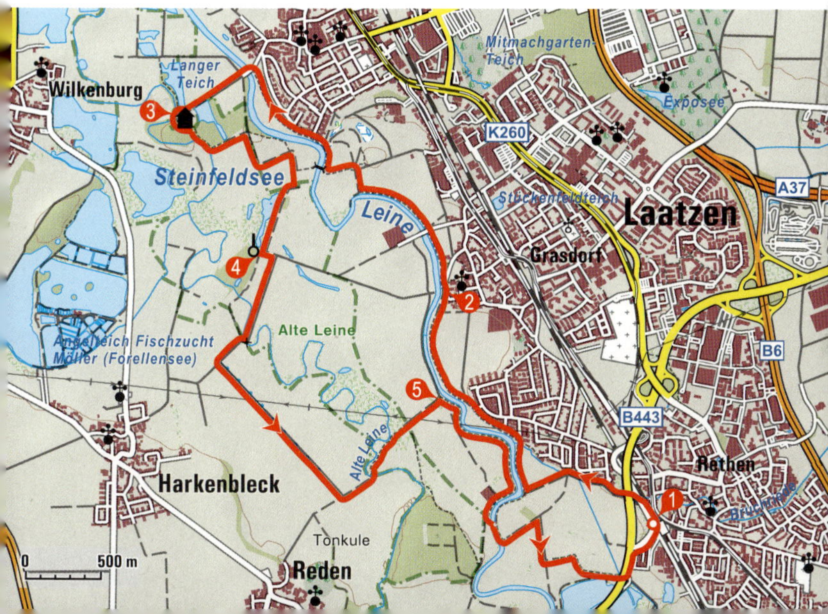

↗ <100 m | ↘ <100 m | 9.4 km

50 Von Rethen über die Koldinger Seen nach Sarstedt

2.20 h

Ein Naturlebensraum aus zweiter Hand

Jahrzehntelang wurde im Bereich der Koldinger Seenplatte intensiv Kiesabbau betrieben. Nachdem diese Aktivitäten eingestellt – bzw. weiter in den Süden verlagert – worden sind, fand eine Renaturierung und Naturschutzstellung von 529 Hektar statt, sodass die einstigen Baggerseen heute neben dem Steinhuder Meer zum bedeutendsten Rastgebiet für Zugvögel in der Region Hannover avanciert sind. Von zwei Holztürmen aus lassen sich besonders gut Beobachtungen der Fauna anstellen. Wer sich nicht auf den etwa vier Kilometer langen Rundweg um den Großen Koldinger See beschränken möchte, wandert unter Nutzung der S-Bahn am besten von Rethen über Ruthe bis nach Sarstedt. Gegen Ende geht es auch noch ein Stück weit an der Innerste entlang.

Ausgangspunkt: Bahnhof Rethen, ca. 62 m, an der S4 zwischen Hildesheim und Bennemühlen (via Hannover Hbf.). In der Nähe auch Haltestelle der Stadtbahnlinien 1 und 2.
Endpunkt: Bahnhof Sarstedt, ca. 62 m. Mit dem Metronom, dem Erixx oder der S4 zurück nach Hannover.
Anforderungen: Meist breite Flurwege, im ersten Teil an ausgedehnten Seen entlang. Komplett flach und nicht sonderlich lang, dabei recht leicht zu finden.
Einkehr: Diverse Gaststätten in Sarstedt.
Variante: Der Große Koldinger See kann auch links passiert werden – damit kommt man direkt zum zweiten Beobachtungsturm.

Die renaturierten Koldinger Seen bilden imposante Wasserflächen.

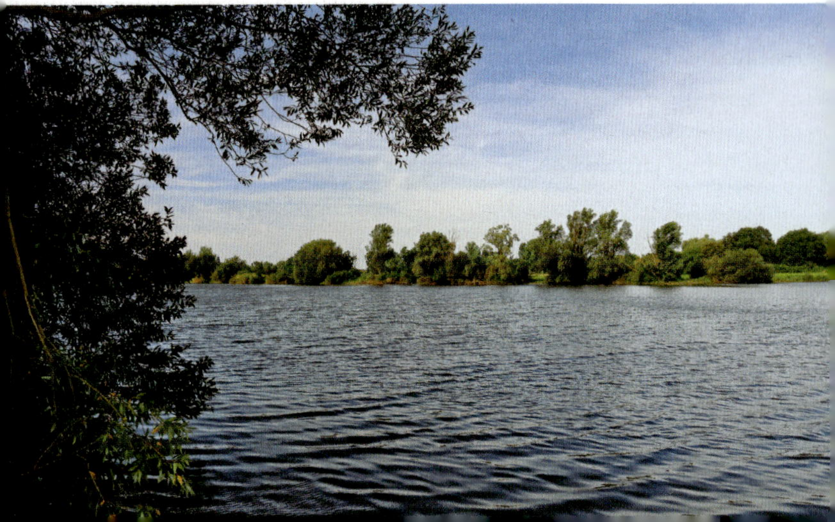

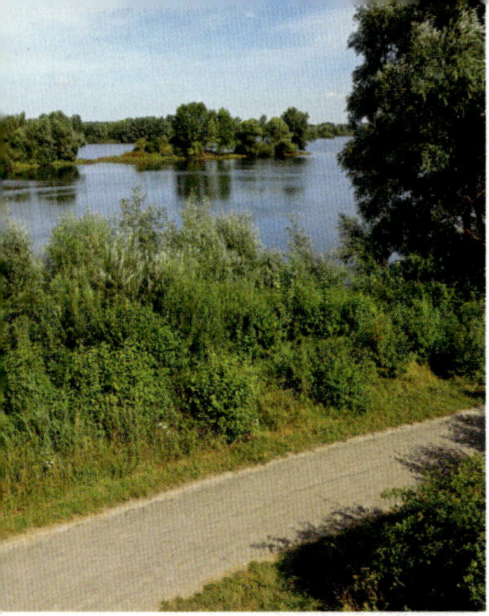

Ausblick vom zweiten (südlichen) Beobachtungsturm.

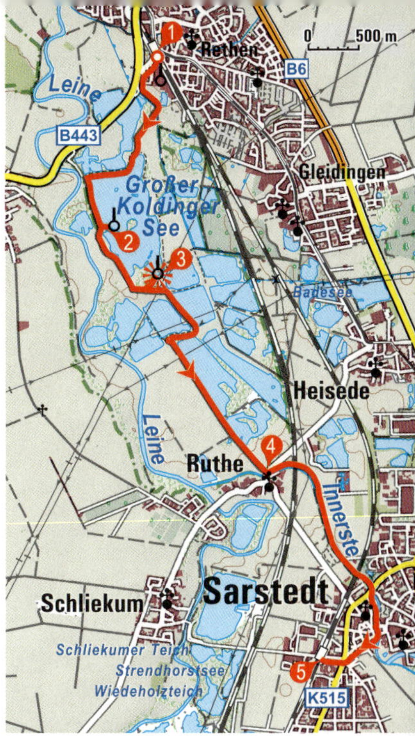

Vom Bahnhof **Rethen** ❶ südwärts am GLS-Betriebsgelände vorbei (*Am Pfingstanger*) und bei der Gabelung zunächst links, dann rechts abknickend. Der verschachtelte Bergmannsche Teich liegt damit zur Rechten, der Große Koldinger See in Bälde zur Linken. Bei einem Parkplatz unmittelbar vor der Leine schwenken wir nach links und begleiten nun das Westufer, wobei ein Besuch des ersten Beobachtungsturms ❷ eingeschaltet werden kann. Später nach einem Linksknick lohnt auch der zweite Beobachtungsturm ❸ am Südende des Großen Koldinger Sees einen Abstecher (ca. 200 Meter). Zurück auf der Hauptroute wandern wir zwischen zwei weiteren stattlichen Seen entlang und kommen nach einem Rechts- und einem Linksbogen zu einer relativ eintönigen Feldweg-Geraden, die uns zum Ortsrand von **Ruthe** ❹ bringt. Unmittelbar hinter der Innerstebrücke geht es links auf den parallel zum Fluss verlaufenden Flurweg, unter der ICE-Trasse hindurch und damit Richtung Sarstedt. In der *Brückenstraße* rechts versetzt zur *Gartenstraße*, weiter durch die *Holztorstraße* und schlussendlich den *Nordring* kreuzend zum Bahnhof **Sarstedt** ❺.

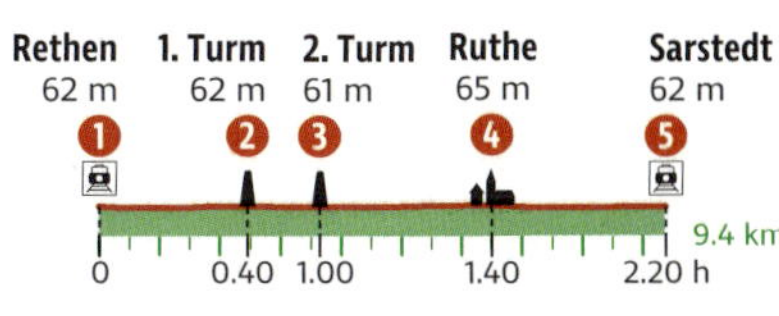

↗ <100 m | ↘ <100 m | 16.6 km

51 Von Sarstedt nach Hildesheim

4.00 h

Am Unterlauf der Innerste

Annähernd 100 Kilometer misst der Lauf der Innerste, die im Oberharz entspringt und bei Sarstedt in die Leine mündet. In ihrem unteren Abschnitt, den wir im Rahmen dieser Tour kennenlernen, sind vor allem naturnahe Auen von Interesse, besonders im Bereich von Haseder Busch und Mastberg, die gemeinsam mit dem Osterberg, den Giesener Teichen und den Giesener Bergen das Naturerlebnisgebiet »Kleeblatt« bilden. Die Innerste bildet also regelrecht den Leitfaden der Wanderung, auch wenn wir ihr nicht durchgängig ufernah folgen, so doch zumindest auf weiten Strecken. Selbst im Stadtgebiet von Hildesheim gibt es noch lauschige Fleckchen zu entdecken, abgesehen von den »klassischen« Sehenswürdigkeiten wie Dom und Michaeliskirche.

Ausgangspunkt: Bahnhof Sarstedt, 62 m. Von Hannover her Haltepunkt des Metronom Richtung Göttingen, des Erixx Richtung Bad Harzburg sowie der S4 Richtung Hildesheim.
Endpunkt: Hildesheim Hbf., ca. 90 m. Haltepunkt von ICE, Regionalbahn und S-Bahn.

Anforderungen: Bis auf einige zwischenzeitliche Abschnitte meist befestigte Trassen, phasenweise Hartbelag. Die Strecke folgt überwiegend der Signalisierung des Jakobsweges; bei manchen Kreuzungen und Richtungswechseln Aufmerksamkeit angezeigt. Flachlandwanderung mit gut durchschnitt-

Am Bruchgraben bei Sarstedt.

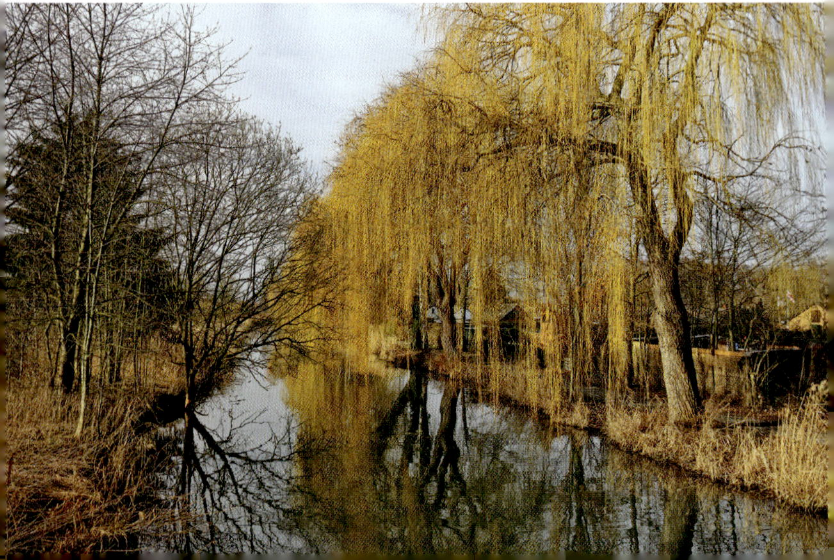

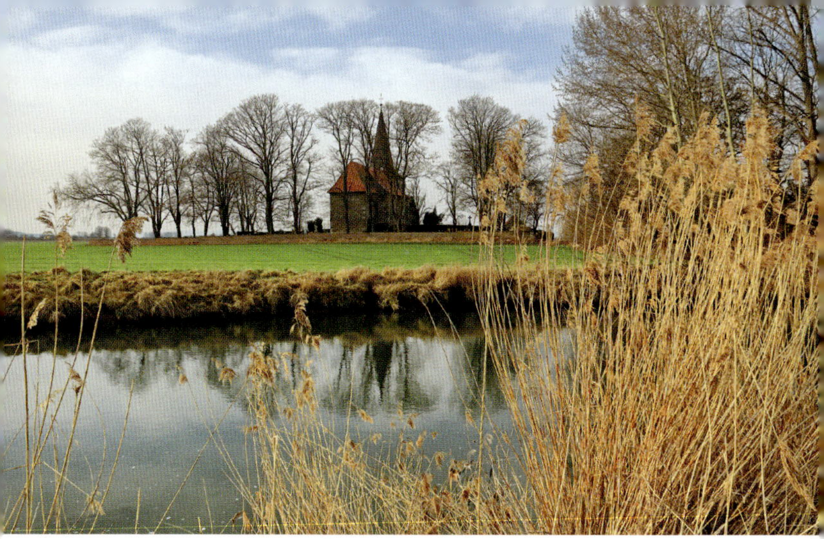

An der Innerste bei Ahrbergen; im Hintergrund die Kirche St. Peter und Paul.

licher Distanz, solide Grundausdauer vorteilhaft.
Einkehr: Bistro Pikanto in Giesen; Gaststätte TuS Hasede; zahlreiche Möglichkeiten in der Innenstadt von Hildesheim.
Variante: Abkürzung zum Bahnhof Hildesheim via Steuerwalder Straße möglich, aber kaum reizvoll.

In **Sarstedt** ❶ geht es von der *Bahnhofstraße* den *Nordring* schräg links kreuzend in die *Holztorstraße* und alsbald rechts abzweigend in den *Brickelweg*. Damit rasch in die Feldmark, wobei wir uns in Kürze linker Hand an den Lauf der Innerste halten. Bei einem Wehr über diese hinweg, ein Stück weit am Bruchgraben neben der Kleingartenkolonie entlang und dann über die nächste Brücke nach rechts. Auf dem Flurweg Richtung Ahr-

Fast wie ein Schildvulkan: Abraumhalde des Kaliwerks Giesen.

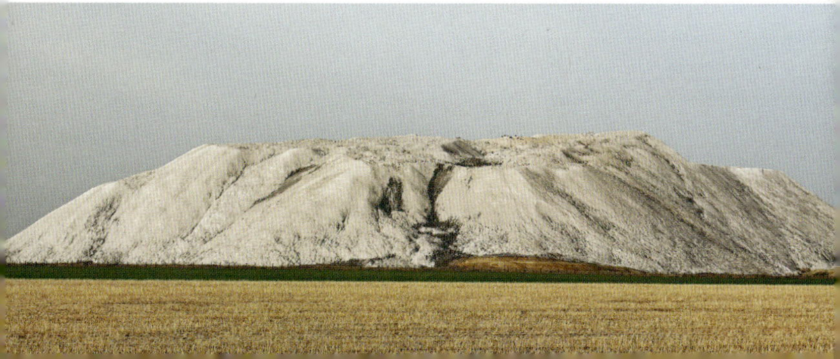

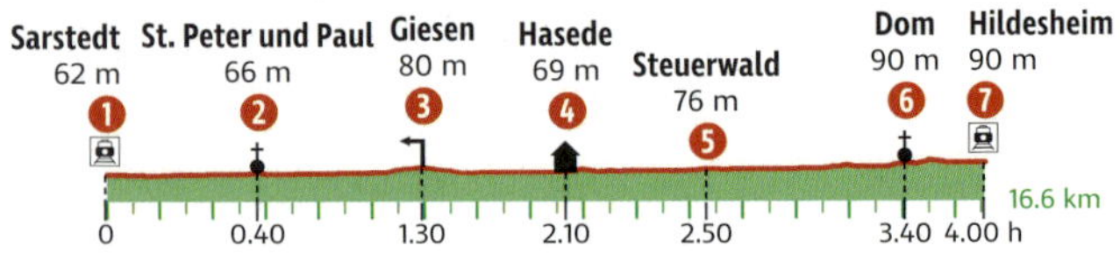

bergen wird jetzt ein Baggersee passiert. Später biegen wir nach rechts in die *Kirchstraße* ein und können einen Mini-Abstecher zur Kirche **St. Peter und Paul** ❷ jenseits der Innerste absolvieren. Die Fortsetzung führt allerdings davor, also linksseitig am Fluss entlang, nun eine Weile auf lauschigem Naturpfad. Wir tangieren das Ortsgebiet von **Ahrbergen**, kreuzen ein stillgelegtes Gleis und treffen auf die Kreisstraße nach Giesen, die beim Klärwerk einen Knick vollzieht und danach die Innerste überquert. Gegenüber baut sich die mächtige Abraumhalde des Kalischachts auf. Knapp nördlich der Ortslage von **Giesen** ❸ biegen wir am besten links in einen Feldweg ein und kommen durch den *Meerweg* zur *Rathausstraße*, womit Giesen gen Osten verlassen wird.

Den Zubringer zur *B6* begleiten wir nur rund 200 Meter, ehe es noch vor der Innerste auf einem asphaltierten Flurweg in Grundrichtung Südost weitergeht. Damit kommen wir zur Sportanlage von **Hasede** ❹ voran und treten in den **Haseder Busch** ein. Das Auwaldareal steht unter Naturschutz.

Der Hildesheimer Dom zählt zum Kulturerbe der UNESCO.

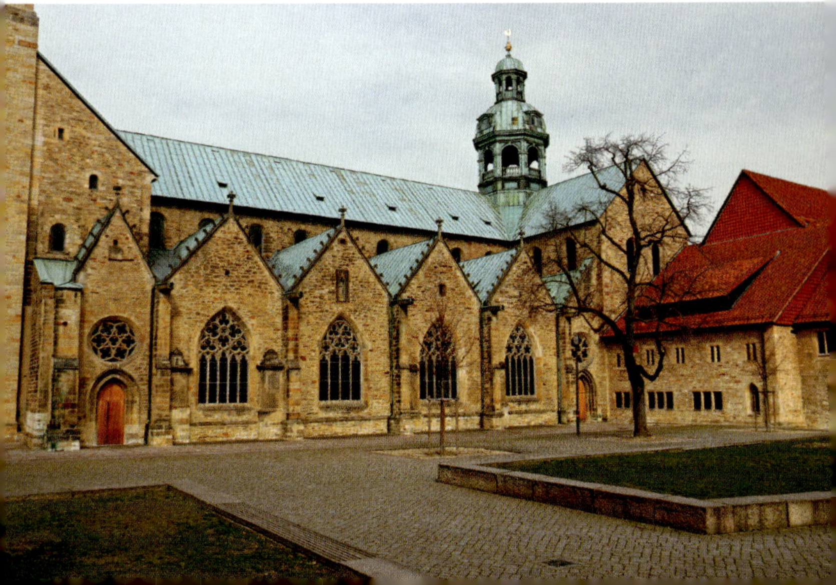

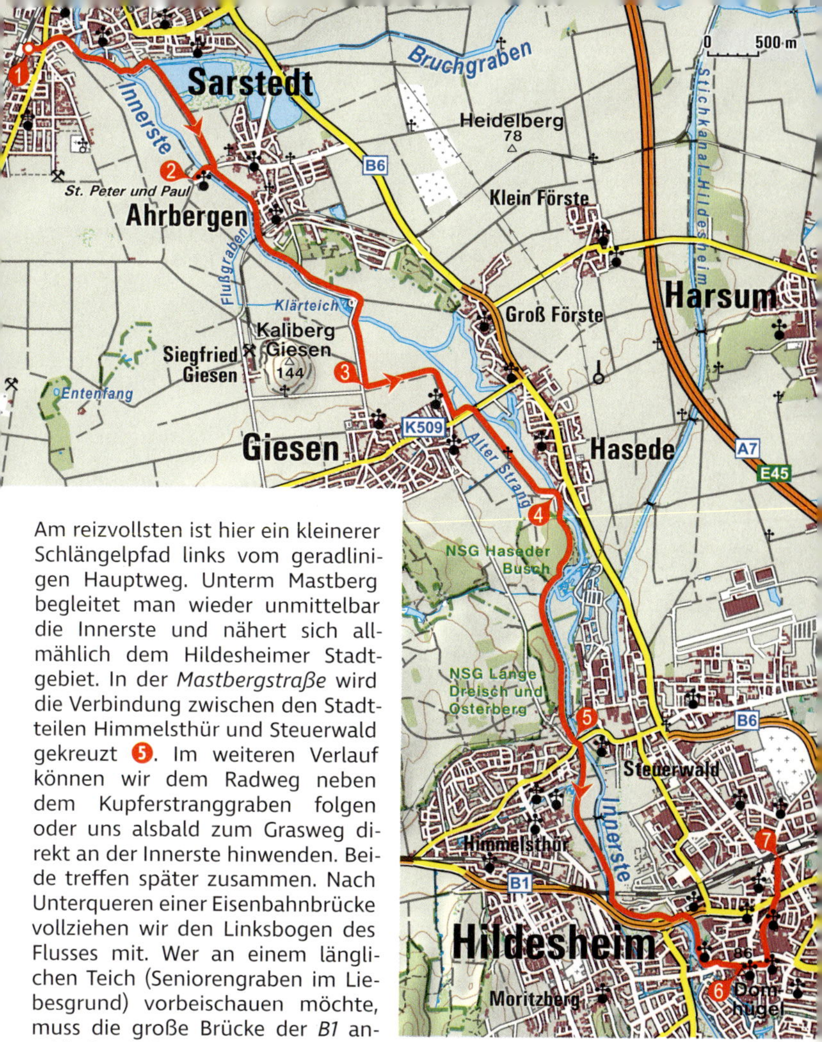

Am reizvollsten ist hier ein kleinerer Schlängelpfad links vom geradlinigen Hauptweg. Unterm Mastberg begleitet man wieder unmittelbar die Innerste und nähert sich allmählich dem Hildesheimer Stadtgebiet. In der *Mastbergstraße* wird die Verbindung zwischen den Stadtteilen Himmelsthür und Steuerwald gekreuzt 5. Im weiteren Verlauf können wir dem Radweg neben dem Kupferstranggraben folgen oder uns alsbald zum Grasweg direkt an der Innerste hinwenden. Beide treffen später zusammen. Nach Unterqueren einer Eisenbahnbrücke vollziehen wir den Linksbogen des Flusses mit. Wer an einem länglichen Teich (Seniorengraben im Liebesgrund) vorbeischauen möchte, muss die große Brücke der *B1* anschließend überschreiten – ansonsten kommt man auch vom Innerste-Radweg her in die Nähe der Insel und zur *Dammstraße*. Nun ostwärts leicht ansteigend zum **Hildesheimer Dom** 6 und via *Kreuzstraße* in die Fußgängerzone. Dort klingt die Wanderung nordwärts Richtung **Hauptbahnhof Hildesheim** 7 aus.

TOP

↗ 120 m | ↘ 120 m | 9.1 km

52 Zum Schloss Marienburg

2.20 h

Rund ums pittoreske Welfenschloss am Schulenburger Berg

Zu den bedeutendsten Kulturgütern der Region Hannover zählt zweifelsohne das Mitte des 19. Jahrhunderts entstandene Schloss Marienburg, in seiner ausgefallenen, pittoresken Architektonik gleichsam ein »Neuschwanstein des Nordens«. Es handelt sich um das Stammschloss der Welfen, die als Adelsgeschlecht seit dem 8. Jahrhundert in Erscheinung traten und in der Hannoveraner Linie im 18. und 19. Jahrhundert zur größten Machtfülle gelangten (nicht zuletzt mit der britischen Thronherrschaft). Warum nicht mal eine geschichtlich interessante Schlossbesichtigung mit einer netten Wanderung verbinden? Auf größtenteils festen Wegen nähern wir uns von Schulenburg her und können retour ganz idyllisch am kurvenreichen Uferstreifen der Leine entlangstromern. Häufig entdeckt man sogar einige Schwäne auf dem Fluss. So kommt nach einer geballten Ladung Kultur auch noch eine Naturkomponente dazu.

Ausgangspunkt: Schulenburg, Bushaltestelle »Mitte« in der Hauptstraße, ca. 75 m. Man kann auch die Haltestellen »Denkmal« bzw. »Kurze Straße« nutzen. Buslinie 300 von Hannover Hbf. über Pattensen nach Eldagsen; außerdem gibt es eine Verbindung von Hildesheim her.

Anforderungen: Zunächst befestigte Feldwege, um die Marienburg teils kleinere Waldpfade (sehr verzweigt, deshalb gewisse Orientierungsgabe vorteilhaft), am Leineufer schließlich Grasweg, der nur bei Nässe nachteilig ist. Relativ kurze Tour.

Einkehr: Restaurant Ammos und Café

Am Fuß des Schulenburger Berges fließt die Leine dahin.

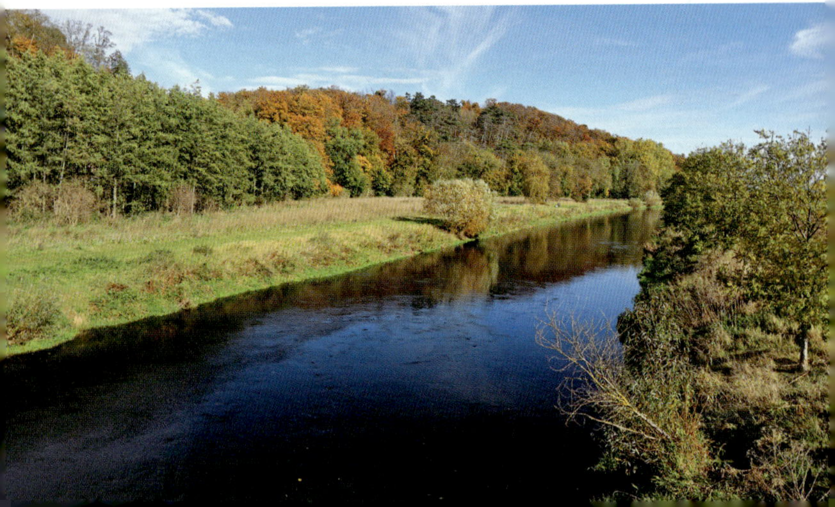

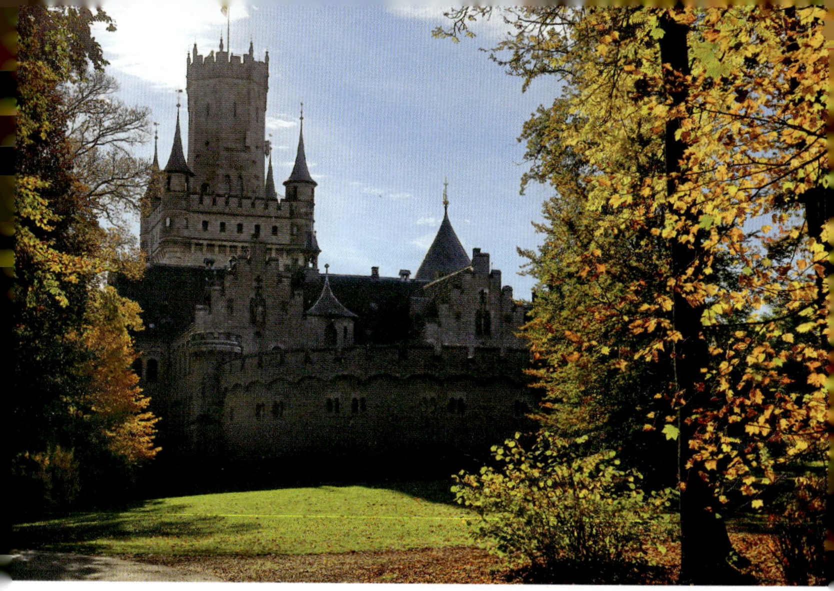

Schloss Marienburg, ein kulturhistorisches Aushängeschild der Region Hannover.

Eis Blume in Schulenburg; Schloss Restaurant Marienburg (Mo/Di geschlossen). **Hinweis:** Schloss Marienburg ist zwischen Anfang März und Anfang November jeweils Di–So von 10 bis 18 Uhr geöffnet, bis Weihnachten noch Mi–So von 11 bis 16 Uhr. Nähere Infos unter www.schloss-marienburg.de. **Variante:** Anstelle des Uferweges kann man auf dem Rückweg auch einem ordentlichen Feldweg folgen (ohne Schleifen sogar kürzer).

In **Schulenburg** ❶ folgen wir zunächst der *Hauptstraße* und biegen dann zu den Sportanlagen im *Osterlandweg* ab, der sich in der Feldmark fortsetzt. Nach einem Rechtsknick kommen wir kurzzeitig auf die Zufahrt zur Marienburg (*Kastanienallee*), rücken aber in der ersten Rechtskurve bereits wieder davon ab, um einen der schönen Waldpfade am Schulenburger Berg zu nutzen. Mit etwas Routeninstinkt (nicht zu weit rechts halten!)

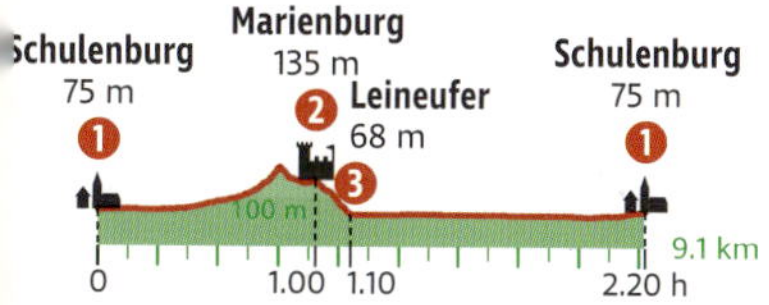

Der Wiesenstreifen entlang der Leine lässt sich gut begehen.

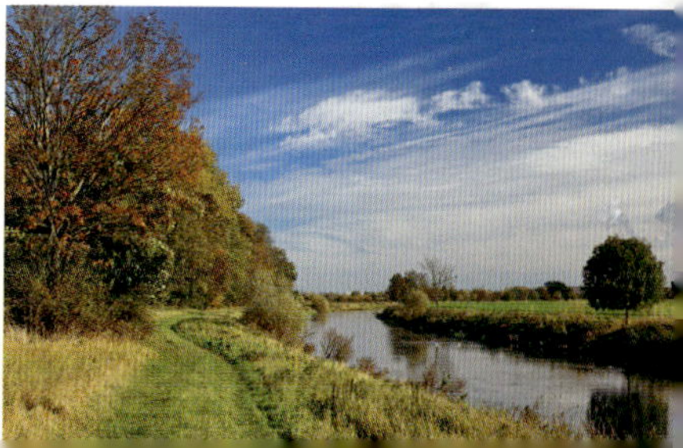

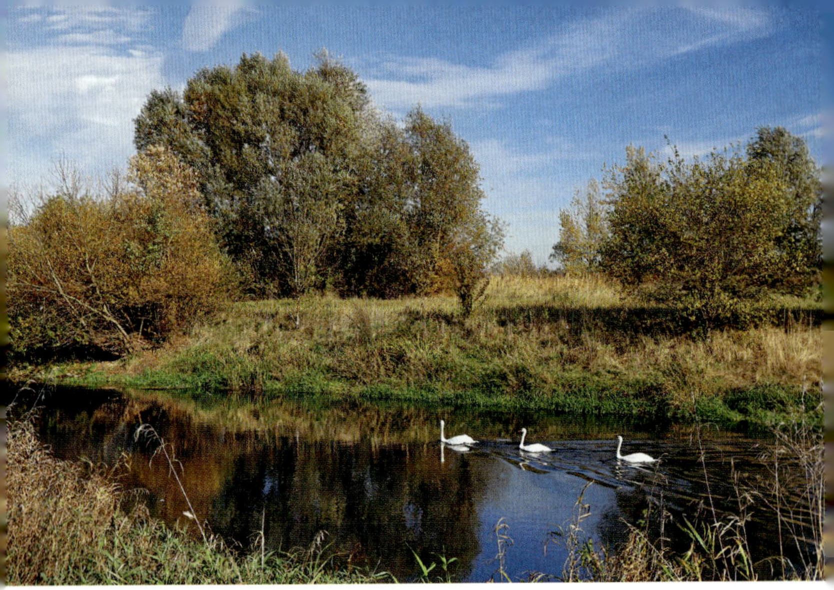

Drei Schwäne auf der Leine zwischen Nordstemmen und Schulenburg.

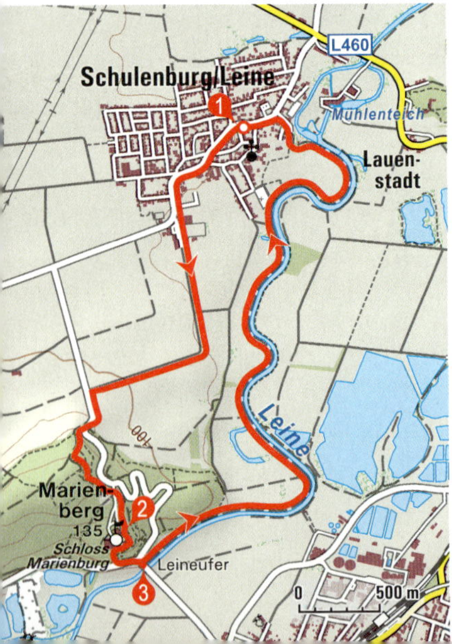

stoßen wir auf den Besucherparkplatz und stehen wenige Minuten später vor dem **Schloss Marienburg** ❷. Wenn wir die Außenmauern links (kürzer) oder rechts passieren, landen wir auf einem Zickzackweg im Gehölz des Südhanges, der rasch zur *Marienbergstraße* abfällt. Direkt vor der Brücke orientiert man sich zum **Leineufer** ❸, das in seinem gewundenen Verlauf bis zurück nach Schulenburg abgelaufen werden kann. Dabei geht es anfangs ostwärts und nach der ersten großen Biegung in Grundrichtung Nord, ohne weitere Hindernisse stets auf grasigem Traktorweg. Auch die letzte Schleife können wir noch ausgehen, bevor wir uns via *Am Anger* wieder in der *Schulenburger Hauptstraße* ❶ einfinden.

↗ 380 m | ↘ 380 m | 16.4 km

4.10 h

Über den Ahrensberg im Osterwald 53

Von Mehle zu den Klöstern Wülfinghausen und Wittenburg

Diese Leinebergland-Wanderung westlich von Elze verläuft etwa zur Hälfte im Randbereich des Osterwaldes, wo der Ahrensberg überschritten wird, im zweiten Teil dann durch die angrenzende Feldmark, wo zwei kulturelle Besonderheiten das Interesse auf sich ziehen: die Klosterkirchen von Wülfinghausen und Wittenburg. Beide bestehen seit dem Mittelalter (13. bzw. 14. Jahrhundert). Der reizvollste Fleck auf dieser Tour befindet sich allerdings am Weißen Stein, den der Unaufmerksame sogar leicht verfehlen könnte. An der Abbruchkante öffnet sich ein tolles Panorama über die Leineniederung bis zum Hildesheimer Wald.

Ausgangspunkt: Mehle, 95 m. Parkmöglichkeit in der Alten Poststraße, nahe dem Abzweig nach Sehlde. Buslinien 66 bzw. 502 vom Bahnhof Elze (dorthin von Hannover mit dem Metronom).
Anforderungen: Zu Beginn längere Steigung auf Forststraßen, später kurzzeitig ein steil abfallender Pfad, ab Wülfinghausen mehrheitlich befestigte Wege in offener Feldflur. Fast nirgends beschildert oder markiert, somit solide Orientierungsgabe angezeigt. Konditionell schon relativ anspruchsvoll.
Einkehr: Café am Waldkater; Schökels Hotel & Restaurant in Mehle.
Variante: Vom Ahrensberg gelangt man in gut 20 Min. zur Sennhütte inmitten des Osterwaldes (vgl. Tour 54).

Dieser Fleck ist Insidern als »Weißer Stein« bekannt.

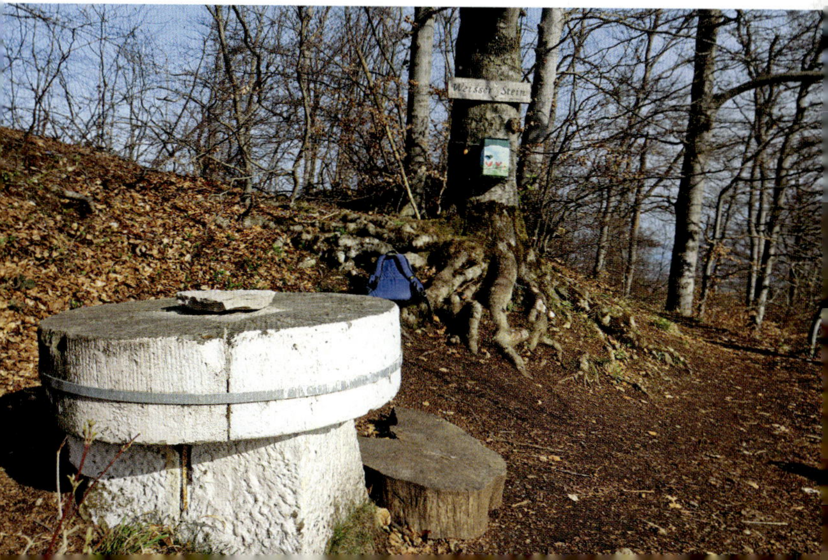

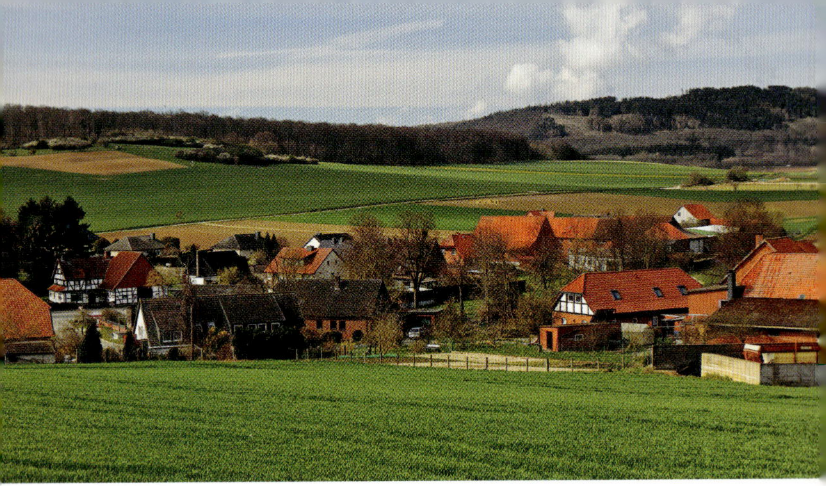

Das Dorf Wittenburg schmiegt sich in die Geländewellen des nördlichen Leineberglands.

Wir verlassen **Mehle** ❶ über die *Alte Poststraße* in Richtung Benstorf, folgen außerorts zunächst dem Radweg und überschreiten unmittelbar bei der Einmündung die *B1*. Direkt gegenüber zieht ein geteerter Flurweg geradewegs zum Wald empor und geht dort in eine Forststraße über. Das Bergauf hält noch eine ganze Weile an, bis wir nach einigen Kurven auf die Höhen am **Ahrensberg** gelangen. Mit einem kurzen, weglosen Abstecher nach rechts kann man rasch sogar die freigeschlagene höchste Kuppe ❷, ca. 370 m, besuchen. Ein paar Gehminuten später schwenken wir markant nach rechts und haben jetzt vorübergehend einen unbefestigten Waldweg unter den Sohlen, dann sogar einen schmalen Pfad, der uns zur veblüffenden Aussichtskanzel am **Weißen Stein** ❸ bringt. Nach sehr steilem Abstieg landet man wieder auf einer größeren Forststraße, die im Abwärtsbogen um einen Steinbruch führt. Bei der T-Kreuzung gehen wir rechts weiter und nach gut 400 Metern scharf links. Damit kommen wir hinunter zum Waldrand bei Wülfinghausen. Wer nicht im ein Stück nördlich gelegenen

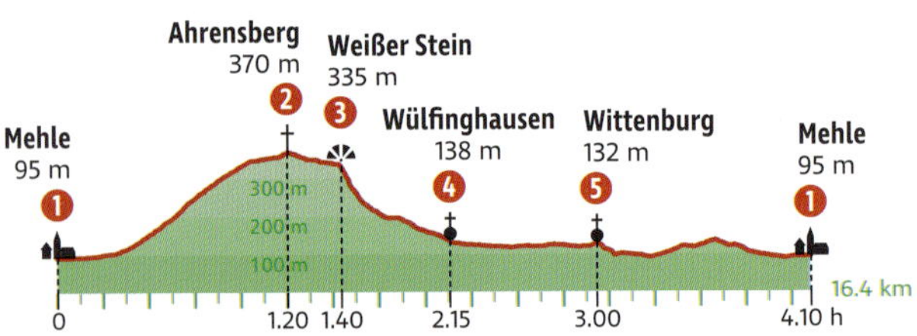

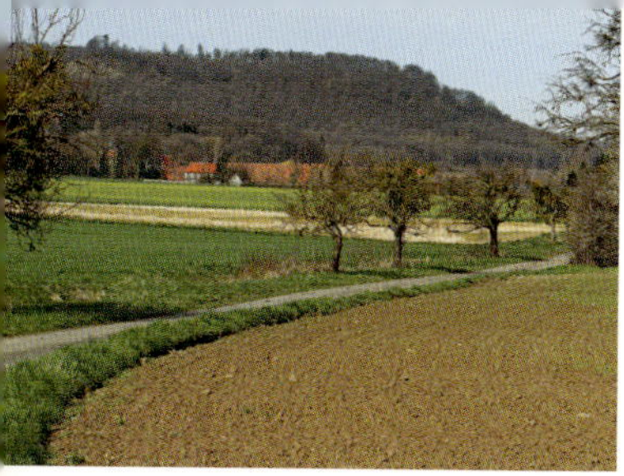

Auf der Ostseite des Osterwaldes liegt der kleine Klosterort Wülfinghausen.

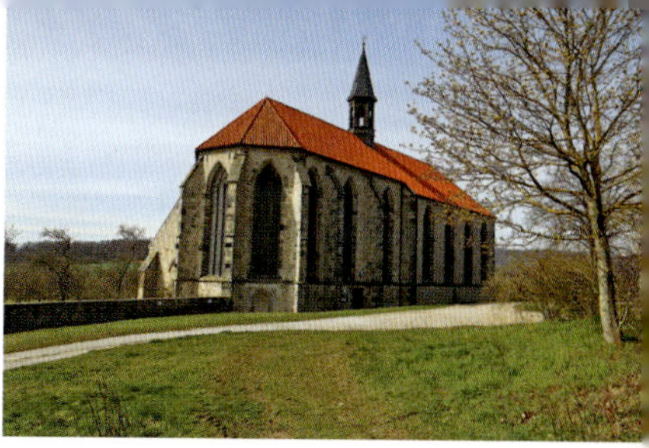

Auf freiem Hangrücken thront die Klosterkirche Wittenburg.

Café am Waldkater Station machen möchte, kann auf einem kleinen Pfad neben der Mauer direkt zum Klostergut **Wülfinghausen** ❹ abkürzen. Nun schlagen wir die *K207* Richtung Boitzum ein und in Kürze den schräg nach rechts abzweigenden, breiten Feldweg, der am Steinbrink südlich vorbeizieht. Man kommt auf die *K502* zwischen Boitzum und Wittenburg und wandert dann natürlich zur weithin sichtbaren **Klosterkirche Wittenburg** ❺ hinauf. Sie thront malerisch auf dem terrassenartig abdachenden Ausläufer der Finie. Von dort südwärts hinab wieder zur Durchgangsstraße (die nach Sorsum weiterführt) und wenige Meter links versetzt auf den nächsten Flurweg. Jetzt geht es verwinkelt und allmählich etwas ansteigend dem Limberg entgegen, wobei zwischendurch eine Asphaltstraße gekreuzt wird. Schließlich an der Flanke des Limbergs entlang in die offene Flur um **Mehle**, am Sportplatz vorbei ins Dorf und durch die *Bruchstraße* und die *Wiedfeldstraße* zurück zum Ausgangspunkt ❶.

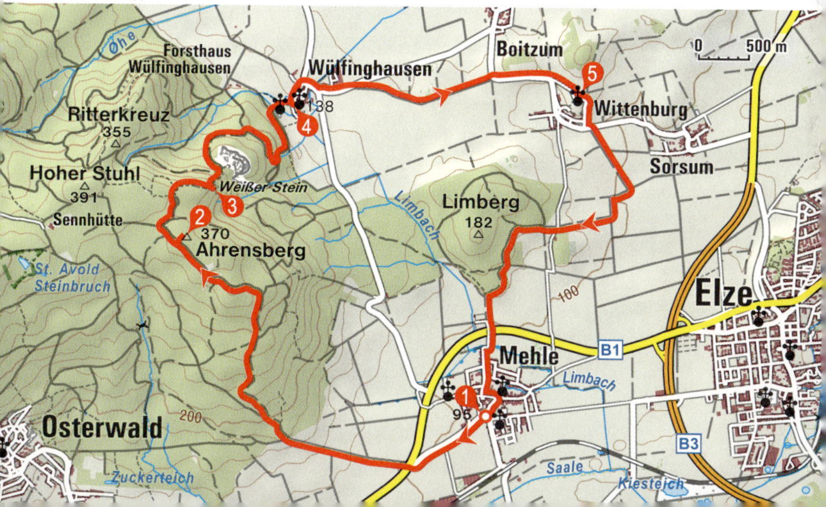

↗ 530 m | ↘ 540 m | 20.7 km

54 Kleiner Deister und Osterwald

5.30 h

Von Springe über den Kansteinweg

Im Leinebergland südlich von Springe lassen sich die Höhenzüge des Kleinen Deisters und des Osterwaldes praktisch nahtlos nacheinander überschreiten. Dabei können wir uns gut an der Markierung des Kansteinweges orientieren, der insgesamt von Hannover nach Alfeld führt. Kennzeichnend sind die dichten Buchenforste. Im Kleinen Deister kommt als Besonderheit die Geschichte als königliches Hofjagdrevier dazu (die zu diesen Zwecken errichtete, 16 Kilometer lange Steinmauer gilt als längstes Denkmal Niedersachsens), während im benachbarten Osterwald der Bergbau eine Tradition besaß (Steinkohle sowie Kalk- und Sandstein).

Ausgangspunkt: Bahnhof Springe, ca. 117 m, an der S5 zwischen Hannover und Hameln.
Endpunkt: Bahnhof Osterwald in Oldendorf, ca. 105 m; Haltepunkt auf der Linie zwischen Löhne und Hildesheim (in Elze Anschluss an den Metronom nach Hannover).

Beim Abstieg nach Holzmühle, wo etwa die halbe Strecke geschafft ist.

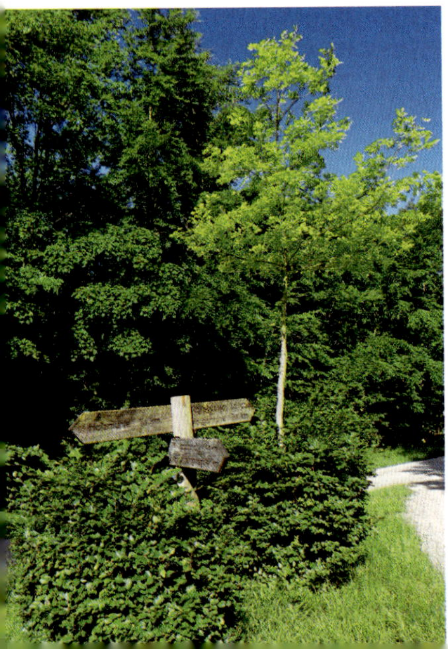

Anforderungen: Überwiegend breite Forstwege am zuverlässig markierten Kansteinweg (weißes Dreieck auf schwarzem Grund), im Bereich des Kleinen Deisters abweichend davon vorübergehend schmaler Naturpfad. Überdurchschnittliche Strecke und Höhenunterschiede, entsprechende Ausdauer notwendig.
Einkehr: Diverse in der Innenstadt von Springe; Waldhotel Zur Holzmühle; Stuckis Sennhütte (Di und Do Ruhetag); Steigerklause und Café Zauberquell in Osterwald, Pizzeria Adria am Bahnhof.
Variante: Auch am Kleinen Deister durchgängig dem Kansteinweg folgen, d.h. zunächst unterhalb der Kammlinie entlang.
Tipp: Besucherbergwerk Hüttenstollen in Osterwald, geöffnet Mi 14–18 Uhr und So 11–17 Uhr.

In **Springe** ❶ anfangs durch die *Bahnhofstraße*, im *Niederntor* Richtung Fußgängerzone abzweigend, an der Andreaskirche vorbei südwärts zur Schnellstraße (*B217*) und allmählich aus der Stadt heraus. In der *Eldagsener Straße* achten wir

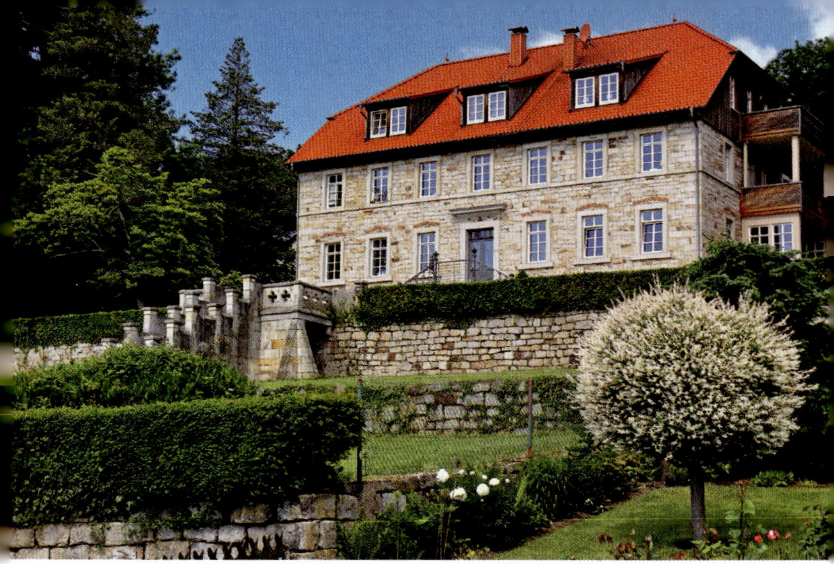

Gegen Ende lässt sich ein Besuch des einstigen Bergwerks in Osterwald einbinden.

auf den Rechtsabzweig des Kansteinweges. Am *Burgberg* geht es nun rasch in den Wald, wo wir nach einer Weile in das mit einer Sandsteinmauer abgegrenzte Areal des Sauparks eintreten. Wo der Zugang vom Jagdschloss Springe heraufkommt ❷, sei empfohlen, sich vom Kansteinweg vorübergehend auszuklinken und schräg rechts die Kammhöhe zu ersteigen, um hier einem interessanteren, etwas verschlungenen Naturpfad zu folgen. Nach Kreuzen einer weiteren Forststraße geht es über den Burgberg dahin und zum **Wilhelmsblick** ❸, wo sich ein herrliches Aussichtsfenster öffnet. Kurze Zeit später treffen wir wieder auf den Kansteinweg, der als breiter Wirtschaftsweg in Südostrichtung die Wolfsköpfe passiert und dahinter allmählich abfällt. Bei einer Gabelung achten wir auf den Hinweis »Holzmühle« und gelangen hinunter zur *Coppenbrüggener Straße (L422)*. Ein paar

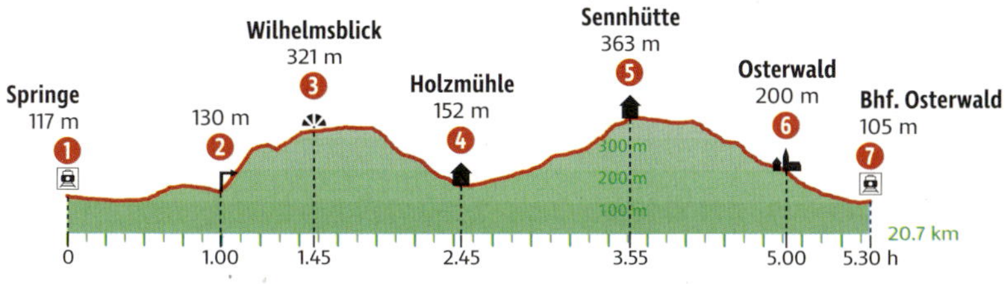

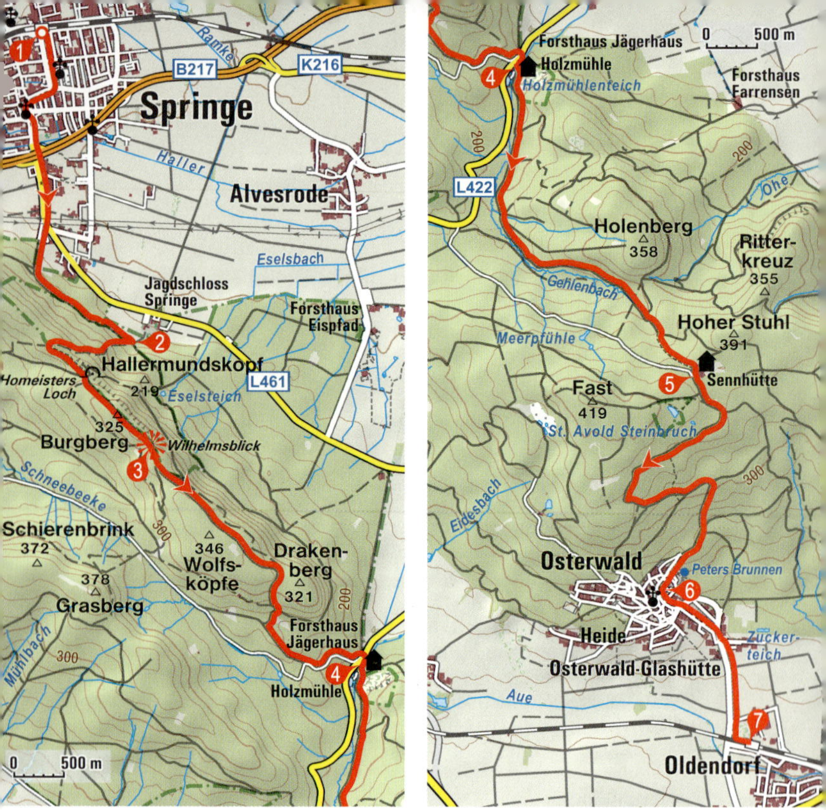

Schritte nach rechts versetzt liegt das Hotel Zur **Holzmühle** 4, 152 m. Unmittelbar davor schlagen wir den Forstweg ein, halten uns bei der nächsten Gabelung rechts und wandern nun für geraume Zeit durchs Gehlenbachtal aufwärts. Auch die **Sennhütte** 5, 363 m, ist bereits ausgeschildert, doch dauert es eine gute Stunde, bis wir dort oben ankommen (man beachte den Rechtsabzweig auf einen unbefestigten Weg im letzten Teil des Aufstiegs). Auf der Südseite des Osterwaldes vollzieht unser Kansteinweg dann einige ausschweifende Schleifen und führt schließlich ins hübsche Hangdorf **Osterwald** 6 hinab. Dort geht es zuerst im *Steigerbrink*, nach Verlassen unseres gewohnten »Dreiecks« dann im *Schwarzen Weg* bergab. Unser Ziel ist nämlich der **Bahnhof Osterwald** 7, der sich eigentlich in Oldendorf befindet und zuletzt über den Radweg entlang der Straße erreicht wird.

4.10 h

Von Coppenbrügge zum Ith-Turm

Abenteurliche Klippentour im Weserbergland

Der schmale Schichtkamm des Ith im östlichen Weserbergland gilt als der längste Klippenzug Norddeutschlands. Inmitten der dichten Buchenwälder lassen sich einige skurrile Felsformationen entdecken. Der Aufstieg zum Kammweg – vorbei an Teufelsküche und Fahnenstein – zählt zu den steilsten Passagen aller Touren in diesem Führer. Oben sind wir dann auf lauschigem Pfad unterwegs und steuern den Aussichtsturm auf dem Krüllbrink, am höchsten Punkt des Ith, an. Um eine Rundtour zu basteln, steigen wir anschließend ein gutes Stück Richtung Lauenstein ab und überschreiten schließlich den Coppenbrügger Pass zurück zum Ausgangspunkt.

Ausgangspunkt: Bahnhof Coppenbrügge, ca. 145 m, an der Strecke Hildesheim – Löhne (Start Niedersachsen Mitte). Von Hannover mit Umsteigen über Elze (Metronom) oder über Hameln (S5) erreichbar. Bei Anreise mit dem Auto empfiehlt sich ein Start beim Hotel Felsenkeller.
Anforderungen: Häufig schmale Naturpfade, im Aufstieg über die Teufelsküche zum Kammweg ungewöhnlich steil und sogar etwas Trittsicherheit erforderlich. Im letzten Drittel meist breite Forstwege. Größtenteils ausreichend beschildert. Durchschnittliche Distanz, aber angesichts der Höhenunterschiede gute Kondition angezeigt.
Einkehr: Imbiss am Bahnhof, Felsenkeller, Bulut und Jägerkrug (alle in Coppenbrügge).
Variante: Etwas kürzerer Aufstieg zur Felsformation Adam & Eva über den Ith-Hils-Weg (ebenfalls steil).

Vom Bahnhof in **Coppenbrügge** ❶ geht es zunächst ortseinwärts, dann rechts in die *Ithstraße* und geradeaus in den *Felsenkeller*, wo sich ein Bad und etwas weiter oben ein Hotel befinden. Von dort hinauf zum Waldrand, wo wir auf den Ith-Hils-Weg stoßen. Anstatt aber diesem zu folgen, halten

Einsame Weidelichtung auf der Ostseite des Ith.

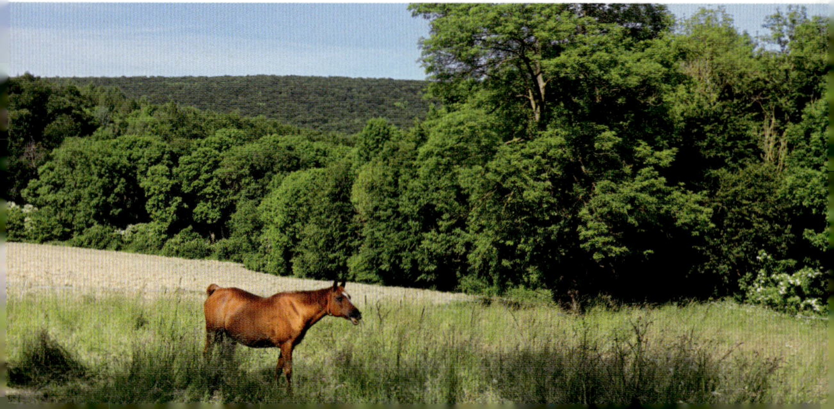

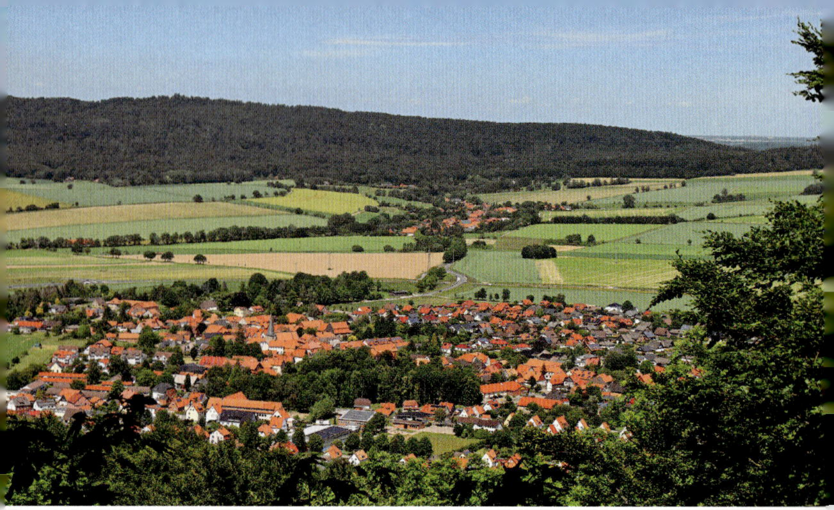

Schöner Rückblick auf Coppenbrügge.

Hier stehen Adam & Eva versteinert im dichten Buchenwald.

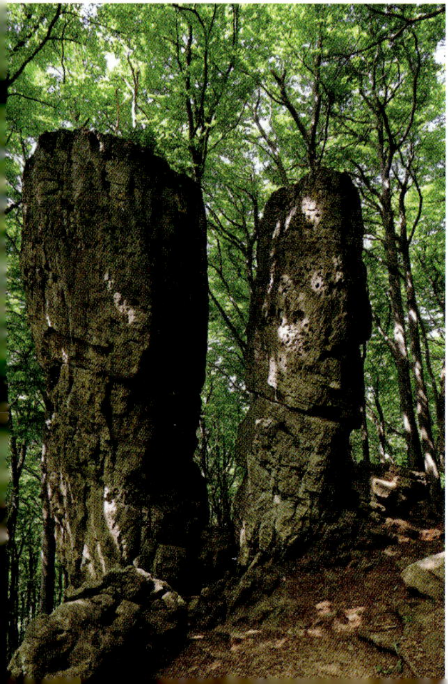

wir uns mehr links, treten ins Naturschutzgebiet Saubrink-Oberberg ein und wählen den zunehmend steilen Pfad an der geheimnisumwitterten **Teufelsküche** ❷ sowie dem **Fahnenstein** (mit Aussicht auf Coppenbrügge) vorbei. Damit schließen wir allmählich zum Ithkamm auf und haben nun eine ganze Weile nur noch moderate Höhenunterschiede vor uns. Wo der Ith-Hils-Weg dazukommt, befindet sich das berühmte Felsenduo **»Adam & Eva«** ❸ knapp unterhalb. Weitere Klippen liegen stets nah zur Rechten, am markantesten am Mönchsstein, während die linke Seite mäßig steil abdacht. Der schmale Kammpfad schlängelt sich durchs urwüchsige Gelände und bringt uns schließlich zum **Ith-Turm** ❹ auf dem **Krüllbrink**, 439 m. Nun nicht weiter mit dem Kammweg gen Süden, sondern auf dem diagonal abfallenden Weg Richtung

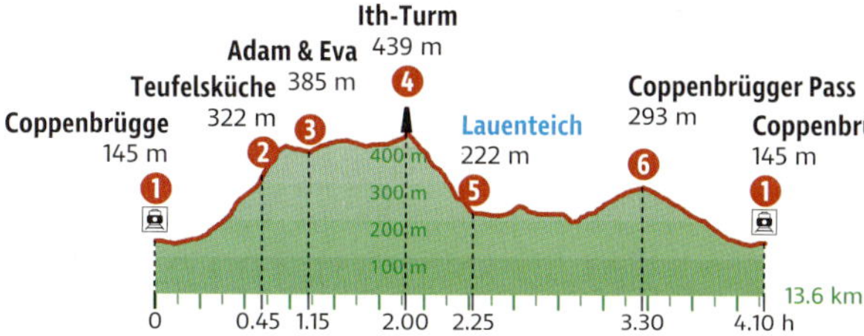

Lauenstein. Zweimal werden Forststraßen gekreuzt – bei der dritten gehen wir links und erreichen in Kürze den versteckten **Lauenteich** 5, indem wir auf einen etwas unscheinbaren Pfadabzweig achten. Die kleine Querverbindung leitet zu einem anderen Forstweg; dort kurz bergwärts, aber gleich wieder nach rechts und auf schönem Naturweg mittels Linksbogen um einen Geländerücken herum. Wo wir erneut auf einen breiten Wirtschaftsweg stoßen, tauchen das Symbol des Kansteinweges sowie das Kürzel SA1 auf. Damit nun zu einer ausgedehnten Freifläche, die nordwärts Richtung **Stieghagen** (»14 Eichen«) durchquert wird. Nach einem Gefälle gabelt sich der Weg bei P. 194. Wir orientieren uns links bergauf und gewinnen mit einigen Schleifen den **Coppenbrügger Pass** 6. Jenseits schräg abwärts zur Verbindung mit dem (von Lauenstein kommenden) Ith-Hils-Weg, aus dem wir uns aber rasch nach rechts ausklinken. Wer abschließend zum Felsenkeller möchte, muss am Waldrand links hinüberqueren, ansonsten geht es für uns in die *Ithstraße* hinab und zurück zum Bahnhof **Coppenbrügge** 1.

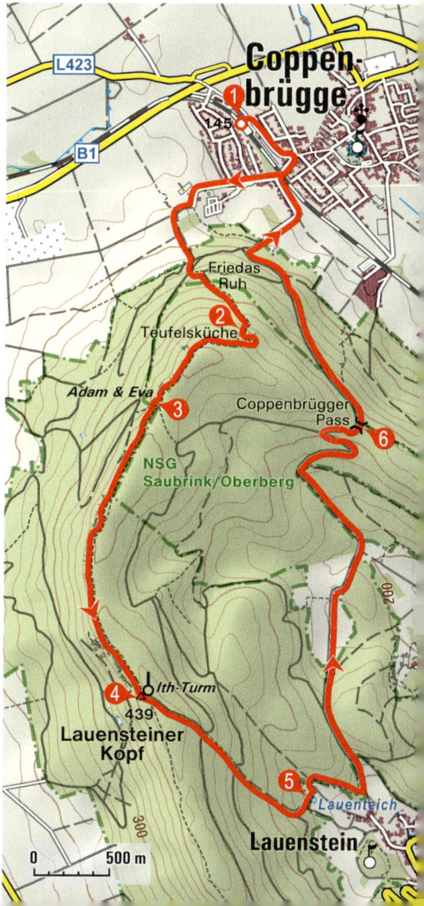

↗ 600 m | ↘ 600 m | 22.5 km

56 Über Külf und Duinger Berg

6.00 h

Lange Runde auf pfiffigen Kammpfaden

Links der Leine erstreckt sich der schmale Höhenzug des Külf, quasi eine Reihe weiter westlich der Duinger Berg. Der Vorschlag, beide im Rahmen einer ausgedehnten Rundtour zu kombinieren, richtet sich vornehmlich an geübte, ausdauernde Wanderer. Wir nutzen dabei die reizvollen Routen entlang der Scheitellinien, was sich am Külf ohnehin aufdrängt und streckenweise als ganz schön urwüchsig erweist: fast schon ein Schleichpfad. Nach einer zwischenzeitlichen Talstrecke bei Brunkensen empfiehlt es sich, am Duinger Berg dem gut signalisierten Ith-Hils-Weg zu folgen – auch hier weithin auf naturbelassenen Routen, die aber meist mehr »Beinfreiheit« belassen als am Külf. Nachdem das Gros der Tour aussichtsmäßig eher eingeschränkt in dichteren Wäldern verlief, erwartet uns gegen Ende mit dem Ausblick vom »Leinebergland-Balkon« ein Highlight.

Ausgangspunkt: Delnsen, ca. 120 m, in der Gemeinde des Fleckens Eime. Per Bus teils etwas umständlich von den Bahnhöfen Elze und Alfeld erreichbar. Parken nach Augenschein in den Ortsstraßen.
Anforderungen: Am Külf schmaler Kammpfad, nicht bezeichnet und im südlichen Teil abschnittsweise etwas verwachsen. Grundlegendes Orientierungsvermögen auch zwischen Brünighausen und Brunkensen vorteilhaft. Anschließend gut markierte Strecke auf dem Ith-Hils-Weg, über den Duinger Berg auf tendenziell komfortableren Forststraßen

Blick auf Lütgenholzen mit dem Duinger Berg im Hintergrund.

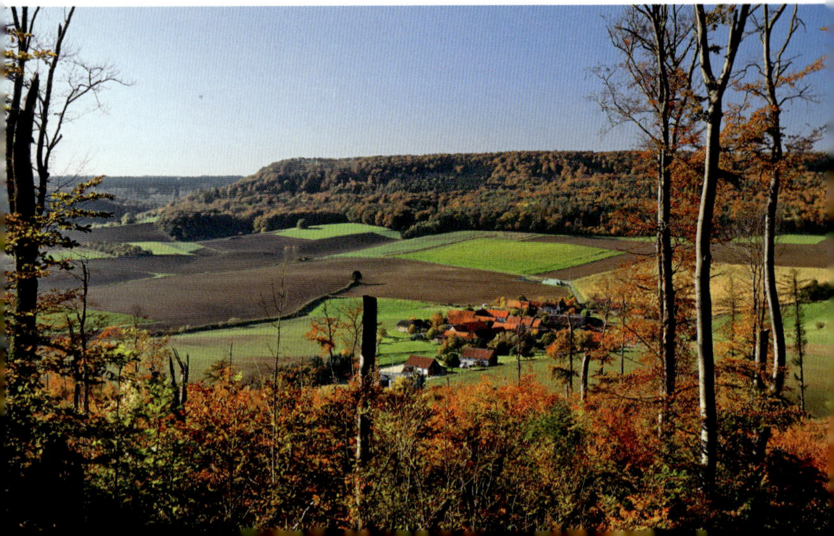

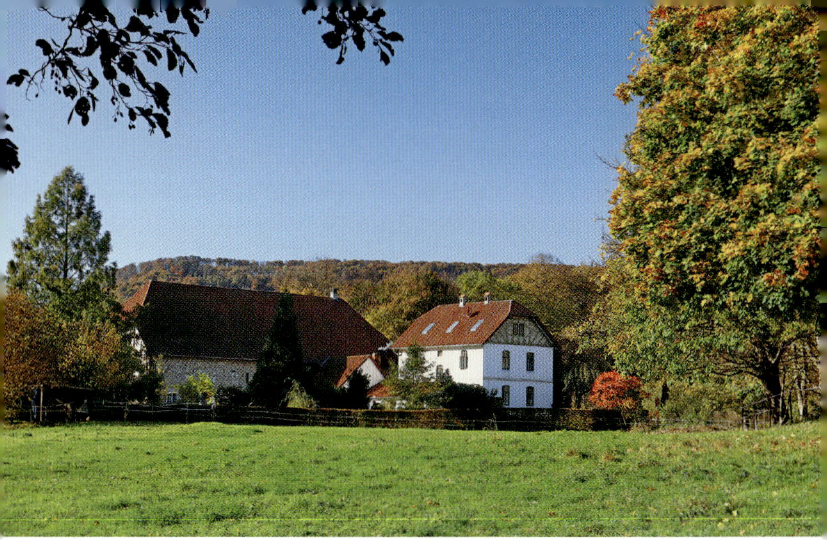

Bei Brünighausen kommen wir vorübergehend in die Talsohle.

und Waldwegen. Das Finale verläuft in der offenen Feldmark. Solide Ausdauer für eine volle Tagestour notwendig, dabei einiges an Auf und Ab.
Einkehr: Pötchen Peine und Räuber Lippoldskrug (beide in Brunkensen).

Variante: Eine praktikable Abkürzung der Tour bietet sich nicht an – man kann jedoch Külf und Duinger Berg getrennt voneinander begehen (ggf. von Eime nach Brunkensen und von dort nach Marienhagen).

In **Deinsen** ❶ gehen wir aus der *Langen Straße* in die *Kirchstraße* und weiter *Am Thie* zur kleinen Akebeke. Unter dem *Külf* wenden wir uns zuerst nach links und dann Richtung Waldrand, wo ein Ehrendenkmal steht. Die Route erreicht rasch die Kammhöhe, wo wir rechter Hand nicht den Forstweg, sondern ein paar Schritte weiter den kleineren Pfad einschlagen. Noch etwas Höhengewinn und wir stehen am **Cölleturm** ❷, 234 m, der zumindest ostseitig etwas Aussicht gewährt. Eine ganze Weile schlängelt sich unser Pfad nun in leichtem Auf und Ab entlang der Scheitellinie des

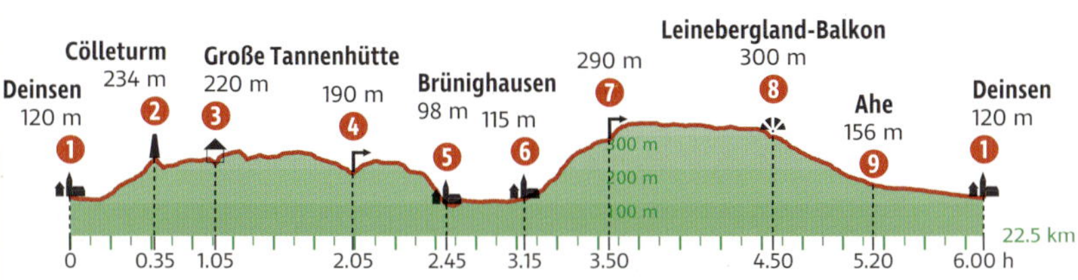

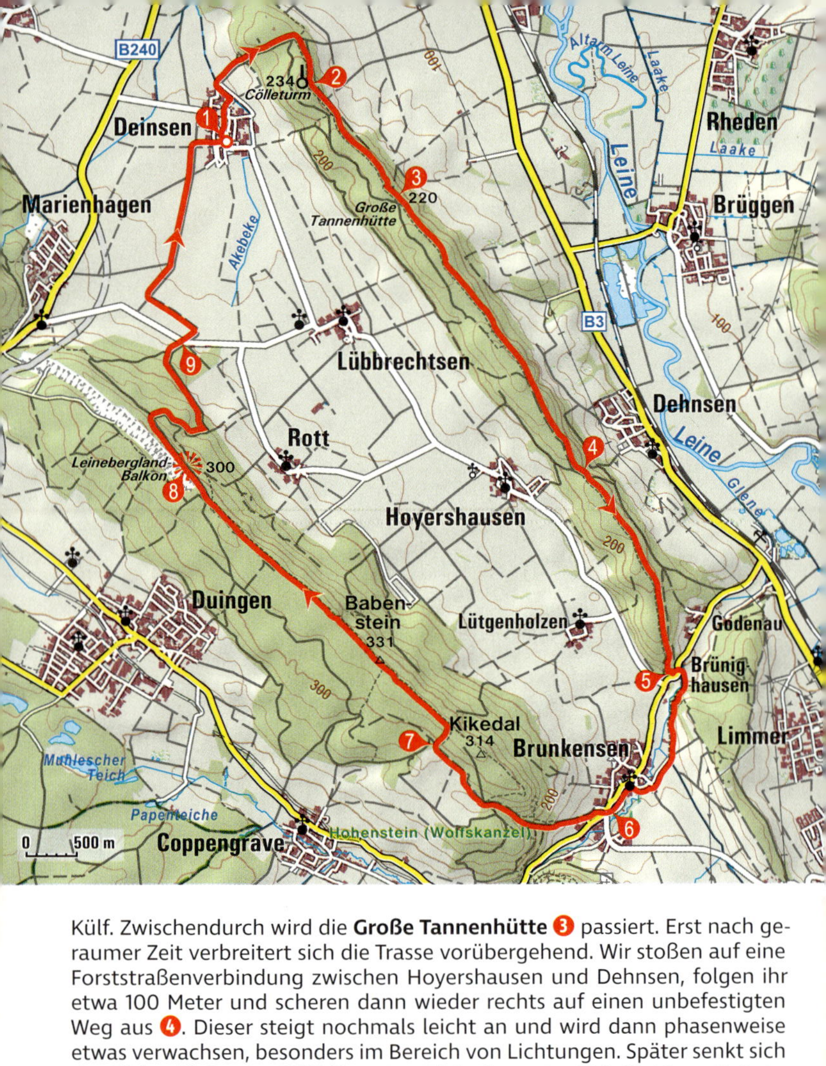

Külf. Zwischendurch wird die **Große Tannenhütte** ❸ passiert. Erst nach geraumer Zeit verbreitert sich die Trasse vorübergehend. Wir stoßen auf eine Forststraßenverbindung zwischen Hoyershausen und Dehnsen, folgen ihr etwa 100 Meter und scheren dann wieder rechts auf einen unbefestigten Weg aus ❹. Dieser steigt nochmals leicht an und wird dann phasenweise etwas verwachsen, besonders im Bereich von Lichtungen. Später senkt sich der Südausläufer des Külf über den Bäckerberg deutlich Richtung **Brünighausen** ❺ ab.

Bei der kleinen Siedlung zunächst links zur Kreisstraße und sofort wieder rechts auf einem Trampelpfad zwischen der Weide und der Glene entlang.

Der Bach wird in Kürze überschritten. Eine kleine Spur schmiegt sich kurzzeitig vorteilhaft an den Steilhang (vorsichtig gehen!), ehe uns ein Flurweg am Rande einiger Weiden nach **Brunkensen** bringt. Hier erneut über die Glene hinweg zur Kirche, dann durch die *Glenetalstraße* bis zur Haltestelle Ortsmitte 6 und dort rechts hoch in die *Hohensteinstraße*. Wir tauchen in den Wald ein, wo kurz hinter der Humberghütte der Ith-Hils-Weg aufgenommen wird. Nach einer längeren Steigung begleiten wir eine große Freifläche mit Windrädern und achten am Ende auf den Rechtsabzweig 7. Bis zur Kammlinie des Duinger Berges werden jetzt noch ein paar Höhenmeter gewonnen – im weiteren Verlauf folgen wir dieser für längere Zeit mit geringen Höhenunterschieden auf reizvollem Naturpfad. Später trifft man auf eine Forststraße und gelangt damit zunächst zum **Leinebergland-Balkon** 8, einem großartigen Rastpunkt mit Aussicht. Rund 600 Meter dahinter trennen wir uns mit einer markanten Rechtskurve der Forststraße vom geradeaus weiterführenden Ith-Hils-Weg. Nach wie vor leicht fallend vollziehen wir einige Richtungswechsel, kreuzen bei **Ahe** 9 die *K429* und setzen unsere Tour auf einem Feldweg fort. Nach einem Linksknick und einer T-Kreuzung nach rechts nehmen wir schließlich Kurs auf **Deinsen** 1, wo sich an den Sportplätzen vorbei die Runde vollendet.

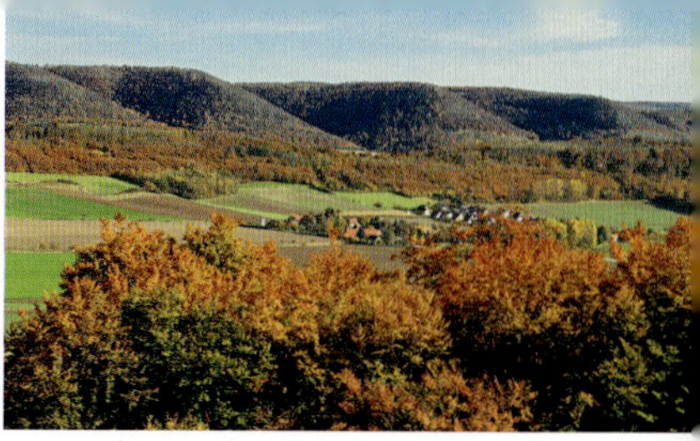

Der »Leineberglandbalkon« macht seinem Namen alle Ehre.

Herbstliche Weiden bei Brunkensen.

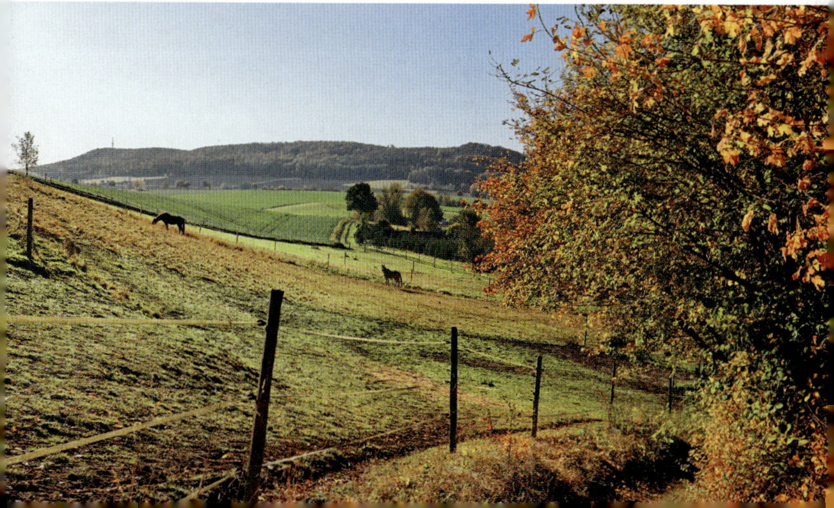

↗ 360 m | ↘ 360 m | 11.3 km

57 Von Grünenplan zum Raabeturm

3.15 h

Mittelgebirgstour im Hils

Im Übergangsbereich vom Weser- zum Leinebergland zählt der Hils zu den topografisch besonders interessanten Höhenzügen. Schon im gut aufgelösten Satellitenbild verrät er sich als verzerrtes Oval mit steiler Schichtstufe gegen Norden und Westen sowie der nach Osten offenen Hilsmulde, in die der traditionsreiche Glasmacherort Grünenplan eingebettet liegt. Attraktivstes Wanderziel im Hils ist fraglos der Wilhelm-Raabe-Turm am Großen Sohl. Höher hinaus kommt man im gesamten Gebiet dieses Tourenführers nicht mehr – das Panorama vom stählernen Aussichtsturm ist gigantisch und reicht bei klarem Wetter bis zum Brocken im Harz und weit jenseits der Weser. In näherer Umgebung das verschachtelte Relief mit Höhenzügen wie Ith, Vogler und Selter. Allerdings verlangt die Ersteigung des etwa 15 Meter hohen, luftigen Turms durchaus eine Portion Mut!

Ausgangspunkt: Grünenplan, ca. 185 m, beim Glasmuseum in der Straße »Am Park«, kurz von der Unteren Hilsstraße abzweigend. Nächste Bushaltestelle »Grünenplan Post« (Linie 63 vom Bahnhof Alfeld, im Anschluss vom Metronom aus Richtung Hannover).

Anforderungen: Zum größeren Teil naturbelassene Wege, dabei auch recht steile Abschnitte. In Summe recht gut markiert; beim wichtigen Abzweig zum Glasebachteich fehlt allerdings ein Hinweis. Nicht sehr lange Tour, wegen des Höhenunterschieds dennoch solide Aus-

Farbenprächtige Schwertlilien (Iris).

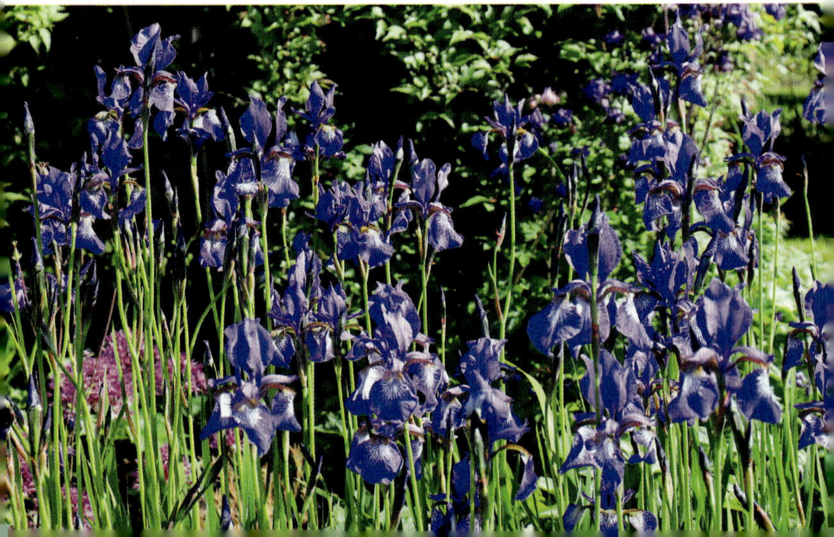

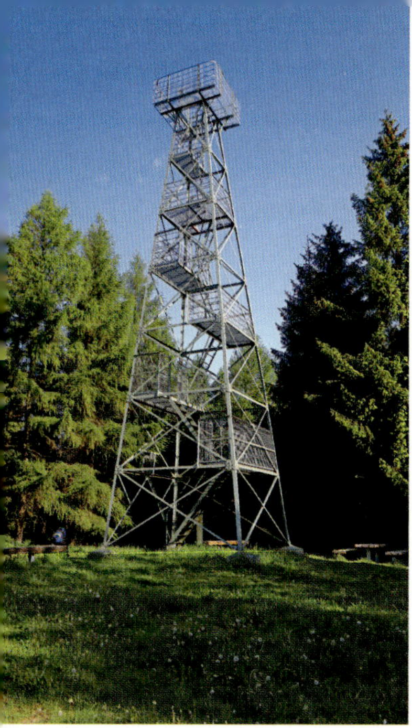

Nur für Schwindelfreie: der stählerne Raabeturm.

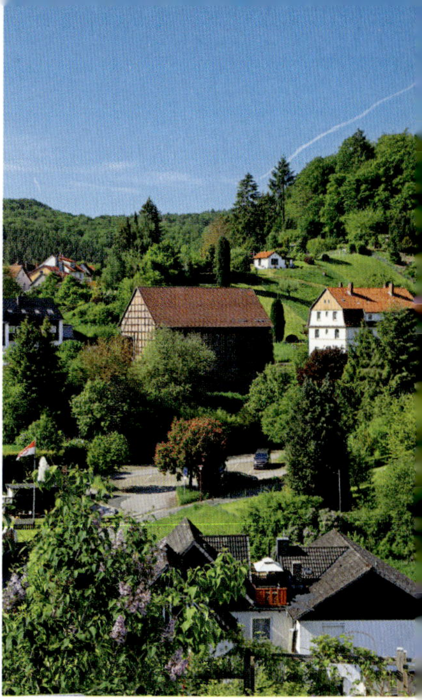

Szenerie in Grünenplan gegen Ende der Wanderung.

dauer nötig.
Einkehr: Gasthof Roter Fuchs (meist nur am Wochenende geöffnet); in Grünenplan Lampes Posthotel, Restaurant Im Hils, Dellio Grillhaus, Café Biel sowie Bergcafé.
Variante: Beim Roten Fuchs die Straße überqueren und dann via Lutherplatz zurück nach Grünenplan.
Tipp: Wer sich für den insgesamt 80 Kilometer langen Ith-Hils-Weg interessiert, kann den kompletten Verlauf im Rother-Wanderführer »Südniedersachsen« studieren. Ein großartiger Weitwanderweg!

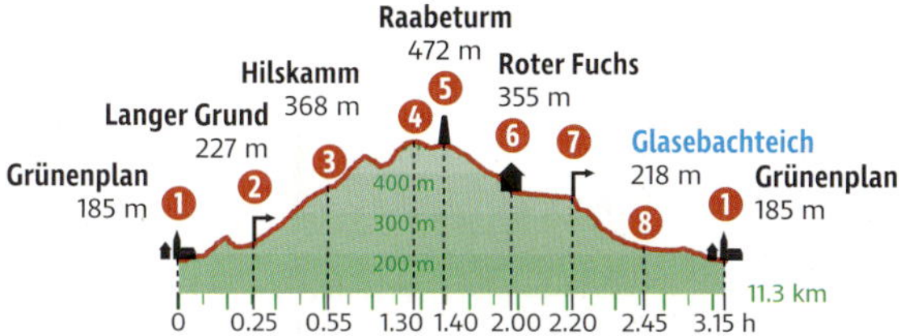

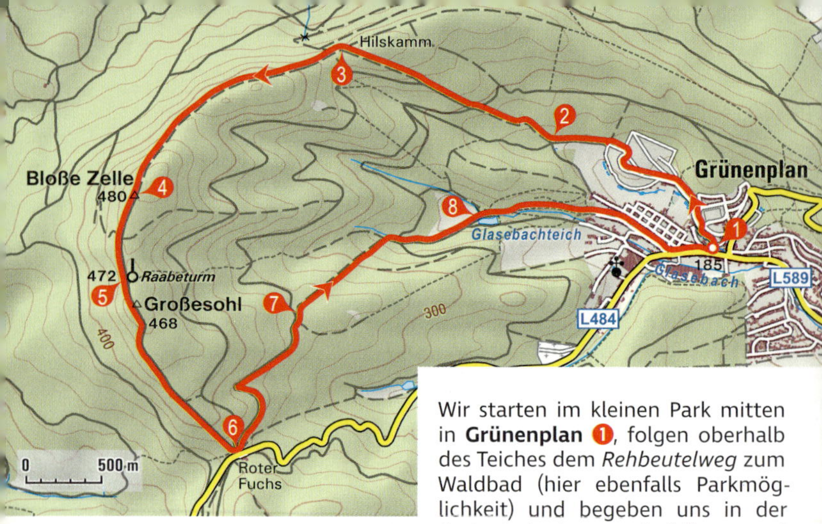

Wir starten im kleinen Park mitten in **Grünenplan** ❶, folgen oberhalb des Teiches dem *Rehbeutelweg* zum Waldbad (hier ebenfalls Parkmöglichkeit) und begeben uns in der Gartenkolonie am Apfelberg aufwärts. Auf den Hinweis »Bergweg« achtend kurz abwärts und zum Forstweg im **Langen Grund**, den man an jener Stelle verlässt, wo der zuverlässig markierte Ith-Hils-Weg kreuzt ❷. Mit diesem geht es nun Richtung **Hilskamm** ❸ hinauf. Dort links haltend mit einem Steilstück zur Aussicht bei der **Feuerschneisenhütte** und weiter zur **Bloßen Zelle** ❹, 480 m, dem Kulminationspunkt des Hils. Zehn Minuten später ist auch der **Wilhelm-Raabe-Turm** ❺, 472 m, am Großen Sohl erreicht.

Auf der Forststraße wandern wir anschließend gegen den **Roten Fuchs** ❻ hinab und biegen noch vor der Straße (das Restaurant befindet sich gegenüber, falls jemand einkehren möchte) nach links in den »Langen Weg« ein. Dieser verläuft nahezu horizontal – also nicht mit dem Tanzbergweg verwechseln! Nach 1,3 Kilometern bzw. rund 20 Gehminuten heißt es aufpassen: Im Bereich einer Rechts-links-Kurve zweigen kurz nacheinander talseitig zwei unbefestigte Erdwege ab. Ohne jeglichen Hinweis nehmen wir den zweiten ❼ und kommen mit einer überwiegend gut gangbaren Gefällstrecke ins obere Glasebachtal. Man stößt auf einen Forststraßenbogen und geht in der Mitte weiter. Damit liegt nun auch der idyllische **Glasebachteich** ❽ am Weg, ehe die Tour via *Raabestraße* und *Obere Hilsstraße* in **Grünenplan** ❶ ausklingt.

In der Grünenplaner Gartenkolonie am Apfelberg.

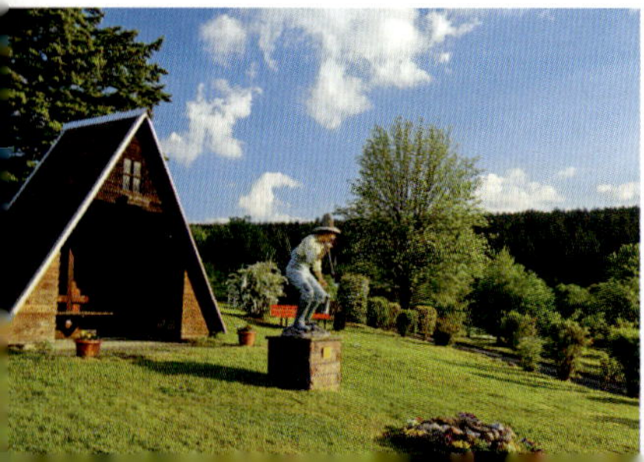

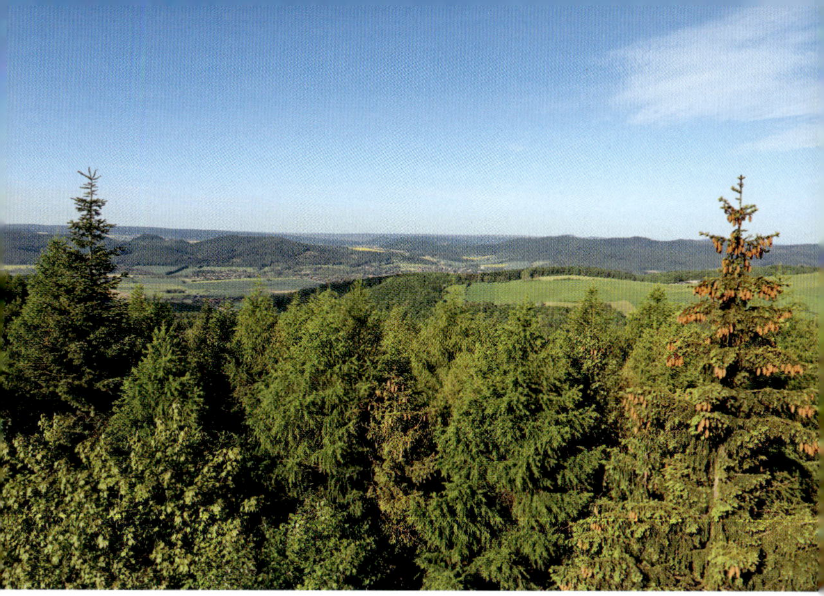

Oben: Wer sich auf den Raabeturm traut, wird mit einem tollen Panorama belohnt.
Unten: Der Glasebachteich, ein Kleinod der Hilsmulde.

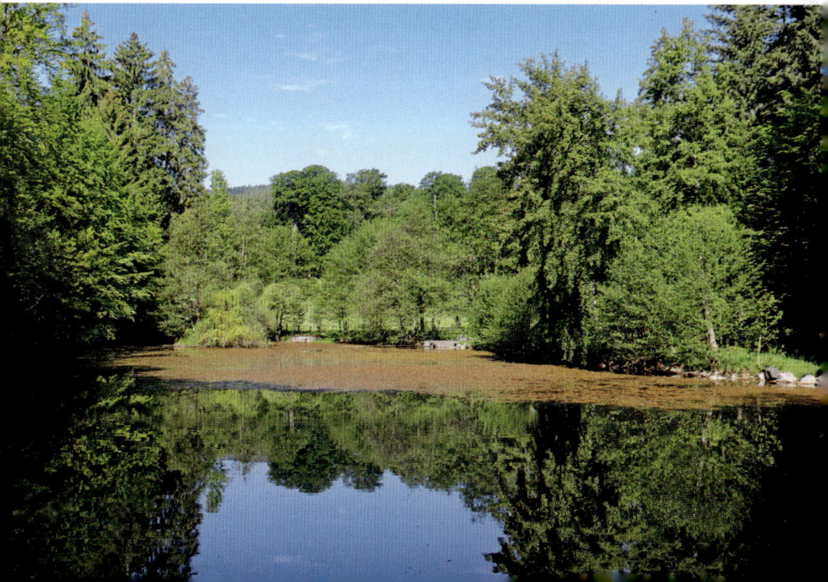

↗ 400 m | ↘ 400 m | 14.2 km

58 Von Alfeld zur Lippoldshöhle bei Brunkensen

4.00 h

Im Alfelder Bergland um Reuberg und Rettberg

Das abwechslungsreiche Relief des LeinebergIands ist zum Unterwegssein in Wald und Flur wie geschaffen – immer wieder ergeben sich veränderte Perspektiven der Landschaft und der darin eingebetteten Dörfer. Hier stehen neben der mit reicher Industriehistorie aufwartenden Kleinstadt Alfeld speziell die Ortsteile Gerzen, Warzen und Brunkensen im Fokus. In der Nähe des Letztgenannten befindet sich am Glenedurchbruch zwischen Reuberg und Duinger Berg die Lippoldshöhle, die der Sage nach dem im Leinebergland bekannten Räuber Lippold als Unterschlupf gedient haben soll. Mutige können mit eingezogenem Kopf in die Felsspalten eintreten ... Nachdem uns der Hinweg am Reuberg entlanggeführt hat, wandern wir im Bereich des parallelen Rettbergs retour und erhaschen derweil noch manch schönen Blick.

Ausgangspunkt: Bahnhof Alfeld, ca. 91 m, an der Metronom-Strecke zwischen Hannover und Göttingen.
Anforderungen: Die meiste Zeit naturbelassene Wege, teils auf Grasnarbe, teils im Wald. Auch wenn die Route individuell entworfen ist, sind zeitweise die Markierungen von Weitwanderwegen nützlich. Durchschnittliche Marschstrecke mit spürbarem Höhenprofil.
Einkehr: Brügges Imbiss und Hotel 7 Berge am Schlehberg in Alfeld (weite-

Feiner Rastplatz am Wahrberg oberhalb von Alfeld.

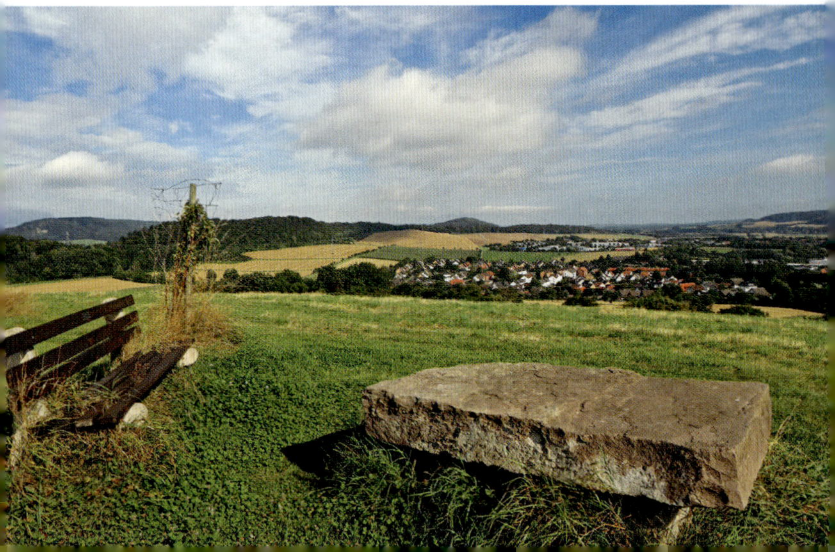

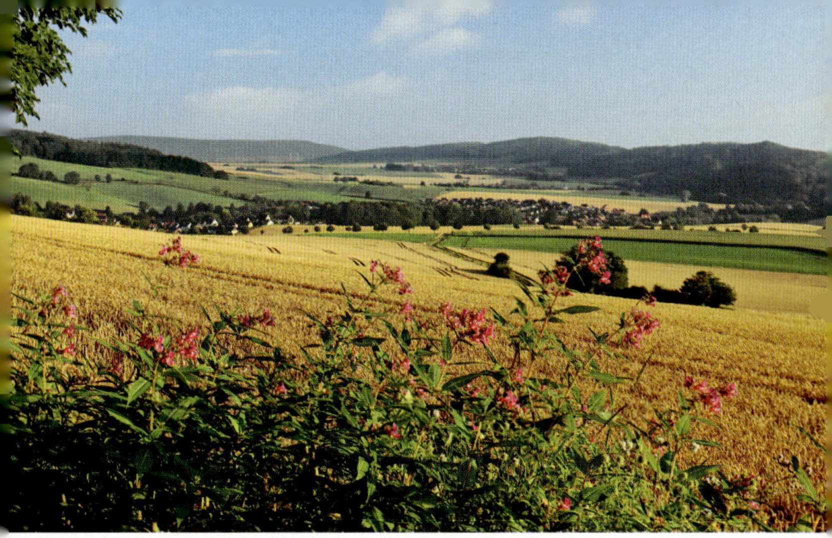

Vom Waldrand des Reubergs schweift der Blick über die Hügelwellen des Leineberglandes.

re abseits der Route in der Innenstadt); Gerzer Eck; Räuber Lippoldskrug und Pötchen Peine in Brunkensen; Hotel Grüner Wald in Warzen.
Varianten: 1. Der Anfang am Schlehberg kann ausgelassen werden, indem man gleich der Göttinger Straße zur B3 folgt. 2. Oberhalb von Gerzen zur Reuberghütte mehr durch den Wald.
Tipp: Das Fagus-Werk in Alfeld gehört zum Welterbe der UNESCO und kann zwischen 10 und 16 Uhr besucht werden.

Vom Bahnhof **Alfeld** ❶ folgen wir der *Göttinger Straße* und steigen beim *Dohnser Weg* – noch vor der Tankstelle – in den Waldhang ein. Ein Zickzackweg leitet am **Schlehberg** höher (die Markierung X für den E11 taucht derweil auf), passiert das gleichnamige Hotel und trifft dort auf einen Forstweg. Wo in südlicher Richtung kurzzeitig der Blick auf Föhrste frei wird, halten wir uns bei einer Kreuzung rechts und verlieren mit dem E11 die erstiegenen Höhenmeter zurück zur *Göttinger Straße*. Nun ein paar Minuten entlang der *B3*, bis kurz vor **Gerzen** ❷ das X-Symbol gegenüber

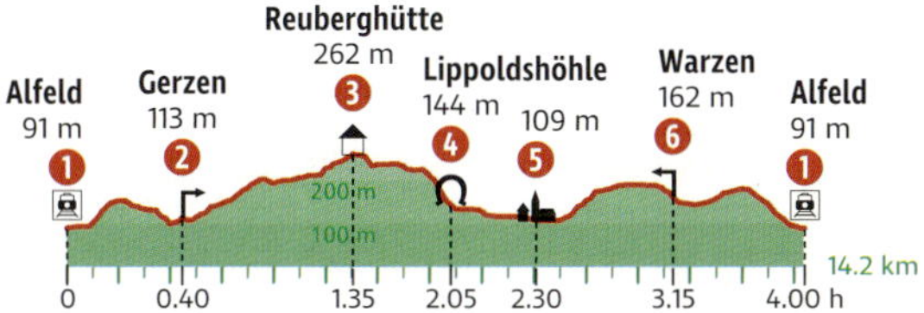

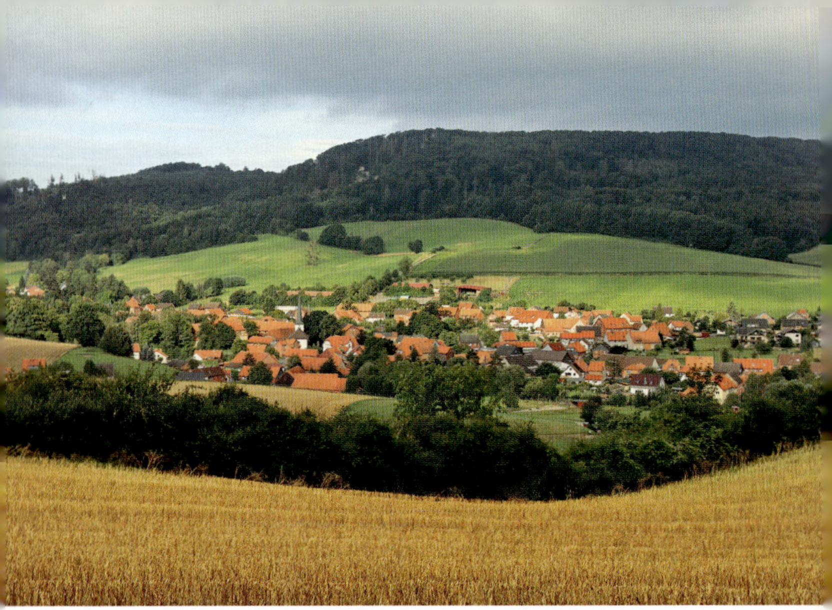

Orte wie Brunkensen liegen sehr malerisch ins Bergland eingebettet.

abzweigt. Nach kurzem Naturabschnitt geht es in der Ortschaft durch die *Fritz-Berndt-Straße* hinauf zur *Wulfskammer* und knapp rechts versetzt auf einem grasigen Feldweg gegen den Sockel des Reubergs. Dort zunächst rechts und bei der Y-Verzweigung entweder am Waldrand bleiben (Grasweg) oder auf dem Forstweg schräg aufwärts. Die untere Route erscheint etwas interessanter und sollte nur bei Nässe eventuell gemieden werden. Später treffen wir auf das von Warzen kommende schwarz-weiße Dreieckssymbol und folgen diesem ebenfalls in den Wald hinein zur **Reuberghütte** ❸, 262 m. Im nördlichen Teil des Reubergs sind wir nun gleichzeitig auf dem perfekt markierten Ith-Hils-Weg unterwegs. Nach einigen Wellen geht es in stärkerem Gefälle zum Naturdenkmal der **Lippoldshöhle** ❹.
Wir bleiben vorerst diesseits der Glene, laufen durch die *Allee* nach **Brunkensen** hinein und dort durch die *Glenetalstraße* (mit zwei Restaurants) bis zum Abzweig der *Kirchstraße* ❺ unmittelbar bei der Dorfkirche. Nach dem Seitenwechsel über die Bachbrücke führt ein Feldweg gegen die Ausläufer des Rettbergs hinan. Man kann durchaus ganz bis zur Kammlinie ansteigen, wo ein schöner Pfad verläuft; mehr Aussicht verspricht allerdings der Grasweg direkt am Waldrand, wo in Abständen etliche Rastbänke aufgestellt sind. So oder so kommen wir damit allmählich in Richtung **Warzen** ❻ voran, lassen das Dorf aber knapp rechts liegen, indem beim ersten

Haus sofort links zur *K406* abgedreht wird. Wo diese ihre Doppelschleife beschreibt, geht es für uns auf dem rechts abzweigenden Feldweg weiter und mit der bekannten Dreiecks-Markierung und der letzten Steigung gegen den **Wahrberg** empor. Kurz vor der bewaldeten Kuppe, auf der sich ein nachgestelltes Wikingerdorf befindet, lädt ein Rastplatz in einer Streuobstwiese (wenige Schritte abseits des Weges) nochmals zur Panoramaschau über das Leinetal ein. Dann passieren wir den Wahrberg rechtsseitig, unterqueren beim Abstieg die *B3* und gelangen durch den *Klasperweg* sowie mit den letzten Schritten in der *Göttinger Straße* zurück zum Bahnhof **Alfeld** ❶.

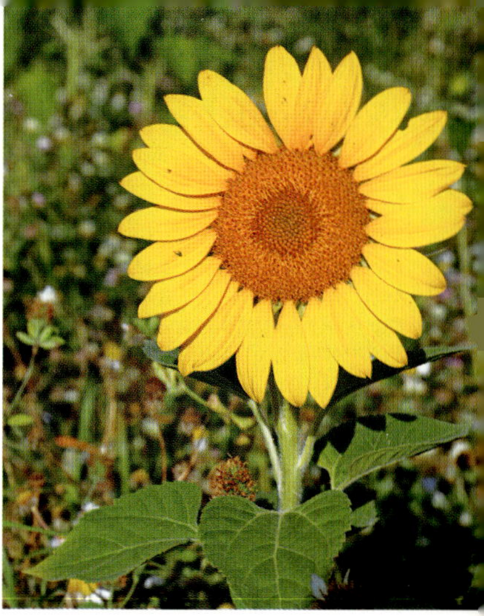

Da kommt doch Freude auf …

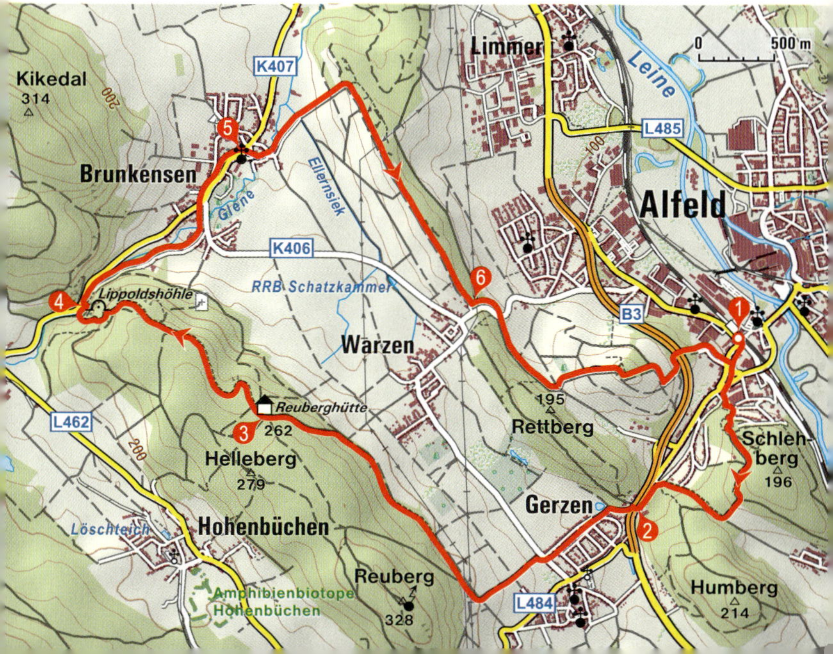

↗ 500 m | ↘ 500 m | 15.3 km

4.15 h

59 Von Freden in den Selter

Im schönsten Teil des Leinebergländes

Die südlichste Tour in unserem Gebiet wartet mit der womöglich steilsten Passage überhaupt auf, wenn wir über den Karl-Zierke-Weg den Selterkamm erklimmen. Dort oben öffnet sich ein Blickfenster zum Harz, und auch der Ausgangsort Freden zeigt sich tief unten im Leinetal aus herrlicher Perspektive. Im Leinebergland zählt der Selter gewiss zu den markantesten Höhenzügen. Die steile Nordostflanke trägt eine hierzulande seltene und daher schützenswerte Schatthangvegetation, in der sich die lange Reihe der aus harten Jurakalken aufgebauten Selterklippen versteckt. Klettern ist dort aus Naturschutzgründen schon seit vielen Jahren verboten, die alten Schleichpfade sind mittlerweile verwildert. Ein bisschen von diesem Flair können wir allerdings am besagten Karl-Zierke-Weg erleben. Später schlendern wir eine Weile an der Westseite oberhalb der Ortschaften Ammensen und Varrigsen entlang und wechseln weiter nördlich ein zweites Mal über den Selterkamm. Eine andere reizvolle Facette bringt gegen Ende noch der Wiesenweg über die Lieth ins Spiel. Summa summarum eine abwechslungsreiche Unternehmung im reliefbedingt wohl schönsten Abschnitt des gesamten Leinetals, allerdings nicht ganz mühelos …

Der Selter erstrahlt im ersten Licht des Morgens.

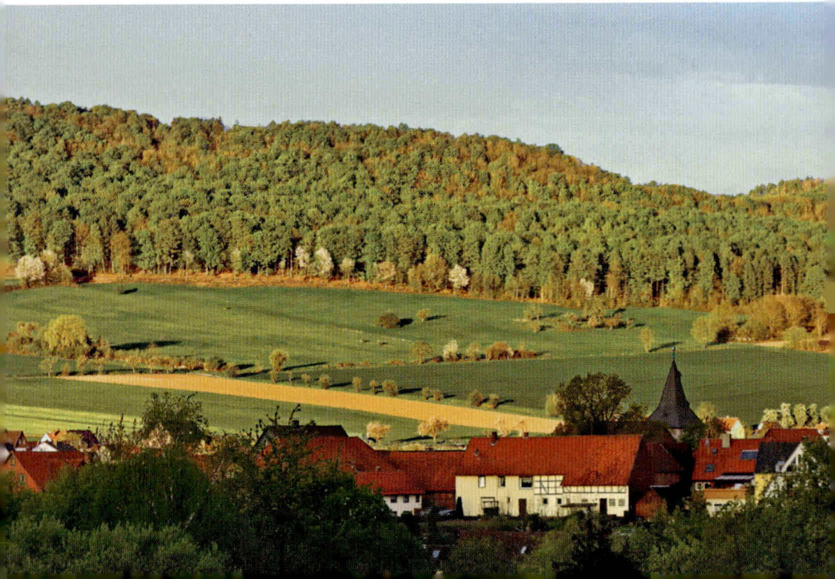

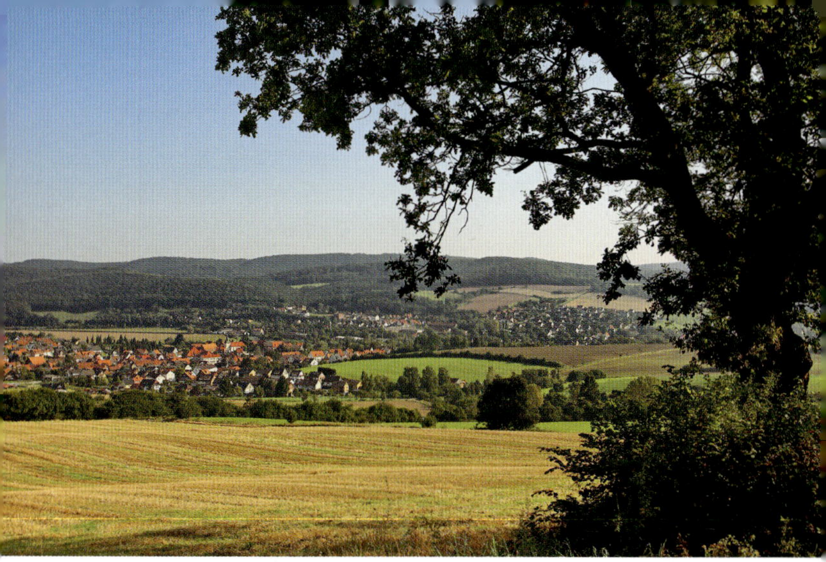

Rückblick vom Selterrand auf Freden im Leinetal.

Ausgangspunkt: Bahnhof Freden, 102 m, erreichbar mit dem Regional-Express (Metronom) von Hannover Richtung Göttingen.
Anforderungen: Ein anspruchsvoller Abschnitt auf schmalem Steilpfad (bei Nässe rutschig), ansonsten Wechsel von normalen befestigten und unbefestigten Wegen, meist im Wald bzw. dessen Randbereichen, an der Lieth über einen freien Geländerücken. Nur stellenweise bezeichnet, mitunter solider Orientierungssinn nötig. Durchschnittliche Marschstrecke, aufgrund der Höhenunterschiede aber schon relativ anstrengend.
Einkehr: Hotel Steinhoff, Grillhaus Ayhan, Gaststätte Brunotte, Mo's und Hotel Heipke (alle in Freden).
Varianten: 1. Bei Anfahrt mit dem Auto kann der Start zum ehemaligen Seltercafé an der Ammenser Straße (Einzelanwesen in der Doppelkurve) verlegt werden. Man beginnt dann mit dem Forstweg am Waldrand Richtung Wegpunkt 2 und kehrt später vor Wegpunkt 7 von der anderen Seite dorthin zurück. Die Gesamtstrecke reduziert sich auf ca. 11 km.
2. Wendet man sich an der K63 (Wegpunkt 4) kurz aufwärts und schlägt erst 100 Meter weiter den nächsten Weg ein, lässt sich in Kammnähe Richtung Wegpunkt 6 etwas abkürzen.

Vom Bahnhof **Freden** ❶ orientieren wir uns *Am Schillerplatz* zunächst zur Leinebrücke und verlassen dahinter die *Bachstraße* in die *Greener* bzw. *Sülbachstraße* (am Kindergarten vorbei). Via *Mitteldorf* geht es in die *Hohle Straße* und bis zu deren oberen Ende, wo sie sich nahtlos als Feldweg fortsetzt. Bei einer Y-Gabelung wird dieser unbefestigt – wir halten uns rechts und biegen weiter oben in den *Selterweg* ein, der nun vollends zum Wald-

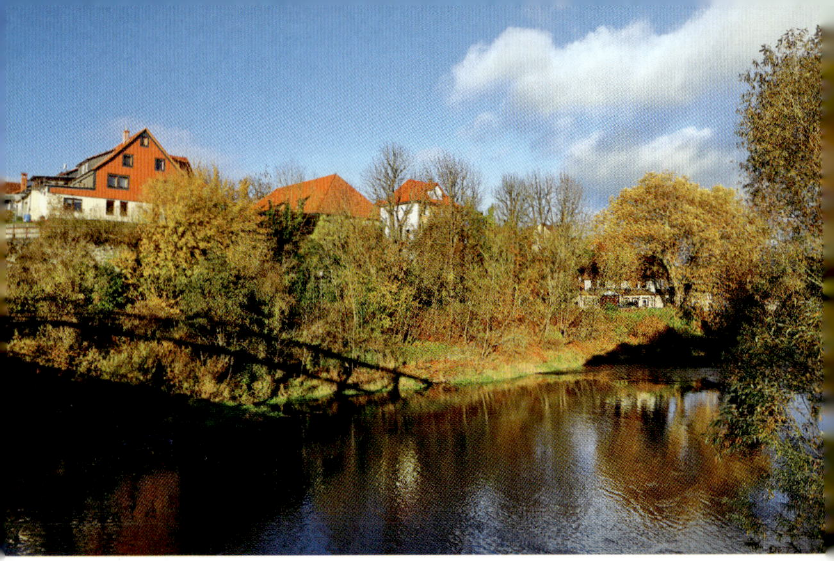

Die Leine, wichtigster Fluss unserer Region, fließt auch durch Freden.

rand ❷ hinaufzieht. Man kreuzt hier den quer verlaufenden Forstweg und stößt etwas höher auf einen weiteren, dem man 200 Meter nach links folgen muss, um den richtigen Einstieg des Karl-Zierke-Weges zu erwischen (Hinweisschild beachten). Jetzt geht's ans Eingemachte, denn die Route steilt ordentlich auf – in einer Querschneise zwischenzeitlich knapp 100 Meter nach links versetzt. Mit Erreichen des breiten Selterkammweges ist der schwierigste Teil geschafft. Wir wenden uns nach rechts, kommen in Kürze am sogenannten **Brockenblick** ❸ vorbei und wählen gut 400 Meter dahinter den nächsten Linksabzweig. Mit einer Gefällstrecke nähert man sich allmählich der westseitigen Wiesen- und Feldflur, die sich oberhalb von Ammensen öffnet. In Grundrichtung Nordwest kreuzt man die *K63* ❹ (»Selter-Passstraße« zwischen Ammensen und Freden), und zwar unmittelbar geradeaus. Auf den folgenden gut zwei Kilometern erwartet uns mit Bezeichnung »Del1« ein wunderbar angenehmer Abschnitt quer durch die Flanken, häufig mit schönem Panoramablick über das Tal zum gegenüberliegenden Hils.

In einer Senke nahe **Varrigsen** ❺ gilt es dann, wieder bergwärts abzudrehen. In erträglicher Steigung gewinnen wir die Kammhöhe des nördlichen Selters unweit des **Thödingsberges** ❻ und gelangen zu einer Mehrfachkreuzung, wo der orientierungsmäßig kniffligste Teil beginnt. Wir wählen hier nämlich scharf links den mit reichlich Laub bedeckten, unbefestigten Pfad abwärts und halten uns nach etwa 150 Metern an die links abzweigen-

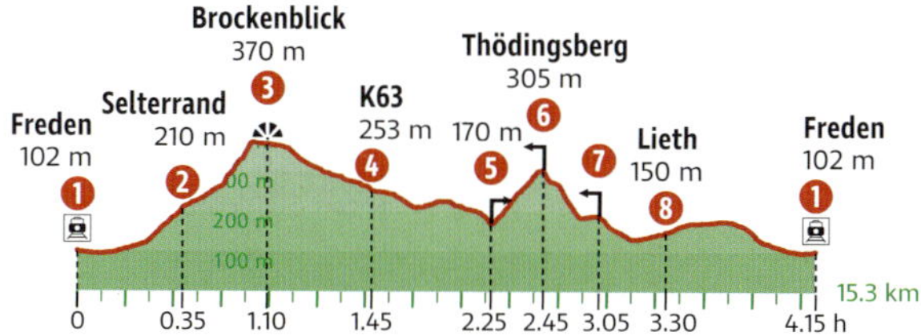

de Spur unter einigen Felsen entlang. Im fortgesetzten Bergab trifft man auf den breiteren Waldrandweg, dem all jene, die an der *Ammenser Straße* gestartet sind (Variante 2), nach rechts folgen. Ansonsten etwas undeutlich ein paar Schritte geradeaus weiter zur obersten Ecke eines Feldes. Man schleicht an dessen Saum entlang zur unteren Ecke, schwenkt mit dem Grasweg rechts und nach 350 Metern – noch vor dem ehemaligen Rhönkrug – links hinunter ❼. Die Trasse zwischen einem Acker zur Linken und dem großen Windrad rechts präsentiert sich kurzzeitig etwas verwachsen, doch gegen die *K402* hin wird es rasch besser. 300 Meter nach rechts versetzt können wir den Radweg an der Straße schon wieder verlassen und erreichen gegenüber den Rücken der **Lieth** ❽, der nun ein anregendes Finale verspricht. Mit stets freien Ausblicken wandern wir auf dem Geländerücken oberhalb des Leinetals südostwärts Richtung Freden und treffen als Erstes im *Liethweg* ein. Via *Langer Weg, Friedhofstraße* und *Opferbrink* geht es wieder zur Leinebrücke und zurück zum Bahnhof in **Freden** ❶.

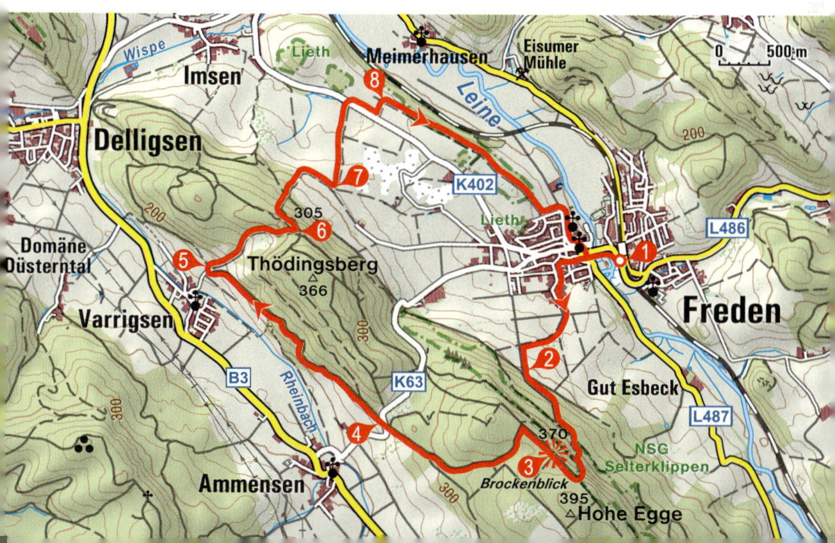

↗ 250 m | ↘ 250 m | 13.0 km

60 Im Leinetal bei Alfeld

3.30 h

Über die Höhen des Steinbergs und durch die Flussniederung retour

Ein weiterer Wandervorschlag im Raum Alfeld holt ein Stück weit Richtung Südosten aus. Im Bereich des reizvollen Steinbergs nutzen wir zunächst die Routenführung des Weitwanderweges E11, passieren das einschichtige Gut Mölmerhagen in Waldeinsamkeit und müssen dann eine kleine Pfadfinderaufgabe bestehen, um von dort in die Niederung des Leinetals zu gelangen. Dies ist deshalb interessant, weil man zwischen Wispenstein und Alfeld wunderbar direkt am grasigen Ufer entlanglaufen kann. Eine andere lohnende Option wäre, dem E11 weiter südwärts Richtung Freden zu folgen und damit eine Streckenwanderung im Herzen des Leineberglandes zu absolvieren.

Ausgangspunkt: Bahnhof Alfeld, ca. 91 m, an der Metronom-Strecke zwischen Hannover und Göttingen.
Anforderungen: Bis Mölmerhagen angenehme, anhand der E11-Markierung leicht zu verfolgende Route. Beim anschließenden Abstieg unbefestigte Erdwege, die je nach Bedingungen etwas matschig sein können, gutes Schuhwerk und zudem etwas Orientierungsvermögen notwendig. Ab der Wispensteiner Leinebrücke mal mehr, mal weniger ausgeprägter Grasweg, nicht bezeichnet, aber immer am Fluss entlang einfach zu finden. Bei Nässe sei eher die Fortsetzung auf der Variante empfohlen.

Einkehr: Diverse Möglichkeiten im Stadtgebiet von Alfeld, in Bahnhofsnähe aber nur Rosi's Treff, Dilans Döner & Pizzeria und Café Auszeit. Lawinia Grillhaus in Föhrste.
Variante: Kurz vor Mölmerhagen mit dem E11 von der Zufahrt links abrücken und per Abstieg ins Wiesental des Meierbachs. Man hält sich links am Waldrand, kreuzt die Straße bei Everode ein paar Schritte links versetzt und gewinnt am Gegenhang wieder deutlich an Höhe. Später wird der E11 verlassen, um über den Sonnenberg zum Bahnhof in Freden abzusteigen (von dort stündliche Verbindung nach Alfeld bzw. Hannover).

Föhrste wird auf dem Rückweg tangiert.

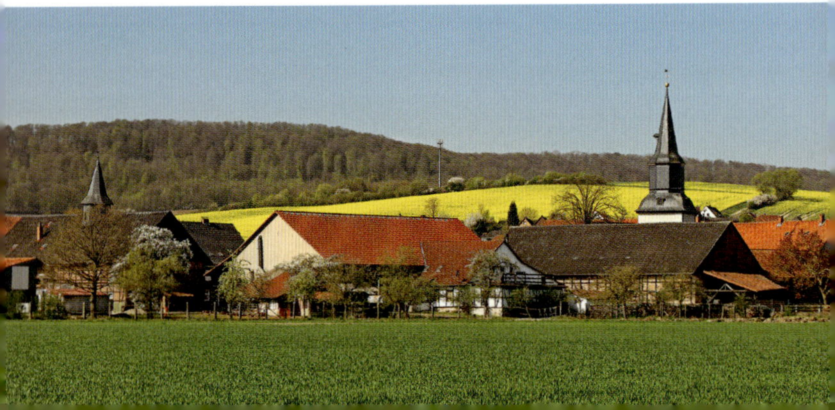

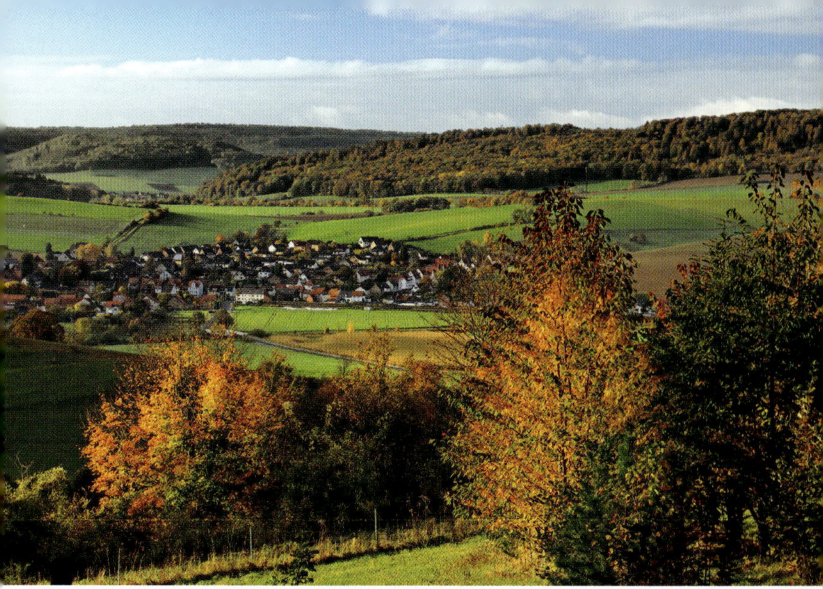

Blick vom Steinberg über Föhrste bis zum Hils ganz im Hintergrund.

Vom Bahnhof in **Alfeld** ❶ folgen wir der *Bahnhofstraße* stadteinwärts über die Leinebrücke bis zum »Sappi-Kreisel«, orientieren uns kurzzeitig am *Walter-Gropius-Ring*, biegen rechts in die *Steinbergstraße* ab und setzen den E11 *Am Steinberg* fort (auf entsprechende Hinweise achten). Weiter oben gelangt man über die *Hermann-Ruhe-Straße* ins Gehölz des schmalen Höhenzuges bzw. an dessen Rand. Wo sich ein Durchstich auf die Nordseite des **Steinbergs** ❷ bietet, können wir einen Blick ins Hörsumer Tal und zum Alfelder Sindelberg werfen. Ansonsten folgen wir aber der Wandermarkierung leinetalseitig, d.h. oberhalb des Dorfes Röllinghausen entlang. Später führt der E11 kurzzeitig etwas verwinkelt hinab auf die Zufahrt zum **Gut Mölmerhagen** ❸, das im Bergauf hinter einer Rechtskurve rasch erreicht wird. Kurz davor verabschieden wir uns von der gewohnten Signalisierung und haben nun ein kniffligeres Zwischenstück vor uns: Direkt am

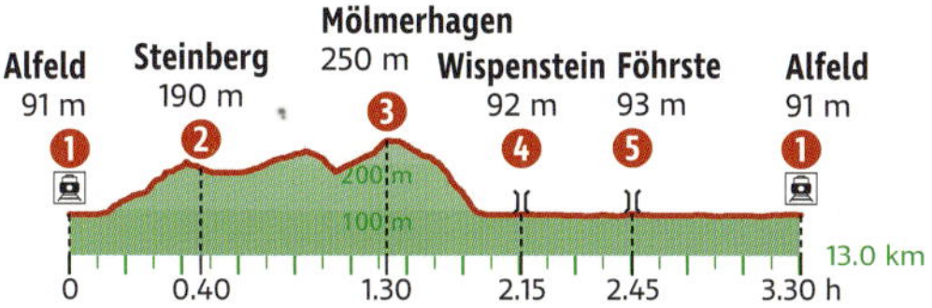

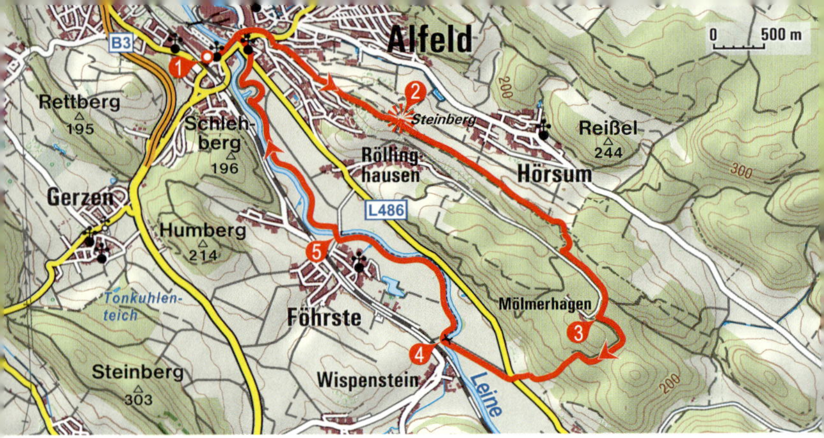

Gut ca. 400 Meter nach links, dann rechts auf einen zunächst nur leicht fallenden Weg, der zu einem Rechtsbogen ansetzt. Den ersten Abzweig am Buchenberg talwärts ignorieren wir noch, denn etwas vorteilhafter erscheint der nächste nur ein paar Schritte weiter. Allerdings sind beide Erdwegschneisen mehr oder weniger unerquicklich und unter Umständen von Forstarbeiten beeinträchtigt. Allzu lange dauert es jedoch nicht, bis wir aus dem Waldhang herauskommen und in Kürze die *L486* knapp nördlich von Meimerhausen kreuzen können. Dies geschieht genau in jener Rechtskurve, wo gegenüber die asphaltierte Verbindung nach **Wispenstein** abzweigt. Damit schnurgerade bis zur kleinen Leinebrücke ❹ und jenseits sofort nach rechts auf den grasigen Uferstreifen. Wir folgen nun unmittelbar dem Flusslauf, gehen die seichten Kurven aus und wechseln an der Leinebrücke bei **Föhrste** ❺ nochmals die Seite. Dabei könnte man auch einen unweit verlaufenden befestigten Flurweg nutzen, doch bei trockenen Verhältnissen macht der Gang direkt am Ufer sicher mehr Freude. Erst später stoßen wir auf einen gepflegten Spazierweg, bevor die Tour von der *Ziegelmasch*-Kreuzung in die *Bahnhofstraße* ausläuft.

Die Leine bei Wispenstein …

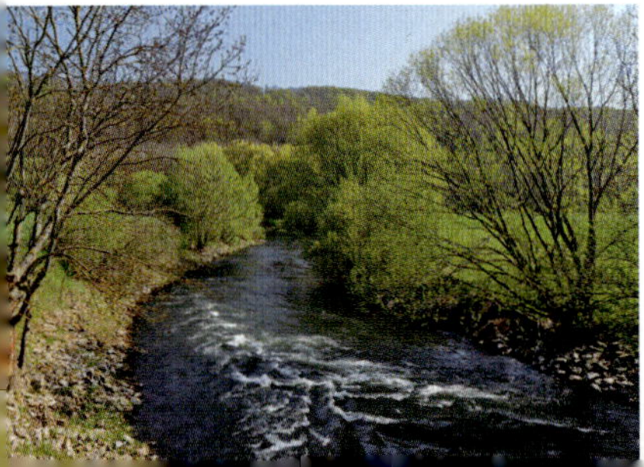

… und in Alfeld.

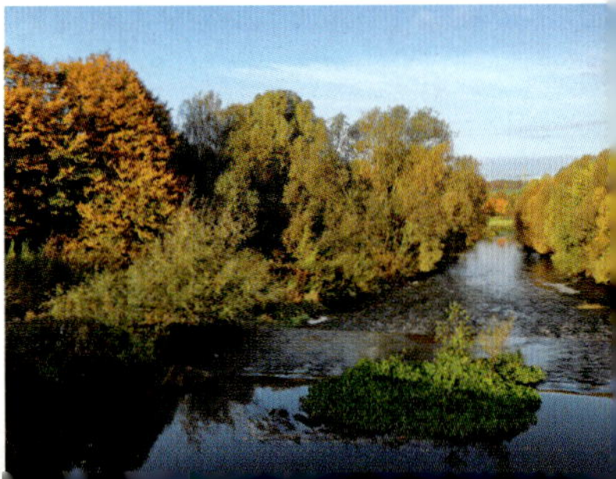

↗ 470 m | ↘ 470 m | 13.0 km

3.30 h

Von Eberholzen zur Hohen Tafel

Auf den höchsten der Sieben Berge

Wer sich von Hannover südwärts Richtung Leinebergland aufmacht, gewahrt mit den sagenumwobenen Sieben Bergen die erste markante Silhouette dieses Landstrichs. Auf ihrem Kulminationspunkt, der Hohen Tafel (auch Tafelberg genannt), lockt ein Aussichtsturm zum Rundumblick. Teilweise stören zwar bereits die Baumkronen, doch die Perspektive ins Leinetal ist allemal lohnend und der buchstäbliche Höhepunkt einer schönen, naturnahen Wanderung im nördlichsten Teil der Sieben Berge. Wir absolvieren unseren Rundkurs von Eberholzen am Rande der Despeniederung aus – alternativ ließe sich natürlich auch von Brüggen oder Rheden zum Tafelbergturm aufsteigen.

Ausgangspunkt: Eberholzen, 180 m. Parkmöglichkeit bei der Kirche in der Eberholzer Hauptstraße. Buslinie 661 vom Bahnhof Banteln (erreichbar mit dem Metronom von Hannover) über Gronau.
Anforderungen: Wechsel von breiten Forstwegen und einigen unbefestigten Pfadabschnitten, vorübergehend auch mal steiler und mit in Summe nennenswerten Höhenunterschieden. Allenfalls sporadisch beschildert, meist unmarkiert; die Routenführung ist aber nicht allzu kompliziert.
Einkehr: Keine an oder in der Nähe der Route.
Variante: Hinter der Hohen Tafel kürzerer Rückweg nach Eberholzen möglich (ca. 45 Min. Ersparnis).

Das Panorama reicht bis ins Weserbergland; vorn die Ortschaft Brüggen.

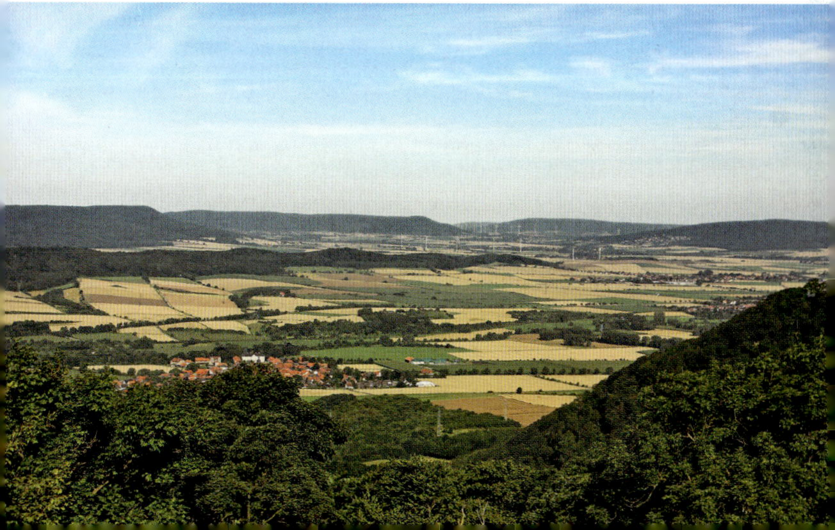

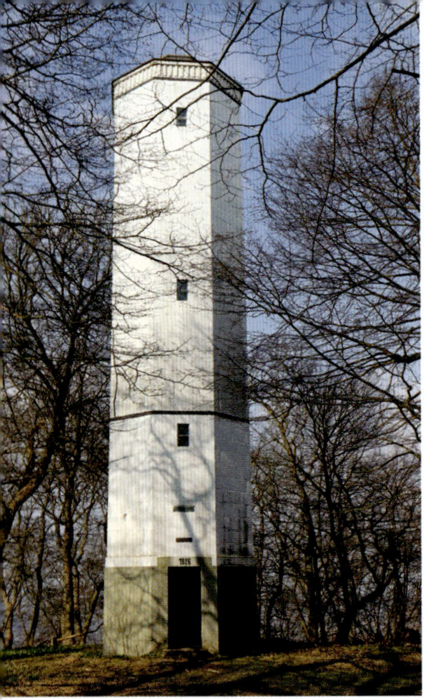

Ziel unserer Wanderung ist der Aussichtsturm auf der Hohen Tafel.

In **Eberholzen** ❶ geht es an der Kirche vorbei in die *Försterstraße* und mit der Markierung des Schwarzen Hödecken gegen den Wald aufwärts. Die Route taucht darin ein und zieht phasenweise kräftig an. Allmählich kommen wir auf die Höhe des Hainbergs und nach einem lang gezogenen Linksbogen zu einer **Jagdhütte** ❷, wo wir den Schwarzen Hödecken sowie den Rennstieg verlassen und mit einem Rechtsschwenk einen längeren Zwischenabstieg einleiten. Währenddessen ignorieren wir linker Hand zwei abzweigende größere Forstwege und schlagen bei P. 244 die dritte Möglichkeit ein ❸, um nun im Einschnitt der **Langen Sohldehne** wieder aufwärts zu wandern. Leider fehlt hier eine Markierung; geradeaus käme man zurück nach Eberholzen. Eine ganze Weile später stoßen wir bei einer Kreuzung auf den Roten Hödecken und achten – kurz bevor wieder Gefälle einsetzt – auf den Abzweig des Pfads zur **Hohen Tafel** ❹, 395 m. Vom Aussichtsturm hat man einen schönen Ausblick übers Leinetal, vor allem auf die Ortschaft Brüggen.
Ein angenehmer Naturweg senkt sich anschließend nordostwärts zu einer Mehrfachverzweigung ab. Während Rheden hier nach rechts ausgeschildert ist, folgen wir mit Vorteil der pfiffigen Abkürzung auf dem weiterführenden Erdweg, kreuzen bald nochmals eine Forststraße und finden uns gleich danach in einer steil abfallenden Rinne wieder – auf einer Art Hohlweg, der

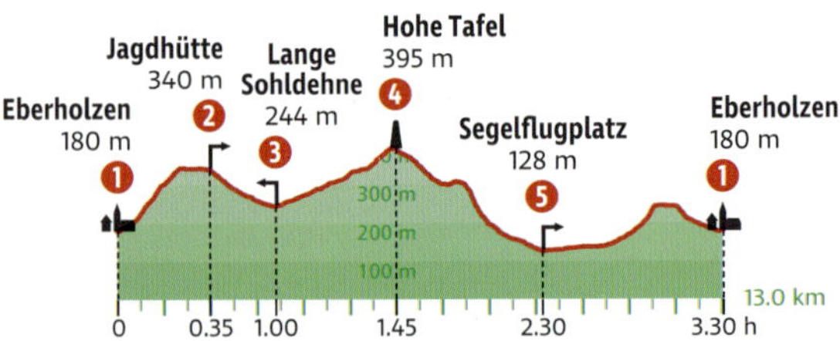

überwiegend laubbedeckt ist. Erst weit unten kommt von rechts die Forststraße dazu. Damit hinaus zum Waldrand und nordwärts bis zum wichtigen (ebenfalls unbeschilderten) Rechtsabzweig beim Wallenstedter **Segelflugplatz** ❺. Der zwischen Wiesen und Gehölz verlaufende Weg trägt zwischendurch nur Grasnarbe, ansonsten ist er befestigt und bringt uns am Heinumer Sportplatz vorbei zum sogenannten »Heinumer Blick«, wo sich das Despetal und der flankierende Hildesheimer Wald offenbaren. Längst befinden wir uns in einer Gegensteigung, die bald noch knackiger ausfällt, nachdem man bei der markanten Forststraßenkehre geradeaus fortgesetzt hat. Gegen Ende wird es kurzzeitig noch etwas verwinkelt: Nach einem Rechtsbogen wenden wir uns links abwärts, treten in Kürze aus dem Wald heraus und nähern uns nach einer weiteren Rechts-links-Kombination zwischen Feldern mit dem letzten Gefälle unserem Startort **Eberholzen** ❶.

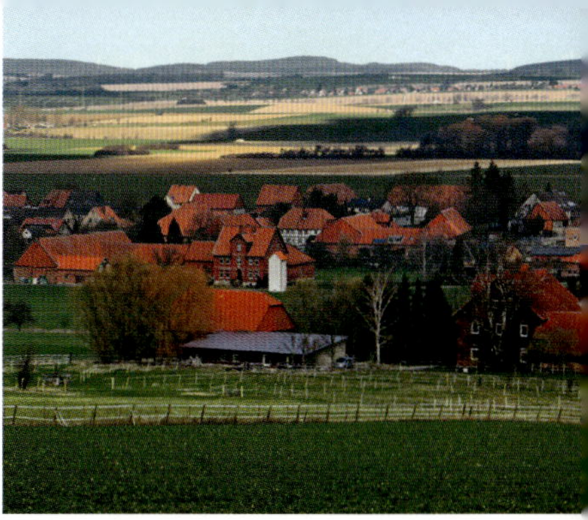

Nördlich der Sieben Berge liegt Heinum.

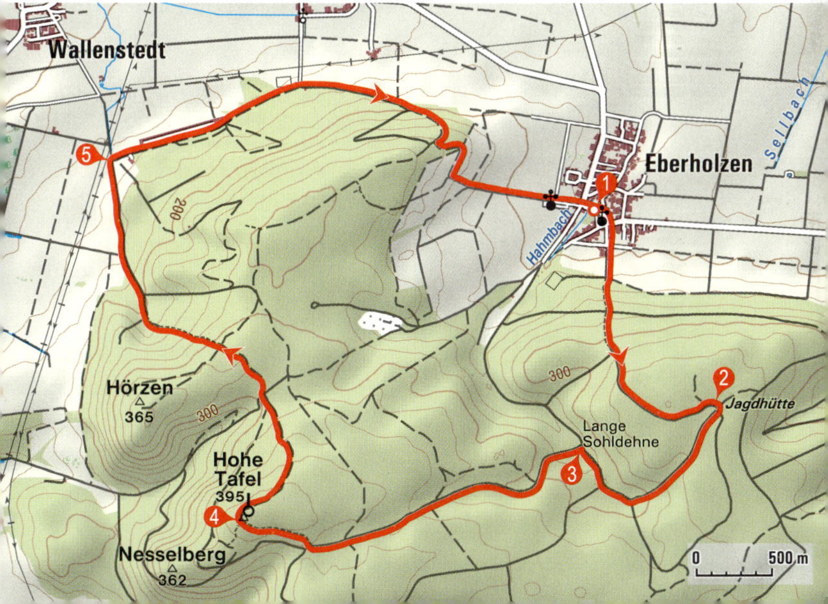

↗ 190 m | ↘ 190 m | 7.2 km

62 Von Diekholzen zum Hildesheimer Aussichtsturm

2.00 h

Auf den Sonnenberg im Hildesheimer Wald

Die erwartete Stadtansicht Hildesheims bietet der gleichnamige Aussichtsturm schon, von den Höhen des Hildesheimer Waldes allerdings aus einiger Entfernung. Bis zum Dom beträgt sie gut sechs Kilometer. Somit stehen eher die umgebenden Waldareale im Vordergrund dieser überschaubaren, erholsamen Wanderung, die wir am besten von Diekholzen aus angehen. Das Verlockendste: Am Hildesheimer Aussichtsturm lädt eine Waldgaststätte zur Einkehr – beide sind nur von Freitag bis Sonntag geöffnet, womit unsere Planung einen deutlichen Fingerzeig erhält ...

Ausgangspunkt: Diekholzen, Parkplatz beim Friedhof (»Am hohen Turm«), ca. 125 m. Nächste Bushaltestelle »Diekholzen Schule« (Linie 44 zwischen den Bahnhöfen Hildesheim und Alfeld).
Anforderungen: Abschnitte auf Forstwegen und zweimal mittelsteil auf kleineren Waldpfaden. Eine der kürzeren, wenig komplizierten Touren.
Einkehr: Waldgaststätte »Hildesheim Aussichtsturm« (Fr–So ab 11.30 Uhr); Gasthof Jörns in Diekholzen.
Varianten: Von Hildesheim aus Kombination mit Teilen von Tour 63 möglich, z.B. über Steinberg und Marienrode. Außerdem kann man die Wanderung im Hildesheimer Wald selbst ausdehnen, am besten über den Kammweg am Escherberg.

Beim Hildesheimer Aussichtsturm ...

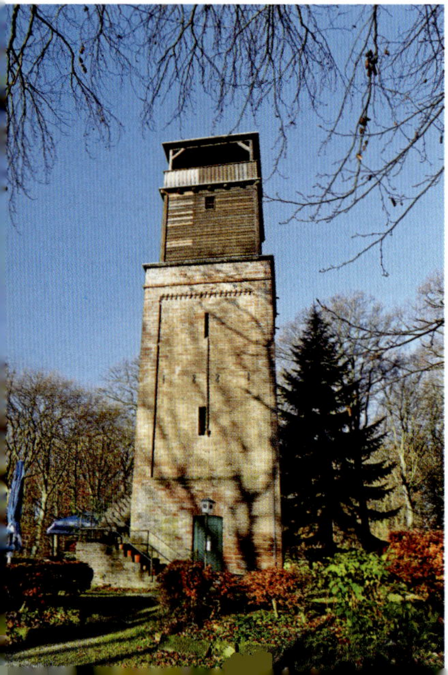

Nahe dem nördlichen Ortsausgang von **Diekholzen** ❶ steigen wir am Friedhof vorbei in den Wald ein und folgen nach dem ersten kleinen Bergauf zunächst einmal dem mit R bezeichneten Roswithaweg auf einer längeren Geraden in Nordwestrichtung (also nicht dem asphaltierten Sträßchen direkt hinauf zum Turm). Nach einer Weile erfolgt bei

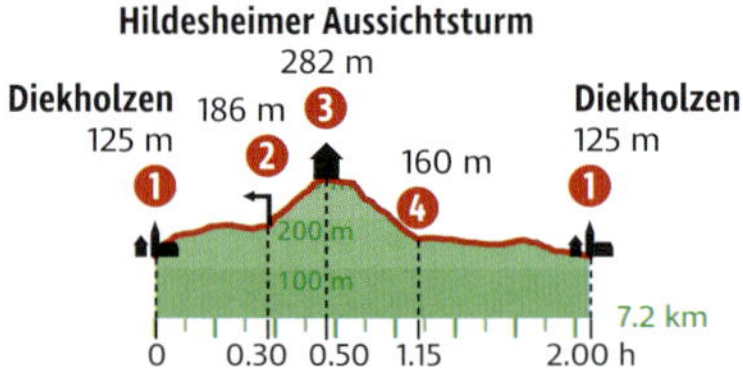

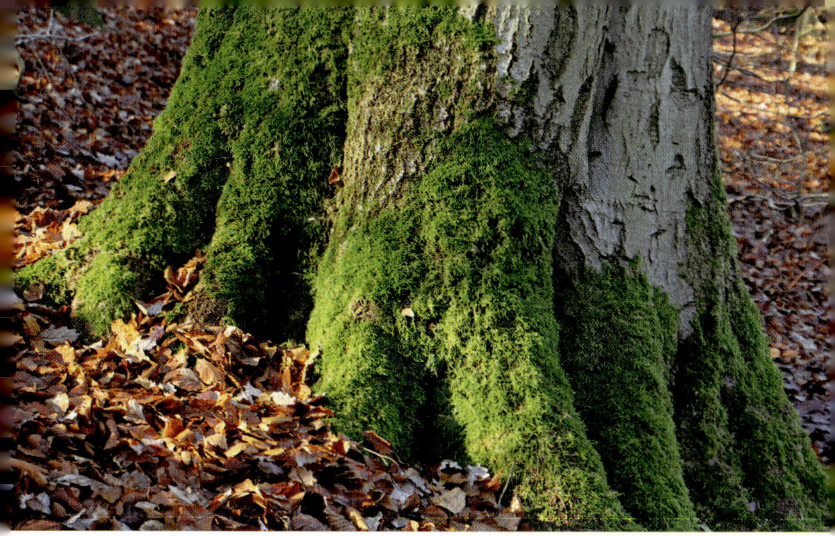

Fest verwurzelt im Hildesheimer Wald.

einer Kreuzung ein Linksabzweig 2 auf einen kleinen, laubbedeckten Pfad. Dieser schraubt sich nun mit zwei markanten Kurven reizvoll hinauf zum **Hildesheimer Aussichtsturm** 3, 282 m.

Für den Rückweg holen wir am Kammweg noch knapp 500 Meter nach Nordwesten aus, bis ein unscheinbarer und kurzfristig auch etwas verwachsener Pfad links bergab abzweigt (leicht zu übersehen). Bei der großen Freifläche rechts haltend und bald besser trassiert bis zur ICE-Trasse 4 im Grund eines Tälchens hinab. Wir wechseln aber nicht durch die Unterführung auf die andere Seite, sondern folgen dem *Broyhansweg* an einigen Gewerbebetrieben vorbei – ein etwas unbefriedigender Abschnitt von gut einem Kilometer. Beim Übergang in den *Hildesiaweg* lässt sich jedoch links auf einen Waldweg ausscheren. Allmählich nähern wir uns wieder **Diekholzen** und nehmen zuletzt den Rad- und Fußweg parallel zur *Südwaldstraße*, vor der Brücke links zum Parkplatz 1.

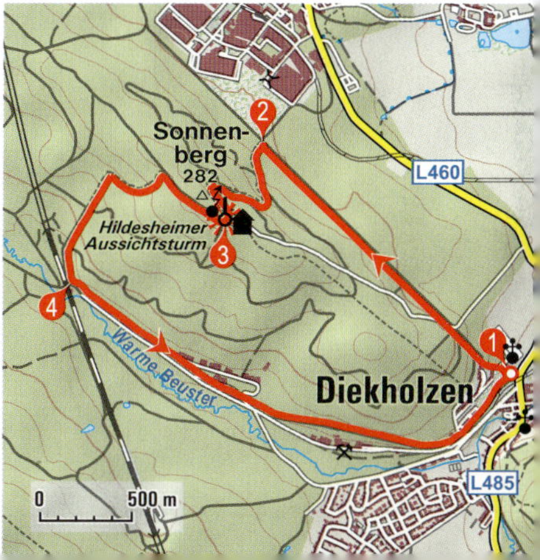

TOP

↗ 300 m | ↘ 300 m | 13.3 km

63 Über Gallberg und Steinberg

3.40 h

Aussichtsreiche Runde im Hildesheimer Westen

Zwischen der Stadt Hildesheim und dem ausgedehnten Hildesheimer Wald liegen noch einige kleinere Hügel, die ein prima Gelände für Spaziergänge und kleinere Wanderungen abgeben. Bekannt ist natürlich vor allem der stadtnahe Steinberg, wo ein kleines Tiergehege und ein Ausflugsrestaurant locken. Das schnuckelige »Berghölzchen« kann als nördliche Fortsetzung gewertet werden – auch hier ergibt sich nochmals ein interessantes Stadtpanorama. Beginnen wollen wir unsere Runde allerdings mit dem Gallberg, dessen offene Halbtrockenrasen unter Naturschutz stehen. Über Neuhof kommen wir dann in den Kloster- und Domänenort Marienrode voran und haben damit auch einen kulturellen Aufhänger. Das Kloster wurde 1125 von Augustinermönchen gegründet und ein Jahrhundert später den Zisterziensern übereignet – eine Besichtigung ist möglich.

Ausgangspunkt: Hildesheim-Bockfeld, ca. 105 m, Bushaltestelle der Stadtlinie 6 (vom Hbf. mit Umstieg via Linie 1) in der Himmelsthürer Straße. Parkmöglichkeiten in der dort abzweigenden Hammersteinstraße (von der B1 kommend die Ausfahrt Himmelsthür nehmen).
Anforderungen: Abwechslungsreiche Wege unterschiedlicher Beschaffenheit, von kleinen Naturpfaden über Feldwege bis zu Abschnitten mit Hartbelag. Markierungen sind eher dürftig bzw. selten hilfreich, daher guter Orientierungssinn von Vorteil. Durchschnittliches Wanderpensum mit etwas Auf und Ab.
Einkehr: Kupferschmiede (am Steinberg); Parkhotel Berghölzchen; Gaststätte Berggarten; Steinofen Pizzeria (am

Herbstzauber am Klosterteich Marienrode.

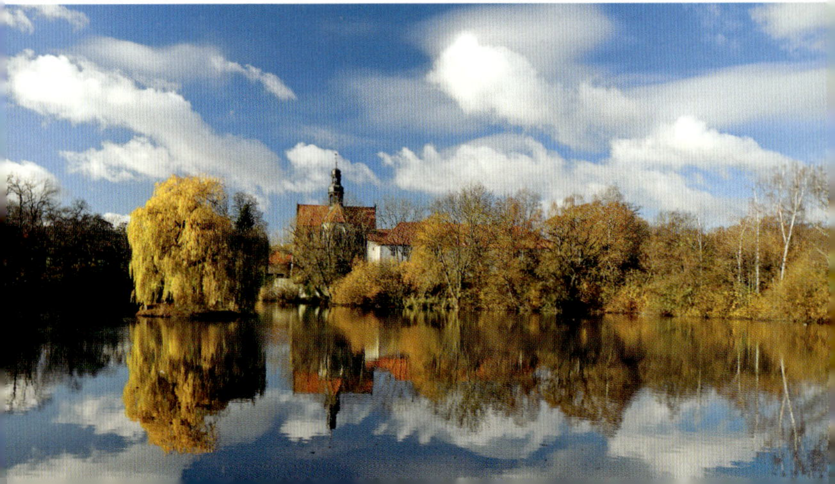

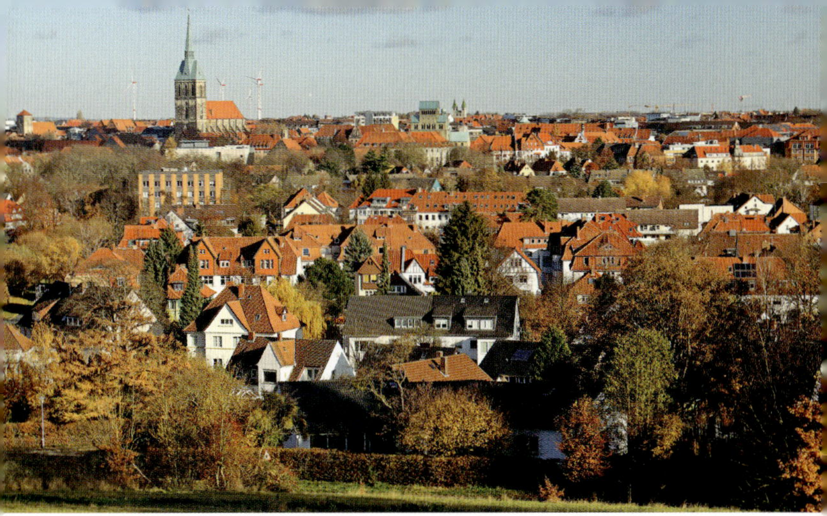

Hildesheimer Stadtpanorama vom Berghölzchen (Katzberg).

Ausgangspunkt).
Variante: Viele kleine Abwandlungen möglich (z.B. vor Neuhof oder am Steinberg). Wer möchte, kann ab Berghölzchen auch Richtung Innenstadt abdrehen.

Von der Bushaltestelle **Bockfeld** ❶ biegen wir in die ansteigende *Hammersteinstraße* ab und setzen unmittelbar im *Barthold-Behrens-Weg* fort. Dieser führt aus der Siedlung heraus zu einer Wiesentraverse und damit gegen den **Gallberg** hinan. Auf dem Geländerücken zwischen zwei kleinen Talmulden wandern wir nun südwärts ins Gehölz hinein, kommen auf einen breiteren Weg und müssen im Bereich des **Rottsberges** auf einen nicht näher bezeichneten Linksabzweig achten ❷. Damit gelangt man – vorläufig noch leicht ansteigend – an den östlichen Rand des Waldgebiets. Wenn wir nach ca. 700 Metern erneut links abbiegen (geradeaus ginge es zu den Neuhofer Sportanlagen), schlängeln wir uns hinüber zum sogenannten Panoramaweg, der uns voll nach Hildesheim blicken lässt. Hier taucht die oft etwas unscheinbare Bezeichnung des Pilgerwegs auf, die uns bis Marienrode lotsen soll. Auch der anschließende Abstieg auf einem Sträßchen in Südrichtung ist sehr aussichtsreich, unter anderem zum Tosmarberg im Hildesheimer Wald. Mit einem Rechtsknick geht es nach **Neuhof** ❸, wo die *Robert-Bosch-*

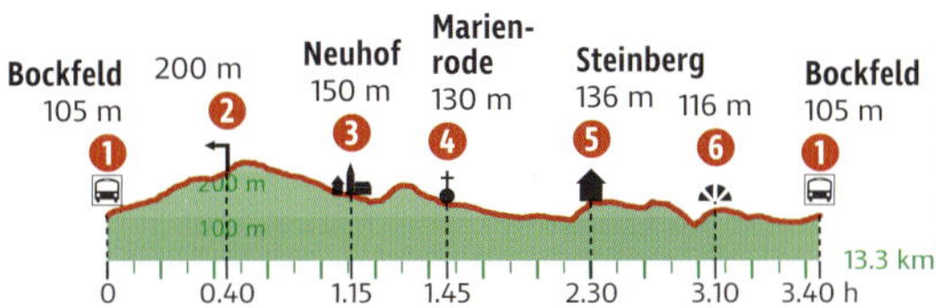

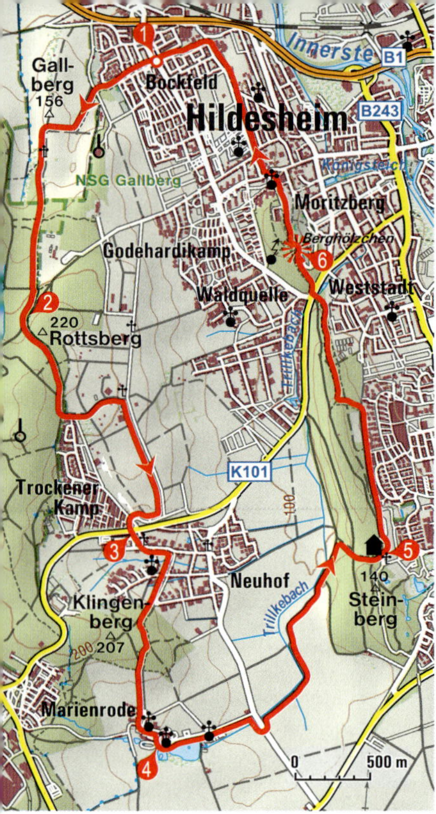

Straße überquert wird (Ampel). Innerorts durch die *Dethmarstraße* bis zum Abzweig des *Kirschblütenwegs* und nach Kreuzen der *Klingenbergstraße* kräftig ansteigend ins nächste Waldstück am Klingenberg. An einer Gabelung hält sich der Pilgerweg zunächst links, später dann einmal rechts, um in die offene Flur hinaustretend direkten Kurs auf das Kloster **Marienrode** 4 zu nehmen.

Wir durchqueren die Anlage und passieren gleich darauf mit dem Klosterteich das wohl idyllischste Fleckchen der Tour. Anschließend durch die *Zisterzienserstraße* bis zur Einmündung in die *Neuhofer Straße (K101)* und hier kurz nach rechts, bis gegenüber ein Feldweg abzweigt. Dieser orientiert sich mit zwei markanten Kurven am Verlauf des Trilkebachgrabens, schmiegt sich an den Waldrand des Steinbergs und wird hinter dem »Amelungsblick« mit einem ganz scharfen Rechtsschwenk verlassen. Wenige Minuten später haben wir bereits die Höhe des **Steinbergs** 5 bei der »Kupferschmiede« und dem Wildgatter gewonnen. Das Hildesheimer Stadtgebiet liegt uns jetzt quasi zu Füßen, am besten erlebbar auf dem ostseitigen Spazierweg. Es gibt aber bald auch eine Parallelroute im Gehölz, zu der wir später ohnehin aufschließen müssen (ggf. etwas undeutlicher Abzweig). Der Kammpfad senkt sich dann allmählich nordwärts zur *Steinbergstraße* (Ampelkreuzung; Bushaltestelle »Waldquelle«) ab. Unmittelbar gegenüber geht es auf der rechten Seite ins **Berghölzchen** und nach kurzem Aufstieg zu einem feinen Aussichtspunkt 6. Auf der Fortsetzung am gleichnamigen Hotel vorbei zur Mauritiuskirche im Stadtteil **Moritzberg**. Wir orientieren uns weiter nordwärts zum Friedhof, der ebenso wie die Kleingartenkolonie »Berggarten« rechtsseitig tangiert wird. Kurz hinter dem *Gallbergstieg* schließlich nach links und durch ein Wohngebiet – zwischendurch über einen Spielplatz – zurück zum Ausgangspunkt **Bockfeld** 1.

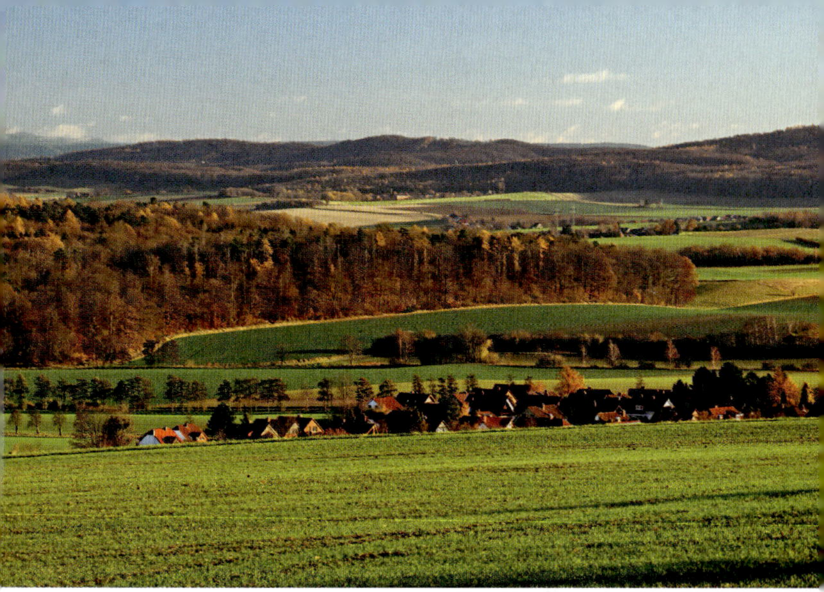

Oben: Wir lassen den Blick über Neuhof bis zum Hildesheimer Wald schweifen.
Unten: Die »Kupferschmiede« am Steinberg lädt zur Einkehr ein.

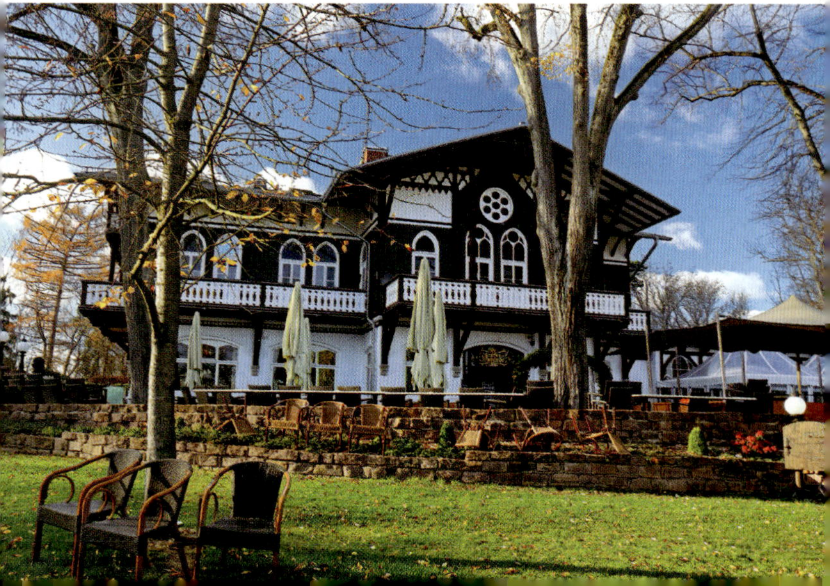

↗ 250 m | ↘ 250 m | 18.4 km

64 Über den Hildesheimer Galgenberg und Itzum zum Hohnsensee

4.30 h

Im südöstlichen Umfeld Hildesheims

Hildesheim, am Übergang vom Innerstebergland zur fruchtbaren Bördelandschaft gelegen, zählt zu den historisch bedeutsamsten Städten in unserer Region. Im Mittelalter entwickelte sich hier ein kirchliches Machtzentrum. Auch wenn es im Stadtgebiet viele kulturelle Sehenswürdigkeiten zu entdecken gibt, sei der Fokus für den Wanderer doch mehr auf die Naturqualitäten der Umgebung gerichtet. Diese offenbaren sich zunächst einmal am Galgenberg, der als Ausläufer des Vorholz-Höhenzuges schon Teil des Innersteberglandes ist und erquickende Waldluft verspricht. Dabei wird es nach und nach auch deutlich einsamer. Wir schlagen einen Bogen über die an den Südhängen gelegene Ortschaft Itzum, um von dort an der trutzigen Marienburg (einer spätmittelalterlichen Wasserburg und späteren Domäne, nicht zu verwechseln mit dem »Märchenschloss« nahe Nordstemmen) vorbei wieder Nordrichtung einzuschlagen. Landschaftliches Highlight ist gegen Ende der Tour zweifellos der Hohnsensee, der an warmen Sommertagen vielleicht sogar zu einem erfrischenden Bad verführt …

Ausgangspunkt: Hauptbahnhof Hildesheim, ca. 90 m. Haltepunkt von ICE, Regionalbahn und S-Bahn; verschiedene Verbindungen von Hannover mit Erixx, S4 und S3.

Anforderungen: Meist komfortable

Für Hildesheim ist der Hohnsensee, was der Maschsee für Hannover bedeutet.

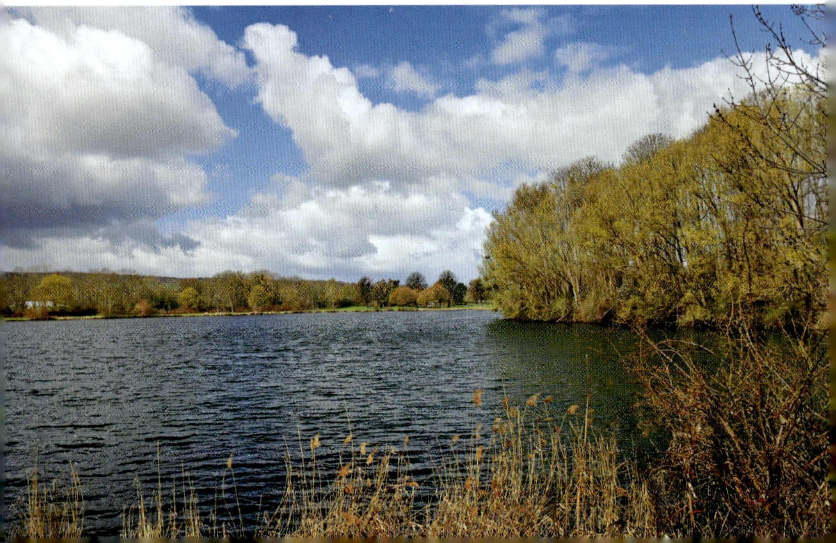

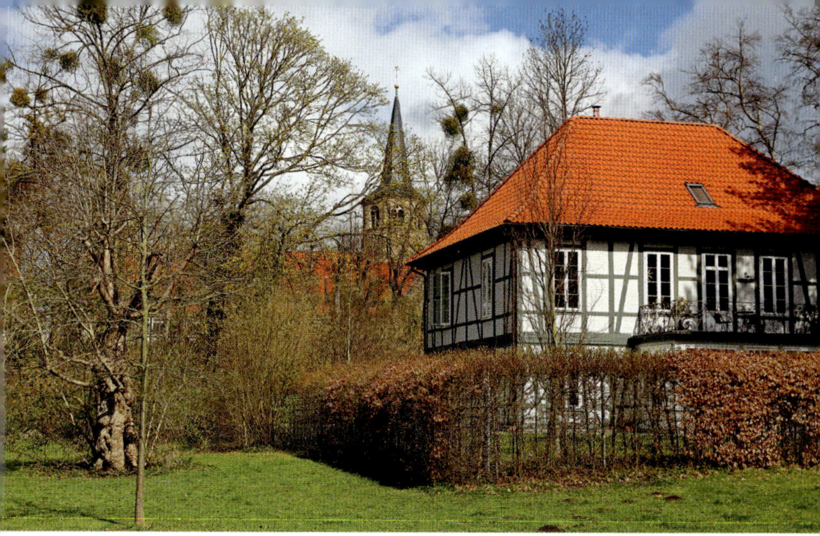

Im Ernst-Ehrlicher-Park unweit der Godehardkirche.

Wald-, Feld- und Radwege, einige Passagen sind unbefestigt. Im Stadtgebiet Orientierungsvermögen nötig, über den Galgenberg verläuft der gut markierte Hildesheim-Harz-Weg (H), hinab nach Itzum unbeschildert, anschließend gut zu verfolgender Rad- und Fußweg Richtung Hohnsensee. Marschdistanz für einigermaßen Ausdauernde.
Einkehr: Restaurant Lewenslust (am Galgenberg); Berghotel Brockenblick; Hotel & Restaurant Itzumer Pass; Hofcafé Marienburg; Ahoi Hildesheim (Hohnsen); außerdem zahlreiche Möglichkeiten in der Hildesheimer Kernstadt.
Variante: Abkürzungsmöglichkeit, indem man vom Hotel Brockenblick bereits talwärts absteigt (Richtung Marienburger Höhe).
Tipps: Auf der Domäne Marienburg werden Führungen angeboten. Im Hohnsensee kann gebadet werden (im Strandbad oder auch kostenfrei auf eigene Gefahr).

Vom Hauptbahnhof in **Hildesheim** ❶, geht es durch die *Bahnhofsallee*, über die *Kaiserstraße* hinweg und nach der Kreuzung mit dem *Kennedydamm* halbrechts in die *Herderstraße*. Wo die *Roonstraße* in die *Goslarsche Straße* einmündet, halten wir uns links und schlagen hinter der Bahnüberführung die *Windmühlenstraße* aufwärts ein. Diese führt uns in Kürze aus dem bebauten Stadtgebiet heraus und in den Wald am Galgenberg. Dort kommen wir mit dem Kürzel H des Hildesheim-Harz-Weges nacheinander am Aussichtsturm Bratpfanne sowie am Bismarckturm (nur mit Schlüssel gegen Kaution zugänglich) vorbei und erreichen am **Galgenberg** ❷ selbst das Ausflugslokal Lewenslust. Unsere Route folgt weiterhin dem bewaldeten Höhenzug, wobei man nach einer Weile vorübergehend vom »H« abschweifen kann, um auch den »Gelben Turm« der Volkssternwarte aus

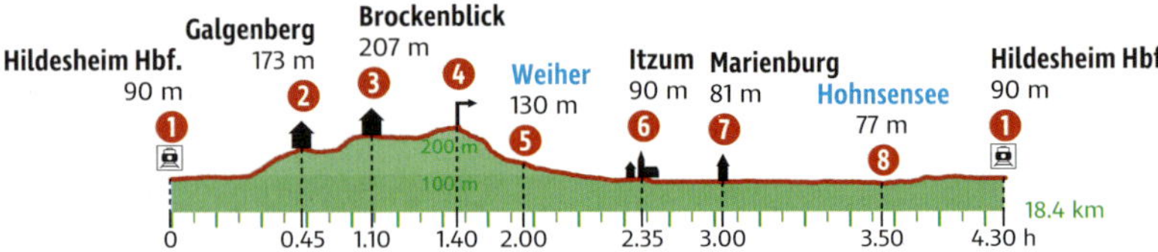

der Nähe zu sehen. Bald dahinter vereinigen sich die Wege beim Berghotel **Brockenblick** 3 wieder. Rund eine Viertelstunde später nutzen wir einen schmalen Pfadverlauf, ehe wir uns vom markierten Harzweg verabschieden und nach rechts ausscheren 4.

Eine Gefällstrecke führt hinab auf eine Lichtung nördlich von Lechstedt, das allerdings hinter einem Waldhügel verborgen bleibt. Wo wir kurzfristig auf Teerbelag treffen, nehmen wir den zweiten Abzweig nach rechts. Gleich danach findet man an einem **Weiher** 5 einen lauschigen Rastplatz. Endgültig aus dem Gehölz heraustretend, nähern wir uns auf einem Feldweg (zunächst Grasnarbe, später Hartbelag) der Ortslage von **Itzum** 6. Dort aus dem *Landwehrweg* links hoch zum Kindergarten und zur *Itzumer Hauptstraße*. Unmittelbar hinter der Kirche leitet die *Kesselei* zur Überquerung eines kleinen Grabens. Auf dem Damm dahinter verläuft der Radweg.

Damit ein Stück weit schnurstracks gen Nordwesten auf die Marienburg zu. Das Areal wird dann linksseitig über die Innerstebrücke umgangen.

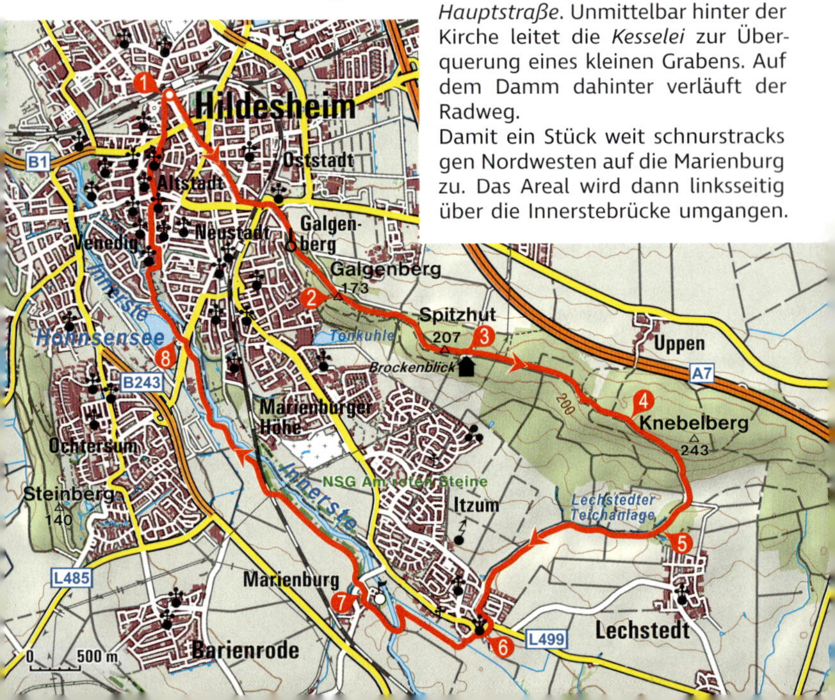

Wir gelangen zu den Parkplätzen bzw. der Einfahrt zur **Marienburg** 7 und kreuzen die *Beusterstraße*, um gegenüber auf dem Radweg fortzusetzen. Dabei begleiten wir nun das Naturschutzgebiet am Rothen Stein und auch den Innerstefluss, nach der Eisenbahnbrücke sogar ganz nah am Ufer. Damit nähert man sich in nördlicher Richtung allmählich dem **Hohnsensee** 8, einem Hildesheimer Naherholungsziel ersten Ranges. Die für uns günstigste Linie bleibt rechts davon (natürlich kann man zusätzlich auch eine Umrundung erwägen). Man kreuzt nochmals die Innerste, passiert im Ernst-Ehrlicher-Park einige Teiche und schließt unweit der Pfarrkirche St. Godehard via *Weinberg* bzw. *Lappenberg* in die Innenstadt auf. Jetzt links um die Seminarkirche herum in die Straße *Brühl* und weiter Richtung Fußgängerzone. Durch diese schließt sich der Kreis direkt zum **Hauptbahnhof** 1.

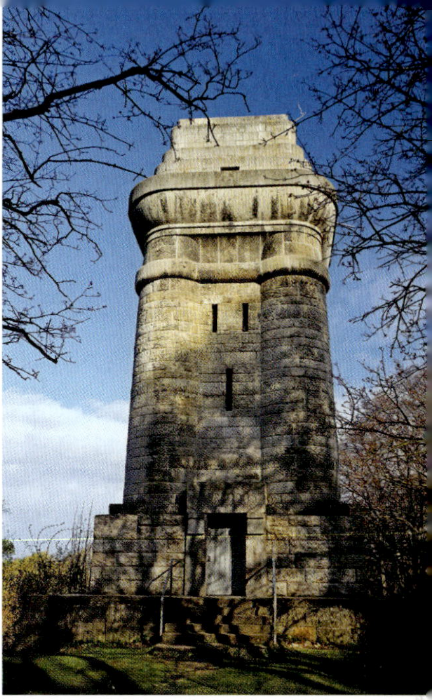

Bismarckturm am Galgenberg.

Mit etwas Geduld können wir Schwäne aus der Nähe beobachten.

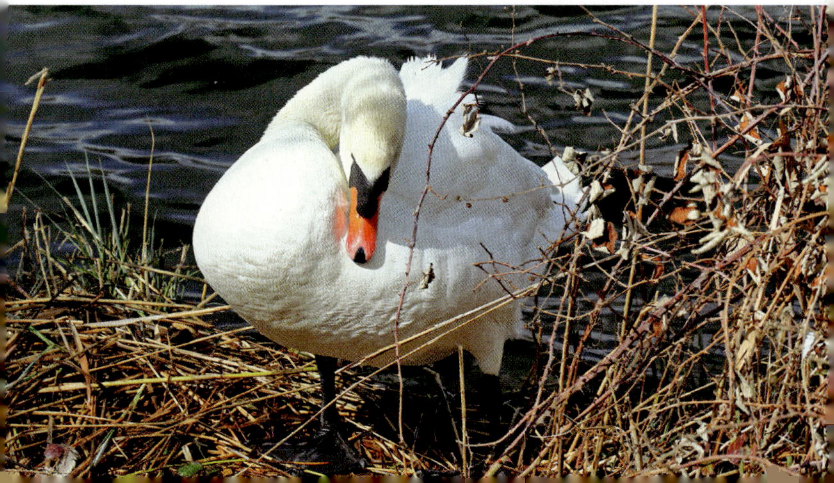

↗ 550 m | ↘ 550 m | 18.0 km

65 Von Bad Salzdetfurth nach Derneburg

4.45 h

Über die Sauberge zu den Schlössern Söder und Derneburg

Diese Tour im Innerstebergland ist so konzipiert, dass zwei Bahnhöfe des Regionalverkehrs auf einer abwechslungsreichen Strecke verbunden werden. Vom Solestädtchen Bad Salzdetfurth im Lammetal aus überschreiten wir zunächst den Höhenzug der Sauberge, die in Hammersteins Höhe kulminieren, und später Buch- und Westberg, die merklich kleiner und flacher ausfallen. Zwischendrin ergeben sich Ausblicke über den Ambergau bis zum Harz. Außerdem empfangen uns das sehenswerte Schloss Söder und gegen Ende das Schloss Derneburg, ursprünglich ein Kloster und flankiert von einer ausgedehnten Teichlandschaft. Leider sind beide Kulturgüter nicht für den Publikumsverkehr geöffnet – doch schon der Anblick von außen beeindruckt.

Ausgangspunkt: Bahnhof Bad Salzdetfurth, ca. 105 m, erreichbar von Hildesheim Hbf. (vgl. Tour 64) mit der neuen Gesellschaft »Start Niedersachsen Mitte« Richtung Bodenburg.
Endpunkt: Bahnhof Derneburg, ca. 93 m, an der Strecke Bad Harzburg – Hildesheim – Hannover (Erixx).
Anforderungen: Die längsten Strecken verlaufen bewaldet, vor allem im Bereich der Sauberge auf kleineren, vorübergehend auch mal steilen Pfaden, sonst meist breiter trassiert. Streckenweise gilt die Markierung des Calenburg-Harz-Weges, später auch des Hildesheim-Harz-Weges, allerdings nicht immer zuverlässig. Aufgrund überdurchschnittlicher Distanz und Höhenmeter gute Kondition erforderlich.
Einkehr: Einige in Bad Salzdetfurth (z.B. Restaurant Akropolis); Kollmanns Gasthof in Sottrum; Café Glashaus in Derneburg;

Farben und Muster der Kulturlandschaft.

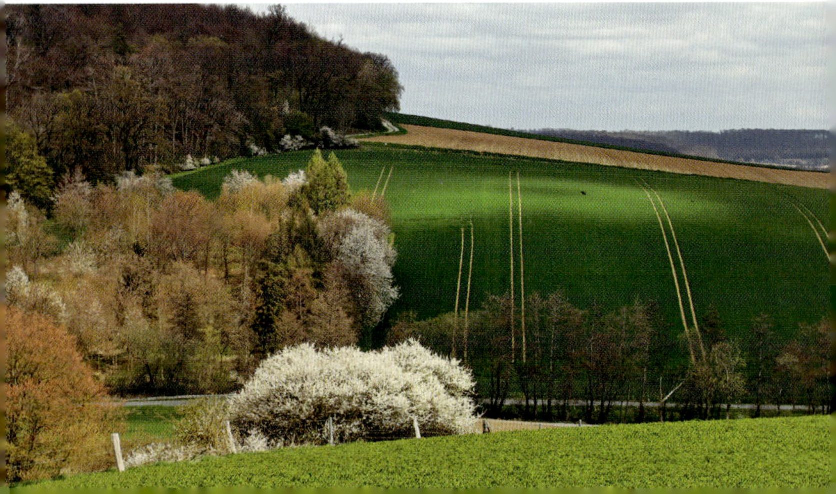

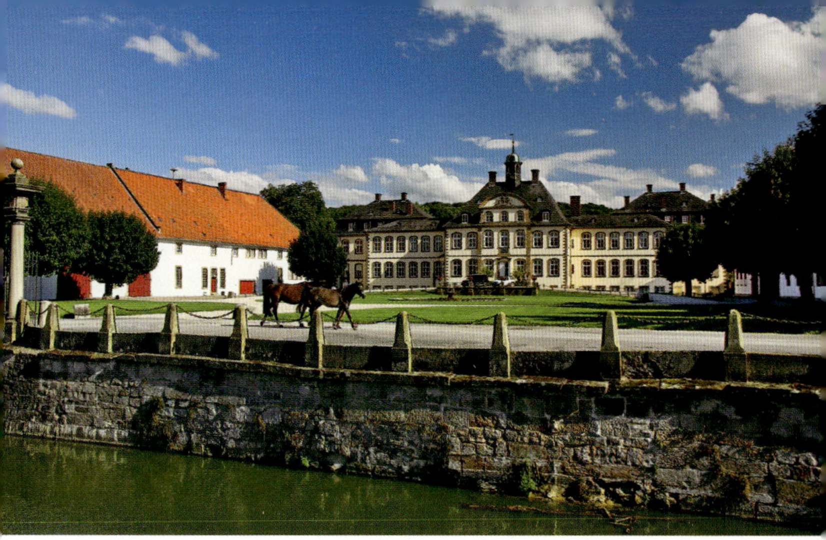

Auf halber Strecke empfängt uns das hübsche Wasserschloss Söder.

Restaurant Mykonos in Holle.
Variante: Der Calenberg-Harz-Weg umgeht Söder weiträumig im Süden (merklich länger).

Tipps: 1. Familienpark Sottrum, geöffnet 10 bis 18 Uhr.
2. Laves-Kulturpfad um Schloss Derneburg als Extra oder Kurztour.

In **Bad Salzdetfurth** ❶ geht es durch die *Bahnhofsgasse* in die *Oberstraße*, ein paar Meter rechts versetzt über die Lamme und auf einer Treppe aufwärts. Wo wir auf einen kleinen Parkplatz stoßen, kurz mit dem Querweg nach links und bereits nach gut 200 Metern auf einem Pfad scharf rechts hoch. Man gelangt damit zum Sothenberg-Südhang und setzt den Aufstieg fort. Beim sogenannten **Kuhlager** ❷ kommen mehrere Wege zusammen (Unterstand). Wir folgen dem Calenberg-Harz-Weg zum Rossplatz und wählen bei einer weiteren Schutzhütte den Katerstieg. Ein kurzes Steilstück bis zur Kammlinie der Sauberge steht bevor. In deren Verlauf überschreiten wir nun auf schönem Naturpfad den höchsten Punkt namens **Ham-**

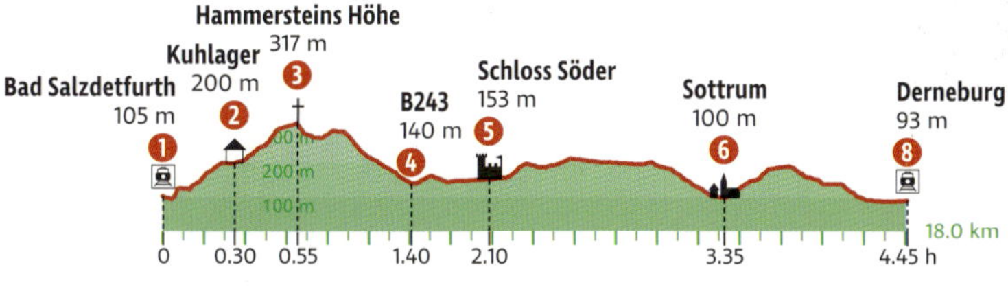

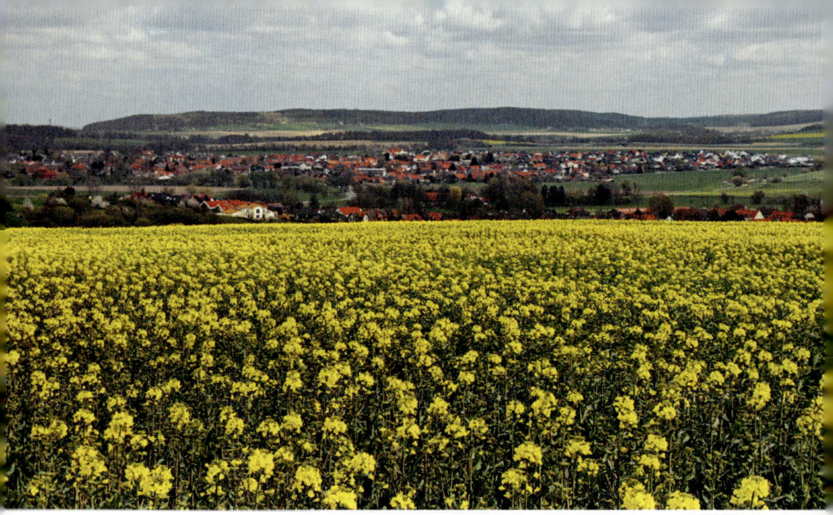

Unterwegs bei Sottrum zur reizvollen Zeit der Rapsblüte.

mersteins Höhe ❸, 317 m, und gegen Osten noch eine kleine Kuppe. Am Grenzsattel dann nach rechts in einen größeren Forstweg einbiegend und bei der nächsten Gabelung scharf links. Diese Forststraße senkt sich nun zur *B243* ❹ ab. Jeweils wenige Gehminuten nach links oder rechts versetzt gibt es zwei Fortsetzungsmöglichkeiten, die sich bald wieder vereinigen. Damit treffen wir beim **Schloss Söder** ❺ ein.

In der kleinen Ortschaft geht es vom *Schlosshof* in den *Rießkamp* und auf dem Forstweg gerade aufwärts, bis sich auf der Südseite des Buchbergs das Blickfeld über den Ambergau öffnet. Wir bewegen uns kurzzeitig nach links am Waldrand und schlagen dann jenen Forstweg ein, der in der Mitte des Buchberg-Höhenzuges verläuft – nach etwas Bergauf weithin gemäßigt in nordöstlicher Richtung. Später tritt man wieder aus dem Gehölz heraus und folgt dem asphaltierten Feldweg hinunter nach **Sottrum** ❻, wo rechter Hand ein Freizeitpark Spaß für die ganze Familie verspricht. In der *Osterbergstraße* leiten wir bereits die nächste Gegensteigung ein, gleich links *Zum Westberg* und damit jetzt dem Hildesheim-Harz-Weg folgend über den letzten Geländeriegel hinweg. Man tritt wieder in ein Waldstück ein und muss nach einem Linksbogen den unscheinbaren Rechtsabzweig eines kleinen Pfades mit dem H-Symbol beachten. Wir

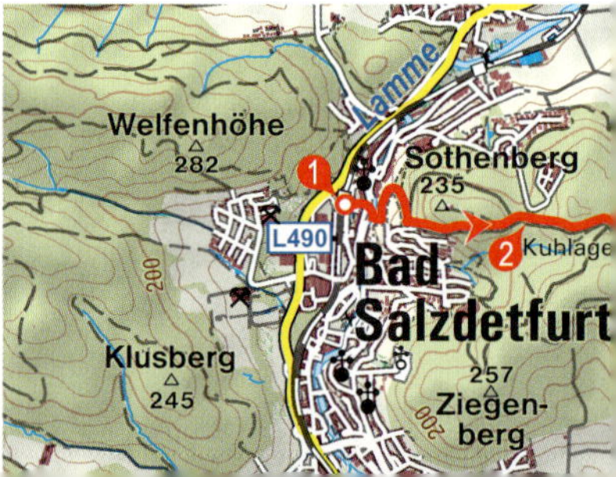

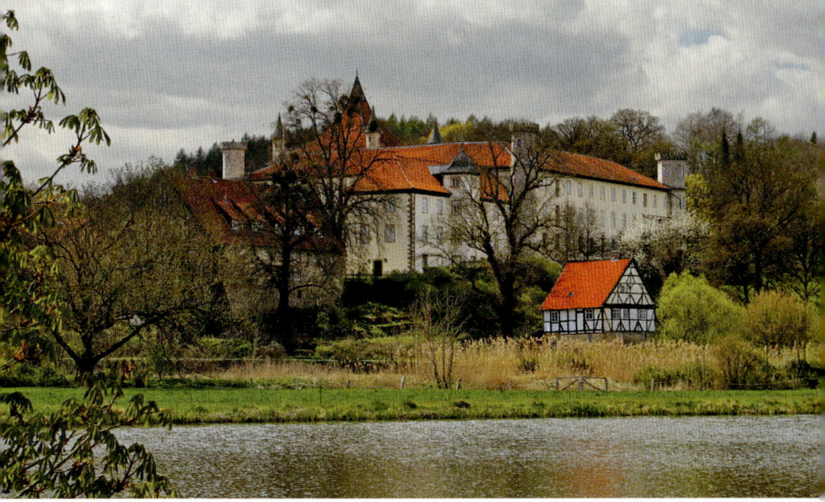

Das imposante Schloss Derneburg kann nur von außen bewundert werden.

stoßen auf eine verkehrsarme Straße, setzen aber links davon fort und nähern uns dem sogenannten Teetempel, der zum Laves-Kulturpfad gehört. Kurz darauf stehen wir nach einem Abstieg vor **Schloss Derneburg 7**. Zuletzt erfolgen der Gang entlang der *Schlossstraße* durch die Landschaft der Derneburger Teiche in der Netteniederung sowie die finalen Schritte nach rechts zum **Bahnhof Derneburg 8**, der eigentlich beinahe schon in der Ortschaft Holle liegt.

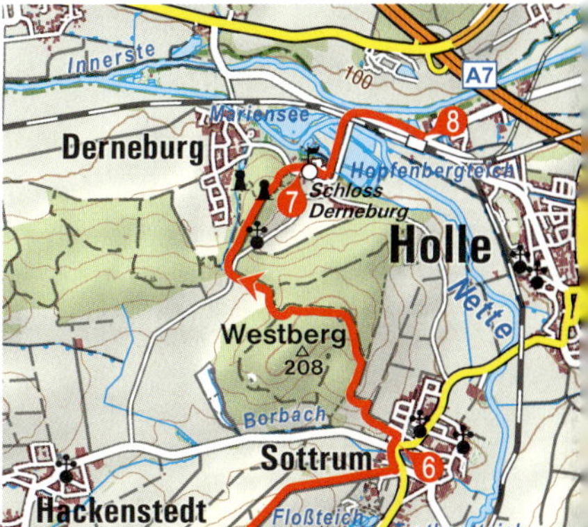

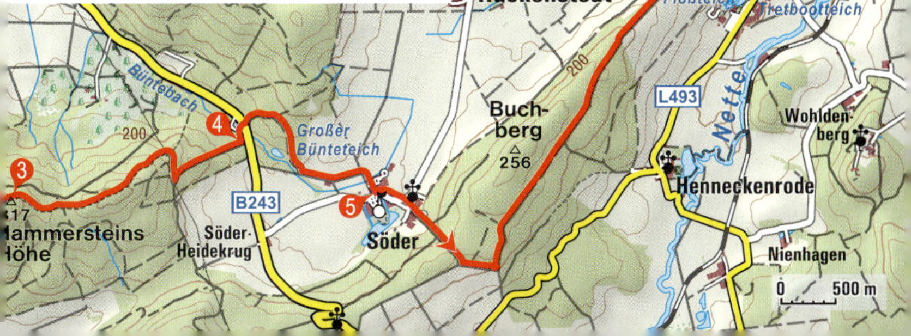

↗ 140 m | ↘ 140 m | 9.4 km

66 Im Vorholz bei Ottbergen

2.30 h

Erste Wölbung des Berglandes über der Hildesheimer Börde

Im Norden und Nordosten von Hildesheim erstreckt sich eine fruchtbare und mithin landwirtschaftlich intensiv genutzte Bördelandschaft. Ausgedehnte Streifzüge durch die weite Feldflur mögen etwas eintönig erscheinen, doch wenn wir mit dem Vorholz den ersten kleinen Geländeriegel des Innersteberglandes einbeziehen, werden wir nicht enttäuscht. Günstigster Ausgangspunkt für diese aus zwei ganz unterschiedlich gearteten Hälften zusammengesetzte Tour ist Ottbergen, das auch für kulturell Interessierte etwas zu bieten hat. Bekannt ist die Wallfahrt zur Kapelle auf dem Kreuzberg, außerdem gibt es im Ort ein Kloster.

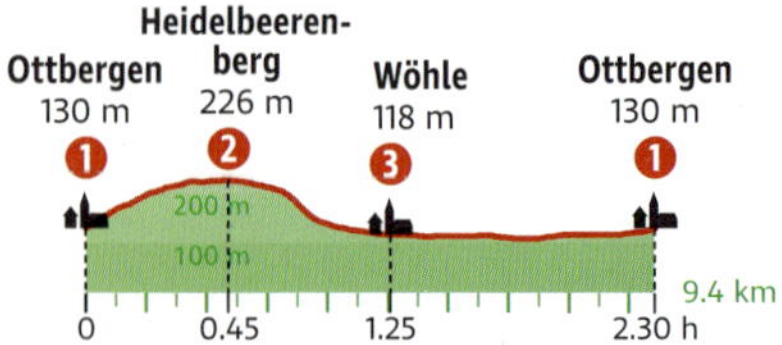

Ausgangspunkt: Ottbergen, 130 m. Bushaltestelle »Mitte« (Linie 33 von Hildesheim Hbf. Richtung Söhlde) in der Hauptstraße, hier auch Parkmöglichkeit.

Anforderungen: In der ersten Hälfte schöne und problemlose Waldwege mit geringen Steigungen, in der zweiten Wirtschaftswege in der flachen Feldmark. Vergleichsweise kurze, orientierungsmäßig unkomplizierte Tour.

Einkehr: Landgasthof Bruns in Ottbergen.

Variante: Im Vorholz Fortsetzung ostwärts und vor Erreichen der B444 nach Nettlingen abdrehen. Dort hält ebenfalls die Buslinie 33.

Vom Parkplatz in **Ottbergen** ❶ geht es sogleich durch die Kreuzwegallee schnurstracks hinauf zur Kreuzbergkapelle aus dem Jahr 1726. Dahin-

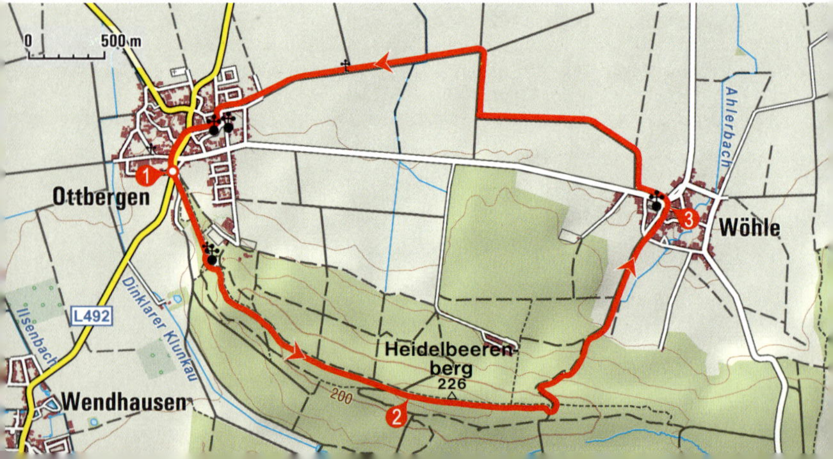

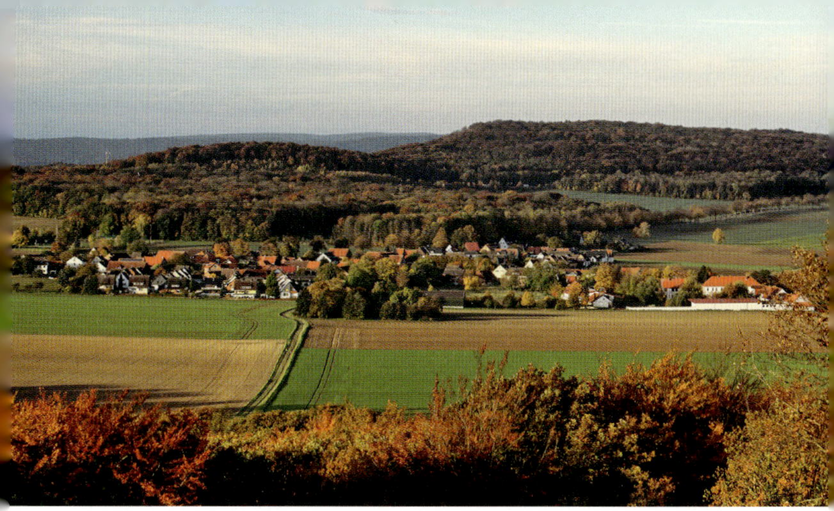

Wendhausen vom Heidelbeerenberg gesehen.

ter setzen sich ein größerer und ein kleinerer Weg fort – zweitgenannter erscheint zunächst interessanter, leitet er doch durch einige markantere Geländestrukturen. Bald stoßen wir wieder auf die Hauptroute und folgen dieser stets bequem am Kamm entlang. Dabei wird allmählich der lange Rücken des **Heidelbeerenbergs** ❷ überschritten. Eine erste kreuzende Forststraße ignorieren wir noch; mit der nächsten drehen wir dann links ab, kommen ein Stück tiefer aus dem Wald heraus und nähern uns dem Dorf **Wöhle** ❸. Bei der Kirche links ab und bereits nach 200 Metern – noch vor dem Ortsausgang – rechts in die Feldmark. Unser Weg trägt das Pilger-Symbol, anhand dessen man auch die Richtungswechsel gut nachvollziehen kann. Nach einer Rechts-links-Kombination passieren wir einen riesigen Einzelbaum in der sonst völlig offenen Landschaft und halten Kurs auf **Ottbergen** ❶, wo sich der Kreis an Klosterkirche und Pfarrkirche St. Nikolaus vorbei in die *Hauptstraße* schließt.

Dorfkirche in Wöhle.

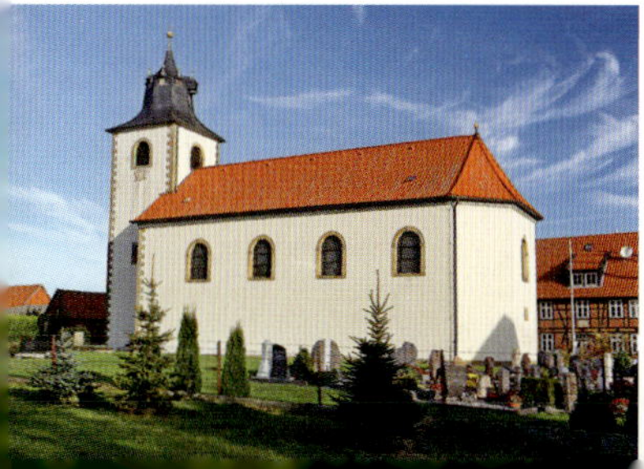

Ottbergen am Rand der Hildesheimer Börde.

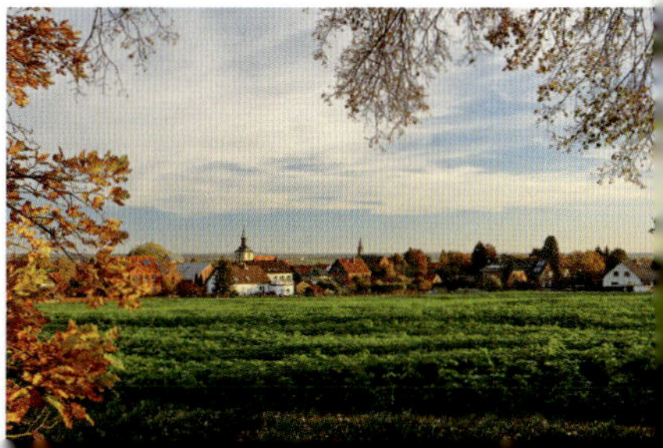

STICHWORTVERZEICHNIS

Noch mehr Wanderglück ...

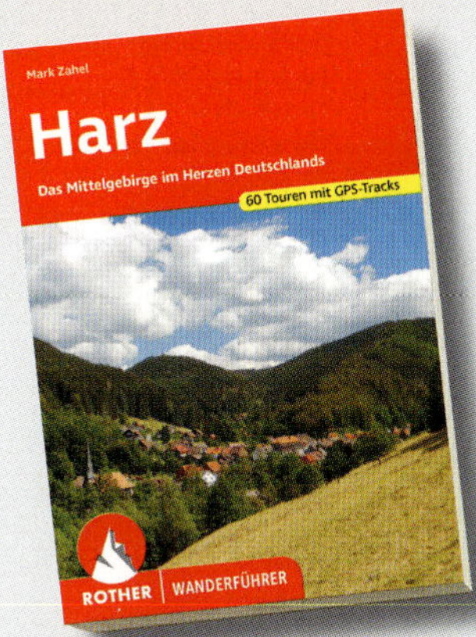

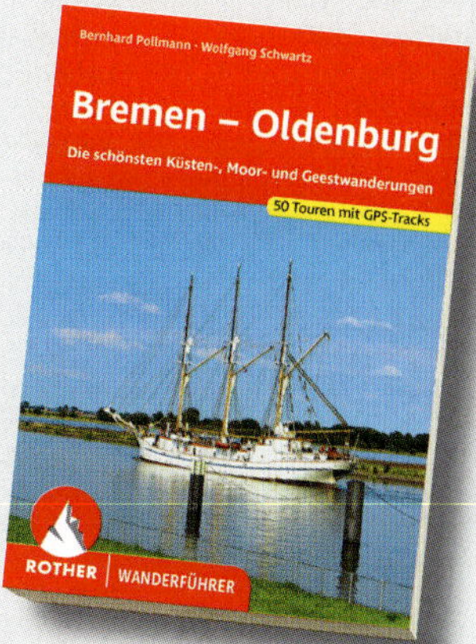

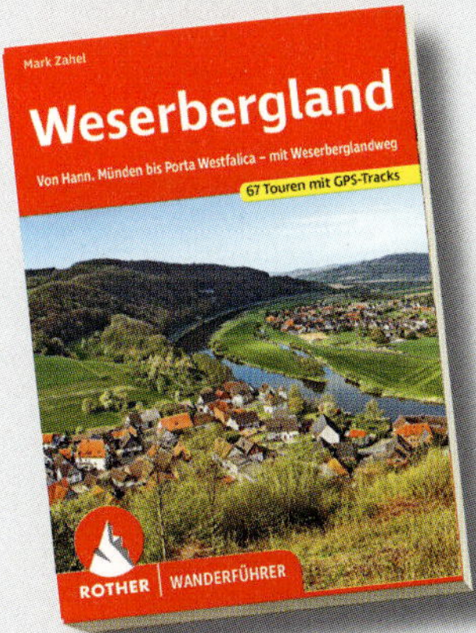

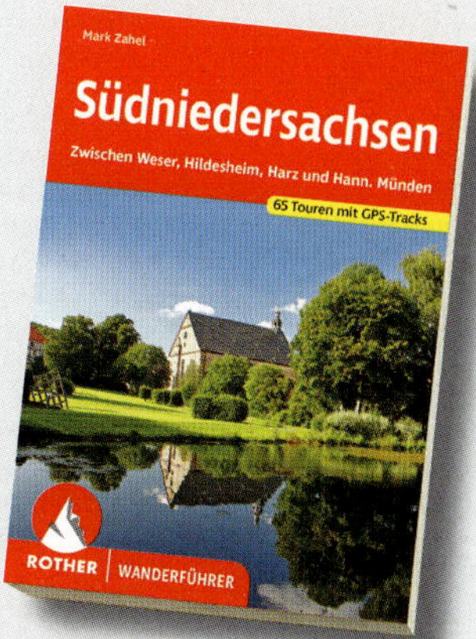

ROTHER | WWW.ROTHER.DE

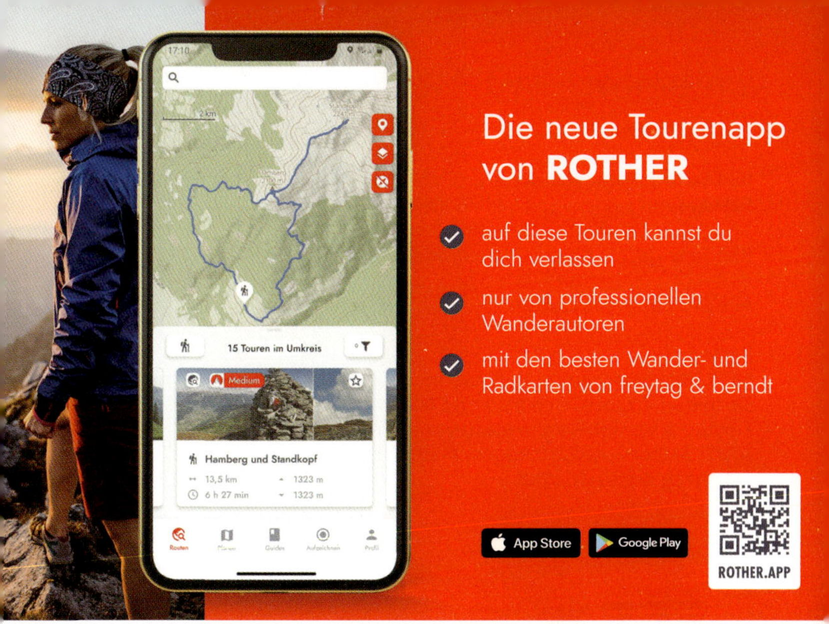
Die neue Tourenapp
von ROTHER
auf diese Touren kannst du dich verlassen
nur von professionellen Wanderautoren
mit den besten Wander- und Radkarten von freytag & berndt
15 Touren im Umkreis
Medium
Hamberg und Standkopf
13,5 km
6 h 27 min
1323 m
1323 m
App Store
Google Play
ROTHER.APP

Umschlagbild: Am Unterlauf der Leine bei Niederstöcken.

Bild im Innentitel: Das Celler Schloss.

Bild Seite 2: Paradebauwerk und Wahrzeichen Hannovers: das Neue Rathaus mit seinem Spiegelbild im Maschteich.

Bild Seite 28/29: Kloster Marienrode südlich von Hildesheim.

Alle 270 Fotos vom Autor.

Kartografie:
66 Wanderkärtchen im Maßstab 1:50.000 / 1:75.000
Geodaten © OpenStreetMap und Mitwirkende, kartografisches Design: Freytag & Berndt Prag, www.freytagberndt.cz
sowie 2 Übersichtskärtchen im Maßstab 1:750.000 und 1:1.200.000
© Freytag & Berndt, Wien

Die Ausarbeitung aller in diesem Führer beschriebenen Wanderungen erfolgte nach bestem Wissen und Gewissen der Autoren. Die Benützung dieses Führers geschieht auf eigenes Risiko. Soweit gesetzlich zulässig, wird eine Haftung für etwaige Unfälle und Schäden jeder Art aus keinem Rechtsgrund übernommen.

1. Auflage 2022
© Bergverlag Rother GmbH, München
ISBN 978-3-7633-4595-3

MIX
Papier aus verantwortungsvollen Quellen
FSC® C021956
FSC www.fsc.org

Wir freuen uns über jeden Korrekturhinweis zu diesem Wanderführer!
Bitte per E-Mail an: leserzuschrift@rother.de

ROTHER BERGVERLAG · Keltenring 17 · D-82041 Oberhaching
Tel. +49 89 608669-0 · www.rother.de